내게 복에 복을
더하여 주소서

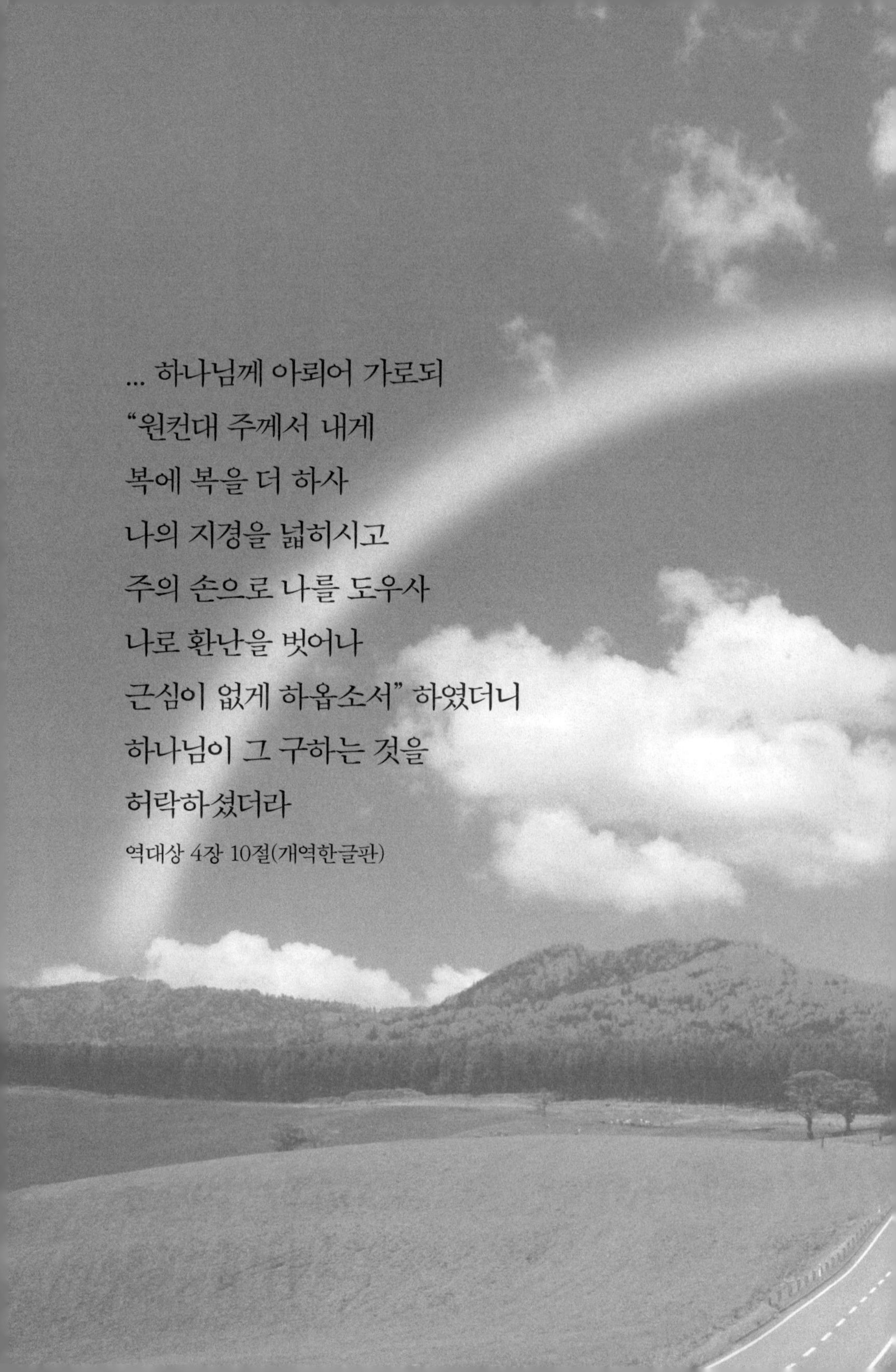

... 하나님께 아뢰어 가로되
"원컨대 주께서 내게
복에 복을 더 하사
나의 지경을 넓히시고
주의 손으로 나를 도우사
나로 환난을 벗어나
근심이 없게 하옵소서" 하였더니
하나님이 그 구하는 것을
허락하셨더라

역대상 4장 10절(개역한글판)

평강의 주님께서 친히

때마다 일마다

평강을 주시기를 기도하며

특별히 _____ 님께

이 소중한 책을

드립니다.

김장환 목사와 함께 / 경건생활 365일

내게 복에 복을 더하여 주소서

나침반

주님, 복에 복을 더하여 주소서!

예수님께서 이 땅에 오신 목적은 "우리에게 생명을 얻게 하고 더 풍성히 얻게 하려는 것"(요한복음10:10)입니다. 그런데, 우리는 주님이 주신 풍성한 삶을 얼마나 누리며 살고 있을까요?

성경 역대상 4장 9절,10절에 보면 환난 중에 기도하여 하나님의 큰 복을 적극적으로 구해 복도 받고 존귀한 사람이라고 평가도 받은 야베스를 볼 수 있습니다. 그는 하나님이 주실 큰 복을 기도해서 받은 사람입니다.

"야베스가 이스라엘 하나님께 아뢰어 가로되 원컨대 주께서 내게 복에 복을 더 하사 나의 지경을 넓히시고 주의 손으로 나를 도우사 나로 환난을 벗어나 근심이 없게 하옵소서 하였더니 하나님이 그 구하는 것을 허락하셨더라."(역대상 4:10)

우리도 야베스처럼 하나님께 기도해 복에 복을 받읍시다.
나의 지경이 넓혀지는 복!
주님의 손이 나를 도우시는 복!
환난이 피해가는 복!
평안이 넘치는 복!

이 책이... 하나님의 복에 복을 받는데, 주님이 주시는 풍성한 삶을 누리는데, 그 받은 큰 복을 주님을 위해 다시 돌려드리는데... 쓰여지길 기도 합니다.

하나님의 큰 복을 구하며-

김장환

김장환(목사/극동방송-이사장)

소망의 하나님이 모든 기쁨과
평강을 믿음 안에서 너희에게
충만하게 하사 성령의 능력으로
소망이 넘치게 하시기를 원하노라

롬 15:13

1월

1월 1일

새로운 결심

읽을 말씀 : 야고보서 1:1-4

●요3서 1:2 사랑하는 자여 네 영혼이 잘됨 같이 네가 범사에 잘되고 강건하기를 내가 간구하노라

미국에 아서 디마스라는 사업가가 있었습니다.

그에겐 성공한 사업가가 되어 선교와 지역 사회를 위해 많은 도움을 주고자 하는 꿈이 있었습니다. 그는 비록 명문대를 나오거나 부유한 집안에서 태어나지는 못했지만 큐티와 설교로 들은 말씀을 통해 하나님을 섬길 때 복을 받는 다는 확신을 가지고 다음의 다섯 가지 수칙을 평생 지킬 것을 결심했습니다.

「1. 주일성수 2. 십일조 3. 큐티로 시작하는 아침 4.아낌없는 기부와 봉사 5.문제가 생겼을 땐 우선 기도」

이후 아서의 사업은 엄청나게 번창했습니다. 그는 각종 선교단체에 엄청난 금액을 지원했고, 많은 교회들을 세웠습니다. 그리고 지역 사회를 위해 많은 도서관을 지었습니다. 아서는 평생 동안 7억 달러라는 당시로는 엄청난 돈을 벌었는데 사회에 모두 기부했습니다. 아서와 같이 주일성수를 하고 십일조를 드리고, 하나님께 기도를 했던 사람들은 많았지만 아서와 같이 복을 받은 사람은 많지 않았습니다. 아서는 그 이유에 대해 다음과 같이 말했습니다. "믿음이 없었기 때문일 것입니다. 저는 성경에 나온 복의 말씀들을 정말로 믿었습니다. 저의 행동들은 모두 깊은 믿음에서 나온 것이었습니다."

하나님은 우리의 마음에 소원을 주시고 이루게 하시는 분이십니다. 우리가 진정으로 하나님을 기뻐하고 말씀을 따를 때 차고 넘치는 복을 주십니다. 금년에도 하나님을 진정으로 굳게 믿어 영혼도 잘되고 모든 일도 잘되고 강건 하십시오.

♡ 주님! 말씀을 믿음으로 백배의 결실을 맺는 밭이 되게 하소서!
📖 올 한해 역사하실 하나님을 기대하며 새로운 결심을 하십시오.

나의 영적 일지

이상한 비결

읽을 말씀 : 창세기 45:3-8

● 창 45:5 당신들이 나를 이 곳에 팔았다고 해서 근심하지 마소서 한탄하지 마소서 하나님이 생명을 구원하시려고 나를 당신들보다 먼저 보내셨나이다

강철왕 앤드류 카네기에게 기자가 물었습니다.
"무일푼에서 그토록 큰돈을 벌 수 있었던 비결은 무엇입니까? 자수성가의 비법을 알려주실 수 없겠습니까?"
질문을 들은 카네기가 대답했습니다.
"무일푼에서 부자가 될 수 있었던 비결이나 비법은 단 한가지입니다. 가난한 집에서 태어나는 것입니다. 부자 가정에서 태어난 사람은 모든 재산을 물려받아도 계속해서 부를 유지하지 못할 것입니다. 그러나 가난에 쪼들려 자신과 가족의 생사의 기로에 서서 그것을 극복해내기로 결심을 한 사람이야말로 부자가 될 자격이 있습니다. 그런 사람이야 말로 원수 같은 가난을 싸우지 않으면 죽을 수밖에 없는 상태를 이겨낸 사람이기 때문입니다."
약점은 극복함을 통해 강점으로 변화될 수도 있습니다. 조개 안에 모래가 들어 갔을 때 조개는 매우 큰 고통을 느낀다고 합니다. 그러나 그것을 이겨냄으로 귀한 진주가 탄생하게 됩니다. 그리고 조개의 진주보다 더욱 귀하고 놀라운 하나님의 계획이 모든 성도들에게는 있습니다.
우리의 가진 약점으로 인해 고민하고 괴로워하지 말고 모든 것을 주님께 맡기고 다만 할 수 있는 최선을 다하십시오.

♥ 주님! 비천한 환경에 처할지라도 주님의 은혜임을 깨닫게 하소서!
🧭 모든 상황 속에서 우리를 향한 주님의 계획이 있음을 믿으십시오.

나의 영적 일지

1월 3일

구원의 조건

읽을 말씀 : 고린도후서 5:11-19

● 고후 5:19 곧 하나님께서 그리스도 안에 계시사 세상을 자기와 화목하게 하시며 그들의 죄를 그들에게 돌리지 아니하시고 화목하게 하는 말씀을 우리에게 부탁하셨느니라

고대 그리스에 포시온이라는 사람이 있었습니다.

달변가이자 뛰어난 정치가였던 그는 모든 일에 정직해서 시민들에게 신망이 두터웠습니다. 특히나 그는 잘못을 저지른 죄인들을 변호하는 일을 자주 맡았습니다. 한 번은 아리스토킨이라는 흉악범이 감옥에 수감되어 있었는데 포시온이 그를 변호해 주기 위해 찾아갔습니다. 그 소식을 들은 포시온의 친구가 찾아와 말했습니다.

"자네가 어려운 사람을 돕는 사람이라는 것은 알고 있네. 그러나 아리스토킨은 투옥되어서 죄를 받는 것이 마땅한 사람이네. 자네가 굳이 그런 흉악범을 돕지 않았으면 좋겠네."

그러나 포시온은 다음과 같이 대답한 후에 아리스토킨의 변호를 자신이 맡겠다고 청했습니다.

"물론 그는 죗값을 치러야 하네. 하지만 변호인을 필요로 하는 것은 죄 없는 사람이 아니라네."

병든 자에게 의원이 필요하다고 주님은 말씀하셨습니다. 내가 죄인이라고 인정하지 않으면 회개를 할 수도 없고 구원을 받을 수도 없게 됩니다. 이겨낼 수 없는 죄의 문제를 모두 주님께 맡김으로 참된 구원을 얻으십시오.

♥ 주님! 하나님과 화목하게 하신 주님의 은혜에 감사하게 하소서!
📖 죄를 스스로 인정하므로 참된 회개로 주님께 나가십시오.

최고가 될 수 있는 자질

읽을 말씀 : 요한복음 4:19-24

● 요 4:23 아버지께 참되게 예배하는 자들은 영과 진리로 예배할 때가 오나니 곧 이 때라 아버지께서는 자기에게 이렇게 예배하는 자들을 찾으시느니라

어떤 유명한 빵집에서 새로운 조리사를 뽑기 위해 공고를 냈습니다.
유명한 조리장 밑에서 일을 배우고 싶어 했던 한 가난한 청년도 지원을 했습니다. 조리장은 빵을 만드는 일은 배우면 되지만 최소한 기본적인 지식은 미리 갖추고 있어야 한다며 지원자들을 대상으로 간단한 필기시험을 봤습니다. 빵은 곧잘 만들었지만 지식은 별로 없었던 청년은 열심히 시험을 봤으나 결국 매우 낮은 점수를 받고 말았습니다. 그러나 빵집의 조리장은 그 청년을 특채로 뽑기로 결정했습니다. 청년은 너무나 기뻤으나 자신이 뽑힌 이유가 무엇인지 알 수가 없었습니다. 그래서 합격자 발표 다음 날 도대체 자신의 무엇을 보고 특채로 뽑았는지 조리장에게 물었습니다.
"내가 낸 마지막 문제가 무엇인지 기억하나? '빵을 만드는 데 가장 중요한 것은 무엇인가?'라는 문제였네. 그리고 자네는 정성이라고 답을 적었더군. 바로 그것 때문일세. 기초 지식이 중요하긴 하지만 정성을 다할 자세가 되어있다면 지식이든 실력이든 얻는 것은 시간문제일 뿐이라네."
최고가 될 수 있는 자질은 바로 정성입니다. 예배든 일이든 항상 진지한 자세로 정성을 다해 임하십시오.

♥ 주님! 마음을 다한 섬김으로 주님을 예배하게 하소서!
※ 모든 예배를 최선을 다한 마음으로 하나님께 드리십시오.

나의 영적 일지

1월 5일

의미 있는 도전

읽을 말씀 : 창세기 12:1-4

● 창 12:1 여호와께서 아브람에게 이르시되 너는 너의 고향과 친척과 아버지의 집을 떠나 내가 네게 보여 줄 땅으로 가라

    문명선 목사님은 독일의 영적 부흥을 위해 하이델베르크로 선교를 떠났습니다.
    새소망의 집이라는 보육원에서 자란 문 목사님은 그곳에서 예수님을 만난 뒤에 선교사가 되겠다고 서원을 했고, 평생 그 서원을 이루기 위한 삶을 살았습니다. 연세대와 한세대에서 신학을 공부한 문 목사님은 신학을 더 공부해 교수가 되기 위해서 독일로 떠났지만, 현지에서 독일의 영적인 상태가 좋지 않음을 느끼고 그곳에서 공부가 아닌 선교를 하라는 하나님의 음성을 듣게 되었습니다. 그래서 공부를 하는 중에도 교회를 개척해 사역을 함께 병행했습니다.
    학위를 마친 후에 국내에 들어와 잠시 순복음교회에서 사역의 자리를 맡았지만 결국 다시 독일로 가라는 하나님의 음성을 듣게 되었고 독일을 위한 선교 사역에 다시 몸을 담게 되었습니다. 독일은 세계에서 가장 신학과 철학이 발달한 나라이고 국민의 75%가 기독교인이지만 그 중 구원에 대한 확신이 있는 사람은 5%밖에 되지 않는다고 합니다. 신학에 대한 수준이 높고 많은 기독교인이 있다고 알려진 독일이지만 사실은 많은 선교사들의 도전이 필요한 영적인 불모지가 되어가고 있었습니다.
    믿음은 행동과 체험으로 결실을 맺는 것이지 학문과 의식으로 결실을 맺는 것이 아닙니다. 자신이 구원을 받았는지 점검해 보고 복음과 구원을 향한 열망을 품으십시오.

♥ 주님! 주님이 주시는 확신을 통해 모든 일을 해나가게 하소서!
🔥 도전을 두려워하지 않는 마음을 위해 뜨겁게 기도하십시오.

나의 영적 일지

계획에 대한 믿음

읽을 말씀 : 누가복음 17:1-6

● 눅 17:6 주께서 이르시되 너희에게 겨자씨 한 알만한 믿음이 있었더라면 이 뽕나무더러 뿌리가 뽑혀 바다에 심기어라 하였을 것이요 그것이 너희에게 순종하였으리라

어떤 목사님이 성도들에게 우리를 향한 하나님의 계획에 대한 믿음을 다음과 같이 설명했습니다.

"하나님의 계획은 우리의 삶 속에 감추어져 있습니다. 아마 여러분은 '왜 이 계획을 우리에게 알려주시지 않고 감추어 놓으셨을까?'라는 생각이 들지도 모릅니다. 그러나 작은 도토리 안에 커다란 나무로 자랄 수 있는 생명이 있고, 위험한 가시를 통해 아름다운 장미가 피어나는 것을 생각해보십시오. 도토리에서 나무가 자라는 것은 상상하기 어렵고 가시는 장미의 성장에 불필요해 보입니다. 우리는 이러한 사실을 이해하지 못하나 그것은 분명히 그렇게 일어나고 분명히 그것이 필요한 일들입니다. 이런 일들에 비추어보아 우리는 우리 삶속에 임하시는 하나님의 계획도 어떤 방식으로 이루어지는지 깨닫고 또 믿을 수가 있습니다."

우리가 하나님의 방법에 순종하고 또 온전히 믿을 때에 하나님의 계획이 우리의 삶 속에 온전히 드러납니다. 더 좋은 문을 열어주신 주님을 의지하십시오.

♥ 주님! 겨자씨의 가능성을 믿는 믿음을 갖게 하소서!
🖼 현실의 벽이 아닌 가능성에 항상 초점을 맞추어 생각하십시오.

나의 영적 일지

1월 7일 청소부의 도전

읽을 말씀 : 요한복음 21:20-23

● 요 21:22 예수께서 이르시되 내가 올 때까지 그를 머물게 하고자 할지라도 네게 무슨 상관이냐 너는 나를 따르라 하시더라

　미국 아이비리그의 명문대 중의 하나인 컬럼비아대학교의 2012년도의 졸업식에는 조금 특이한 인물이 한 명 끼어있었습니다.
　조국인 유고슬라비아의 내전을 피해 미국으로 이민을 와 컬럼비아대학교에서 12년 동안 청소부 일을 하던 52세의 필리파 씨가 그 주인공이었습니다. 컬럼비아대학교는 직원들에게 무료로 수업을 제공하기 때문에 비록 청소부라 하더라도 등록금 없이 대학의 모든 강의를 듣고 공부를 할 수 있었습니다. 낮에는 열심히 일을 하고 밤에는 전공인 고전문학에 대한 공부를 하는 생활을 매일같이 했지만 세계 최고의 대학 중 하나인 컬럼비아대학교를 졸업하는 것은 결코 쉬운 일이 아니었습니다. 그러나 12년 동안 필리파 씨는 포기하지 않았고 마침내 세계 최고의 명문 대학 중 하나인 컬럼비아대학교를 떳떳하게 졸업할 수 있게 되었습니다.
　영어조차 몰랐던 청소부인 필리파 씨가 이처럼 값진 성공을 할 수 있었던 것은 힘든 과정을 12년 동안 지치지 않고 즐기던 끈기 때문이었습니다. 성공의 여부와 관계없이 정말로 즐길 수 있는 일을 찾아 도전한다면 상상할 수도 없는 커다란 결실을 주님께서 주신다는 사실을 믿으십시오.

♡ 주님! 평생을 도전할 가치 있는 일을 속히 찾게 하소서!
✼ 다른 사람과 자신을 비교하지 말고 묵묵히 할 일에 최선을 다하십시오.

나의 영적 일지

갈라파고스 효과

읽을 말씀 : 갈라디아서 3:1-7

● 갈 3:3 너희가 이같이 어리석으냐 성령으로 시작하였다가 이제는 육체로 마치겠느냐

    남미의 에콰도르에서 거의 1000Km나 떨어진 곳에는 19개의 섬으로 이루어진 갈라파고스 제도가 있습니다.
    가장 가까운 육지와도 매우 멀리 떨어져 있는 탓에 이곳에는 시속 400Km로 비행한다는 군함새와 같이 학계에도 잘 알려져 있지 않은 각종 진귀한 동식물들의 보고이기도 합니다. 이곳에 발견된 것은 16세기 스페인의 함선에 의해서인데, 당시 이곳에 가득하던 거북이들 때문에 스페인어로 거북이를 뜻하는 갈라파고스 제도라는 이름이 붙여졌다고 합니다. 스페인 함선에 의해서 이곳이 발견된 이후로 많은 나라의 배들이 이곳을 들렀고, 또 다양한 외부의 종이 유입되었습니다. 이런 일이 빈번하게 일어나는 육지에서는 보통은 외부의 종이 유입되면 새로운 질서를 가진 생태계로 다시 태어나는 적응의 과정이 존재합니다. 그러나 육지로부터 오랜 세월동안 고립되었던 탓에 새로운 환경에 적응하는 능력을 아예 상실한 이곳의 고유종들은 점점 개체수가 줄어서 지금은 대부분 멸종 위기에 처해있다고 합니다. 그리고 이처럼 외부의 변화에 적응하지 못해 점점 도태되어가고 있는 모습을 뜻하는 '갈라파고스 신드롬'이라는 단어까지도 생기게 되었습니다.
    계속되는 도전과 노력이 없는 신앙에도 갈라파고스 신드롬이 찾아옵니다. 끊임없는 혁신으로 날마다 발전하는 신앙의 기틀을 다지십시오.

♥ 주님! 구원의 확신과 감격을 늘 안고 살아가게 하소서!
🧩 익숙하며 도태되는 신앙이 아니라 점점 깊어지며 넓어지는 신앙생활을 하십시오.

나의 영적 일지

1월 9일
사람의 약함

읽을 말씀 : 고린도전서 1:18-25

● 고전 1:25 하나님의 어리석음이 사람보다 지혜롭고 하나님의 약하심이 사람보다 강하니라

    2차 세계대전이 일어나기 전에 프랑스는 독일의 공격에 대비해서 철통같은 요새를 지었습니다.
    당시 프랑스 육군 장관이던 앙드레 마지노는 아무리 많은 독일군의 전차가 와서 포격을 해도 끄떡하지 않는 강력한 방어 진지를 구축하라고 명령을 내렸고, 이 철통같은 진지는 장관의 이름을 따서 '마지노선'이라고 불렀습니다. 10년 동안 구축된 마지노선은 1차 대전 때의 경험을 살려 철통같이 만들어졌습니다. 이중철골로 만든 벽으로 전차의 움직임을 저지하는 곳과 보병을 막기 위한 철저한 철조망 지대, 그리고 포화를 막아낼 수 있는 직경 6m의 콘크리트 벽이 완성되었습니다. 자가 발전시설까지 갖추고 있었고 탄약고와 통신실도 지하 깊숙한 곳에 마련되어 있어 적이 작전을 걸 수가 없는 완벽한 요새였습니다. 그러나 막상 2차 대전이 터졌을 때 독일군은 벨기에를 지나 우회해서 프랑스를 쳐들어왔고, 철통같던 마지노선은 써보지도 못한 채 무용지물이 되었습니다.
    사람이 아무리 계획을 세우고 노력을 한다 하더라도 아무 소용없는 허망함이 생길 때가 있습니다. 모든 일을 하나님께 맡김으로 세상의 허탄함으로부터 벗어나는 복을 누리십시오.

💗 주님! 사람의 약함을 깨달음으로 겸손하게 하소서!
🙏 사람의 계획이 아니라 하나님의 지혜를 따르는 현명한 선택을 위해 기도하십시오.

나의 영적 일지

인생의 후반전 준비

읽을 말씀 : 시편 143:1-12

● 시 143:10 주는 나의 하나님이시니 나를 가르쳐 주의 뜻을 행하게 하소서 주의 영은 선하시니 나를 공평한 땅에 인도 하소서

　민들레 포럼의 유희태 대표는 가난한 어린 시절에 하나님을 만나고 상고를 졸업, 기업은행에 입행해, 37년을 근무하며 1등제조기라는 별명이 붙을 정도로 경영능력을 발휘하였으며 국책은행에서 노조위원장 출신으로는 최초로 부행장까지 승진 했습니다. 그런데 하루는 95여 세 된 지인을 만나 다음과 같은 말을 듣게 되었습니다.
　"내가 60살 때 은퇴를 했는데... 글쎄 어느새 여기까지 오게 되었어요. 이 나이까지 살 줄 알았으면 인생 계획을 달리 했을 텐데...허송세월을 보내 후회가 많소."
　이 말을 들은 유 대표는 '나도 이제 인생의 후반전인 미래를 위해 지금부터 준비 해야겠다'라는 생각을 하며 인생의 후반전을 위한 새로운 도전을 위하여 주변의 만류에도 불구하고 퇴직을 선택했습니다. 그리고 지역사회 봉사단체인 민들레 포럼을 만들고 고향땅에는 민들레동산을 조성하여 유기농으로 효능이 뛰어난 민들레를 재배하여 건강에 유익이 되는 제품들을 만들어 보급하고, 또한 많은 교회가 사용하는 수련관을 지었습니다. 그리고 대학(객원 교수)과 교회와 기업체에서 강의와 간증을 하고 있습니다. 뿐만 아니라 자녀가 있음에도 불구하고 병약한 딸 쌍둥이를 입양해 지금은 건강하게 믿음으로 자라는 그 딸들을 천사라 부르며 키우는 기쁨에 흠뻑 젖어있고 이일로 입양홍보대사, 한국국제기아대책기구 홍보대사로도 활동하고 있습니다.
　하나님이 기뻐하시는 일을 할때 삶에 만족이 있습니다. 세상을 아름답게 하는 놀라운 비전의 성도가 되십시오.

♥ 주님! 하나님을 향한 거룩한 뜻을 알아가게 하소서!
🧩 나의 미래와 하나님이 바라시는 일을 생각하며 기도하고 실천하게 하소서!

나의 영적 일지

1월 11일
가장 쉬운 변화

읽을 말씀 : 누가복음 21:5-36

● 눅 21:34 너희는 스스로 조심하라 그렇지 않으면 방탕함과 술 취함과 생활의 염려로 마음이 둔하여지고 뜻밖에 그 날이 덫과 같이 너희에게 임하리라

너무 내성적인 성격 때문에 고민하는 소년이 있었습니다.
소년은 사람들 앞에서 말을 잘 하지 못했고, 누군가 앞에 서 있기만 해도 얼굴이 빨개졌습니다. 특히나 여러 사람 앞에서 선다는 것은 소년에겐 상상도 하기 힘들 정도로 어려운 일이었습니다. 이런 성격 탓에 소년에게는 친구도 없었고, 가족과의 관계도 친밀하지 않았습니다. 그러나 그런 생활의 외로움을 이겨내기 힘들었던 소년은 이렇게 소심한 모습으로 평생을 살 수 없다고 생각으로 큰 결심을 했습니다.
'어떤 사람이든 만나는 사람마다 반드시 미소를 머금고 한 가지 이상 칭찬을 하자'라는 것이 소년이 정한 목표였습니다. 물론 처음에는 매우 힘든 일이었습니다. 입이 떨어지지 않았고 금방이라도 도망치고 싶었습니다. 그러나 굳은 결심으로 만나는 모든 사람들에게 칭찬을 했습니다. 만날 때마다 좋은 말을 해주는 소년에게 사람들은 점점 찾아왔고 그렇게 많은 대화를 통해 소년은 훗날 달변가가 되었고 또 극작가가 되었습니다. 영국에서 가장 말을 잘하고, 글을 잘 쓰는 작가 중의 하나로 알려진 버나드 쇼의 이야기입니다.
나를 변화시키는 것이 가장 쉬운 일입니다. 내가 원하는 모습, 하나님이 나에게 바라시는 모습으로 변화시킬 결심을 할 때 생각지도 못한 기적이 찾아옵니다. 지금 결심하십시오.

♡ 주님! 외부의 환경보다는 나를 먼저 돌아보게 하소서!
📖 외부환경에 대한 핑계보다는 스스로를 변화시킬 결심을 하십시오.

나의 영적 일지

선행의 나비효과

읽을 말씀 : 마태복음 10:38-42

● 마 10:42 또 누구든지 제자의 이름으로 이 작은 자 중 하나에게 냉수 한 그릇이라도 주는 자는 내가 진실로 너희에게 이르노니 그 사람이 결단코 상을 잃지 아니하리라 하시니라

베르나르도 박사가 하루는 거리에서 잘 곳이 없어서 방황하는 한 소년을 만나게 되었습니다. 평소에 기부나 자선에는 별로 관심이 없었던 박사였지만, 그날따라 그 소년이 너무 불쌍하게 느껴져서 견딜 수가 없었습니다. 박사는 결국 그 소년을 자신의 집으로 데려왔습니다. 저택과도 같은 박사의 집에서 소년은 제대로 교육을 받으며 자랄 수 있었습니다.

베르나르도 박사가 베푼 평생의 선행은 그 소년을 거둔 것 하나였습니다. 그러나 그 선행은 박사가 생각할 수도 없을 정도의 커다란 결과를 가져왔습니다.

조지 윌리엄이라는 이 소년은 나중에 하나님을 만나 청년들을 성경으로 양육하는 YMCA라는 단체를 세워 많은 영혼들을 구원했습니다.

작은 시도와 작은 일들이 상상도 하지 못할 큰 결과를 일으킨다는 것이 나비효과입니다. 우리가 오늘 행하는 작은 선행이 훗날 어떻게 다시 돌아올지는 오직 하나님만이 아십니다. 최고의 농부이신 하나님을 믿으며 오늘도 선행의 씨앗을 뿌리십시오.

♡ 주님! 축복의 마음을 가지고 늘 선행을 실천하게 하소서!
✍ 작은 것도 크게 사용하실 하나님을 믿으며 작은 선행이라도 실천하십시오.

나의 영적 일지

1월 13일

청소부의 자부심

읽을 말씀 : 마태복음 25:14-30

● 마 25:21 그 주인이 이르되 잘 하였도다 착하고 충성된 종아 네가 적은 일에 충성하였으매 내가 많은 것을 네게 맡기리니 네 주인의 즐거움에 참여 할지어다 하고

미국의 린든 존슨 대통령이 미 항공우주국(NASA)에 방문을 했던 적이 있었습니다.

그때 로비를 청소하던 한 청소부가 있었는데, 그는 대통령이 왔음에도 신경을 쓰지 않고 청소를 계속하고 있었습니다. 대통령은 잠시 멈춰 서서 그 청소부를 유심히 바라보았습니다. 청소부는 청소가 아니라 마치 예술을 하듯이 콧노래를 부르며 신이 나서 청소를 하고 있었습니다. 표정만 본다면 그가 청소를 하고 있다는 사실을 아무도 몰랐을 정도였습니다. 작은 일에 최선을 다하는 그 모습에 감명을 받은 린든 대통령은 청소부에게 다가가 말했습니다.

"정말로 깊은 감명을 받았습니다. 당신은 세상에서 가장 훌륭한 청소부입니다."

그러나 청소부가 방긋 웃으며 대답했습니다.

"그럼요. 제 청소는 인간이 달에 가는 일에 도움이 되었거든요."

마틴 루터 킹의 목사님의 일화 중에도 이와 비슷한 널리 알려진 이야기가 있습니다. 그러나 이런 이야기를 통해 우리가 알아야 할 것은 궂은 일에도 어떤 의미를 부여하느냐에 따라서 자부심이 달라진다는 사실입니다.

우리 모두는 하나님이 주신 세상에서 가장 귀한 일을 하고 있는 사람들입니다. 내가 맡은 일들이 하나님이 나에게 주신 소명이라는 사실을 생각하십시오.

♥ 주님! 모든 일을 하나님을 위해 한다고 생각하게 하소서!
🙏 지금 하고 있는 일에 대한 자부심을 가지고 최선을 다하십시오.

나의 영적 일지

눈물의 약속

읽을 말씀 : 디도서 1:5-9

● 딛 1:9 미쁜 말씀의 가르침을 그대로 지켜야 하리니 이는 능히 바른 교훈으로 권면하고 거슬러 말하는 자들을 책망하게 하려 함이라

　에스씨엘의 대표인 이상춘 집사님은 상록수라는 이름의 장학재단을 운영하고 있습니다.
　경북 김천의 가난한 가정에서 태어난 집사님은 공부를 잘했지만 학비가 없어서 고등학교 진학을 포기해야 했습니다. 제발 시험만이라도 보게 해달라고 간청했지만 부모님은 어차피 학비가 없어서 붙어도 들어갈 수 없으니 포기하라는 말밖에 해줄 수가 없었습니다. 집사님은 일자리를 알아보러 서울로 올라가던 버스 안에서 '주님, 다시는 저와 부모님이 돈 때문에 눈물 흘리지 않도록 도와주세요. 그리고 돈이 없어 공부를 포기하는 학생들을 도울 수 있도록 저를 도와 주세요'라고 간절히 기도를 드렸습니다. 그리고 서울에 올라와 밑바닥에서부터 열심히 일을 해 독립을 하게 되었고, 오일 쇼크와 IMF라는 위기마저도 주님의 도우심으로 극복을 하고 연 매출 천억 원이 넘는 굴지의 회사로 성장하게 되었습니다. 그리고 대표님은 자신의 어린 시절 버스 안에서 주님께 드렸던 기도의 약속을 지키기 위해서 111억을 기부해 상록수 재단을 세워 재능은 있지만 돈이 없어서 공부하지 못하는 어려운 대학생들을 선별해 돕는 일을 계속해서 하고 있습니다.
　이 집사님은 하나님이 세상에서 무엇을 하다 왔느냐고 물었을 때에 대답할 수 있는 삶을 위해 노력하며 살고 있다고 합니다. 하나님의 도우심을 통해 역경을 극복했다면 마땅히 그에 대한 감사의 마음으로 하나님께 드릴 줄 알아야 하고, 또 나와 같은 어려움을 겪는 사람들을 위해서 나눌 줄을 알아야 합니다. 하나님께 받은 은혜들을 나누십시오.

🖤 주님! 받은 은혜를 나눌 줄 아는 사람이 되게 하소서!
🖼 하나님께 받은 복과 내가 나눌 수 있는 복은 무엇인지 생각해보십시오.

나의 영적 일지

1월 15일
생명을 살리는 커피

읽을 말씀 : 디모데전서 6:17-21

● 딤전 6:18 선을 행하고 선한 사업을 많이 하고 나누어주기를 좋아하며 너그러운 자가 되게 하라

　세계 상위 1%에 해당하는 '카마노아일랜드커피'의 에릭슨 국제대표는 신학교를 나와 선교사가 되려고 했었습니다. 그러나 제 3세계로 일컬어지는 변방국들에서 고생하는 사람들과 선교사들의 사정을 알게 된 뒤에는 선교사의 꿈을 버리고 이들을 돕기 위한 커피유통회사를 세웠습니다.
　에릭슨 대표는 먼저 커피를 재배하는 농가에 정당한 대우를 해주었습니다. 단순히 커피를 구입하는 것이 아니라 커피 농가와 일하는 사람들의 가정의 자립을 위해서 투자 했습니다. 커피를 파는 농민들은 하루 종일 일을 하면서도 돈이 없어 밥을 굶고, 심한 경우에는 자녀를 팔기까지 합니다. 그러나 값을 후하게 쳐주기 때문에 농가가 자립할 수 있었고, 가정이 파괴되지 않을 수 있었고, 농부들도 농약을 치지 않고 좋은 품질의 커피를 만들려고 더 열심히 일합니다.
　한국에서는 MD 선교회의 김진기 대표의 수고로 판매되는 「카마노 커피」(Camano Coffee)는 현재 커피 사업으로 나는 수익은 현지의 농부들을 위해 사용하고 있습니다.
　우리에게는 가볍게 즐기는 한 잔의 커피지만 에릭슨 대표에게는 제 3세계 어린이들에게 희망을 주는 하나님이 주신 비전이자 선교였습니다.
　아주 작은 실천으로도 큰 도움을 줄 수 있는 많은 방법이 있습니다. 일상의 작은 부분에도 누군가에게 희망을 줄 수 있고 선교를 할 수 있다는 사실을 잊지 말고 세심한 배려를 기울이십시오.

　♡ 주님! 생명을 살리고 영혼을 구원하는 일에 더 큰 관심을 갖게 하소서!
　📖 어려운 처지에 있는 사람들을 위해 다양한 방법으로 후원을 결심하십시오.

나의 영적 일지

돌아설 여유

읽을 말씀 : 고린도후서 7:8-16

● 고후 7:10 하나님의 뜻대로 하는 근심은 후회할 것이 없는 구원에 이르게 하는 회개를 이루는 것이요 세상 근심은 사망을 이루는 것이니라

중세 시대의 로마의 모든 법은 집정관에 의해서 처리되었습니다.
지금처럼 인권에 대한 개념이 확립되어 있지 않았기 때문에 당시의 재판이나 형의 집행은 아주 주관적으로 이루어졌습니다. 그러나 그럼에도 집정관들은 재판을 펼치는 동안에 항상 발아래에 복잡한 매듭이 묶인 태형에 사용되는 매를 두었습니다. 그리고 판결이 내려지기 얼마 전이 되면 보이지 않게 매의 매듭을 풀며 지금까지 재판이 잘못된 점은 없었는지, 또 판결이 확실하다면 어느 정도 처벌을 내려야 하는지 신중하게 생각했습니다.

그리고 그 시간 동안에 만약 죄인의 얼굴에 조금이라도 자신의 죄를 뉘우치거나 반성하는 기미가 있다면 조금이라도 정상을 참작해 가벼운 형량을 주었지만, 매듭을 다 푸는 동안에도 반성의 기미가 없거나 끝까지 죄를 인정하지 않는 경우에는 처음의 생각보다도 더 무거운 처벌을 내렸습니다.

우리가 잘못을 자백하고 돌아설 여유를 주는 것은 하나님의 자비와 사랑 때문입니다. 은혜와 사랑을 무관심과 무능력으로 오인하는 실수를 범하지 말고, 잘못된 길에서 돌아서 진리의 빛을 바라보십시오.

♡ 주님! 잘못된 길에서 돌아서서 오직 주님만을 향하게 하소서!
오래 참으시는 주님의 자비와 사랑을 깨닫고 죄에서 속히 돌아서십시오.

나의 영적 일지

1월 17일 참된 스승의 희생

읽을 말씀 : 요한복음 10:7-18

● 요 10:11 나는 선한 목자라 선한 목자는 양들을 위하여 목숨을 버리거니와

    중국의 헤이룽장의 자무쓰시의 중학교 선생님인 장리리 씨는 '참된 스승'으로 불립니다.
    많지 않은 국어 교사의 월급을 쪼개 홀어머니를 모실 뿐만 아니라 환경이 어려운 아이들까지도 돌보고 있기 때문입니다. 끼니를 준비 못한 아이에게는 자신의 식사를 나눠주며, 몸이 약한 아이를 위해서는 영양제를 사다 줍니다. 모든 아이들에게 관심을 가지고 보살펴주기 위해서 결혼한 지 2년이 지났지만 일부러 아이도 갖고 있지 않습니다.
    그러나 최근에 큰 사고를 당해 사경을 헤매게 되는 안타까운 일이 일어났습니다. 학생들을 통학버스에 태우려는 도중에 연쇄추돌사고가 일어나며 버스가 아이들을 덮치는 일이 일어났는데, 현장에 있던 선생님이 깔릴 위기에 처해있던 아이들 둘을 밀쳐내고 대신 자신이 버스 바퀴에 깔렸습니다. 구조대가 곧 도착했지만 선생님의 두 다리는 절단해야 했고, 출혈이 심해 의식이 돌아오지 않았습니다. 감동적이지만 너무나 안타까운 이 소식은 곧 전 중국으로 퍼졌고, 네티즌들은 장 씨에게 '세상에서 가장 아름다운 선생님'이라는 호칭을 붙였습니다. 또한 중국 정부도 최고의 의료진을 보내 무슨 일이 있어도 장 씨의 의식을 돌아오게 하라는 주문을 했다고 합니다.
    자신의 목숨보다도 제자들을 사랑하는 것은 참된 스승만이 할 수 있는 희생입니다. 예수님도 나를 위해서 이보다 값진 희생을 하셨다는 사실을 잊지 마십시오.

💚 주님! 하나님의 아들을 주신 크고 높으신 그 사랑을 묵상하게 하소서!
🕮 주님의 희생과 사랑을 잠시라도 깊이 묵상하십시오.

나의 영적 일지

실망의 종류

읽을 말씀 : 갈라디아서 6:1-10

● 갈 6:9 우리가 선을 행하되 낙심하지 말지니 포기하지 아니하면 때가 이르매 거두리라

심리학자 데이비드 브랜드 박사는 실망이 좋지 않은 영향을 미치는 사람의 종류는 크게 세 가지라고 했습니다.

첫째는 사람들이 자신에게 특별히 대해야 한다고 생각하는 자기중심적인 사람입니다.

둘째는 실망을 너무 많이 경험해 모든 것을 냉소적으로 바라보는 사람입니다.

셋째는 실망을 하지 않기 위해서 남의 관심을 끌고 자신을 위로하려는 사람입니다.

이런 유형의 사람들은 실망을 경험할 때 다른 사람을 공격하고 깊은 자괴감에 빠질 가능성이 높다고 합니다. 따라서 과거에 대한 후회와 미래에 대한 환상에서 깨어나야 하며, 일이 반드시 생각대로 되지는 않는다는 것을 기억하는 융통성 있는 기대를 하는 마음의 여유를 가지는 것이 좋습니다.

사람들이 가장 싫어하는 감정 중의 하나는 실망입니다.

실망은 보통 자신의 기대가 어긋났을 때 일어나는 일인데, 실망은 실망 그 자체에서 끝나지 않고 분노와 같이 다른 형태로 발전하기 때문에 실망에 대해서 잘 이해하고 또 조절하는 일은 매우 중요합니다.

확실히 약속된 보장된 미래가 우리에게는 있습니다. 근시안적인 사고로 감정적인 어려움을 자초하지 말고, 멀리 내다보는 지혜로운 사람이 되십시오.

♥ 주님! 영생을 선물로 주신 하나님의 약속을 잊지 않게 하소서!
✿ 주님이 주시는 말씀을 의지함으로 모든 상황에서도 실망을 이겨내십시오.

> 나의 영적 일지

1월 19일

마음의 눈

읽을 말씀 : 시편 40:1-4

● 시 40:2 나를 기가 막힐 웅덩이와 수렁에서 끌어올리시고 내 발을 반석 위에 두사 내 걸음을 견고하게 하셨도다

　최영 판사는 국내 최초의 시각장애인 법관입니다.
　서울대학교 법과대학에 입학할 때까지만 해도 정상적인 시력을 가졌던 최 판사는 재학 도중 점점 시력이 약화되어 지금은 방에 불이 켜졌는지 꺼졌는지 정도만 구분할 수 있는 1급 시각장애를 갖게 되었습니다.
　후천적인 장애였기에 적응하는 일은 더 힘들었습니다. 그동안 눈으로 보고 읽던 모든 공부를 듣고 만지며 해야 했습니다. 그러나 이런 어려움에도 최 판사는 포기하지 않고 더욱 열심히 꿈을 향해 달려갔습니다. 사법시험도 4번이나 낙방했지만 결국 합격했고 연수원에서의 성적도 상위권이었으나 시각장애인이 판사가 되었다는 소식에 사람들은 우려를 나타냈습니다. 사건의 기록이나 서면자료를 제대로 볼 수 없으니 원활한 재판이 힘들 것 같다는 것이 그 이유였습니다. 그러나 최 판사는 서면 대신 음성파일로 준비해 참고하고 관련된 모든 기록을 미리 숙지하며 자신이 맡은 첫 재판을 매끄럽게 진행했습니다. 그렇게 첫 재판을 마친 뒤에는 '국민이 법원에 주신 사법권을 맡고 있기 때문에 시각장애인이 아니라 한 명의 판사로써 막중한 책임감을 갖고 일 하겠다'라고 소감을 밝혔습니다.
　굳은 마음만 있다면 극복하지 못할 어려움은 없습니다. 실패와 낙담에 우리의 인생을 맡기지 말고, 주님이 주신 비전을 위해 더욱 열심히 힘쓰십시오.

🧡 주님! 실패와 낙담을 이길 힘을 주시는 주님임을 알게 하소서!
📖 어려움을 극복할 힘을 함께 주시는 주님을 늘 바라보십시오.

나의 영적 일지

최고가 되기 위한 기다림

읽을 말씀 : 시편 33:1-5

1월 20일

● 시 33:4 여호와의 말씀은 정직하며 그가 행하시는 일은 다 진실하시도다

    미국 역사상 가장 뛰어났던 대통령이 누구인가라는 질문에 대해서는 의견이 분분하지만 미국 역사상 가장 정직했던 대통령이 클리블랜드라는 것에는 대부분 이견이 없습니다.
    클리블랜드 대통령의 좌우명은 '오직 진실만을 말할 것'이었습니다. 한국과는 달리 미국의 잡지나 신문은 특정 후보를 지지하거나 정치적인 의견을 적극 개진하는데, 뉴욕 월드지는 클리블랜드가 대선 후보로 나왔을 때 그를 지지하는 다섯 가지 이유에 대해서 다음과 같이 설명했습니다.
    "첫째, 그는 정직한 사람이다. 둘째, 그는 정직한 사람이다. 셋째, 그는 정직한 사람이다. 넷째, 그는 정직한 사람이다. 다섯째 그는 정직한 사람이다."
    심지어는 클리블랜드의 상대편 후보도 그를 비난할 때 '꼴사납게 정직하다'라고 말했을 정도로 그의 정직성만큼은 인정했습니다. 클리블랜드가 가장 뛰어났던 대통령은 아니었지만 국민들은 그의 말을 믿었고 또 신뢰했습니다.
    모든 그리스도인들은 참으로 진실해야 합니다. 하나님께 특히나 그래야하며, 이웃들에게도 더욱 그래야 합니다. 품은 마음과 하는 말과 실제 행동이 항상 일치되도록 노력하십시오.

♡ 주님! 숨김없는 진실한 마음을 주님께 고백하게 하소서!
🖼 작은 일에도, 큰일에도 거짓 없는 진실한 마음으로 행하십시오.

나의 영적 일지

1월 21일

잠든 거인을 깨워라

읽을 말씀 : 출애굽기 4:1-12

● 출 4:11 여호와께서 그에게 이르시되 누가 사람의 입을 지었느냐 누가 말 못 하는 자나 못 듣는 자나 눈 밝은 자나 맹인이 되게 하였느냐 나 여호와가 아니냐

라흐마니노프는 러시아 태생의 뛰어난 작곡가이자 피아니스트입니다. 어려서부터 피아노와 작곡에 천부적인 재능을 보였던 그는 25살 때 이미 당시 음악인들 사이에서 정점을 찍었다는 평가를 받았습니다. 그러나 그런 평가에 자만한 라흐마니노프는 이후에 심각한 슬럼프에 빠지게 되었으며 다시는 전과 같은 창작을 할 수 없다는 두려움에 빠져 심각한 정신병까지 앓게 됩니다.

정신병원에서 요양을 하던 라흐마니노프는 담당 의사인 니콜라스 박사에게 치료를 받았는데 박사는 라흐마니노프를 만날 때마다 "당신 안에 위대한 가능성이 잠자고 있습니다. 지금까지 보여준 당신의 능력은 그것의 일부일 뿐입니다. 당신은 재기할 수 있습니다."라고 말을 해주었습니다.

처음에는 그 말이 아무런 소용이 없어보였으나 시간이 흐를수록 라흐마니노프는 그 말을 정말로 믿게 되었습니다. 1년이 지나고 라흐마니노프는 정신병원에서 퇴원을 했으며 곧바로 '피아노 협주곡 제 2번'이라는 시대의 명곡을 작곡해 다시 한 번 세간을 놀라게 했습니다.

감히 가늠할 수 놀라운 가능성이 우리 안에 있습니다. 전능하신 하나님이 창조하신 가장 놀라운 창조물이 바로 우리 자신이기 때문입니다. 나를 비롯한 모든 사람은 하나님이 창조하신 귀한 작품이라는 사실을 늘 기억하십시오.

♥ 주님! 하나님이 주신 가능성을 품고 또 실현하게 하소서!
📖 나와 남의 가능성을 제한하는 말들을 하지 마십시오.

나의 영적 일지

실패를 주는 환상

읽을 말씀 : 시편 118:5-9

● 시 118:6 여호와는 내 편이시라 내가 두려워하지 아니하리니 사람이 내게 어찌할까

사람이 실패를 하는 데에는 크게 여섯 가지의 원인이 있다고 합니다.
1. 다른 사람에게 책임을 떠넘기는 습관입니다.
2. 자기 스스로를 비난하는 자기비하의 습관입니다.
3. 인생의 방향을 정하지 못하는 목표가 없는 모습입니다.
4. 잘못된 목표를 정하고 그 목표를 달성하려는 의미 없는 노력입니다.
5. 과거에 얽매이고 작은 일을 무시하는 과거지향적인 모습입니다.
6. 너무 빠른 성공 환상에 사로잡혀 고난을 예기치 못하는 모습입니다.

사람들은 자신에게 일어난 실패가 어쩔 수 없다고 이야기합니다. 그리고 성공한 사람에게는 그럴만한 환경과 이유가 있었다고 핑계를 댑니다. 그러나 우리가 바라보는 성공한 모든 사람들에게도 우리가 겪는 어려움과 동일한 아픔이 있었고 더 큰 역경과 고난이 있었습니다.

변호사 시절의 링컨 대통령도 자신을 세상에서 가장 비참한 인간이라고 표현하며 자살을 시도했던 적이 있었습니다. 실패에 대한 두려움이 없는 사람은 아무도 없습니다. 다만 실패에 대한 두려움을 잘 극복하는 사람들이 있을 뿐입니다.

하나님이라는 전능자에 대한 확실한 믿음만이 모든 의심과 두려움을 물리칠 수 있습니다. 푸른 초장으로 우리를 인도하시는 주님의 부름을 따르십시오.

♥ 주님! 주님을 향한 믿음으로 모든 역경을 이겨내게 하소서!
🙏 실패에 대한 좋지 않은 생각들을 모두 기도로 물리치십시오.

나의 영적 일지

1월 23일 편협한 시각

읽을 말씀 : 로마서 12:1-8

●롬 12:2 너희는 이 세대를 본받지 말고 오직 마음을 새롭게 함으로 변화를 받아 하나님의 선하시고 기뻐하시고 온전하신 뜻이 무엇인지 분별하도록 하라

　미국에 욕조가 처음으로 소개 된 것은 1842년입니다.
　크리스마스 파티 때 신시내티에서 최초로 공개된 욕실은 다음날 전국적으로 혹평을 받았습니다. 욕조를 보고 온 기자들은 신문에 '사치에 가득한 허영이 만들어낸 발명품'이라고 기사를 실었으며 대부분의 의사들은 욕조가 건강에 좋지 않은 영향을 미칠 것이라고 견해를 나타냈습니다.
　정치인들도 호의적이지 않아 필라델피아에서는 주 의회가 약 4달 동안 욕조를 사용한 목욕을 금지하는 법령을 선포하기도 했습니다.
　또 어떤 도시는 욕조를 가진 집에 특별세를 내게 했으며, 어떤 도시는 욕조를 구입할 때마다 세금을 내도록 법령을 제정했습니다. 그러나 지금은 욕조가 없는 집이 없으며 목욕이 건강과 위생에 좋다고 의사들도 적극적으로 목욕을 권장하는 시대가 되었습니다.
　세상의 모든 것은 빠르게 변하지만 하나님의 사랑은 결코 변하지 않습니다. 편협한 시각으로 진리를 제한하지 말고 변치 않는 주님의 사랑만 품으십시오.

♥ 주님! 변하지 않는 하나님의 진리를 깨닫게 하소서!
📖 세월이 흘러도 복음의 본질은 변하지 않음을 기억하십시오.

나의 영적 일지

무조건적인 사랑

읽을 말씀 : 골로새서 1:9-14

●골 1:13 그가 우리를 흑암의 권세에서 건져내사 그의 사랑의 아들의 나라로 옮기셨으니

1월 24일

　'고아와 거지의 어머니'로 불리던 윤학자 여사님은 한국뿐 아니라 세계적으로 평화의 아이콘으로 부각되고 있습니다.

　원래 일본사람이었던 윤학자 여사는 56세의 많지 않은 나이에 생을 마감했지만 그동안 3천 명이 넘는 고아들을 거두어 돌보고 키운 놀라운 헌신의 상징입니다.

　'거지 대장'으로 불린 윤치호 전도사님과 함께 평생을 사회적 약자들을 위해 살다 간 윤학자 여사님은 고아 없는 세상을 꿈꾸며 자신의 모든 것을 헌신했습니다. 고아들의 국적이나 종교, 건강 상태와 같은 어떤 조건도 따지지 않고 무조건 사랑으로 품었던 윤 여사님의 행적은 한국과 일본 양국에 모두 인정되어 생존해 계시던 63년도에는 대한민국 문화훈장을 수여받았고, 돌아가시기 1년 전인 67년에는 일본정부의 남수훈장을 수여받았습니다. 그러나 이런 훈장보다 더욱 값진 유산은 남편과 함께 꾸리던 공생원으로 윤 여사가 돌아가신지 50년이 지났지만 지금에도 17개 시설에서 천 명이 넘는 어린이와 장애인들이 보살핌을 받고 있습니다.

　조건을 따지지 않고 실천했던 사랑의 모습은 지금도 커다란 결실을 맺고 있습니다. 기독교가 진정으로 위태롭다고 평가받는 이 시대의 우리 모두가 가져야할 모습은 바로 평화를 위한 헌신과 무조건적인 사랑의 모습입니다. 주님의 사랑으로 이웃을 품으십시오.

♥ 주님! 죽음에서 우리를 건지신 주님의 사랑을 늘 찬양하게 하소서!
🕮 주님이 주신 놀라운 사랑을 기도함으로 묵상하십시오.

나의 영적 일지

1월 25일
쌓이기만 하는 은혜

읽을 말씀 : 누가복음 14:16-24

● 눅 14:24 내가 너희에게 말하노니 전에 청하였던 그 사람들은 하나도 내 잔치를 맛보지 못하리라 하였다 하시니라

    세계에는 우리가 상상 할 수 없는 다양한 목적의 기부금이 있습니다.
    유럽의 한 지역에는 양털을 다듬는 사람들을 위한 기부금이 있었습니다. 그러나 지난 150년 동안 양털을 다듬는 일을 직업으로 가진 사람이 없었다고 합니다. 그래서 150년 동안 사람들이 낸 기부금은 모두 고스란히 은행의 계좌에 들어있었습니다.
    미국에는 북아프리카의 해협에서 해적에게 잡힌 미국 선원을 구출하기 위해서 몸값을 기부하는 모금이 있었습니다. 그러나 실제로 어떤 해적이 어떤 선원을 잡았고, 몸값을 어디로 보내야 하는지에 대해서는 아무도 모른다고 합니다.
    영국의 한 지역에서는 아일랜드의 코르크 지방에 있는 7명의 연로한 교인들을 위한 기부금이 있었습니다. 그러나 막상 기부금이 모여서 전달을 하려고 해도 그 지역에는 신앙을 가진 노인들이 한 명도 없었다고 합니다. 저마다 다양한 명목의 기부금이었고, 실제로 모인 금액도 있었으나 막상 전달할 실체가 없었습니다.
    우리를 향한 하나님의 사랑도 매일 풍성하게 다가오지만 우리가 그것을 받지 않는다면 아무 소용이 없습니다. 하나님의 풍성한 은혜를 쌓아두기만 하지 말고 믿음으로 하나님의 자녀가 되는 권세를 누리십시오.

♥ 주님! 언제나 나를 향하고 있는 하나님의 사랑을 외면하지 않게 하소서!
🙏 나에게 주시는 하나님의 은혜를 적용하고 실천하십시오.

나의 영적 일지

끊임없는 연습

읽을 말씀 : 히브리서 3:7-13

● 히 3:13 오직 오늘이라 일컫는 동안에 매일 피차 권면하여 너희 중에 누구든지 죄의 유혹으로 완고하게 되지 않도록 하라

　내한 공연을 가졌던 영국의 팝스타 레오 세이어는 한국에서도 유명했던 가수입니다.
　1970년대 'When I need you'라는 곡으로 큰 인기를 끌었던 레오는 그래미 R&B 부문에서 최우수상을 받았을 정도로 인기가 많았지만 기나긴 슬럼프에 빠져 2번이나 재기에 성공한 특이한 이력을 가지고 있습니다.
　내한 했을 때 기자들이 히트곡을 낸 뒤 곧바로 빠진 슬럼프를 극복하는 비결이 무엇이냐고 묻자 그는 '아직 최고의 순간은 오지 않았다'라는 생각을 가지고 지속적으로 도전하는 것을 비결로 꼽았습니다. 그리고 또 한 가지 데뷔한지 30년이 지났지만 아직도 여전히 감미롭고 풍부한 성량의 목소리를 유지하는 방법이 무엇인지에 대한 질문에 대해서는 '멈추지 않고 하는 끊임없는 연습뿐'이라고 대답했습니다.
　이미 수많은 히트곡을 냈고, 또 실력으로도 인정받은 가수였지만 그는 아직도 더 나은 곡을 쓰고 부를 날을 기대하고 있고, 또 노력하고 있었습니다.
　좋은 재능을 유지하기 위해서도 끊임없는 노력이 필요한 것처럼 우리의 믿음도 이와 같이 단련해야 합니다. 하나님께 더 가까이 간다는 마음으로 매일의 경건생활을 더욱 소중히 여기십시오.

♥ 주님! 날이 갈수록 주님을 향한 사랑이 깊어지게 하소서!
✿ 매일 같은 시간에 하는 경건생활을 통해 신앙을 지키십시오.

나의 영적 일지

1월 27일
수직에서 수평으로

읽을 말씀 : 마태복음 23:1-12

● 마 23:11 너희 중에 큰 자는 너희를 섬기는 자가 되어야 하리라

중고등학생들을 대상으로 크게 인기를 끌고 있는 어떤 브랜드가 있습니다.

그런데 어떤 중학교에서는 해당 브랜드의 점퍼를 입는 학생들끼리 모여서 패거리를 만들고 또 그 집단 내에서 점퍼의 가격대에 따라서 패거리 내의 계급을 나누는 일이 일어났습니다. 이 학교의 어떤 학생들은 그 패거리에 들고 싶어서 같은 브랜드의 비싼 옷을 입고, 또 다른 학생은 친구들의 옷을 뺏기도 했습니다.

또 성인이 되면 타고 다니는 차에 따라서 등급이 생긴다고 합니다. 다들 겉으로는 드러내고 말은 안하지만, 타고 다니는 차가 소형인지 중형인지, 국산인지 외제인지가 배우자의 선택에서 있어서도 점점 중요한 요소로 자리매김하고 있다고 합니다. 그러나 한국 사회에서 이런 식의 보이지 않는 수평적 지휘체계는 비단 특정 연령의 문제만은 아닙니다. 단지 옷에서 차, 집과 취미 등으로 종류만 바뀔 뿐 이런 보이지 않는 계급과 차별은 어떤 식으로든 존재하고 있습니다.

사람이 가진 것이 아니라 그 사람이 하는 일에 따라서 평가받아야 한다고 아인슈타인은 말했습니다. 오늘 날의 우리 사회에서 양극화 현상이 점점 심해지고 있지만 최소한 우리 그리스도인들만이라도 이런 세태에서 벗어나 진실한 모습으로 사람됨을 판단할 줄 알아야 합니다. 하나님은 우리를 모두 동일하게 지으신 분이라는 사실을 기억하십시오.

♡ 주님! 잘못된 편견으로 사람을 판단하지 않게 하소서!
❀ 많은 가지려고 하기보다 많은 사람을 행복하게 하는 일을 하는 사람이 되십시오.

나의 영적 일지

기도와 구원

읽을 말씀 : 마태복음 21:18-22

● 마 21:22 너희가 기도할 때에 무엇이든지 믿고 구하는 것은 다 받으리라 하시니라

1월 28일

미국 초창기의 영적 지도자였던 요나단 에드워드 목사님은 항상 다음과 같은 기도를 드렸습니다.

"주님, 더욱 많은 사람들의 영혼을 전도할 수 있게 되기를 원합니다. 그러나 먼저 저의 가정과 자손만큼은 빠짐없이 구원받게 되기를 간절히 기도합니다."

그리고 요나단 에드워드 목사님으로부터 3대가 지난 후 목사님의 기도 제목을 알고 있던 어떤 학자가 목사님의 가계도를 상세히 조사했습니다. 그리고 조사 결과 목사님으로부터 3대에 걸친 모든 사람이 독실한 크리스천이라는 사실을 알게 되었습니다.

또 영국의 귀족이었던 벡스턴 여사는 '우리 가문이 언제나 주님의 일을 돕는 가문이 되게 하소서'라고 평생을 기도했고, 이 기도 역시 벡스턴 가문에서 교계에 큰 도움을 주는 사람이 45명이나 배출되면서 이루어졌습니다.

영혼을 위한 간절한 기도를 하나님은 정말로 들어주십니다. 영혼을 위한 뜨거운 기도와 성령님의 인도하심을 따라 실천하는 용기만이 한 영혼을 구할 수 있습니다. 영혼의 구원을 위해 늘 기도하는 성도가 되십시오.

♥ 주님! 무엇보다 소중하고 귀한 기도제목은 영혼의 구원임을 알게 하소서
🙏 가족과 친구의 영혼 구원을 위해 하나님께 간절히 기도하십시오.

나의 영적 일지

1월 29일

주변을 먼저 살피라

읽을 말씀 : 야고보서 1:19-25

● 약 1:22 너희는 말씀을 행하는 자가 되고 듣기만 하여 자신을 속이는 자가 되지 말라

  어떤 남자가 구제 사업을 하는 목사님을 찾아와 말했습니다.
  "목사님, 사실 제 주위에 정말로 구제가 필요한 사람이 있어서 말씀드리러 왔습니다."
  너무나 다급해 보이는 모습에 목사님은 약속이 있었지만 잠시 미루고 얘기를 들어주었습니다.
  "제가 아는 사람은 너무나 가난해서 집세를 제대로 낼 수가 없습니다. 아버지는 돌아가셨고, 어머니도 병약하십니다. 아이들도 세 명이나 있기에 집안일을 꾸리는 것이 쉽지 않습니다. 무엇보다도 이번 달까지 5달이나 밀린 집세를 내지 못하면 그들 가정은 거리로 내쫓기고 맙니다."
  "저런, 너무나 딱한 사정입니다. 그런데 그 사람이 누구 이길래 그렇게 사정에 대해서 잘 알고 계십니까?"
  목사님의 질문에 그 사람이 대답했습니다.
  "그것은 제가 바로 그 사람이 세든 집의 주인이기 때문입니다."
  자신이 손해 보지 않고 남을 도울 수는 없습니다. 헌신에는 반드시 물질이나 시간, 감정과 같은 부분의 소모가 필요합니다. 남을 위한 헌신을 결심하고 먼저 주변부터 챙기는 성도가 되십시오.

  ♡ 주님! 기도와 더불어 실제로 돕는 일에도 인색하지 않게 하소서!
  🎔 가까운 사람 중에 급한 도움이 필요한 사람은 없는지 생각해보십시오.

나의 영적 일지

아프리카의 회복

읽을 말씀 : 데살로니가후서 3:1-5

●살후 3:1 끝으로 형제들아 너희는 우리를 위하여 기도하기를 주의 말씀이 너희 가운데서와 같이 펴져 나가 영광스럽게 되고

케냐의 나이로비에는 '레제샤 프레이즈'라는 찬양팀이 있습니다.
노래에 재능이 있는 케냐의 젊은 청년들이 모여서 만든 합창단인데 매일 오전 9시부터 모여서 거의 하루 종일 노래를 연습하곤 합니다. '레제샤 캠페인'의 일환인 이 팀을 만든 것은 이용주 선교사님인데 국제 구호단체인 팀앤팀의 대표이기도 한 선교사님은 아프리카엔 물과 교육, 식량뿐 아니라 영혼을 울리는 찬양도 반드시 필요하다는 생각으로 팀을 만들었습니다.
'레제샤'는 회복, 부흥이라는 뜻의 스와힐리어로 주로 아프리카 동쪽 지역에서 사용되는 뜻입니다. 그리고 그 이름 그대로 레제샤 프레이즈팀은 아프리카를 위한 노래를 부르며 열악한 지역을 찾아가 자신들의 달란트로 지역의 아동들을 가르치고 노래로 주민들을 위로합니다. 또한 어려운 환경 속에서도 선교에 적극적이어서 한국에 와서 윤복희 권사님과 헤리티지콰이어 등의 유수의 팀과도 공연을 한 적이 있습니다.
아프리카가 바로 서기 위해선 식량도 필요하지만 사람도 세워져야 합니다. 아프리카가 바로 서기 위해선 복음도 필요하지만 문화도 필요합니다. 어둠의 땅으로 불리는 아프리카에 진리가 선포될 수 있도록 깊은 관심을 가지고 그 땅의 영혼들을 위해 기도해주십시오.

♥ 주님! 복음을 알지 못하는 모든 지역을 위해 깨어 기도하게 하소서!
✿ 아프리카의 회복과 열방의 회복을 위해 오늘 기도하십시오.

나의 영적 일지

1월 31일

처음 사랑 그대로

읽을 말씀 : 야고보서 1:12-18

● 약 1:17 온갖 좋은 은사와 온전한 선물이 다 위로부터 빛들의 아버지께로부터 내려오나니 그는 변함도 없으시고 회전하는 그림자도 없으시니라

    네덜란드 암스테르담에 결혼 50주년을 맞은 한 부부가 있었습니다.
    금슬이 좋았던 부부는 마을 사람들을 초청해 조촐한 파티를 벌였습니다. 사람들은 모두 부부의 기념일을 진심으로 축하해 주었고, 또 많은 선물을 가져왔습니다. 그렇게 축하의 분위기가 무르익었을 때 부부는 방에 들어가 작은 꽃병을 들고 나왔습니다. 그 꽃병은 매우 낡았을 뿐 아니라 이미 깨져버린 상태였습니다. 사람들은 꽃병을 가지고 나온 이유를 궁금해했습니다. 곧 아내가 그 꽃병을 들고 사람들에게 말했습니다.
    "남편이 제게 청혼을 한지 정확히 51년이 지났습니다. 처음 남편에게 프로포즈를 받았을 때 전 너무 놀라서 탁자 위에 있는 꽃병을 깨트리고 말았습니다. 그 꽃병이 바로 이 꽃병입니다. 그리고 저는 50년의 결혼생활 내내 이 꽃병을 바라보며 처음 결혼을 결심했을 때의 사랑과 마음을 되새기며 지금까지 살아왔습니다."
    그 자리에 있던 사람들은 부부가 어떻게 50년 넘게 계속해서 좋은 관계와 사랑을 유지할 수 있었는지에 대한 비법을 알 수 있었습니다.
    꽃병을 통해 첫 사랑의 감격을 잊지 않았던 부부처럼 우리도 주님과의 첫사랑의 감격을 잊지 말아야 합니다. 깨진 꽃병을 늘 보관했던 부부처럼 주님의 십자가를 늘 가슴 속에 품고 계십시오.

♥ 주님! 변함이 없는 주님의 사랑을 늘 바라보게 하소서!
📖 구원받았던 때의 감격의 순간을 떠올리며 주님께 감사하십시오.

나의 영적 일지

은혜와 긍휼과 평강이
하나님 아버지와 아버지의 아들
예수 그리스도께로부터 진리와
사랑 가운데서 우리와 함께 있으리라
요이 1:3

2월

2월 1일

태도가 이룬 성공

읽을 말씀 : 베드로전서 4:7-19

● 벧전 4:13 오히려 너희가 그리스도의 고난에 참여하는 것으로 즐거워하라 이는 그의 영광을 나타내실 때에 너희로 즐거워하고 기뻐하게 하려 함이라

어려운 가정환경에서 태어났지만 열심히 일했던 소년이 있었습니다.
소년은 아무리 힘든 상황이라 해도 하나님을 믿고 성실하게 산다면 반드시 성공을 할 수 있다고 생각했습니다. 그리고 소년은 그렇게 생각만 하지 않고 실천했습니다.
찢어지게 가난한 집안이었지만 번 돈의 십일조를 반드시 지켰으며, 푼돈을 위해 허드렛일을 하더라도 최선을 다했고, 그 일을 통해 무언가 배울 것이 있다고 믿고 열심히 노력했습니다.
처음에는 이런 노력이 아무런 성과도 내지 못하는 것 같았습니다. 어떤 사람들은 십일조를 하지 말고 차라리 저금을 하라고 말했습니다. 그러나 소년은 30세가 되는 해에 '모빌 런치'라는 식재료 회사를 세웠고, 곧 이어 던킨도너츠라는 회사를 세워 세계적인 브랜드로 키웠습니다. 던킨도너츠의 창업자인 로젠버그는 자신의 72세의 생일 파티에서 다음과 같이 말했습니다.
"나는 가난했고, 배우지 못했습니다. 그러나 항상 하나님께서 저의 부족함을 채워주셨습니다. 성공은 지식에 있지 않고 태도에 있다고 저는 믿고 있습니다."
모든 일에 하나님의 뜻이 있을 것이라는 믿음과 그 믿음을 실천하는 행동, 우리의 인생의 모든 해답과 성공의 길이 바로 거기에 있습니다. 하나님을 경외하는 마음으로 모든 일을 행하십시오.

♥ 주님! 고난 속에서도 최선을 다할 수 있는 마음을 주소서!
📖 최악의 상황에서도 최선을 행하실 하나님을 믿고 의지하십시오.

나의 영적 일지

진정한 성도의 자세

읽을 말씀 : 로마서 12:17-21

●롬 12:17 아무에게도 악을 악으로 갚지 말고 모든 사람 앞에서 선한 일을 도모하라

　세계 문화재를 관리하는 유네스코는 유엔에 소속되어 있는 산하기관입니다.
　유네스코의 회원국이 되면 운영기금을 각자 나라의 규모에 맞게 부담하게 되는데, 미국이 분담하는 규모는 25%로 총예산의 4분의 1이나 되는 기금을 부담하고 있습니다. 그러나 이렇게 많은 금액을 기부해도 유네스코의 중요 안건에 대한 미국의 요청은 대부분 부결되었기 때문에 1984년에 레이건 대통령은 유네스코에서 탈퇴를 하는 결정을 내렸습니다. 그러나 여론조사 결과 미국 국민들은 미국이 유네스코에서 탈퇴를 하는 것은 결코 잘하는 일이 아니라고 생각했습니다. 강대국은 국제 무대에서 손해를 보더라도 책임을 져야 할 일이 있다는 것이 그 이유였습니다. 이런 여론은 들끓듯이 일어나지는 않았지만 차분히 미국 전역으로 퍼지기 시작했고 결국 미국은 2003년도에 유네스코에 재가입을 하고 22%의 분담금을 내기로 다시 결정했습니다.
　교계의 여러 가지 불미스러운 일들로 성도들도 걱정이 많습니다. 같은 믿음을 가진 성도들끼리도 반목하고 의무를 저버리는 삐지는 일들도 일어나고 있습니다. 그러나 진정한 성도라면 그런 아픔을 보듬고 회복시키려는 노력을 해야 합니다. 세상의 빛이 되는 복음에 관심을 갖고 기도하십시오.

♥ 주님! 흔들림 없는 성도의 자세를 늘 잊지 않게 하소서!
🧩 말씀을 실천하는 성도의 본모습을 어떤 상황에서도 잊지 마십시오.

나의 영적 일지

2월 3일 — 천만 명이 느낀 감동

읽을 말씀 : 로마서 12:9-11

● 롬 12:11 부지런하여 게으르지 말고 열심을 품고 주를 섬기라

  '코리아 갓 탤런트'라는 오디션 프로그램에 나왔던 최성봉 씨의 동영상이 세계적인 이슈가 되고 있습니다.
  최성봉 씨는 3살 때 고아원에 버려져 학대를 견디다 못해 5살에 도망을 나왔습니다. 정상적인 삶을 사는 것도 아주 힘든 상황이었지만 노래라는 꿈을 포기하지 않고 대전예고까지 겨우 졸업을 했습니다. 고아원에서 도망을 나온 뒤 건물 계단과 공중 화장실에서 잠을 자며 거리에서 껌을 팔고 막노동을 하며 부여잡은 마지막 한 줄기 희망이었습니다.
  방송사가 최성봉 씨의 인생사에만 너무 초점을 맞춰 편집을 해 고등학교를 졸업한 사실이 나중에 알려져 잠깐 논란이 일기도 했지만 최성봉 씨가 겪은 고난과 노래에 대한 열정만큼은 누구도 부인할 수 없는 진짜였습니다. 최성봉 씨가 출연한 방송분과 그의 어려운 인생사는 인터넷에 자막과 함께 올라가 세계적으로 천만 명이 넘는 사람들이 동영상을 보는 등의 엄청난 관심을 끌었습니다. CNN 방송은 20대의 한 한국인이 오디션 프로그램에 출연해 뛰어난 가창력으로 한국 뿐 아니라 전 세계인들에게 감동을 주고 있다고도 보도했습니다.
  진실한 도전과 노력은 수많은 사람들에게 감동을 줍니다. 작은 희망과 단 한 번의 기회가 전 세계인들에게 큰 감동을 주었습니다. 작은 일에도 최선을 다하는 모습으로 많은 사람들에게 희망을 주십시오.

♥ 주님! 최선을 다하는 열정으로 시련을 극복하게 하소서!
🖼 환경을 이유로 꿈과 비전을 포기하지 마십시오.

나의 영적 일지

비전 있는 비전트립

읽을 말씀 : 마태복음 11:1-6

● 마 11:1 예수께서 열두 제자에게 명하기를 마치시고 이에 그들의 여러 동네에서 가르치시며 전도하시려고 거기를 떠나 가시니라

해외에 짧은 기간 동안 선교를 다녀오는 비전 트립이 한국 교회의 새로운 트렌드로 자리매김하고 있습니다.

다음은 예장 통합의 세계선교부가 발표한 성공적인 비전 트립을 위한 일곱 가지 조언입니다.

1. 조건 없는 섬김의 자세를 가질 것.
2. 현지 선교사와 꾸준하게 연락할 것.
3. 맡은 일은 철저하게 준비할 것.
4. 계획을 고집하지 말고 유연한 사고방식을 가질 것.
5. 매사에 비판적인 자세를 피할 것.
6. 먼저 나서서 돕는 적극적인 자세를 가질 것.
7. 겸손하고 순종적인 태도를 보일 것

선교인지 멤버십 트레이닝인지의 구분조차 명확하지 않은 잘못된 비전 트립은 현지 선교에 득이 되지 않고 독이 되기도 합니다. 철저한 계획과 준비로 현지인들에게도 기쁨이 되고 복음도 충실히 전하고 올 수 있는 비전 트립을 준비하십시오.

♥ 주님! 해외로 퍼져나가는 복음을 위해 늘 기도하게 하소서!
※ 세계 선교에 관심을 갖고 단기 선교 프로그램에 참여할 계획을 세워보십시오.

나의 영적 일지

2월 5일 마음속의 십자가

읽을 말씀 : 갈라디아서 5:16-26

● 갈 5:24 그리스도 예수의 사람들은 육체와 함께 그 정욕과 탐심을 십자가에 못 박았느니라

분노를 다스리지 못하는 성격 때문에 고민하는 목회자가 있었습니다.

목회자는 자신의 문제를 해결할 수 있는 방법이 무엇인지 고민을 하며 마을을 산책하고 있었습니다. 마을의 우물 쪽을 지나가던 성직자는 한 여인을 물을 길다 이상한 행동을 하는 것을 보았습니다. 여인은 자신이 가져온 물통에 물을 가득 담은 뒤에 작은 나뭇잎을 씻어서 한 장씩 넣고 있었습니다. 목회자는 여인에게 다가가 물었습니다.

"물통 안에다가 나뭇잎을 띄우는 이유가 무엇입니까?"

"물통의 나뭇잎을 흔들리지 않게 신경을 쓰면 물통의 물이 넘치지 않게 하면서 집까지 안전히 가지고 갈 수 있기 때문입니다."

목회자는 이 여인의 대답을 통해 자신의 문제에 대한 해답을 얻었습니다,

'나뭇잎을 떨어트리지 않으려고 노력하면 물을 흘리지 않는다. 내 마음속에 십자가를 띄우고 그것을 흔들리지 않게 노력하면 모든 것이 해결되겠구나!'

감정적인 모든 문제와 어려움은 우리가 더욱 주님 안에 거하고 있지 않을 때에 생겨납니다. 문제가 커져나갈 수록 더욱 주님께로 나아가십시오.

♥ 주님! 십자가를 통해 변화된 삶을 살아가게 하소서!
🙏 나의 마음 속에 주님을 모셨다는 사실을 잊지 마십시오.

나의 영적 일지

온라인 중독의 예방

읽을 말씀 : 고린도전서 1:1-9

2월 6일

● 고전 1:9 너희를 불러 그의 아들 예수 그리스도 우리 주와 더불어 교제하게 하시는 하나님은 미쁘시도다

   우리나라의 청소년 중 약 20~30%와 대학생의 10%가 게임과 인터넷 중독으로 인해 일상생활의 어려움을 겪고 있다고 합니다. 인터넷 중독예방 상담센터에서는 자녀들의 컴퓨터 중독을 막기 위해서 도움이 되는 7가지 지침을 다음과 같이 발표했습니다.
  1. 부모 스스로 모범이 된다.
  2. 컴퓨터를 하는 시간을 자녀와 함께 합의해 정한다.
  3. 적절한 운동과 야외활동을 규칙적으로 한다.
  4. 컴퓨터를 거실과 같이 공개된 장소로 옮긴다.
  5. 모니터 앞에서 식사와 군것질을 하지 못하게 한다.
  6. 자녀가 하고 있는 게임에 대한 정보를 파악한다.
  7. 체벌보다 사랑이 좋은 해결방법임을 잊지 않는다.
   인터넷에 빠질수록 인간관계의 즐거움과 소중함을 알지 못하게 됩니다. 귀한 시간을 자녀들뿐 아니라 부모님들 스스로도 낭비하지 않기 위해서 노력해야 합니다. 서로 교제하고 하나님을 예배하는 귀한 일에 시간을 사용하십시오.

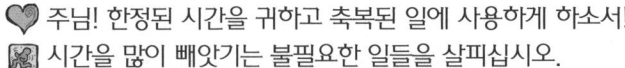

♥ 주님! 한정된 시간을 귀하고 축복된 일에 사용하게 하소서!
❀ 시간을 많이 빼앗기는 불필요한 일들을 살피십시오.

나의 영적 일지

2월 7일 깨달음이 나타나는 삶

읽을 말씀 : 마태복음 13:18-23

● 마 13:23 좋은 땅에 뿌려졌다는 것은 말씀을 듣고 깨닫는 자니 결실하여 어떤 것은 백 배, 어떤 것은 육십 배, 어떤 것은 삼십 배가 되느니라 하시더라

    못생긴 얼굴로 인해 고민하는 한 소년이 있었습니다.
    소년은 자신이 못생겼기 때문에 절대로 행복할 수 없을 것이라고 생각했습니다. 심한 자괴감에 빠져 살던 소년은 다행히 나중에 하나님을 만나고 이런 자괴감에서 빠져나오게 됩니다. 더불어 외적인 미는 참된 아름다움이 아니며, 오히려 내면의 아름다움이 훨씬 중요하다는 사실을 깨닫게 됩니다.
    그리고 성인이 되어 자신의 문학적 재능을 통해 내적인 아름다움의 중요성을 사람들에게 알리기 위해 노력했고, 훗날 세계적인 대문호의 자리에까지 오르게 되었습니다. 러시아의 작가 톨스토이의 이야기입니다.
    톨스토이는 자신의 못난 모습이 결코 아름다워질 수 없을 것이라고 생각을 했지만 하나님이 자신을 아름답게 만들어주셨다고 고백했습니다.
    하나님이 우리를 얼마나 귀하게 창조하셨는지는 하나님을 만날 때에만 깨달을 수 있습니다. 자신의 신앙적 체험을 톨스토이는 자신의 재능으로 나타냈습니다. 개인의 신앙적 체험을 친절과 사랑, 그리고 봉사와 여러 가지 재능이나 은사들로 나타내십시오.

♡ 주님! 말씀을 통해 하나님의 크신 뜻을 깨달아가 가게 하소서!
🕮 세상이 나에게 내리는 평가에 신경 쓰지 말고 하나님께 집중하십시오.

나의 영적 일지

성공을 부르는 봉사

읽을 말씀 : 로마서 14:13-18

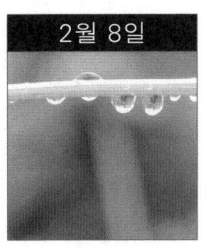

● 롬 14:18 이로써 그리스도를 섬기는 자는 하나님을 기쁘시게 하며 사람에게도 칭찬을 받느니라

    미국의 애틀랜틱시티는 동부의 라스베이거스라고 불리는 유명한 여름 휴양지입니다.
    휴가철만 되면 전 세계의 젊은이들이 이곳으로 휴양을 하기 위해 찾아옵니다. 그리고 해변에 위치한 특성상 많은 사람들이 젖은 수영복과 모래가 묻은 맨발로 이곳의 상가와 음식점을 돌아다닙니다.
    모래가 들어오면 청소하기가 힘들고 수영복 물기는 의자를 더럽게 하기 때문에 모든 가게들을 문 앞에 '맨발로 출입 금지', '슬리퍼를 신지 않거나 상의를 탈의한 분들에게는 음식을 팔지 않습니다'와 같은 문구를 붙여놓습니다. 그러나 이런 상황에서 완전히 다른 생각으로 큰돈을 번 식당이 있었습니다. 그 식당은 문 앞에 이렇게 써놓았습니다.
    '맨발 환영, 수영복 환영, 모래와 물기는 우리가 청소하겠습니다'
    손님을 위해 희생할 수 있는 사람이 물건을 팔 수 있습니다. 믿지 않는 사람들을 위해서 봉사를 하는 성도들만이 복음을 전할 수 있습니다. 복음을 위해 봉사하는 노력을 아까워하지 마십시오.

♥ 주님! 주님을 위한 봉사와 헌신을 기꺼이 하게 하소서!
❀ 복음을 전하는 일들에 대해서는 더욱 겸손히 섬기십시오.

나의 영적 일지

2월 9일

최초의 발자취

읽을 말씀 : 누가복음 12:42-48

● 눅 12:42 주께서 이르시되 지혜 있고 진실한 청지기가 되어 주인에게 그 집 종들을 맡아 때를 따라 양식을 나누어 줄 자가 누구냐

우리나라 역사상 처음으로 발급된 비자가 최근에 발견되었습니다.

'호조'라는 이름으로 불렸던 당시의 비자는 조선이 외국인에게 발급한 최초의 비자였습니다. 병인양요 이후 개화가 본격화되면서 당시의 정부가 외국인에게 비자를 허락한 것으로 1890년 2월 달에 발급되었다고 합니다.

이 비자를 발급받은 것은 호주인 헨리 데이비스였는데, 그는 호주에서 최초로 한국에 온 선교사였습니다. 비자를 발급받은 그는 곧바로 부산으로 내려가 복음을 전하며 선교 활동을 벌였습니다. 학자들은 호조가 발견된 것은 이번이 처음이지만 이 호조가 발급된 전후로도 몇 번이 더 발급되었으며 그들은 모두 외국에서 선교를 목적으로 한국을 찾은 사람들일 것이라고 말했습니다.

지금처럼 한국에 복음이 널리 퍼질 수 있던 것은 위험을 무릅쓰고 한국을 찾아와 복음을 전해준 용기 있는 선교사들이 있었기 때문입니다. 복음을 전할 수 있는 곳이라면 어디든 찾아갔던 것은 바로 예수님의 발자취였고, 사도들의 발자취였고, 우리나라 초기에 도착한 선교사들의 발자취였습니다. 복음의 전파를 두려워하지 않는 최초의 발자취를 따르십시오.

♥ 주님! 복음의 발자취를 이어나가는 귀한 삶을 살아가게 하소서!
🙏 복음 전파가 모든 그리스도인의 사명임을 잊지 마십시오.

나의 영적 일지

답이 없다고 생각될 때

읽을 말씀 : 시편121:1-8

● 시 121:4 이스라엘을 지키시는 이는 졸지도 아니하시고 주무시지도 아니하시리로다

'주는 나의 피난처'라는 책을 쓴 코리 텐 붐 여사는 2차 대전이 일어났을 당시 자신의 집에 유대인들을 숨겨주는 일을 했습니다. 그러나 한 유대인이 배신해 밀고하는 바람에 여사를 비롯해 온 가족이 아우슈비츠 수용소로 끌려가 고난을 겪게 됩니다.

수용소에서도 말할 수 없는 핍박을 당했지만 전쟁이 끝나는 순간까지 여사는 믿음을 잃지 않았습니다. 그리고 수용소에서 나온 뒤에는 자신의 가족을 밀고했던 유대인과 고문을 했던 독일군까지 '주님이 주시는 사랑'으로 용서를 했습니다. 코리 텐 붐 여사는 끝까지 믿음을 지키고 사랑을 실천할 수 있던 이유에 대해서 다음과 같이 말했습니다.

"기차가 터널 속으로 들어갔다고 당신은 기차표를 찢거나 기차에서 뛰어내리지는 않을 것입니다. 눈앞이 보이지 않아 캄캄할 지라도 기관사를 믿고 기다리는 것이 최선의 방법입니다. 그리고 또 한 가지, 하나님의 사랑이 미치지 못할 만큼 깊은 수렁은 없습니다."

앞이 보이지 않는 터널 속이라도 주님은 일하고 계십니다. 주님의 능력이 하지 못하는 일은 없고 주님의 사랑이 미치지 못하는 곳은 없습니다. 답이 없다고 생각될 때 우리를 구원하고 이끄시는 분이 누구인지 생각하십시오.

♡ 주님! 주님의 사랑과 권능을 한시도 잊고 살아가지 않게 하소서!
📖 주님이 나에게 어떤 분이고 어떤 일을 하시는 분인지 깊이 생각해보십시오.

나의 영적 일지

2월 11일
두 개의 F

읽을 말씀 : 누가복음 11:1-4

● 눅 11:4 우리가 우리에게 죄 지은 모든 사람을 용서하오니 우리 죄도 사하여 주시옵고 우리를 시험에 들게 하지 마옵소서 하라

　온몸에 화상을 입은 추한 모습 때문에 'E.T. 할아버지'라고 불리던 채규철 선생님은 원래 장래가 유망한 젊은이였습니다.
　서울시립대학의 수의학과를 졸업한 뒤에 덴마크와 인도를 거쳐 유학까지 하고 한국에 돌아와 연구를 하며 교직에 몸을 담으려고 했지만 교통사고를 당해 온몸에 3도 화상을 입게 되었습니다. 27번이나 수술을 했지만 귀는 녹아 사라졌고, 손도 흉측하게 붙어버렸습니다. 한쪽 눈도 잃게 되어 의안을 해야 했습니다. 반대쪽 눈의 시력도 온전치는 않았습니다. 아이들은 채 선생님의 얼굴을 멀리서 보기만 해도 다른 길로 피했습니다. 좋은 스승이 되고 싶었던 채 선생님은 사고를 당한 뒤에 큰 좌절과 실망감에 사로 잡혀 있었습니다. 인생을 포기할까도 여러 번 생각했지만 '3일 동안만 볼 수 있다면'이라는 헬렌 켈러의 책을 보고는 다시 살아갈 희망을 찾았습니다. 그리고 자신과 같은 어려운 이웃들을 돕기 위한 일을 하기로 결심하고 청십자, 한벗회, 사랑의 장기 기증본부 같은 단체들에 들어가 2006년도에 돌아가시기 전까지 자신의 모든 것을 바치는 삶을 사셨습니다.
　"삶에는 용서(Forgive)와 잃어버림(Forget)이라는 두 개의 F가 필요합니다. 사고가 난 뒤의 그 고통을 잊고 용서하지 않았다면 난 지금처럼 살지 못 했습니다"라고 채 선생님은 말했습니다. 주님이 주신 새로운 사랑으로 과거의 고통스러운 일들은 모두 잊고, 또 용서하십시오.

♥ 주님! 주님께 받은 값없는 용서로 인해 남을 용서하게 하소서!
🙏 미워하는 마음이 있는 사람들을 생각하며 용서하며 축복하는 기도를 하십시오.

나의 영적 일지

한 사람을 말해주는 것

읽을 말씀 : 마가복음 9:42-50

● 막 9:42 또 누구든지 나를 믿는 이 작은 자들 중 하나라도 실족하게 하면 차라리 연자맷돌이 그 목에 매여 바다에 던져지는 것이 나으리라

알렉산더 플레밍은 페니실린을 발견한 과학자입니다.

당시 알렉산더가 페니실린을 발견한 것은 낡은 실험실 환경 덕분이었는데, 실험실 안으로 들어왔던 곰팡이 포자가 알렉산더가 배양중인 플라스크에 들어와서 페니실린을 발견할 수 있었기 때문입니다. 페니실린은 열악한 환경에서 최선을 다하던 과학자에게 찾아온 귀한 선물이었습니다. 그러나 이를 못마땅하게 여긴 어떤 동료 과학자가 알렉산더를 자신의 연구실로 초청했습니다. 돈이 많아 좋은 시설의 연구실을 갖추고 있었지만 별다른 업적은 없던 과학자였습니다. 그는 으리으리한 자신의 연구실을 알렉산더에게 보여주며 말했습니다.

"당신 같은 위대한 과학자에게 이런 훌륭한 시설이 없다니 참으로 안타깝습니다."

거들먹거리는 과학자의 태도에 알렉산더는 침착하게 대답했습니다.

"참으로 부러운 시설입니다. 그러나 이렇게 좋은 시설에서 흔한 업적 하나 쌓지를 못하다니 참으로 안타깝습니다."

과학자를 나타내는 것은 연구실 환경이 아니라 그가 연구한 결과와 업적입니다. 마찬가지로 한 사람을 나타내는 것은 그가 소유하고 이룬 것이 아니라 그가 하는 행동과 인품입니다. 인품과 실력으로 인정받는 사람이 되기 위해 노력하십시오.

♥ 주님! 영혼을 실족하게 하지 않는 사람이 되게 하소서!
🙏 거만하게 가진 것을 자랑하는 사람이 아니라 겸손하게 이루는 사람이 되십시오.

나의 영적 일지

2월 13일

분노의 폐해

읽을 말씀 : 에베소서 4:22-32

● 엡 4:26 분을 내어도 죄를 짓지 말며 해가 지도록 분을 품지 말고

화가 나면 참지 못하는 증상을 '충동조절장애'라고 합니다.

소위 '욱하는 성질'로 사람들이 말하는 이 증상은 유독 한국 사람들에게서 많이 발견된다고 합니다. 충동조절장애가 위험한 것은 화를 참지 못하는 경향이 다른 사람에게 피해를 주는 해로 발전되기 때문입니다. 이 증상이 심해지면 타인에게 해가 될 것을 알면서도 참지 못하는 단계를 넘어서서 타인에게 해를 주고 싶다는 욕구가 생기는 증상까지 일어난다고 합니다. 대부분 우리 주위에서 '다혈질'로 불리는 이런 사람들은 조금이라도 자기방어기능이 약해진다면 언제든지 위에서 말한 심각한 상태로 나빠질 가능성이 있는 사람들입니다. 또한 충동조절장애는 꼭 분노와 거친 말로만 나타나는 것이 아니라 도벽과 방화, 도박, 쇼핑 중독과 같은 형태로도 발전됩니다. 삼성서울병원 정신과의 강은호 교수는 성장기의 잘못된 양육으로 자기조절능력이 떨어진 경우에 이런 증상이 발생하기도 하며, 방송과 영화와 같은 문화들이 인간의 충동성과 공격성을 부추기는 데 큰 원인이 있다고 말했습니다. 그리고 이런 증상이 심한 경우에는 약물치료를 받아야 하지만 무엇보다도 스트레스와 화를 품지 않고 털어내려는 개인의 노력이 가장 중요하다고 말했습니다.

온전히 나를 내려놓지 못할 때 화와 분을 참을 수가 없게 됩니다. 분노는 많은 해를 주지만 조금의 유익도 주지 못합니다. 나를 더 내려놓고 중심을 예수님과 성령님께 맡기십시오.

♡ 주님! 분노로 인해 잘못된 행동과 선택을 하지 않게 하소서!
❀ 분노의 감정을 자연스럽게 기도하며 주님께 맡기십시오.

나의 영적 일지

말씀이 일으킨 회심

읽을 말씀 : 베드로후서 3:1-9

● 벧후 3:9 주의 약속은 어떤 이들이 더디다고 생각하는 것 같이 더딘 것이 아니라 오직 주께서는 너희를 대하여 오래 참으사 아무도 멸망하지 아니하고 다 회개하기에 이르기를 원하시느니라

　사랑의교회에 다니고 있는 김용남 씨는 '정치깡패 용팔이'로 유명했습니다.
　작은 체구지만 골격이 튼튼하고 힘이 장사였던 김 씨는 전국적으로 유명한 싸움꾼이었습니다. 서울에서는 유흥업소를 관리하며 문제를 일으키는 사람들을 처리하는 해결사 역할을 하며 많은 조직들에게 스카우트 제의를 받기도 했습니다. 그러나 1987년도에 '용팔이 사건'으로 불리는 정치와 관련된 범죄에 행동대장을 맡았다가 수배가 되어 전국을 도망다니다가 교도소에 들어갔습니다. 전과 7범인 김 씨는 출소 뒤에도 할 수 있는 일이 없었고, 그나마 손대는 사업마다 모두 망했습니다. 돈이 너무 궁했던 김 씨는 평소에 알고 지내던 작곡가 조은파 씨를 찾아갔는데, 이때 조 씨의 권유로 사랑의교회 예배에 참석하게 되었습니다. 지금은 소천하신 옥한흠 목사님의 설교를 듣고 천국에 대해서 알고 자신의 죄를 회개하게 된 김용남 씨는 이때부터 신앙생활을 시작했습니다.
　2003년부터 시작한 성경 필사를 통해 중이염이 낫고 술, 담배를 끊게 되는 역사가 일어났고, 변화된 김용남 씨의 모습을 보고 온 가족도 교회에 나오기 시작했습니다. 한 번의 교회 출석으로 새로운 삶을 살게 된 김용남 씨는 수천억을 줘도 바꿀 수 없는 자신의 기쁨을 평생 동안 전하겠다며 간증을 통해 계속해서 사역을 하고 있습니다.
　한 번의 말씀이 평생의 신앙이 되었습니다. 지금 우리에게는 말씀이 어떤 의미로 다가오고 있을까요? 오늘 하루 큐티는 생명을 주시는 말씀임을 생각하며 더욱 깊게 한절 한절 묵상해 보십시오.

♥ 주님! 말씀을 통해 삶이 변화되는 놀라운 복을 주소서!
　매일 한 구절의 말씀이라도 깊이 묵상하는 시간을 가지십시오.

나의 영적 일지

2월 15일 이루어지는 꿈의 조건

읽을 말씀 : 누가복음 1:26-37

● 눅 1:37 대저 하나님의 모든 말씀은 능하지 못하심이 없느니라

　자동차의 도시로 유명한 미국의 디트로이트에는 포드 기념관이 있습니다.
　그 기념관에는 다음과 같은 글이 있습니다.
　「포드는 꿈을 꾸는 자였다.
　그리고 포드의 아내는 그 꿈을 돕는 자였다.」
　포드의 아내가 주급 20달러를 받으면서 일할 때 포드는 5달러의 주급을 받았다고 합니다. 포드가 마차가 아니라 기계로 가는 자동차를 만들겠다고 그마저도 일을 그만뒀을 때 한 마디의 싫은 소리도 하지 않고 그 꿈을 믿고 내조했던 것 역시 그의 아내였습니다. 포드의 아내가 없었으면 어쩌면 자동차 왕 헨리 포드라는 말은 생기지 않았을지도 모릅니다.
　꿈을 이루기 위해서는 불가능을 두려워하지 않는 도전정신이 필요합니다. 그리고 그 꿈을 믿어주고 격려해주는 사람이 있을 때 그 꿈이 이루어질 확률은 더욱 커집니다. 불가능한 꿈을 꾸고, 다른 사람의 꿈을 믿어주는 사람이 되십시오.

♥ 주님! 성도들의 큰 꿈을 이루실 주님의 능력을 의심하지 않게 하소서!
🎯 큰 꿈을 갖고 또 큰 꿈을 가진 사람들을 격려하십시오.

나의 영적 일지

불확실한 앞날

읽을 말씀 : 고린도전서 2:9-14

● 고전 2:14 육에 속한 사람은 하나님의 성령의 일들을 받지 아니하나니 이는 그것들이 그에게는 어리석게 보임이요, 또 그는 그것들을 알 수도 없나니 그러한 일은 영적으로 분별되기 때문이라

고대의 그리스에 현자로 알려진 솔론이라는 철학자가 있었습니다. 이웃나라 리디아의 왕이었던 크로이소스가 왕궁으로 솔론을 초청해 물었습니다.

"세상에서 제일 행복한 사람은 누구라고 생각하십니까?"

"아테네의 텔로스입니다. 그의 자녀들은 모두 훌륭하게 컸으며 가정은 화목했습니다. 그리고 나라를 위해 전쟁에 나가 전사함으로써 명예까지 얻었기 때문입니다."

"그럼 그 다음으로 행복한 사람은 누구입니까?"

"올림픽에서 월계관을 썼던 사람들입니다. 그들은 모두 자신의 노력으로 정점에 선 사람들입니다. 그 기분은 오직 그들만이 느낄 수 있는 것입니다."

자신을 내세우고 싶었던 왕이 솔론에게 다시 물었습니다.

"저는 세상에서 가장 많은 보물을 가지고 있는데 그럼 저는 얼마나 행복할 것 같습니까?"

"이미 죽은 사람의 업적은 다시 무너질 일이 없고 올림픽의 월계관은 분명히 이룬 사실입니다. 그러나 폐하의 보물은 앞으로 어떻게 될지 모릅니다. 비석이 서기 전까지 한 사람의 인생을 알 수는 없습니다."

인생의 앞날은 누구도 예측할 수 없습니다. 그러나 인생의 마지막과 그 뒤의 새로운 삶을 성도들은 분명히 알 수 있습니다. 주님의 약속이기 때문입니다. 주님의 약속을 통해 삶에 찾아오는 고난들을 이겨내십시오.

♥ 주님! 불확실한 인생 속에서 주님으로 인해 흔들리지 않게 하소서!
🌸 사람의 계획과 노력 위에 있는 주님의 약속을 믿으십시오.

나의 영적 일지

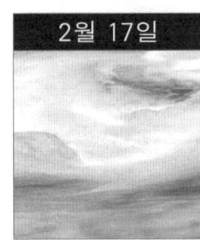

2월 17일 — 재기의 희망

읽을 말씀 : 로마서 5:5-11

● 롬 5:5 소망이 우리를 부끄럽게 하지 아니함은 우리에게 주신 성령으로 말미암아 하나님의 사랑이 우리 마음에 부은 바 됨이니

미국의 래드포드 교수는 2009년도 5월에 갑자기 당한 사고로 전신마비가 되는 사고를 당했습니다. 미국 뉴욕의 명문 사립대의 총장이자 부속 병원의 CEO였던 교수는 다행히 뇌는 다치지 않았지만 다시 이전의 생활로 돌아가는 것은 꿈도 꿀 수 없는 상황이었습니다. 그러나 전신마비를 이겨내고 재기하려는 교수의 강한 노력과 주변 사람들의 도움으로 3개월 만에 완벽하게 일선에 다시 복귀할 수 있었습니다. 사고 직후 마비된 몸도 재활에 대한 강한 의지와 훈련으로 지금은 왼손의 감각이 조금 돌아오게 되는 기적이 일어났습니다. 그리고 지금은 일어서는 것을 목표로 하고 있습니다. 왼손이 불편해 처음에는 목소리 인식 소프트웨어를 사용했지만 불편함을 극복하는 것도 재활의 일부라고 생각해 지금은 시간이 오래 걸려도 불편한 왼손으로 자판을 두드리고 있고 그 결과 오른쪽 손의 감각도 조금씩 돌아오고 있다고 합니다.

사고를 당한 슬픔과 어려움을 느낄 새도 없이 새로운 희망을 통해 어려움을 극복하고 있는 교수의 도전은 CNN과 지역 방송 등을 통해 수차례 방영되었으며 지난 해 한국에도 찾아와서 학술회에 참석하며 한국의 마비 장애인들에게 희망의 메시지를 전했습니다.

희망이 불가능을 가능하게 만듭니다. 할 수 없다는 생각만 버린다면 어떤 상황에서든지 예수님이 주신 가장 큰 선물인 삶이라는 축복을 우리는 누릴 수가 있습니다. 매 순간이 주님이 주신 귀한 선물이라는 사실을 잊지 마십시오.

♡ 주님! 거룩한 소망을 품고 꿈꾸게 하소서!
🖼 모든 상황에서 넘치는 축복을 주시는 주님을 오늘 경험하십시오.

나의 영적 일지

죄에 대한 반응속도

읽을 말씀 : 요한복음 8:31-36

● 요 8:34 예수께서 대답하시되 진실로 진실로 너희에게 이르노니 죄를 범하는 자마다 죄의 종이라

'미니어 폴리스'라는 미국의 한 잡지에서 인간의 반응 속도를 실험한 기사를 실은 적이 있었습니다.

한 사람이 1달러짜리 지폐의 한쪽 끝을 잡고 다른 사람은 다섯 손가락을 집게 모양으로 구부려 지폐의 가운데 초상화 부분이 있는 곳에 놓습니다. 손이 지폐에 닿아있진 않지만 아주 조금만 손을 오므리면 지폐를 잡을 수 있는 상황입니다. 이 상황에서 지폐의 끝을 잡고 있는 사람에게 갑자기 지폐를 놓으라고 합니다. 아주 쉽게 잡을 수 있을 것 같지만 실제로는 90% 이상이 잡지 못한다고 합니다. 일반인의 반응 시간은 약 0.7초 정도 되기 때문에 지폐가 떨어지는 것을 보자마자 반응하더라도 이미 늦은 상태이기 때문입니다.

마찬가지로 도로에서 제한속도보다 빨리 달리는 것이 위험한 것도 우리의 반응 속도가 우리가 보고 생각하는 것만큼 빠르지 않기 때문입니다.

죄의 사실을 깨달았을 때에는 이미 너무 늦었을 수도 있습니다. 잘못된 길에서 돌아오기 보다는 잘못된 길로 들어서지 않기 위해 기도하십시오.

♥ 주님! 생명의 말씀을 벗어나 죄를 짓는 어리석은 사람이 되지 않게 하소서!
🎴 죄의 유혹을 멀리하고 또 경계하십시오.

나의 영적 일지

2월 19일

무모함을 넘어선 끈기

읽을 말씀 : 누가복음 18:24-30

● 눅 18:27 이르시되 무릇 사람이 할 수 없는 것을 하나님은 하실 수 있느니라

    스마트폰의 영어성경 애플리케이션인 '엠코이(mKoiBible)'를 개발한 이재수 씨는 프로그램과는 전혀 상관이 없는 비전공자입니다.
    대학도 나오지 않은 비전공자가 스마트폰 앱을 개발하게 된 데에는 많은 우여곡절이 있었습니다. 고등학교를 졸업하자마자 세계 일주를 떠난 이 씨는 동남아를 여행하던 중에 말라리아에 걸려 여행을 그만두게 됩니다. 병에서 회복된 뒤에는 안정적인 직장을 위해 9급 공무원 시험을 준비했고, 4개월의 준비 끝에 수석으로 합격을 했지만, B형 간염이 발견되어 합격이 취소되었습니다. 이 씨는 영어와 프로그래머가 앞으로 유망할 것이라는 생각에 혼자서 책을 사서 공부를 하기 시작했습니다.
    그리고 28살이 되던 해에 주님을 만나면서 성경을 향한 비전이 싹트기 시작했습니다. 이 씨가 교회 내의 청년들의 사역을 돕기 위해서 개발한 프로그램은 현재 SK네트웍스에서 맡아 '유핏바이블'로 운영되고 있고, 최근에 개발한 엠코이도 여러 가지 편의 기능 때문에 입소문을 타고 빠르게 알려지고 있습니다. 삼성전자에서도 소문을 듣고 연락이 왔을 정도였습니다. 이 씨는 앞으로 더욱 많은 언어로 제공되는 성경 애플리케이션을 제공해 해외 선교사와 현지인들에게 보급하는 것이 장래 꿈이라고 말했습니다.
    되지 않는 이유가 아니라 되는 이유에 초점을 맞춘다면 하지 못할 일이 없습니다. 주님이 언제나 우리와 함께 하시기 때문입니다. 포기를 넘어서는 끈기를 가지십시오.

💚 주님! 하나님과 함께 하는 것이 가장 중요한 일임을 알게 하소서!
📖 하나님과 함께 함으로 모든 것을 이룰 수 있다는 말씀을 믿으십시오.

> 나의 영적 일지

공멸의 시작

읽을 말씀 : 디도서 3:1-7

● 딛 3:2 아무도 비방하지 말며 다투지 말며 관용하며 범사에 온유함을 모든 사람에게 나타낼 것을 기억하게 하라

프러시아의 국왕이었던 프리드리히 빌헬름은 독일 제국의 첫 번째 황제이기도 했습니다.

그러나 그는 자신의 국왕 자리를 지키기에 바빠 민생에는 전혀 신경을 쓰지 않았습니다. 그가 통치하는 기간 중에는 전쟁도 없었고, 흉년 같은 자연재해도 일어나지 않았지만 잘못된 국정 운영으로 국민들은 헐벗었고, 나라 살림은 피폐해졌습니다. 국민들은 국왕에게 내정에 힘을 써달라고 청원했지만 아무소용도 없었습니다. 그렇게 몇 해가 지나고 황제인 프리드리히가 죽을병에 걸리게 되었습니다. 그 사실을 알게 된 신하가 황제를 찾아가 말했습니다.

"황제이시여, 아직 늦지 않았습니다. 병세가 더 악화되기 전에 선정을 베푸시면 국민들이 굶어죽지 않을 수 있습니다. 그리고 지금까지야 어쨌든 황제 폐하도 성군으로 남게 되실 수 있습니다."

그러나 신하의 말을 들은 프리드리히는 코웃음을 치며 대답했습니다.

"백성들이 굶어 죽는다고? 잘 됐군, 어차피 나도 곧 죽을 텐데 말이야."

자기 백성을 돌보지 않는 왕은 선한 왕이 아닙니다. 그러나 우리를 창조하신 왕 되신 하나님은 모든 인간들을 포기하지 않으시고 자신의 아들을 보내심으로 책임을 지셨습니다. 예수 그리스도를 믿음으로 공멸의 길에서 빠져나오십시오.

💗 주님! 예수님이 보이신 본을 따라 서로 사랑하게 하소서!
🌸 미움과 다툼은 하나님으로부터 오는 것들이 아님을 깨달으십시오.

나의 영적 일지

2월 21일

선한 일꾼의 자세

읽을 말씀 : 누가복음 16:10-18

● 눅 16:12 너희가 만일 남의 것에 충성하지 아니하면 누가 너희의 것을 너희에게 주겠느냐

　유명한 탄광촌에 서로 대비되는 두 개의 작업장이 있었습니다.
　두 작업장 모두 양질의 석탄이 많이 매장되어 있는 곳이었지만 한쪽 작업장은 많은 광부들이 즐겁게 일터에 나왔고 다른 탄광은 급료를 올려 달라고 시위를 하며 파업을 자주 했습니다. 같은 조건의 탄광에서 이런 차이가 발생하는 이유는 아주 간단했습니다.
　광부들이 즐겁게 일하는 탄광에서는 급료가 높았습니다. 그리고 급료가 높을 수 있었던 것은 광부들이 열심히 일을 했기 때문이고, 그렇게 일을 열심히 해서 수입이 높아지자 급료도 자연스레 높아졌던 것입니다. 반면에 잘 되지 않는 탄광은 광부들이 일은 열심히 하지 않으면서 옆 탄광 광부들의 높은 급료만 보고 그렇게 대우를 해달라고 시위만 하고 있었습니다. 따라서 일이 잘 될 리가 없었고, 광부들에게 급료를 올려 줄 수도 없었습니다.
　하나님께 축복을 받고 주님의 영광에 참예하기 위해서는 하나님을 위한 일을 해야 합니다. 많은 성도들이 하나님께 복을 받기 원하지만 그러기 위해서는 먼저 하나님의 일을 하는 선한 일꾼이 되어야 합니다. 먼저 하나님의 나라와 의를 구하는 충직한 성도가 되십시오.

♡ 주님! 먼저 의무를 다하고 권리를 바라는 성도가 되게 하소서!
🖐 죽기까지 충성하신 주님의 본을 따라 맡은 일에 충성을 다하십시오.

나의 영적 일지

세계를 섬기는 방법

읽을 말씀 : 로마서 15:22-29

● 롬 15:27 저희가 기뻐서 하였거니와 또한 저희는 그들에게 빚진 자니 만일 이방인들이 그들의 영적인 것을 나눠 가졌으면 육적인 것으로 그들을 섬기는 것이 마땅하니라

한국인 최초의 유엔 사무총장이었던 반기문 총장의 연임이 확정되면서 5년간의 임기가 연장되었습니다. 그리고 전 세계를 넘나드는 반기문 총장의 활약을 지켜보며 자란 많은 '반기문 키즈'들도 유엔과 같은 국제기구 진출을 꿈꾸고 있다고 합니다. 유엔거버넌스센터의 홍보팀장은 김정태 씨는 국제기구에서 일하고 싶은 사람들의 자격으로 크게 다음의 5가지를 뽑았습니다.
 1. 국제기구 기본은 봉사이므로, 좋은 지구촌을 위한 포부를 키울 것.
 2. 자신의 관심분야와 관련된 기관에서 경력 쌓으며 전문성을 키울 것.
 3. 섬기는 삶을 위해 노력하는 모습을 보일 것.
 4. 돈이나 권력이 목적이라면 다른 일을 찾을 것.
 5. 영어 작문과 회화는 기본 이상 실력으로 키울 것.
이웃사랑 실천 의지가 뒷받침 되지 않으면 외국어에 능통하고 전문성이 있어도 국제기구에 들어가기가 쉽지 않다고 합니다.
돈을 벌고 성공을 하는 가치보다 남을 더욱 이롭게 하는 가치가 중요해지고 필요해지는 시대가 올 것입니다. 기도와 봉사가 필요한 곳이 아직도 정말 많습니다. 하나님의 시선으로 더 넓은 세상을 바라보십시오.

♥ 주님! 세상에서 하나님을 위한 일을 하는 사람이 되게 하소서!
🧎 나를 향한 성공에서 다른 사람을 위한 성공으로 시선을 넓히십시오.

나의 영적 일지

2월 23일

탁월한 낙제생들

읽을 말씀 : 로마서 11:6-12

● 롬 11:12 그들의 넘어짐이 세상의 풍성함이 되며 그들의 실패가 이방인의 풍성함이 되거든 하물며 그들의 충만함이리요

한 신문 칼럼에 나왔던 '위인들의 어린 시절'에 대한 이야기입니다.

- 나폴레옹은 학창 시절 42명의 아이들 중 42등을 했다. 그러나 그는 기본과목이 아닌 군사학에 천부적인 재능을 가지고 있었다.

- 세계 3대 수학자인 뉴턴은 학창시절 수학 성적이 꼴찌 바로 다음이었다. 뉴턴은 교과서에 나온 방법대로 풀지 않았다는 이유로 기하학 과목을 낙제했다.

- 빅토리아 시대를 대표하는 영국의 소설가 조지 엘리엇은 글을 매우 늦은 나이까지 읽지 못했고, 젊은 시절에도 글을 제대로 쓰지 못했던 평범한 사람이었다.

- 증기기관을 발명한 제임스 와트는 말이 어눌하고 공부를 못해서 학창시절에 왕따를 당했다.

대중의 방법이 항상 최선의 방법인 것은 아닙니다. 세상을 놀라게 한 위인들은 모두 세상의 방법과 다른 방법을 실천했습니다. 그리스도인들 역시 세상의 방법을 따르기 위해서 노력할 필요가 없습니다. 우리가 믿고 따르는 진리의 말씀을 따라 행하십시오.

♥ 주님! 세상의 방법이 아닌 주님의 방법을 따라 살게 하소서!
📖 성경이 말하는 하나님의 말씀을 따라 순종하는 하루를 사십시오.

나의 영적 일지

즐거운 기부강연

읽을 말씀 : 로마서 13:1-10

2월 24일

● 롬 13:4 그는 하나님의 사역자가 되어 네게 선을 베푸는 자니라 그러나 네가 악을 행하거든 두려워하라 그가 공연히 칼을 가지지 아니하였으니 곧 하나님의 사역자가 되어 악을 행하는 자에게 진노하심을 따라 보응하는 자니라

개그맨 이홍렬 씨는 어린이재단 홍보대사로 활동을 하고 있습니다.

1997년부터 홍보대사로 활동을 하던 이 씨는 문득 '즐거운 기부를 독려할 순 없을까?'라는 생각을 했고 고민 끝에 2007년부터 '펀 도네이션(Fun Donation)'이라는 즐거운 기부강연을 직접 다니는 일을 시작했습니다.

대한민국 최고의 코미디언인 이홍렬 씨의 위트와 재능을 십분 살린 펀 도네이션은 나눔 문화를 전파하기 위한 목적으로 서울을 비롯해 대전, 부산, 광주 등 전국적으로 이어지고 있습니다.

지금까지 50회를 조금 넘게 진행된 강연동안 참여한 사람들만 2만 여명이 되고, 그보다 더 많은 사람들이 어린이들을 위한 나눔에 동참했습니다. 국내외 빈곤아동 100여명과도 결연을 맺고 있는 이홍렬 씨는 펀 도네이션이 자신이 목표로 잡은 100회에 이어질 때까지 지금의 자리에서 최선을 다하고 싶다고 소감을 이야기했습니다.

기부와 나눔은 작은 것으로도 충분히 할 수 있습니다. 조금만 아끼고 조금만 더 관심을 가지면 귀한 생명을 살리고 영혼을 살릴 수 있습니다. 하나님께서 주신 것을 즐겁게 이웃들과 또 나누십시오.

♥ 주님! 받은 것에 감사하며 나누는 여유가 있게 하소서!
❀ 남과 나눌 수 있는 나의 재능이 무엇이 있는지 생각해보십시오.

나의 영적 일지

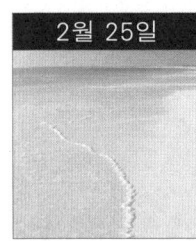

2월 25일 각자의 사명

읽을 말씀 : 고린도전서 12:27-31

● 고전 12:30 다 병 고치는 은사를 가진 자이겠느냐 다 방언을 말하는 자이겠느냐 다 통역하는 자이겠느냐

이솝 우화에 나오는 춤추는 낙타의 이야기입니다.

숲 속의 짐승들이 모두 모여서 즐거운 시간을 보내고 있었습니다. 짐승들은 저마다 자신의 장기를 서로 보여주며 즐거운 시간을 가졌는데, 그 중에서도 원숭이가 추는 춤이 가장 인기가 좋았습니다. 몸집이 느리고 딱히 장기가 없었던 낙타는 원숭이의 춤이 몹시 부러웠습니다. '저 작은 원숭이가 추는 춤에 이렇게들 즐거워하다니, 그렇다면 덩치가 훨씬 큰 내가 춤을 추면 더욱 신기해 할 테지'

원숭이의 인기가 부러웠던 낙타는 다음 차례에 무대에 나가 원숭이가 추었던 춤을 추기 시작했습니다. 그러나 작고 잽싼 원숭이의 춤을 낙타가 추자 어울리지 않았습니다. 낙타의 춤을 본 동물들은 큰 소리로 웃기 시작했습니다. 괜히 원숭이를 따라하다 망신만 당한 낙타는 조용히 자기 자리로 다시 돌아올 수밖에 없었습니다.

다른 사람의 재능을 따라하거나 시기할 필요가 없습니다. 하나님은 모두에게 맞는 재능을 주셨습니다. 하나님이 주신 서로의 재능이 다름을 인정함으로 서로의 재능을 세워주고 인정해주십시오.

💙 주님! 각자에게 맞는 재능을 나누어주신 주님이심을 알게 하소서!
🌀 다른 사람과 비교하며 스스로 열등감을 가지지 마십시오.

나의 영적 일지

본바탕 불변의 법칙

읽을 말씀 : 히브리서 5:1-10

● 히 5:9 온전하게 되셨은즉 자기에게 순종하는 모든 자에게 영원한 구원의 근원이 되시고

19세기 초에 독일의 한 마을에 엄청난 구두쇠가 있었습니다.

오직 돈을 벌기 위해 살았던 그 구두쇠는 식료품을 만들어 큰돈을 벌었습니다. 그렇게 많은 돈을 벌자 이젠 명예를 탐하게 되어 백작의 지위를 돈으로 사버렸습니다. 당시 독일에는 신분제도의 잔재가 남아있어서 귀족의 지위를 사고 팔수가 있었습니다. 구두쇠가 백작이 되었다는 소식을 들은 마을 사람들은 도대체 얼마를 지불했는지 매우 궁금해 했습니다.

"그 구두쇠가 과연 백작이 되기 위해서 얼마나 지불했을까?"

"4만 프랑이라는 이야기가 있던데?"

"우리 같은 사람이 몇 년이나 벌어야 하는 돈이긴 하지만 그 사람에게는 아무것도 아닐 걸?"

그렇게 내심 구두쇠를 부러워하던 마을 사람의 대화를 듣던 한 남자가 불현듯 끼어들었습니다.

"그건 그렇습니다만 아무리 비싼 돈을 내고 백작의 지위를 샀다고 해서 그 구두쇠가 갑자기 고귀하게 보이지는 않을 것 같습니다."

본바탕은 쉽게 변하지 않습니다. 백작의 옷을 입고 호칭을 붙였다고 백작이 되는 것이 아니듯이 성도의 표식은 겉모습에 드러나는 것이 아니라 진실한 행함으로 드러납니다. 행동으로 증명하는 참된 성도의 모습을 보이십시오.

♥ 주님! 주님으로부터 온 변하지 않는 구원을 확신하게 하소서!

🖼 믿음으로 얻은 주님의 자녀라는 신분을 행함으로 증거하십시오.

나의 영적 일지

2월 27일

제가 가겠습니다

읽을 말씀 : 이사야 6:8-13

● 사 6:8 내가 또 주의 목소리를 들으니 주께서 이르시되 내가 누구를 보내며 누가 우리를 위하여 갈꼬 그 때에 내가 이르되 내가 여기 있나이다 나를 보내소서 하였더니

　중국 가정교회의 산증인으로 불리는 셰모산 목사님이 지난 2011년도에 소천 하셨습니다.
　14세 때 주님을 만난 뒤에 평생 중국의 복음화에 일생을 바쳤던 셰모산 목사님은 어떤 외압에도 굴하지 않았습니다. 종교의 자유가 없는 중국에서 기독교를 믿는 방법은 나라에서 인정하는 삼자교회에 가입해 나라의 명령에 따르는 것뿐이었지만, 셰모산 목사님은 끝까지 삼자교회에 가입하지 않았고, 그렇다고 비겁하게 도망가지도 않았습니다. 결국 그로 인해 23년 동안이나 옥고를 겪었지만 그 속에서 자신을 고문하던 간수에게까지 복음을 전하셨습니다. 출소한 뒤에도 복음을 전하다가 두 차례나 더 투옥되었습니다.
　외국의 선교단체들은 건강도 좋지 않은 셰모산 목사님에게 잠시 외국으로 피신할 것을 종용했지만 셰모산 목사님은 "내가 떠나면 누가 중국에서 복음을 전한단 말입니까?"라고 되물으며 오히려 마지막까지 중국에서 복음을 전하는 삶을 사셨습니다.
　오늘도 주님은 자신의 사랑을 전할 사명자를 찾고 계십니다. 주님의 음성에 엘리야처럼 순종하는 모습을 보이십시오.

　♡ 주님! 부르심에 응답하는 순종의 삶을 살게 하소서!
　🧩 오늘 마땅히 해야 할 일이 무엇인지 주님께 기도로 묻고 아멘으로 순종하십시오.

나의 영적 일지

걸어 다니는 도덕교과서

읽을 말씀 : 누가복음 13:18-31

●눅 13:24 좁은 문으로 들어가기를 힘쓰라 내가 너희에게 이르노니 들어가기를 구하여도 못하는 자가 많으리라

2월 28일

　최근에 한국을 찾은 대만 감찰원장인 왕 젠쉬안 씨는 '걸어 다니는 도덕 교과서'라고 불립니다.
　'하나님께 영광', '성경 말씀 중심'이라는 원칙을 지키면서 정치의 일반적인 관행조차 파격적으로 거부해 시민들로부터 '성인'이라는 별명까지 얻은 왕 씨는 기독정치인에게 가장 중요한 덕목은 국민들에게 좋은 것을 주려는 자세, 곧 사랑이라고 강조했습니다. 그러나 권모술수가 난무하는 정치판에서 기독정치인이라 하더라도 사랑을 실천하는 것은 쉬운 일이 아닙니다.
　실제로 왕젠쉬안 씨가 재정부장관이었을 당시 불법과의 전쟁을 선포하며 국민들을 위한 정치를 하고 있을 때에 부정을 일삼는 반대파의 외압으로 인해 곧 자리에서 물러나야 했습니다. 그러나 뜻을 굽히지 않고 '검은돈 정치문화'의 청산을 모토로 소시민을 위한 신국민당을 다시 창당해 많은 국민들의 지지를 얻었고, 이후 감찰원장의 자리에 까지 오를 수 있게 되었습니다. 숱한 난관 속에서도 원칙을 잃지 않고 사랑을 실천할 수 있던 방법이 무엇이냐는 질문에는 '기도'라고 대답했습니다.
　어려운 난관 속에서도 바른 길을 걸어갈 힘을 잃지 않을 수 있는 것은 기도 때문입니다. 세상 속에서 하나님의 말씀을 따라 살아감으로 세상 속에서 하나님의 이름을 더욱 높이십시오.

♥ 주님! 언제나 옳은 선택을 할 수 있도록 성령을 보내 주소서!
❀ 중요한 선택의 순간에는 반드시 먼저 기도로 준비하십시오.

나의 영적 일지

내 영혼아 네가 어찌하여 낙심하며
어찌하여 내 속에서 불안해 하는가
너는 하나님께 소망을 두라
그가 나타나 도우심으로 말미암아
내 하나님을 여전히 찬송하리로다
시 43:5

3월

3월 1일

하나님이 책임지신다

읽을 말씀 : 다니엘 3:19-30

● 단 3:28 사드락과 메삭과 아벳느고의 하나님을 찬송할지로다 그가 그의 천사를 보내사 자기를 의뢰하고 그들의 몸을 바쳐 왕의 명령을 거역하고 그 하나님 밖에는 다른 신을 섬기지 아니하며 그에게 절하지 아니한 종들을 구원하셨도다

일제 강점기에 신사참배에 항거하고 끝까지 복음을 수호하다 순교하신 주기철 목사님은 순교 전까지 5년 4개월간의 옥고 생활을 하셨습니다.

일본 순사들의 협박에도 성경의 교리와 다르다는 이유로 절대 신사참배를 하지 않으셨고 또 당시에 대부분 신사참배를 용인하던 교계의 분위기에도 '신사참배반대 결의안'을 제출하는 등의 행동을 통해 혼란한 세상 속의 그리스도인이 어떻게 살아야 하는지 참된 모범을 보이셨습니다.

결국 총칼의 위협에 굴하지 않던 주기철 목사님을 일본인들은 더욱 모질게 고문했고 오랜 옥고로 만신창이가 된 목사님은 평양형무소에서 숨을 거두셨습니다. 남겨진 팔순의 노모와 오정모 사모님도 얼마 되지 않아 소천을 하셨고, 졸지에 남아있던 네 명의 형제들은 뿔뿔이 흩어져 각지에서 생활하게 되었습니다.

주 목사님은 영광스럽게 순교했으나 남겨진 형제들은 매우 불행한 삶을 살 것으로 세상 사람들은 생각했지만 하나님이 네 형제 모두를 책임져 주셨습니다. 고난 속에서 하나님의 살아계심을 체험한 네 형제들은 모두 각지에서 빛을 발하는 훌륭한 사람으로 쓰임을 받았고 사업에도 성공을 했습니다.

마지막으로 잡혀가기 전 주 목사님이 하셨던 설교는 바로 자신이 순교한다 할지라도 남겨진 가족들을 책임져주실 하나님에 대한 믿음의 고백이었습니다. 하나님은 자신을 믿는 자녀들을 결코 외면하지 않는 분이심을 잊지 말고 대한민국의 독립을 위해, 그리고 주님을 위해 자신을 희생한 분들을 기억 하십시오.

💛 주님! 흔들리지 않는 반석위에 세워진 믿음의 생활을 하게 하소서!
📖 시련과 고난이 찾아올지라도 주님을 부인하지 않는 그리스도인이 되십시오.

나의 영적 일지

돈을 대하는 두 가지 자세

읽을 말씀 : 디모데전서 6:1-12

● 딤전 6:10 돈을 사랑함이 일만 악의 뿌리가 되나니 이것을 탐내는 자들은 미혹을 받아 믿음에서 떠나 많은 근심으로써 자기를 찔렀도다

    캘리포니아의 공군 기지에서 상사로 복무하고 있던 토마스 하울렛은 평일에는 근무를 하고 휴일에 자원봉사를 하는 삶을 살았습니다. 그는 특히 거동이 불편한 한 노인을 극진히 보살폈는데, 그 노인은 죽으면서 자신의 유산인 약 400억 원을 토마스에게 남겼습니다.
    허름한 집에서 머물고 있던 노인에게 그런 큰돈이 있을 줄은 아무도 몰랐습니다. 그러나 토마스는 유산을 상속 받은 뒤에도 평정심을 잃지 않고 자신의 일을 계속했습니다. 그리고 받은 유산의 대부분을 고아원에 기부하고 또 어려운 교회를 돕기 위해 사용했습니다. 유산이 그렇게 많은데도 왜 일을 계속하느냐는 사람들의 질문에 그는 "돈이 얼마나 있느냐는 나에게 중요한 것이 아닙니다. 가진 돈을 어디에 사용하느냐가 중요한 일입니다."라고 답했습니다.
    반면에 미주리 주의 웬즈빌드라는 마을에서는 두 청년이 지명 수배되는 일이 있었습니다. 외지에서 온 두 청년을 한 농부가 2주간 무료로 보살펴주는 호의를 베풀었는데도, 두 청년이 농부의 돈 500만원을 훔쳐 농부의 차를 타고 달아났기 때문입니다.
    돈에 너무 집착을 하고 인생을 투자하면 정말로 중요한 것들을 놓치게 됩니다. 물질적인 가치에 필요이상으로 집착하지 말고 더 높은 가치를 추구하는 삶으로 영혼을 기쁘게 하십시오.

♥ 주님! 많은 돈을 벌기보다 제대로 돈을 사용하게 하소서!
📖 주님보다 더 사랑하는 세상의 것이 있는지 돌아보십시오.

나의 영적 일지

3월 3일
지위를 나타내는 도구

읽을 말씀 : 디모데전서 4:7-11

● 딤전 4:7 망령되고 허탄한 신화를 버리고 경건에 이르도록 네 자신을 연단하라

파리의 주간지 르포왕에서는 '나를 가치 있게 해주는 것은 무엇인가?'라는 질문으로 중복응답이 가능한 설문조사를 진행했습니다.

결과에 의하면 응답한 여성들 중 51%는 운전사가 딸린 고급 승용차를 타고 다니는 것이 자신을 가치 있게 만들어준다고 대답했습니다.

그 다음으로는 생일 때 받는 고급 보석이 48%로 2위였고, 크루즈 선을 타고 다니는 세계 여행이 41%로 3위였습니다. 그 뒤로는 모피코트와 유명 디자이너의 드레스, 악어가죽 등등이 이어졌습니다.

남성의 경우에는 나라에서 주는 훈장이 53%로 1위였고, 그 뒤로는 고급 승용차와 고급 주택이 뒤를 이었습니다.

남들에게 인정받기 위해서 좋은 물건을 가져야 한다고 많은 사람들이 생각합니다. 그러나 하나님의 자녀가 되는 것보다 더 높은 지위는 없습니다. 구원의 기쁨을 누림으로 허탄한 자랑에서 벗어나십시오.

♥ 주님! 허황되고 잘못된 세상의 가치관에 빠지지 않게 하소서!!
📖 구원의 사실보다 더 귀하고 기쁜 일은 없음을 기억하십시오.

나의 영적 일지

신앙교육의 중요성

읽을 말씀 : 디모데후서 3:12-17

● 딤후 3:16 모든 성경은 하나님의 감동으로 된 것으로 교훈과 책망과 바르게 함과 의로 교육하기에 유익하니

한 조사에 따르면 외국의 유명한 신앙인 중 대다수는 어린 나이에 개종을 한 사람이라고 합니다.

중세 시대의 유명한 하나님의 사람 폴리캅은 9살에 개종을 했습니다.

미국 신학의 지성으로 불리던 조나단 에드워즈는 7살에 구원의 확신을 가졌습니다.

성경의 주석을 남겼던 진젠드로프 백작은 4살 때 자신의 일기에 '주님, 저는 당신의 것입니다. 저는 당신 안에 있습니다'라는 글을 남겼습니다.

유명한 목사님이었던 로버트 홀과 스펄전은 12살 때 하나님을 만나는 체험을 했다고 합니다.

예수님은 어린아이와 같은 믿음을 요구하셨습니다. 어린 나이에 신앙으로 교육받고 진리를 배우는 것은 엄청난 축복입니다. 아이와 같은 순수한 마음으로 진리를 배우고 또 가르치십시오.

♡ 주님! 신앙으로 성장하고 또 가르치는 삶을 살게 하소서!
🖼 태어나면서 죽을 때까지 신앙은 항상 필요한 것임을 깨달으십시오.

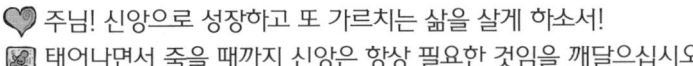

3월 5일
태생을 뛰어넘는 열정

읽을 말씀 : 시편 41:1-13

●시 41:1 가난한 자를 보살피는 자에게 복이 있음이여 재앙의 날에 여호와께서 그를 건지시리로다

2011년도 러시아의 모스크바에서 제 14회 차이콥스키 콩쿠르가 열렸습니다.

세계 3대 음악 콩쿠르인 이 대회에서 무려 5명의 한국인이 입상을 하는 기적이 일어나 세계적으로 화제가 되었습니다. 주최국이 아닌 나라에서 5명의 수상자를 배출하는 것은 매우 이례적인 일이기 때문에 클래식계에서는 이번 일을 '사건'이라고까지 표현합니다. 외신들은 이 일을 두고 '클래식에도 한류 바람이 일어나고 있다'라고 이야기했습니다.

성악과 피아노 바이올린과 같이 다양한 분야에서 뛰어난 활약을 보인 이들 5인은 유학을 가지 않고 순수 국내에서만 실력을 갈고 닦은 '토종'이었기 때문에 이 수상이 갖는 의미는 더욱 컸습니다.

보수적인 클래식계에서는 진짜를 배우기 위해서는 본토에 가야한다는 인식이 지금까지 일반적이었기 때문입니다. 그러나 이들 토종 음악가 5명은 그런 편견에도 아랑곳하지 않고 주어진 자리에서 최선을 다했고, 그런 노력으로 인해 이런 권위 있는 대회에서 '클래식 한류'라는 기적을 일으켰습니다.

하나님이 주신 비전에 열정 있는 끈기가 더해질 때 세상이 말하는 불가능의 벽은 모두 사라집니다. 주어진 환경에 최선을 다하는 노력으로 세상의 장벽을 뛰어넘으십시오.

♥ 주님! 가진 것에 만족하며 최선을 다하게 하소서!
📖 지금 상황에서 할 수 있는 최선이 무엇인지 생각해보십시오.

나의 영적 일지

경험한 사랑

읽을 말씀 : 요한복음 13:31-38

● 요 13:34 새 계명을 너희에게 주노니 서로 사랑하라 내가 너희를 사랑한 것 같이 너희도 서로 사랑하라

자유의 여신상은 바르톨디라는 조각가에 의해서 만들어졌습니다.
바르톨디는 자유의 여신상을 세우기 위해서 약 20년의 세월을 투자했습니다. 지금은 미국의 상징이자 유명한 관광소로 알려졌지만 당시에는 여신상을 세우기 위한 많은 자금을 충분히 모을 수가 없었습니다. 그래서 공사비를 충당하기 위해 기부금을 모으기 시작했지만 생각만큼 원활하게 모이지는 않았습니다. 결국 바르톨디는 공사가 지체되지 않게 하려고 자신의 재산까지 저당을 잡혀 공사비를 충당했습니다.
자유의 여신상은 바르톨디에게 '자유'를 표현하는 단순한 조각 이상의 의미를 가진 일이었기 때문입니다. 그런 이유로 바르톨디는 자유의 여신상을 처음 세우기 전 어떤 이미지를 본 따서 디자인을 할 지 많은 고심을 했다고 합니다. 어떤 사람들은 유명한 철학자로 하라고 했고, 어떤 사람들은 유명한 영웅들을 예로 들었지만 바르톨디는 고심 끝에 자신의 어머니를 모델로 세웠습니다. 자신이 경험한 사랑 중에 가장 위대한 사랑을 보여준 분이 바로 어머니였기 때문입니다.
아무리 거대한 사랑과 업적이라 하더라도 경험하지 못하면 의미가 없습니다. 경험하지 못했을 때 하나님의 사랑은 아무런 의미도 없어 보이지만, 주님을 만난 뒤에 그 가치의 무한함을 깨닫게 됩니다. 지금 주님의 초청에 응하십시오.

💗 주님! 놀라운 주의 사랑을 늘 경험하며 또 전하게 하소서!
🖼 내가 경험한 하나님의 사랑을 되돌아보며 큰 감사의 기도를 드리십시오.

나의 영적 일지

3월 7일
겸손의 이유

읽을 말씀 : 로마서 9:19-29

● 롬 9:21 토기장이가 진흙 한 덩어리로 하나는 귀히 쓸 그릇을, 하나는 천히 쓸 그릇을 만들 권한이 없느냐

세계 최고의 오케스트라의 지휘자가 사용하는 지휘봉이 있었습니다. 하루는 연주를 마친 뒤에 지휘봉이 대기실에서 다른 악기들에게 우쭐대며 말했습니다.
"다들 오늘도 내 지시를 잘 따르도록 해."
그러자 바이올린이 말했습니다.
"네가 뭘 한 게 있다고 지시를 따르라는 거지?"
"항상 나의 움직임에 맞춰 너희들의 연주가 빨라지고 느려지는 것을 아직도 모른단 말이야?"
바이올린은 그것은 단지 지휘자의 움직임에 따른 것이지 지휘봉이 특별하기 때문이 아니라고 말했지만, 지휘봉은 듣지 않았습니다.
"너희들이 아무리 뭐라 그래도 내가 없으면 연주가 진행되지 않아."
그리고 다음 날 연습시간이 되었습니다. 지휘자는 깜박 잊고 지휘봉을 놓고 무대로 나갔지만 그냥 자신의 손을 이용해 지휘를 시작했습니다. 연습이 끝난 뒤 돌아온 바이올린이 대기실에서 지휘봉에게 물었습니다.
"네 주인이 지휘를 할 동안 넌 어디서 뭘 하고 있었니?"
우리의 모든 것은 하나님이 주신 것이고, 우리는 단지 그것을 잘 사용할 뿐이고 관리할 뿐입니다. 우리의 모든 것을 주신 분이 하나님이심을 잊지 말고 겸손하십시오.

♡ 주님! 우리의 모든 것을 주신 분이 누구인지 잊지 않게 하소서!
🙏 모든 일을 통해 하나님은 높이고 스스로는 겸손해지십시오.

나의 영적 일지

성령이 가득할 때

읽을 말씀 : 고린도전서 6:12-20

●고전 6:19 너희 몸은 너희가 하나님께로부터 받은 바 너희 가운데 계신 성령의 전인 줄을 알지 못하느냐 너희는 너희 자신의 것이 아니라

미국 대통령이었던 아이젠하워는 낚시를 매우 즐겼습니다.

운동이라고는 골프만 조금 쳤던 아이젠하워는 자신의 여가의 대부분을 낚시를 하며 보냈습니다. 한 번은 그런 아이젠하워를 골려주기 위해서 한 친구가 내기를 제안했습니다. 평소에 아이젠하워가 자주 가던 낚시터에서 10마리 이상의 물고기를 낚는 것이 그가 내건 조건이었습니다. 낚시 실력에 자신이 있었고 장소 역시 자주 가던 낚시터였기 때문에 아이젠하워는 흔쾌히 승낙했습니다.

그러나 다음 날 아이젠하워는 완전히 패배하고 말았습니다. 어쩐 이유에서인지 그의 낚싯대에는 평소와 달리 물고기가 전혀 걸려들지 않았습니다. 아이젠하워는 패배를 인정한 뒤에 도대체 무슨 방법을 썼는지 친구에게 물었습니다.

"아주 간단하네, 사실은 사람을 시켜서 어제 밤부터 자네가 오기 전까지 계속해서 물고기들에게 먹이를 주라고 시켰네. 배가 부른 물고기들이 뭐가 아쉬워서 자네의 미끼를 물겠는가?"

우리 안에 성령이 충만할 때 세상의 유혹은 아무런 힘을 가지지 못합니다. 유혹을 이길힘을 달라고 기도하기보다 성령의 충만함을 간구하십시오.

♥ 주님! 매일 성령이 충만한 삶을 살게 하소서!
🧩 세상의 유혹을 이길 힘을 달라고 성령께 간구하십시오.

나의 영적 일지

3월 9일
꿈을 통해 이룬 꿈

읽을 말씀 : 시편 20:1-9

● 시 20:4 네 마음의 소원대로 허락하시고 네 모든 계획을 이루어 주시기를 원하노라

    동계올림픽을 향한 강원도 평창의 '3909일의 도전'이 마침내 이루어졌습니다.
    2011년도 7월에 남아공에서 열린 IOC총회에서 평창은 전체 득표수의 반수 이상을 차지해 경쟁국인 뮌헨과 안시를 압도적으로 제치고 23번째 동계올림픽 개최지로 선정되었습니다. 이번 개최로 인해 대한민국은 세계에서 6번째로 4대 스포츠 행사를 모두 개최한 나라가 되는 쾌거를 이루었습니다. 그러나 3909일의 도전이라는 숫자가 말해주듯이 그간의 여정이 결코 순탄했던 것은 아니었습니다. 그럼에도 평창이 마지막 기회를 잡을 수 있었던 비결은 '꿈' 때문이었습니다.
    평창은 동계체육의 시설이 열악한 나라의 어린이들을 위한 '드림 프로젝트'를 동계 올림픽이 유치되기 전부터 진행했습니다. 최종 프레젠테이션에 등장한 김연아 선수는 동계 올림픽을 통해 자신이 꿈을 꾸게 된 과정을 이야기했으며, 세 살 때 미국으로 입양된 도비 도슨 씨 역시 스키라는 꿈을 통해 자신의 힘들었던 인생 역경을 이겨낼 수 있었던 과정을 소개했습니다. 그리고 이런 사람들의 꿈을 통해 드디어 평창의 동계 올림픽 유치라는 또 하나의 꿈이 실현될 수 있었습니다.
    우리가 서로의 꿈과 비전을 격려해줘야 하는 이유는 그 모든 것이 하나님을 위한 일들이기 때문입니다. 서로를 격려하며 사랑하는 마음으로 하나님께 순종하는 충실한 일을 감당하십시오.

♥ 주님! 서로의 꿈을 격려하고 위로하는 성도가 되게 하소서!
📖 주님이 주신 거룩한 소명이 무엇인지 돌아보십시오.

나의 영적 일지

노예가 된 이유

읽을 말씀 : 요한일서 4:1-6

●요일 4:2 이로써 너희가 하나님의 영을 알지니 곧 예수 그리스도께서 육체로 오신 것을 시인하는 영마다 하나님께 속한 것이요

스위스에서 태어난 아브라함 비닝거는 유명한 선교사였습니다.

가족 여행 중에 부모님을 사고로 잃고 고아로 자란 그는 비참한 환경 속에서도 하나님을 만나 새로운 비전을 찾게 되었습니다. 장성한 뒤에 자신과 같이 어려운 처지에 처한 사람들을 위해 선교를 떠나기로 결심한 비닝거는 덴마크령의 토마스 섬에 노예로 팔려온 흑인들이 정말로 비참한 삶을 살고 있다는 사실을 듣고 그곳으로 떠났습니다. 그러나 그 섬의 총독은 노예들은 사람이 아니기 때문에 복음을 전할 수 없다고 말했습니다. 흑인들을 교육을 받지 못하게 막아 계속 부리려는 속셈이었습니다. 그러나 비닝거는 포기하지 않고 덴마크 왕에게 편지를 보냈습니다.

"저를 토마스 섬의 노예가 되게 해주십시오. 그들과 똑같은 일을 하겠습니다. 다만 복음만 전할 수 있게 허락을 해주십시오."

비닝거의 열성에 감동을 받은 덴마크 국왕은 곧 총독에게 그 섬에서 어떤 사람도 비닝거의 선교활동을 방해하지 말라는 칙령을 내렸습니다.

예수님이 인간을 위해 이 땅에 육신을 입고 오신 것처럼, 비닝거가 흑인들을 위해 노예가 되려고 했던 것처럼, 간절한 마음이 있을 때 영혼구원을 이룰 수 있게 됩니다. 영혼구원을 위해 마음을 낮추십시오.

💗 주님! 인간의 몸으로 스스로를 낮추신 겸손함을 배우게 하소서!
🙏 우리를 위해 이 땅에 오신 주님을 생각하며 감사의 기도를 드리십시오.

나의 영적 일지

3월 11일
생쥐의 뿔

읽을 말씀 : 고린도전서 8:1-13

● 고전 8:1 우상의 제물에 대하여는 우리가 다 지식이 있는 줄을 아나 지식은 교만하게 하며 사랑은 덕을 세우나니

고양이 때문에 속을 썩는 생쥐들이 있었습니다.

하루는 모든 생쥐들이 모여서 고양이를 이길 방법을 강구하기 시작했습니다. 쥐들은 자신들의 숫자가 훨씬 많음에도 한 마리의 고양이를 이기지 못하는 것은 자신들을 이끌 리더가 없기 때문이라고 생각했습니다. 쥐들은 자신들 중에 가장 덩치가 큰 쥐를 뽑아 지도자로 세웠습니다. 그리고 지도자의 풍채에 어울리게 갑옷도 구해 와서 입히고 머리에도 큰 투구를 씌웠습니다. 그리고 그렇게 갖추고 나니 정말로 그럴싸해 보여서 정말로 고양이를 이길 수 있을 것 같았습니다. 만반의 준비를 갖추고 난 뒤에 쥐들은 고양이를 기다렸습니다. 하지만 정작 고양이가 나타나자 모두 겁에 질려 도망을 치고 말았습니다. 지도자 역할을 맡았던 쥐도 열심히 도망을 쳤지만, 거추장스러운 갑옷 때문에 다른 쥐들처럼 도망을 갈 수 없었고 결국 고양이에게 홀로 잡히고 말았습니다.

인간이 아무리 뛰어나다 하더라도 하나님의 창조물일 뿐입니다. 하나님을 떠나서는 우리는 진정한 행복을 누릴 수 없고 참된 인생을 살아갈 수 없습니다. 나를 내려놓고 더욱 주님을 의지하는 오늘 하루를 보내십시오.

♥ 주님! 창조주인 주님께 늘 의지하고 순종하게 하소서!
 언제나 주님을 주님으로 마음속에 모시십시오.

나의 영적 일지

기쁨의 공식

읽을 말씀 : 요한복음 16:16-27

● 요 16:22 지금은 너희가 근심하나 내가 다시 너희를 보리니 너희 마음이 기쁠 것이요 너희 기쁨을 빼앗을 자가 없으리라

    한국이 낳은 세계적인 수학자인 김인강 교수가 어려서 가장 많이 듣던 소리는 '너는 커서 거지가 될 거다'라는 말이었습니다.
    두 살 때 소아마비에 걸렸지만 집안이 가난해 치료를 받지 못했고, 포대를 끌면서 기어 다녔습니다. 아이들에게 위화감을 준다고 초등학교에서도 받아주지 않았습니다. 그러나 초등학교 입학이 거부된 뒤에 김 교수는 재활원에 들어가 세상에 기대지 않고 신앙을 통해 홀로서는 법을 배웠습니다. 그리고 서울대 수학과를 졸업한 뒤 미국 버클리대에서 박사학위를 받은 김 교수는 서울대와 카이스트에서 교수로 임용될 정도로 실력을 인정받게 되었습니다. 장애와 어려운 가정환경 때문에 세계적인 수학자가 되기 전까지 주위의 온갖 냉대와 차별을 받았지만 이기고 설 수 있었던 것은 하나님께서 주신 힘 때문이었다고 합니다. 수학자인 김 교수는 자신이 발견한 하나님의 사랑을 다음과 같이 수학적으로 표현했습니다.
    "하나님의 무한한 사랑이 세상의 부조리나 죄 혹은 죄인을 만나면 그것을 나눠버려 흠 없는 하나님의 자녀로 만듭니다. 또 서로 사랑하는 말씀을 실천하는 사람들이 만나면 세상이 빼앗을 수 없는 무한대의 평강과 기쁨이 나옵니다."
    하나님의 사랑이 무한하기에 모든 사람들이 구원받을 수 있습니다. 하나님이 주시는 사랑의 힘은 무한하기에 적은 그리스도인들이 큰 세상에서 놀라운 힘을 발휘할 수 있습니다. 우리에게 임한 하나님의 사랑을 자신의 방법으로 주위에 표현하십시오.

♡ 주님! 날 위해 희생하신 고귀한 사랑을 늘 잊지 않게 하소서!
📖 오늘 하루 동안 한 번 이상 주님의 사랑을 표현하는 선행을 베푸십시오.

나의 영적 일지

3월 13일

한 가지 목적

읽을 말씀 : 마태복음 6:25-34

● 마 6:33 너희는 먼저 그의 나라와 그의 의를 구하라 그리하면 이 모든 것을 너희에게 더하시리라

영국의 체스터 지방에 위프레드 그렌펠이라는 청년이 있었습니다.

의사가 되어서 반드시 성공을 하겠다는 야망을 품었던 청년은 대학에서 공부를 하던 중 주님을 만나 인생의 가치관이 완전히 새롭게 변화되었습니다. 그는 자신의 모든 것을 예수님에게 바치기로 결심했고, 의대를 졸업한 뒤에 좋은 조건의 직장을 마다하고 원양어업을 다니는 배를 타고 선원들과 대서양 북쪽의 가난한 나라들을 돌아다니며 병을 고쳐주며 복음을 전하는 삶을 살았습니다. 또한 그는 단순한 치료뿐 아니라 병원과 간호치료소, 고아원과 학교 등을 현지에 세우기까지 했습니다.

70세가 돼 은퇴할 때 위프레드가 당시 세운 병원이 다섯 곳이었고, 고아원과 학교가 각각 세 개였습니다. 그뿐 아니라 가난한 어부들을 위한 협동조합까지도 몇 군데 세웠습니다.

위프레드는 은퇴를 한 뒤 공로를 인정받아 여러 의학협회에서 상을 받았으며, 대학교에서 학위를 받았고, 국가에서 내린 작위를 받았습니다. 위프레드는 단지 하나님의 자녀다운 삶을 위해 노력했을 뿐이지만 자신의 성공과 명예를 위해서 노력한 사람보다 훨씬 큰 영예를 얻게 되었습니다.

우리가 하나님을 위할 때, 하나님은 우리를 세워주십니다. 세상에서 하나님의 자녀답게 살아감으로 하나님을 기쁘시게 해드리십시오.

♡ 주님! 주님의 일을 항상 먼저 구하게 하소서!
🎯 하나님을 기쁘시게 하는 일을 항상 최우선으로 세우십시오.

나의 영적 일지

세상을 비추는 빛

읽을 말씀 : 에베소서 5:8-14

● 엡 5:8 너희가 전에는 어둠이더니 이제는 주 안에서 빛이라 빛의 자녀들처럼 행하라

    역사상 가장 귀한 보석 중의 하나는 중국의 황제 위엥 렁의 무덤에 묻혀 있던 진주입니다. 길이가 3인치에 두께가 2인치가 넘는 이 진주는 지금까지 발견된 천연 진주 중에 가장 큰 것으로 알려져 있습니다. 1628년 한 페르시아의 잠수부가 이 진주를 발견한 뒤에 여러 재력가들의 진주를 구입하고 또 팔았습니다. 그러다 행방을 알 수 없게 자취를 감추었다가 1791년도에 다시 세상에 드러났습니다. 이번엔 홍콩의 한 박물관에서 구입을 해 18년 동안 전시를 하고 있었는데 이 진주는 1799년도에 어떤 도둑에 의해 다시 탈취되었습니다.
    다시 자취를 감추게 된 진주는 1940년도에 파리의 한 암시장에 잠깐 다시 등장을 하게 됩니다. 그러나 나오자마자 큰 값에 팔려 다시 행방을 알 수 없게 되었고 홍콩 경찰과 인터폴이 지금까지도 보석을 찾기 위해 수사를 하고 있지만 아직도 찾지 못하고 있다고 합니다. 이 진주는 세상에서 가장 크고 아름다운 것으로 알려져 있지만 70년 가까이 아무도 그것을 본적이 없기에 확인할 수가 없게 되었습니다.
    아무리 귀한 보석도 세상에 나오지 않으면 세상이 그 빛과 가치를 알지 못합니다. 진리를 전파하는 크리스천들도 지금의 위기를 극복하지 않으면 먼 미래에는 확인할 수도 없는 빛을 잃은 보석처럼 될 수도 있습니다. 바른 편에 서서 진리를 수호하는 하나님의 인물이 되십시오.

♥ 주님! 혼탁해져 가는 세상 속에서 진리의 빛을 잃지 않게 하소서!
🦋 소문과 훼방에 휘둘리지 말고 성도로써 해야 할 일들을 묵묵히 감당하십시오.

나의 영적 일지

3월 15일

후회가 없는 한 가지

읽을 말씀 : 로마서 11:25-29

● 롬 11:29 하나님의 은사와 부르심에는 후회하심이 없느니라

　대북선교단체 모퉁이돌에서 '광야의 소리'를 진행하고 있는 이옥 선교사님은 원래 북한의 여군 출신이었습니다.
　신의주 지방에서 근무를 하던 선교사님은 고향인 평북의 동사무소에서 어느 날 전화 한통을 받았습니다. 가족들이 모두 아사상태에 빠져 곧 묻어야 할지도 모르니 빨리 돌아오라는 전화였습니다. 고등학교를 졸업한 뒤 바로 여군으로 차출되어 고향에서 잘 지내는 줄만 알았던 가족이었습니다. 고향에 도착해 이미 돌아가신 부모님을 묻은 선교사님은 아사 직전에 있던 남동생마저 죽게 할 수는 없다는 생각에 동생을 들쳐 업고 무조건 북쪽으로 달려 탈북을 했습니다. 여성의 몸으로 동생을 업고 땅에 떨어진 강냉이를 주워 먹으며 얼어있던 두만강을 무사히 건넌 것은 기적이나 다름없었습니다. 그리고 한국에 들어와 하나님을 만나고 참 복음을 알게 되었습니다. 그리고 이제는 북한의 동포들을 향한 비전을 갖게 되었고 북한 땅에 찬양 사역자를 세우는 것을 목표로 세웠습니다. 탈북을 한 뒤 지금의 비전을 갖게 된 것을 '인생의 후회가 없는 단 한 가지의 결정'이라고 말한 선교사님은 현재 북한 동포들을 위한 찬양을 작곡하고 있습니다.
　후회가 없는 인생을 위해선 하나님을 알아야 합니다. 후회가 없는 인생을 위해선 하나님이 나에게 주신 소명을 알아야 합니다. 하나님을 알고 또 그분이 주신 소명을 따라 사십시오.

♥ 주님! 하나님을 알고 또 하나님이 주시는 뜻을 알게 하소서!
✻ 후회함이 없는 하나님의 부르심에 기쁘게 응답하십시오.

나의 영적 일지

불안에서 벗어나는 방법

읽을 말씀 : 누가복음 1:26-33

● 눅 1:28 그에게 들어가 이르되 은혜를 받은 자여 평안할지어다 주께서 너와 함께 하시도다 하니

아프리카를 위해 평생을 바쳤던 리빙스턴의 일화입니다.
아프리카의 한 지역으로 가고 있던 리빙스턴은 큰 위기를 맞게 됩니다. 제대로 된 목적지를 가기 위해선 음부루마 부족의 땅을 지나야 했는데, 그곳의 부족들은 리빙스턴에게 굉장히 호전적이어서 공격을 할지도 몰랐기 때문입니다. 때문에 그곳을 밤중에 몰래 건너야 할지, 아니면 먼 길로 돌아가야 할지, 그것도 아니면 그냥 포기해야 할지를 걱정하고 있었습니다. 결국 결정을 내리지 못한 리빙스턴은 근처에서 하루 밤을 묵기로 하며 복잡한 마음을 정리하기 위해서 성경을 읽고 있었습니다. 묵상 중 마태복음 28장 18절부터 20절을 읽은 리빙스턴은 그날 밤 일기에 다음과 같은 글을 적었습니다,
"1856년 1월 14일, 주님의 말씀으로 증식된 불안이 완전히 사라졌다. 나는 내일 당당히 음부루마 부족의 땅을 지나 선교지로 갈 것이다. 나는 지금 매우 평안하다. 주님 감사합니다."
불안을 벗어나는 확실한 방법은 확실한 약속의 말씀이 들어있는 성경을 묵상하는 것입니다. 그리스도인의 능력과 미래, 그리고 상급이 무엇인지 모든 것이 성경 안에 들어있습니다. 지치고 힘들 때일수록 말씀을 더욱 묵상함으로 주님께 의지하십시오.

♥ 주님! 은혜와 평강의 주님으로 마음의 안식을 얻게 하소서!
 모든 불안한 일과 걱정거리들을 주님께 맡김으로 평안을 누리십시오.

나의 영적 일지

3월 17일
넉넉한 은혜

읽을 말씀 : 고린도후서 12:6-10

● 고후 12:9 나에게 이르시기를 내 은혜가 네게 족하도다 이는 내 능력이 약한 데서 온전하여짐이라 하신지라 그러므로 도리어 크게 기뻐함으로 나의 여러 약한 것들에 대하여 자랑하리니 이는 그리스도의 능력이 내게 머물게 하려 함이라

다니엘 데포가 로빈슨 크루소를 쓴 것은 감옥에서였습니다.

시력이 매우 좋지 않아 하루에 5분밖에 집중해서 볼 수 없었던 프레스코트는 그 5분을 활용해 위대한 역사가가 되었습니다.

완전한 귀머거리가 되어 피아노에 귀를 대고 진동을 느끼며 작곡을 했던 베토벤은 자신의 전성기 시절을 뛰어넘는 곡들을 써냈습니다.

신학자 칼빈은 몸이 병약해 일상을 영유하기 힘들 정도였지만 깊은 성찰과 연구로 신학사에 길이 남을 저작을 여러 권 남겼습니다.

감옥에서 천로역정을 쓴 존 번연의 눈썹에는 곰팡이가 슬어 있을 정도로 환경이 좋지 않았습니다. 하지만 그는 자리에 누워서도 펜을 놓지 않았습니다.

앞을 보지 못했던 크로스비 여사는 자신의 간증을 곡으로 남겨 수많은 찬송가를 만들었습니다.

지금 우리가 처한 환경이 아무리 지치고 곤할 지라도 주님이 주신 은혜는 언제나 풍성히 우리 삶속에 머물러 있습니다. 모든 그리스도인들은 최후의 승리자라는 사실을 결코 잊지 마십시오.

♥ 주님! 받은 은혜에 실족함이 없이 늘 감사하게 하소서!
🖼 하나님이 주신 넉넉한 은혜를 보다 더 현명하게 활용하십시오.

나의 영적 일지

부흥의 열쇠

읽을 말씀 : 사도행전 11:19-24

● 행 11:21 주의 손이 그들과 함께 하시매 수 많은 사람들이 믿고 주께 돌아오더라

3월 18일

　엘마 타운즈(Elmer L. Towns)박사가 미국에서 가장 빠르게 성장하고 있는 교회를 분석한 결과 다음의 공통점이 있었다고 합니다.
　1. 성경 중심적인 말씀 전파와 예배 중심의 교회 운영
　2, 주일 성수를 최우선으로 여기는 교회 분위기
　3. 목사님을 중심으로 함께 뜻을 모으는 교회 운영
　4. 설교와 더불어 여러 행사에 사용하기 좋은 목적의 본당 운영
　5. 주일 학교 부흥을 위한 다양한 행사와 시스템
　6. 교인뿐 아니라 평신도를 아우르는 다양한 초청 행사
　7. 교회 내의 자체적인 차량운행
　20세기에도 21세기에도 부흥하는 교회는 말씀 중심으로 주님을 예배하는 교회입니다. 교회의 본질과 역할에 충실한 교회만이 반드시 부흥을 할 수 있고, 또 이런 부흥만이 의미가 있습니다. 아무리 사람이 많이 모이는 교회라고 해도 교회에 예수님이 없고 복음이 없다면 그것은 진정한 의미에서 부흥이라고 말할 수 없습니다. 교회와 성도의 본질을 잊지 마십시오.

♥ 주님! 새로운 부흥의 시대를 위해 더욱 뜨겁게 기도하게 하소서!
🎕 교회의 부흥을 위해 더욱 뜨겁게 헌신하는 성도가 되십시오.

나의 영적 일지

3월 19일

기도의 힘으로

읽을 말씀 : 데살로니가후서 1:4-12

● 살후 1:11 이러므로 우리도 항상 너희를 위하여 기도함은 우리 하나님이 너희를 그 부르심에 합당한 자로 여기시고 모든 선을 기뻐함과 믿음의 역사를 능력으로 이루게 하시고

    66회 US여자오픈골프대회에서 우승을 한 유소연 씨는 입버릇처럼 '기도는 나의 힘'이라고 말합니다.
    고된 훈련 중에도 매일 성경을 읽고 절대로 주일 예배는 빠지지 않는 유 씨는 US여자오픈골프대회에서 우승을 하던 마지막 샷을 성공시킬 때에도 지그시 눈을 감고 하나님께 감사의 기도부터 드렸습니다. 하나님께 영광을 돌리기 위해 골프를 시작했던 유 씨는 결승전에 임하던 순간에도 승부욕보다는 하나님 안에서 평안히 게임을 할 수 있게 해달라고 기도를 했습니다. 또한 기도의 힘을 보태달라며 8년간 지도해 주신 한원찬 목사님과 출석교회인 월드비전교회의 성도들에게 3개월 전부터 기도를 부탁했다고 합니다. 그리고 소중한 기도의 힘을 보태주신 모든 분들에게 우승을 하자마자 '기도해주셔서 감사 합니다'라고 일일이 문자를 돌렸습니다. 유 씨는 사실 이번 대회 전부터 극심한 슬럼프를 겪었지만 그래도 좌절하지 않고 꾸준히 도전함으로 우승이라는 결실을 맺을 수 있게 된 것은 자신을 사용하실 하나님과 또 자신을 위해 기도하는 분들을 믿었기 때문입니다.
    기도에는 힘이 있습니다. 우리가 기도할 때 누군가는 낙망에서 일어날 힘을 얻습니다. 우리가 기도할 때 누군가는 하나님의 영광을 세상에 드러냅니다. 기도하며 또 기도를 요청하는 기도의 힘을 사용하는 성도가 되십시오.

♥ 주님! 어렵고 힘들 때 더욱 기도로 일어서게 하소서!
🧩 믿음의 동역자들과 서로의 제목을 놓고 함께 기도해주십시오.

나의 영적 일지

귀하지 않은 영혼은 없다

읽을 말씀 : 마태복음 18:12-17

● 마 18:14 이와 같이 이 작은 자 중의 하나라도 잃는 것은 하늘에 계신 너희 아버지의 뜻이 아니니라

　미국의 26대 대통령인 루즈벨트의 부인인 앨리너 여사는 지혜로운 어머니였습니다.
　미국인이 가장 호감을 느끼는 영부인으로도 뽑혔던 그녀는 병으로 목숨을 잃은 한 명의 자녀를 제외한 다섯 자녀를 모두 바르게 키웠습니다. 하루는 5명의 자녀들이 집 밖으로 나와 동네에서 다른 아이들과 놀고 있었는데 함께 놀고 있던 아이들은 모두 빈민가의 아이들이었습니다. 그때 지나가던 한 귀부인이 루즈벨트 대통령의 자녀들을 알아보고 말을 걸었습니다.
　"얘들아, 너희는 이곳에서 놀면 안 된단다. 저런 아이들과 함께 놀면 상류층의 품위가 떨어지거든."
　그 말을 듣고 가장 큰 아들인 제임스가 대답했습니다.
　"하지만 저희 어머니는 그렇게 말씀하시지 않으셨어요. 키가 큰 아이와 작은 아이, 착한 일을 하는 사람과 나쁜 일을 하는 사람이 있다고 했지 귀한 사람 천한 사람은 없다고 하셨거든요."
　미국의 퍼스트 레이디였던 앨리너 여사는 열 살 때 고아가 되어 중노동을 하며 빈민가에서 살았던 경험을 했기 때문에 신분이나 인종에 따라 사람을 구분할 수 없다는 것을 알고 있었습니다.
　모든 생명은 소중합니다. 모든 생명은 하나님으로부터 온 것이고 예수님의 십자가는 이 모든 생명을 위한 것이기 때문입니다. 모든 사람을 향한 주님의 사랑을 깨달으십시오.

♡ 주님! 주님의 십자가는 모든 인류를 위한 것임을 잊지 않게 하소서!
📖 복음을 전하는 일에는 모든 편견을 버리십시오.

나의 영적 일지

3월 21일

성경의 확실성

읽을 말씀 : 마가복음 12:18-27

●막 12:24 예수께서 이르시되 너희가 성경도 하나님의 능력도 알지 못하므로 오해함이 아니냐

1976년도 IVCF라는 국제 기독교 단체의 총회에서 있었던 일입니다.

당시 IVCF에서는 '성서의 확실성'이라는 주제에 대해서 회의를 하고 있었습니다. 미국의 대표인 존 알렉산더는 총회가 열리기 전에 먼저 사람들 앞에서 말했습니다.

"우리가 모인 것은 성경을 무너트리기 위한 것이 아니라 세상 사람들이 말하는 의문에 대답함으로 성서가 하나님의 계시이며 확실히 믿을 수 있는 책임을 밝히기 위함입니다."

곧 총회가 시작됐고, 자리에 모인 각국의 목사와 신학자들은 성서의 문제와 불확실성에 대한 주제들을 가지고 회의를 진행했습니다. 성서에 대한 논쟁은 갑론을박을 거쳐 꼬박 밤을 새가며 이틀이나 진행되었고, 마지막으로 빌리 그래함 목사님이 연단으로 나와 사람들의 질문에 대한 대답을 했습니다. 그리고 총회가 끝나기 전 성경을 높이 들고 말했습니다.

"저는 총회 전에 나왔던 알렉산더의 말에 지지를 표합니다. 그리고 오늘 우리가 그것을 이루었다고 생각합니다. 성경이야 말로 하나님이 남기신 절대적인 말씀입니다."

자리에 모인 어느 한 사람도 반박하지 않았고, 모두 기립박수를 치며 총회는 마무리되었다고 합니다.

예수님만이 구원을 이룰 수 있는 이유, 성경이 하나님의 말씀인 이유, 인간의 탄생과 삶의 목적, 모든 것이 성경 안에 있습니다. 성경을 바르게 앎으로 인생의 해답을 찾으십시오.

♡ 주님! 성경이 하나님의 말씀임을 날마다 깨닫게 하소서!
🖼 성경을 바르게 공부하고 또 깨달음으로 굳건한 확신을 가지십시오.

나의 영적 일지

백지 같은 사람

읽을 말씀 : 디모데후서 2:20-26

● 딤후 2:22 또한 너는 청년의 정욕을 피하고 주를 깨끗한 마음으로 부르는 자들과 함께 의와 믿음과 사랑과 화평을 따르라

    2011년 6월 30일 러시아 모스크바의 차이콥스키 콘서트홀에서는 마지막 콩쿠르 수상자를 발표하고 있었습니다.
    콩쿠르에 참여한 많은 사람들이 수상을 기대하고 있었지만 소프라노 부문에 출전한 서선영 씨는 이미 모든 것을 내려놓은 상태였습니다. 노래를 하기 전 이미 체력은 바닥난 상태였고, 눈까지 침침했습니다. 독하게 연습했던 자신감도 사라지고 불안감이 온 몸을 사로잡았습니다.
    결국 그저 주님께 모든 것을 맡긴다는 마음으로 경연에 참여할 수밖에 없었습니다. 그러나 잠시 뒤 여자 성악 1위를 발표하는 순간 '서.선.영.' 이름 석 자가 홀 안에 퍼져나갔습니다. 서 씨는 수상 뒤의 한 인터뷰 자리에서 '도저히 인간의 힘으로는 할 수 없는 1위였다'라고 고백했습니다. 그리고 이때의 경험으로 하나님께 떼쓰는 기도가 아니라 맡기는 기도가 더욱 효력이 크다는 사실을 다시 깨달았습니다.
    대학 때 간절히 우승을 달라고 기도하던 콩쿠르에서 떨어진 뒤 얻었던 이 깨달음은 이후에 수많은 우승 뒤에 서 씨가 고백했던 '하나님이 하셨다'라는 고백의 근간이 되었고 세계 3대 콩쿠르인 차이콥스키 콩쿠르에서까지 이어졌습니다.
    이미 활자가 찍혀있는 신문에는 더 이상 아무것도 기록할 수 없습니다. 주님이 우리를 기록할 수 있는 깨끗한 백지가 되어야 합니다. 주님께서 사용하실 수 있는 거룩한 백지가 되는 오늘 하루를 사십시오.

💛 주님! 하나님의 뜻을 담는 깨끗한 그릇이 되게 하소서!
📖 몸과 마음을 지켜 주님께 거룩하게 쓰임 받는 사람이 되십시오.

나의 영적 일지

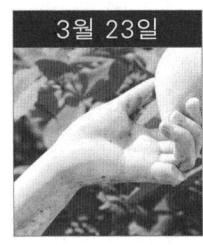

3월 23일
잘못된 규칙

읽을 말씀 : 야고보서 4:1-3

● 약 4:3 구하여도 받지 못함은 정욕으로 쓰려고 잘못 구하기 때문이라

스탈린이 예전의 소련을 지배하고 있을 때는 강력한 공산주의를 표방하는 나라였습니다.

지금의 북한과 마찬가지로 당시 소련에는 공산주의 체제와 국가 원수에 대한 지나칠 정도의 찬양이 있었습니다. 한 번은 모스크바 지구의 대표자 회의에 스탈린이 나타났었고, 그 자리에 모인 모든 청중들은 자리에서 일어나 기립 박수로 환영을 표하기 시작했습니다. 그러나 박수는 5분이 지나도 그칠 줄을 몰랐고, 어느새 10분 가까이 기립박수가 이어지고 있었습니다. 이대로 가다가는 전당대회가 이루어질 수 없겠다 싶어서 한 간부가 먼저 자리에 앉았고, 그 간부의 행동을 보고 모든 사람들은 안도의 한숨을 내쉬며 자리에 착석했습니다. 그 간부의 행동이 아니었다면 전당대회는 박수만 치다가 끝날 수도 있었습니다.

그러나 그날 밤 그 간부는 소련의 비밀경찰들에 의해 체포되었습니다. 죄명은 '최초로 박수를 그친 죄'였습니다. 간부는 억울해 하며 아무도 박수를 멈추지 않는다면 회의를 어떻게 진행 하냐고 묻자 경찰이 대답했습니다.

"당신 말이 맞습니다. 그러나 누구든 처음으로 박수를 멈춰서는 안 됩니다."

잘못된 법이 범법자를 만들 듯이 잘못된 진리는 사람의 삶을 엉망으로 만듭니다. 세상의 수많은 잘못된 진리와 규칙에 현혹되지 말고 참된 진리의 빛인 주님을 품으십시오.

♥ 주님! 그리스도를 통한 참된 복음을 바로 알게 하소서!
🎭 사람을 현혹시키는 잘못된 교리와 현상에 관심을 가지지 마십시오.

나의 영적 일지

하나님의 확성기

읽을 말씀 : 마가복음 1:1-13

● 막 1:13 광야에서 사십 일을 계시면서 사탄에게 시험을 받으시며 들짐승과 함께 계시니 천사들이 수종들더라

해럴드 쿠쉬너라는 유대교 랍비가 있었습니다.

그에겐 사랑스런 어린 아들이 있었는데 하루는 '조로증'이라는 희귀병에 걸리게 되었습니다. 의사도 원인을 찾을 수 없다는 말에 그는 지금껏 자신이 믿었던 하나님의 존재를 의심하기 시작했습니다.

아들이 죽은 뒤에 그는 그간의 자신의 고뇌를 담은 '왜 착한 사람에게 나쁜 일이 일어날까'라는 제목의 책을 한 권 썼는데 그는 책을 통해 '하나님은 인간의 불행 속에서 무능하다'며 신의 존재를 인정하지 않았습니다.

C. S. 루이스는 평생을 독신으로 살다가 환갑의 나이에 조이라는 여성을 만나 사랑에 빠져 결혼을 했습니다. 그러나 암으로 인해 얼마 뒤에 조이는 세상을 떠나게 됐고, 루이스 역시 큰 고통에 빠집니다. 너무 괴로웠던 그는 익명으로 하나님께 따지는 글을 쓰기도 했으나 결국은 '고통은 하나님이 우리에게 말씀하시는 확성기이다'라는 말로 고난을 통해 하나님을 체험했음을 고백했습니다.

고난을 주신 하나님을 바르게 이해하는 것은 중요합니다. 예수님께서 성령에 이끌려 고난을 받으셨습니다. 고난을 통해 신앙은 더욱 성숙해져 가고 하나님께 의지할 수 있게 된다는 사실을 믿으십시오.

♥ 주님! 고난을 통해 더욱 깊이 주님의 마음을 깨닫게 하소서!
🌺 하루 정도는 금식을 하며 주님의 고난에 참예하십시오.

나의 영적 일지

3월 25일

소용없는 처방

읽을 말씀 : 야고보서 1:21-27

● 약 1:22 너희는 말씀을 행하는 자가 되고 듣기만 하여 자신을 속이는 자가 되지 말라

    병원에 가서 진료를 받으면 반드시 처방전이 나옵니다.
    가벼운 질병의 경우는 대부분 의사의 처방을 따라 행동하며 낫습니다. 그러나 쉽게 날 수 있는 질병이라도 의사의 처방을 따르지 않거나 오용하면 병이 낫지 않거나 오히려 더욱 심각해집니다. 의사가 내려주는 처방은 아주 간단하고 쉬워 보이지만 사실은 환자의 상태와 병의 종류에 따라서 적량의 약을 투여함으로 부작용이 없이 빨리 병을 낫게 해주는 방법입니다. 전문적인 지식과 축적된 경험으로 인해 내려지는 처방이기 때문입니다.
    그러나 어떤 사람들은 한 알의 알약을 먹으라는 처방을 멋대로 세알로 늘립니다. 단순히 세배의 효과를 볼 것 같아서이지만 사실은 부작용의 위험만 커질 뿐입니다. 또한 우울증과 같은 병에 걸린 환자들은 의사들의 처방을 전혀 따르지 않으려고 하는 경향이 있습니다. '어차피 소용이 없을 거야'라는 생각 때문인데, 실제로 의사의 처방대로 약을 복용하고 생활 습관 바꿔도 매우 높은 확률로 우울증은 치료될 수 있다고 합니다.
    구원을 받은 사람들에게는 성경이란 처방전이 있고, 성령님이라는 의사가 계십니다. 성경과 성령님이 내려주시는 말씀의 처방으로 세상의 문제를 하나님의 방법으로 바르게 해결하십시오.

♥ 주님! 성경이 말하고 있는 바를 바르게 깨우치게 하소서!
❀ 지금 처한 문제에 말씀을 실제로 적용하십시오.

나의 영적 일지

진정한 행운

읽을 말씀 : 고린도전서 2:12-16

● 고전 2:12 우리가 세상의 영을 받지 아니하고 오직 하나님으로부터 온 영을 받았으니 이는 우리로 하여금 하나님께서 우리에게 은혜로 주신 것들을 알게 하려 하심이라

한국의 첫 우주인인 이소연 박사가 시애틀의 청소년들을 대상으로 강연을 했습니다.

이소연 박사는 우리나라에서뿐 아니라 미국에서도 잘 알려진 인물이기 때문에 이날 강연에는 많은 중고생들과 학부모들이 모여 대성황을 이루었습니다. 이 박사는 청소년들에게 먼저 자신이 우주인이 되기 위해서 거쳤던 험난한 여정들에 대해 들려주었습니다. 그리고 이때의 경험을 통해 얻은 '세계 최고가 되기 위해선 참아내야 하는 것이 많고, 좋아하는 것만 해서는 절대로 1등이 될 수 없다'는 깨달음을 전해주었습니다. 그리고 우주를 갔다 온 경험을 통해서는 '감사할 줄 아는 삶'에 대해 이야기했습니다.

그리고 우리나라 뿐 아니라 미국의 많은 학생들도 깜짝 스타가 되거나 복권에 당첨되어 평생 일하지 않고 사는 행운을 바란다고 말을 한 뒤에 자신이 생각하는 진정한 행운에 대해 이야기했습니다.

"제가 생각하는 진정한 행운은 우리가 가진 것에 감사할 줄 아는 것입니다. 한국의 많은 학생들이 자신들의 태생과 냉혹한 교육환경을 불평하지만 아프리카와 같은 나라에서는 오히려 한국의 그런 학생들의 삶은 꿈과도 같습니다."

하나님께 소중한 생명을 받고, 또 그 생명을 통해 창조주를 알게 되었다는 사실이 그 무엇과도 바꿀 수 없는 가장 큰 행운입니다. 주님을 만나고 구원을 받은 이 커다란 행운에 감사하는 마음으로 하루를 사십시오.

♡ 주님! 인생의 모든 순간들이 하나님의 큰 축복임을 알게 하소서!
✺ 어제 하루 동안 있었던 감사한 일 세 가지를 떠올려 보십시오.

나의 영적 일지

3월 27일 — 서로에게 힘이 되는 법

읽을 말씀 : 골로새서 3:15-25

● 골 3:16 그리스도의 말씀이 너희 속에 풍성히 거하여 모든 지혜로 피차 가르치며 권면하고 시와 찬송과 신령한 노래를 부르며 감사하는 마음으로 하나님을 찬양하고

퀴리 부인은 위대한 과학자이자 뛰어난 현모양처였습니다.

퀴리 부인이 라듐을 연구하는 데에는 4년이란 세월이 걸렸습니다. 그 오랜 세월 동안 비가 새는 창고에서 고생을 하며 연구를 했지만 그러면서도 가정 일을 결코 소홀히 하지 않았습니다. 퀴리 부인은 연구가 잘 풀리지 않는다고 어떤 과학자들처럼 히스테리를 부리지도 않았으며 빨래와 설거지 같은 기본적인 가사일도 미뤄두지 않았습니다. 그래서 사람들은 퀴리 부인의 업적을 더욱 대단하게 생각합니다. 그러나 그에 못지않게 퀴리 부인의 남편인 피에르 씨의 희생도 대단했습니다.

피에르 씨는 같은 자신과 같은 분야에서 자기보다 월등히 뛰어난 업적을 이룬 부인을 질투하거나 훼방하지 않았습니다. 오히려 부인의 실험에 도움을 줄 수 있는 부분을 더욱 도우며 부인의 업적을 가로채지 않고 남편으로써 충실히 사랑해 줬습니다. 퀴리 부인이 자신의 언니에게 보낸 편지 중에는 다음과 같은 내용이 있습니다.

"언니, 저는 사람들이 생각하고 있는 것보다 훨씬 좋은 남편을 만나서 행복해요. 이렇게 좋은 남편을 만나게 되리라고 사실 저는 태어나서 한 번도 생각해본 적이 없어요. 같이 살수록 우리들의 사랑은 더욱 커지고 있습니다."

서로를 존중하고 서로를 위해 최선을 다할 때 사랑은 더욱 커집니다. 하나님은 항상 우리를 최대한으로 존중하고 우리를 위해 가장 좋은 것을 주십니다. 하나님을 경배하며 그분께 가장 좋은 것을 드리십시오.

♡ 주님! 바라는 마음보다 위하는 마음을 갖게 하소서!

☒ 하나님께 가장 귀한 것을 드릴 수 있는 신앙이 있는지 생각해보십시오.

나의 영적 일지

명분 있는 죽음

읽을 말씀 : 고린도후서 4:11-15

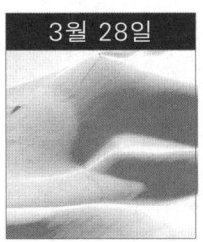

● 고후 4:11 우리 살아 있는 자가 항상 예수를 위하여 죽음에 넘겨짐은 예수의 생명이 또한 우리 죽을 육체에 나타나게 하려 함이니라

헬레나 섬에서 유배중인 나폴레옹에게 누군가 다음과 같은 질문을 한 적이 있습니다.

"장군님 일생 중에 가장 두려움을 느꼈던 때는 어느 때입니까?"

"일주일에 한번, 이발사가 내 수염을 깎아줄 때라네."

수많은 전쟁과 전투를 치렀던 나폴레옹의 말이라고는 생각할 수 없을 정도로 초라한 대답이었습니다.

"전쟁에서 지거나, 전투에서 패하거나, 정치 공작을 받는 것은 나에게 별로 문제가 되지 않네. 그 과정에서 죽는 것 또한 군인에겐 명예로운 죽음이지. 그러나 적의 꼬임에 넘어간 이발사에 의해서 면도를 하다 죽는 것은 내가 생각하기엔 아무런 가치도 없는 죽음이라네. 그래서 늘 이 이발사가 나를 배신하진 않았을까 라는 생각으로 두려워 할 수밖에 없었네."

인생에 닥칠 고난과 어려움에 대해서 두려워하기 보다는 하나님의 뜻에 때라 살지 못할까봐 두려워해야 합니다. 하나님에 대한 완전의 신뢰로 인생의 방향을 바르게 잡고, 또 두려움을 정복하십시오.

♡ 주님! 말씀에서 벗어난 삶을 더욱 두려워하게 하소서!
🙏 어떤 상황 속에서도 말씀과 기도로 영육을 바로 세우십시오.

나의 영적 일지

3월 29일

덮여있는 죄

읽을 말씀 : 이사야 43:22-28

● 사 43:25 나 곧 나는 나를 위하여 네 허물을 도말하는 자니 네 죄를 기억하지 아니하리라

　고양이를 기르던 영국의 한 가정에서 불의의 사고로 고양이가 죽게 되었습니다.
　영국 사람들은 강아지 못지않게 고양이를 좋아하고 또 소중하게 생각합니다. 그 가정도 고양이를 너무도 사랑했기에 마당에다가 묻어주기로 했습니다. 그런데 고양이를 너무 좋아하던 그 가정의 자녀들이 고양이의 꼬리를 밖으로 빼놓고 얕게 묻었습니다. 그리고 고양이가 생각날 때마다 그 꼬리를 잡아서 고양이를 꺼내 살펴보고 다시 묻어놓고는 했습니다. 그러나 시간이 얼마 지나자 그 아이는 더 이상 고양이의 꼬리를 잡고 빼낼 수가 없었습니다. 고양이의 시체가 썩어서 심한 악취가 났기 때문입니다.
　이미 죽은 고양이는 땅 속에 깊이 묻어야 합니다. 시체를 다시 꺼낸다 하더라도 고양이는 돌아오지 않습니다. 이처럼 주님께 용서받고 진심으로 회개한 우리의 죄도 다시 꺼내서는 안 됩니다. 추악한 과거를 버리고 영광의 길을 향해 걸으십시오.

♡ 주님! 잘못된 과거에 얽매이지 않게 하소서!
🗲 죄의 달콤한 유혹을 단호히 거절하십시오.

나의 영적 일지

두려움의 극복

읽을 말씀 : 이사야 44:1-8

● 사 44:8 너희는 두려워하지 말며 겁내지 말라 내가 예로부터 너희에게 듣게 하지 아니하였느냐 알리지 아니하였느냐 너희는 나의 증인이라 나 외에 신이 있겠느냐 과연 반석은 없나니 다른 신이 있음을 내가 알지 못하노라

   미국 CBS의 리얼리티 프로그램 '서바이버'에서 아시아계 미국인으로는 최초로 우승한 권율 씨가 강연을 목적으로 한국을 찾았습니다.
   서바이버란 오지에서 이루어지는 생존게임으로 미국을 비롯한 전 세계에서 엄청난 인기를 얻고 있는 프로그램입니다. 당시 '권율'이란 한국 이름으로 참가해 국내에도 큰 이슈가 되었었는데, 5만대 1의 경쟁률을 뚫고 우승까지 했기 때문에 국내에도 많은 분들이 권율 씨를 알고 있었습니다.
   예일대 로스쿨 출신의 변호사라는 독특한 이력을 갖고 이런 특이한 방송에 나가게 된 것은 바로 두려움의 극복 때문이었습니다. 어려서부터 인종차별과 강박증으로 인해 공황장애를 겪었던 권 씨는 지금의 두려운 삶을 이겨내기 위해선 내가 변할 수밖에 없다는 사실을 느끼고 이후부터는 두려운 일에 오히려 도전을 해야겠다는 생각을 가지게 되었습니다. 그리고 곧바로 그 결심을 실천으로 옮기기 시작 했습니다. 고소공포증이 있는데도 스카이다이빙에 도전하는 것을 시작으로 미국 대통령의 오바마 대선 캠프에 들어가고, 예일대 로스쿨에 들어가 변호사 자격증을 따게 된 것과 최근의 서바이버 우승 까지 모두 이런 도전의 일환이었습니다.
   두려움을 극복하는 가장 좋은 방법은 정면으로 맞서는 것입니다. 반드시 해야 할 일이라면 더 이상 뒤를 돌아보지 말고 도전하십시오. 언제나 주님이 우리와 함께 하십니다.

♥ 주님! 두려움을 믿음으로 극복하게 하소서!
❀ 무슨 일을 하든지 주님이 나와 함께 하심을 믿으십시오.

나의 영적 일지

3월 31일

부활의 증거

읽을 말씀 : 고린도전서 15:12-22

● 고전 15:14 그리스도께서 만일 다시 살아나지 못하셨으면 우리가 전파하는 것도 헛것이요 또 너희 믿음도 헛것이며

    스탠퍼드 대학에서 철학을 공부하고 UCLA 대학에서 신경과학을 연구하며 동양과 서양의 종교들을 심도 있게 연구한 샘 해리스 박사는 종교에 대해서 다음과 같이 말했습니다.
    "과학은 종교를 파괴시켜야 합니다. 동정녀 잉태와 예수의 부활과 같은 원시시대적인 끔찍한 환상들을 이제는 끝내야할 때입니다."
    옥스퍼드 대학의 역사학과의 토마스 아놀드 교수는 부활에 대해서 다음과 같이 말했습니다.
    "과거의 역사, 즉 오래부터 내려온 문헌과 유물들을 고증하면서 내가 내리는 결론은 예수님의 부활은 완전히 이해할 수 있는 분명한 사실이라는 것입니다."
    프랑스의 파스칼은 부활을 믿지 않는 사람들에게 말했습니다.
    "제자들이 예수의 부활을 거짓으로 만들어냈다고 가정해보자. 그 중 한 명이라도 도중에 마음을 바꿨다면 지금의 기독교는 없었을 것이다. 그러나 그 모든 제자들을 비롯한 성도들은 순교를 당하면서까지 자신의 진실성을 보였다. 예수님의 부활의 진짜였다 하더라도 돌아설 수 있는 고난이었다. 그런데 도대체 왜 그들은 순교까지 했을까? 그것은 그리스도의 부활이 반박할 수 없는 사실이기 때문이다."
    사람은 기적을 일으킬 수 없고, 부활할 수 없습니다. 그러나 하나님의 아들이신 예수님은 가능합니다. 우리 죄를 대신해 죽기 위해 이 땅에 오셔서 죽으시고 부활하신 예수님을 믿으십시오.

♥ 주님! 십자가의 그 사랑을 의심하지 않게 하소서!
📖 하나님과 성경에 대한 흔들림 없는 믿음이 있는지 점검하십시오.

나의 영적 일지

지금까지는 너희가 내 이름으로
아무 것도 구하지 아니하였으나
구하라 그리하면 받으리니
너희 기쁨이 충만하리라
요 16:24

4월

걱정을 만드는 생각

읽을 말씀 : 누가복음 12:25-34

● 눅 12:29 너희는 무엇을 먹을까 무엇을 마실까 하여 구하지 말며 근심하지도 말라

    강원도의 한 지역 작은 시골 마을에서 목회를 하시는 목사님이 계셨습니다.

    목사님이 하루는 감자 농사를 짓는 한 가정에 심방을 갔는데, 그 가정은 유독 걱정이 많은 가정이었습니다. 작년에는 감자 농사가 잘 되지 않아서 목사님이 심방을 갔을 당시 근심과 걱정이 가득해 어두운 이야기밖에 나오지 않았지만 다행히 올해에는 농사가 풍작이어서 목사님은 그래도 이번에는 괜찮을 것이라고 생각했습니다. 그러나 막상 가서 보니 부부 모두 표정이 별로 좋지 않았습니다. 의아한 목사님이 물었습니다.

    "농사도 풍작인데, 어째 무슨 걱정이 있으신 것 같습니다?"

    "썩은 감자가 없어서 걱정입니다, 목사님."

    목사님은 도대체 그게 무슨 소리냐고 물었습니다.

    "작년에는 농사가 되지 않아서 썩은 감자가 많이 있었습니다. 그래서 돼지 사료 걱정을 하지 않았는데, 올해는 썩은 감자가 없으니 돼지 사료를 줄 수가 없게 되었습니다."

    걱정은 습관입니다. 잘못된 사고방식이 걱정과 근심을 만들어냅니다. 긍정적인 마음과 확실한 미래를 주실 주님에 대한 신뢰로 걱정을 생산하는 사고방식을 바꾸십시오.

♥ 주님! 믿는 마음으로 모든 걱정을 극복하게 하소서!
🎁 걱정을 만드는 쓸데없는 습관이 있는지 생각해보십시오.

`나의 영적 일지`

그릇을 빚는 과정

읽을 말씀 : 로마서 12:1-8

● 롬 12:2 너희는 이 세대를 본받지 말고 오직 마음을 새롭게 함으로 변화를 받아 하나님의 선하시고 기뻐하시고 온전하신 뜻이 무엇인지 분별하도록 하라

한 주일학교 교사가 목사님을 찾아 상담을 요청했습니다.
"목사님. 저는 사역을 감당할 능력이 되지 않는 것 같습니다. 아이들을 집중시키기도 힘들고, 성경 말씀을 제대로 전하는 것도 너무나 어렵습니다. 무엇보다도 제가 많은 노력을 하고 있음에도 아이들이 조금도 변화되지 않고 있다는 것이 저를 너무 힘들게 만듭니다."
목사님을 찾아온 주일학교 교사는 결실이 없는 사역에 대한 회의감을 느끼고 있었습니다. 그러나 목사님은 단호하게 권면했습니다.
"그것은 잘못된 생각입니다. 건물의 기초 공사를 튼튼히 한다고 건물이 세워지지 않고 있다고 할 수 있겠습니까? 연필로 지워질 밑그림을 그린다고 아무 소용없는 일이라고 말할 수 있겠습니까? 아이들은 이제 막 빚어지고 있는 하나님의 작품이고 선생님은 지금 그 아이들을 위한 기초를 닦고 있는 것입니다. 지금 당장은 아니더라도 분명 그 노력이 더 큰 결실을 맺게 될 것입니다."
우리가 언제나 주어진 사명에 최선을 다해야할 이유는 사람이 계획을 세우고 노력할지라도 역사하시는 분은 하나님이시기 때문입니다. 모든 영혼을 향한 계획을 실행하고 계시는 주님을 믿고 노력하십시오.

♡ 주님! 작은 실패에 실족하지 않게 하소서!
🙏 하나님을 위한 노력엔 헛된 것이 없음을 기억하십시오.

나의 영적 일지

4월 3일
하나님의 지문

읽을 말씀 : 에베소서 2:20-22

●엡 2:22 너희도 성령 안에서 하나님이 거하실 처소가 되기 위하여 예수 안에서 함께 지어져 가느니라

　미국 프로농구 NBA에서 뛰고 있는 제레미 린이라는 선수가 지구촌을 열광시키고 있습니다.
　미국 선수들에 비해 작은 키에 동양인이라는 한계가 있음에도 소속팀인 뉴욕 닉스에서 뛰어난 활약으로 연일 팀을 승리로 이끌고 있기 때문입니다. 페이스북이나 트위터 같은 각종 소셜 미디어 사이트에서도 연일 그의 활약이 언급되었습니다.
　최근에는 베이징 대학이 선정한 세계에서 가장 영향력 있는 중국인 1위에 뽑힐 정도로 그의 인기는 예사롭지가 않습니다. 그는 뛰어난 실력 못지않게 코트 안팎에서 항상 겸손한 선수로도 유명한데, 그의 신앙 이야기도 함께 퍼지며 많은 크리스천들의 관심을 끌고 있습니다. 경기 뒤의 인터뷰마다 항상 '하나님께 감사한다, 하나님은 위대하다'라는 말을 붙이는 제레미는 '난 예수의 이름으로 뛴다'라는 팔찌를 차고 항상 경기합니다. 심지어는 자신에게 인종차별적인 기사를 섰다가 해고된 기자를 직접 찾아가 위로하기도 했습니다. 그를 만났던 기자는 '기독교 신앙의 힘을 느꼈다'는 소감을 말했습니다. 하버드 대학을 다니다 하나님을 체험한 제레미는 자신의 삶을 '하나님의 지문'이라고 고백하며 많은 성도들에게 감동을 주었습니다.
　그리스도인들이 살 수 있는 최고의 삶은 하나님의 사랑을 세상에 나타내는 삶입니다. 그 삶의 모습을 나타내기 위해 오늘도 최선을 다하십시오.

♥ 주님! 매일의 삶으로 주님께 영광을 돌리게 하소서!
※ 주위 사람들에게 하나님을 나타내는 본이 되는 하루를 사십시오.

나의 영적 일지

한 가지 비결

읽을 말씀 : 디모데후서 1:8-10

● 딤후 1:9 하나님이 우리를 구원하사 거룩하신 소명으로 부르심은 우리의 행위대로 하심이 아니요 오직 자기의 뜻과 영원 전부터 그리스도 예수 안에서 우리에게 주신 은혜대로 하심이라

　J. 윌버 채프먼이라는 학자가 구세군의 성공 비결을 알아내기 위해서 구세군의 창시자 윌리엄 부스를 찾았습니다.
　당시 윌리엄 부스는 이미 80세가 넘는 노령이었지만 지금까지 구세군이 지나온 역사, 곧 투쟁과 재판, 그리고 세계로 퍼져나간 승리의 여정에 대해서 생생하게 들려주었습니다. 구세군의 이야기에 감동을 받은 채프먼은 부스에게 다음과 같은 질문을 했습니다.
　"도대체 어떤 것이 구세군의 그런 성공을 가능케 했다고 생각하십니까? 비결이 있다면 가르쳐 주십시오."
　"당신도 알겠지만 나는 매우 평범한 사람이오. 나보다 지식이 많거나 리더십이 뛰어난 사람도 있었겠지만 나만큼 가난한 사람을 사랑한 사람은 없었소. 내 가슴 속으로 런던의 가난한 사람들이 들어오던 그 날 나는 나의 모든 것을 주님께 드렸소. 윌리엄 부스를 통해 하나님의 영향력이 나타났던 것, 비결이 있다면 그것뿐이오."
　채프먼 박사는 부스를 만난 뒤 다음과 같은 말을 남겼습니다.
　"인간의 위대함이란 복종과 헌신에서 나온다."
　진정한 성공을 이룰 수 있는 한 가지 비결은 주님께 복종하는 것입니다. 주님의 뜻을 따르는 헌신의 모습을 보이십시오.

💚 주님! 주님의 뜻을 담고 나타낼 수 있는 삶을 살게 하소서!
✿ 하나님의 비전을 나타낼 수 있는 그릇으로써의 삶을 감당하십시오.

나의 영적 일지

비상의 동기

4월 5일

읽을 말씀 : 이사야 40:25-31

● 사 40:31 오직 여호와를 앙망하는 자는 새 힘을 얻으리니 독수리가 날개 치며 올라감 같을 것이요 달음박질하여도 곤비하지 아니하겠고 걸어가도 피곤하지 아니하리로다

독수리를 새장에서 17년 동안 기르던 사람이 있었습니다.

좁은 새장에 갇혀 17년 동안 하늘을 날지 못했던 독수리는 어느덧 나이가 많아 늙었고, 그 모습을 지켜보던 주인은 독수리의 마지막이라도 자유롭게 하늘을 날게 해주어야겠다고 생각했습니다.

다음날 아침, 새장을 들고 벌판으로 나간 주인은 새장 문을 열고 독수리를 밖으로 꺼냈습니다. 그러나 독수리는 미동도 하지 않았습니다. 주인은 독수리를 하늘로 날려 보내려고 손짓을 했으나 독수리는 날개를 움직이지 않았습니다. 17년이라는 갇혀 있던 세월이 독수리의 날갯짓을 잊게 한 것 같았습니다. 결국 체념을 한 주인은 다시 독수리를 새장 안으로 넣으려고 했습니다. 그러나 그 순간 하늘의 구름이 걷히고 한 줄기 빛이 내려왔습니다. 하늘에서 내려오는 빛을 잠시 바라보던 독수리는 잠시 후 힘차게 날아오르기 시작했습니다. 하늘에서 내려온 한 줄기의 빛이 독수리의 본향이 광활한 하늘이었다는 사실을 깨닫게 해준 것이었습니다.

사람은 하나님을 떠나서는 살 수 없게 창조되었습니다. 인생이란 짧은 시간 동안은 애써 하나님의 존재를 모른 척 부인할 수 있을지 모르지만 진리의 한 줄기 빛 앞에서는 모든 것이 남김없이 밝혀집니다. 진리의 빛을 통해 우리의 진짜 본향을 찾으십시오.

♥ 주님! 주님을 의뢰함으로 새로운 힘을 얻게 하소서!
🙏 하나님과 함께하는 인생이 늘 청춘이라는 사실을 잊지 마십시오.

나의 영적 일지

인간의 최후

읽을 말씀 : 야고보서 4:13-17

● 약 4:16 이제도 너희가 허탄한 자랑을 자랑하니 그러한 자랑은 다 악한 것이라

4월 6일

독일과 이탈리아, 그리고 일본은 1936년도에 삼국동맹을 체결하여 세계 2차 대전을 일으켰습니다.

당시 이들 나라를 지배하던 통치자들은 우상처럼 떠받들어져서 무소불위의 권력을 휘둘렀습니다. 그러나 전쟁이 연합국의 승리로 끝을 맺자 이들 모두는 하나같이 비참한 최후를 맞았습니다.

독일인의 절대적인 지지를 받던 총통 히틀러는 그의 지하 벙커에서 자살로 생을 마감했습니다. 민족주의적 이념인 파시스트로 이탈리아를 장악했던 무솔리니는 전쟁에서 패배한 뒤에 국경 밖으로 도망쳐 책임을 회피하려다가 군인에게 발견되어 총살을 당했습니다. 일본 국민들에 의해서 신으로 추앙받던 일본의 천황은 비굴하게 무조건 항복을 선언을 한 뒤에 이전의 지위를 모두 잃고 평범하게 살다 병에 걸려 죽고 말았습니다.

아무리 큰 권력을 가진 위치에 있다 하더라도 한낱 인간일 뿐입니다. 한낱 환상과도 같은 세상의 헛된 가치에 마음을 빼앗기지 말고 참된 생명을 주는 주님을 따르십시오.

♥ 주님! 오직 하나님을 경외함이 지혜와 기쁨인 것을 알게 하소서!
🙏 세상의 즐거움보다 주님을 예배하는 것에서 기쁨을 누리십시오.

나의 영적 일지

4월 7일

가장 좋은 공부법

읽을 말씀 : 마태복음 7:7-12

● 마 7:11 너희가 악한 자라도 좋은 것으로 자식에게 줄 줄 알거든 하물며 하늘에 계신 너희 아버지께서 구하는 자에게 좋은 것으로 주시지 않겠느냐

20살의 나이에 하버드 대학을 전체 수석으로 졸업해서 화제가 된 청년이 있습니다.

초등학생 때 미국으로 유학을 떠나 혼자서 공부를 시작한 진권용 씨는 3년 만에 전공인 경제학 학사과정을 수료하고 전체 수석과 더불어 최우등 졸업생과 경제학과 수석, 최우수 졸업논문상까지 받게 되었습니다. 현재는 하버드 대학의 로스쿨과 예일대 로스쿨 양쪽 모두에 합격 통보를 받은 상태입니다.

한국인으로는 최초로 전체 수석을 차지한 비결에 대해서 묻자 수업을 충실히 받은 것과 어려서부터 꾸준히 공부한 것, 수업 중에 궁금한 것은 반드시 질문으로 해결하고 넘어간 것을 꼽았습니다. 실제로 진 씨는 13살 때 미국으로 혼자 유학을 떠나 학교 수업과 혼자서 공부하는 방법 이외에는 다른 방법이 없었습니다. 게다가 혼자 하는 유학생활의 외로움을 이겨내기 위해서 야구, 축구, 아이스하키 같은 학교에 존재하는 모든 운동부마다 가입을 해서 활동을 했다고 합니다. 진 씨의 전체수석으로 "교과서와 학교 수업에 가장 충실했어요."라는 수석들의 비법이 다시 한 번 확인되었습니다.

가장 좋은 공부 방법은 기본에 충실한 방법입니다. 아무리 비싼 돈을 내고 공부를 한다고 하더라도 남이 가르쳐주는 공부는 혼자서 하는 공부를 결코 이길 수가 없습니다. 신앙생활도 이와 마찬가지입니다. 말씀과 기도, 전도에 충실 하는 것이 가장 좋은 신앙생활입니다. 기본에 충실함으로 믿음을 날마다 성장시키십시오.

♥ 주님! 신앙의 기본을 소중히 여기게 하소서!
🈯 말씀과 기도, 예배의 끈을 매일 놓치 마십시오.

나의 영적 일지

잘못된 기도훈련

읽을 말씀 : 마태복음 6:5-13

● 마 6:7 또 기도할 때에 이방인과 같이 중언부언하지 말라 그들은 말을 많이 하여야 들으실 줄 생각하느니라

    UPI통신의 종교부 기자인 루이스 카셀은 '잘못된 기도 교육이 자녀를 무신론자로 만든다'는 내용의 칼럼을 쓴 적이 있습니다.
    어려서부터 자녀에게 기도만 하면 무엇이든지 이루어진다고 교육하던 부모님이 있었습니다. 아이는 그 말을 진짜로 믿고 자전거를 달라고 매일 밤 기도했습니다. 아이의 기도를 엿들은 부모님은 자전거를 사주었고 아이는 이후로 신이 나서 원하는 것이 생길 때마다 기도를 했습니다. 그러나 금세 부모님이 더 이상 들어줄 수 있는 기도 제목은 존재하질 않았고, 자신의 기도가 응답받지 않는다고 생각한 자녀는 더 이상 하나님이 계시지 않다고 느끼게 되었습니다. 부모님은 자녀를 위해 이런 방법을 섰지만 이것은 마치 산타클로스에게 선물을 달라고 매년 요구하다가 어느 순간 산타가 진짜가 아니라는 것을 알게 되는 것과 같은 효과였을 뿐입니다. 실제로 이와 비슷한 사례를 통해 자녀들이 무신론자가 되는 경우가 상당히 많다고 합니다.
    모든 경건 생활은 바른 말씀을 통해 견고히 세워져야 합니다. 기도는 하나님과의 대화입니다. 우리의 기도 제목은 하나님이 가장 좋은 때에 좋은 방법을 통해서 주시는 것이지, 우리가 요구할 때마다 마법처럼 항상 이루어지는 것이 아닙니다. 우리의 욕심으로 드리는 기도가 아니라 하나님에 뜻에 우리를 맞추는 바른 기도 생활인지 점검하십시오.

♡ 주님! 기도를 통해 주님과 소통하는 시간이 되게 하소서!
🙏 솔직한 기도로 나의 삶을 하나님께 고백하십시오.

나의 영적 일지

4월 9일
멕시코를 향한 사랑

읽을 말씀 : 사도행전 16:1-10

● 행 16:9 밤에 환상이 바울에게 보이니 마게도냐 사람 하나가 서서 그에게 청하여 이르되 마게도냐로 건너 와서 우리를 도우라 하거늘

보브 슬러 선교사님은 평생 멕시코에서 선교를 하다 멕시코에서 숨을 거두었습니다.

막중한 책임감과 사랑이 없이는 선교를 감당할 수 없지만 보브 선교사님의 멕시코에 대한 사랑은 매우 특별했습니다. 선교사님은 성경에 "사랑"이라는 단어가 나오는 곳에는 반드시 멕시코란 단어를 넣어서 읽고 묵상했습니다. 고린도전서 13장 1,2절의 말씀에 나오는 '천사의 말을 할지라도 사랑이 없으면'이란 말씀을 '천사의 말을 할지라도 멕시코 사람들에 대한 사랑이 없으면'이라고 바꿔 읽는 식이었습니다.

그렇게 몇 년 동안 열정적으로 멕시코에서 봉사를 하던 보브 선교사님은 결국 과로로 쓰러져 고칠 수 없는 큰 병을 얻게 되었는데, 이때 그녀를 통해 예수님을 만나게 된 수많은 멕시코인들이 그녀의 집 앞에 길게 늘어서서 온종일 눈물을 흘렸다고 합니다. 숨을 거두기 전 몇 시간 동안 잠시 의식을 찾았던 선교사님은 마지막 유언으로 자신의 장례식에 올 때는 화환 대신 성경을 가져올 것을 부탁했다고 합니다. 그렇게 장례식장에 모인 성경은 아직 주님을 알지 못하는 멕시코인들에게 전달해달라는 것이 선교사님의 마지막 유언이었습니다.

사랑의 희생이 클수록 더 많은 변화를 일으킬 수 있습니다. 사랑의 부족이 모든 문제의 원인이고 사랑의 충족이 모든 문제의 해결책임을 항상 잊지 마십시오.

💗 주님! 사랑의 실천이 다양한 모습으로 나타나게 하소서!
📖 오늘 하루 들르는 모든 곳에 사랑의 축복을 전하십시오.

나의 영적 일지

풍성하게 만드는 칭찬

읽을 말씀 : 누가복음 17:1-4

4월 10일

● 눅 17:1 예수께서 제자들에게 이르시되 실족하게 하는 것이 없을 수는 없으나 그렇게 하게 하는 자에게는 화로다

칭찬의 힘에 대해서 알려주는 다음과 같은 격언들이 있습니다.
1. 칭찬은 바보를 천재로 만든다. 삼중고의 장애를 겪던 헬렌 켈러를 위인으로 만들어준 첫 번째 열쇠가 바로 칭찬이었다.
2. 한 마디의 칭찬은 건강도 챙겨준다. 칭찬을 하는 사람과 받는 사람 모두에게서 엔돌핀이 나오기 때문이다.
3. 돈은 순간의 기쁨을 주지만 칭찬은 평생의 기쁨을 준다.
4. 자기 자신을 칭찬할 줄 아는 사람이 남도 칭찬할 수 있다.
5. 미운 사람일수록 칭찬을 해준다면 언젠가 큰 도움을 받을 것이다.
6. 칭찬은 사랑하는 마음에서, 비난은 원망하는 마음에서 나온다.
7. 사람의 참모습은 칭찬에서 나타난다.

모든 사람이 칭찬의 효능에 대해서 알고 있고, 또 자신은 칭찬을 받기를 좋아합니다. 그러나 우리 사회는 아직도 칭찬에 너무 인색합니다. 주님이 주신 풍성한 사랑의 마음으로 오늘은 모든 비난을 거두고 오로지 칭찬만 하는 하루를 살아보십시오.

♥ 주님! 사람의 장점을 먼저 보는 심성과 눈을 갖게 하소서!
🖼 단점보다 장점을 먼저 찾고 칭찬하십시오.

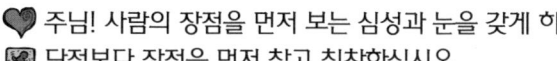
나의 영적 일지

4월 11일

사탄의 위장방법

읽을 말씀 : 고린도후서 11:10-15

● 고후 11:14 이것은 이상한 일이 아니니라 사탄도 자기를 광명의 천사로 가장하나니

이탈리아의 탐험가 마르코 폴로의 동방견문록에는 인도의 마발 지방에 대한 기록이 나옵니다.

인도의 마발 지방의 시장을 둘러보던 마르코 폴로는 악마상을 하얗게 칠하는 어떤 도공을 봤다고 합니다. 예나 지금이나 천사와 선한 것은 흰색으로 칠하고 악마와 악한 것은 검은 색으로 칠하여 대비를 나타내는 것이 보통이었는데, 오히려 반대로 악마를 하얗게 칠하는 이유가 궁금했던 마르코 폴로가 그 이유를 물었습니다.

"악마를 하얀 색으로 칠하는 이유가 있으십니까?"

"악마가 악마인 이유는 자신이 악마라는 사실을 숨기기 때문입니다. 악마는 하얗게 우리에게 다가와서 그럴싸한 말로 악을 선이라고 속입니다. 그 말에 넘어가는 사람들을 악마와 같이 죄를 짓게 되고 그제야 악마는 자신의 본모습을 드러냅니다."

셰익스피어가 쓴 베니스의 상인에는 '양심을 의지하는 것보다도 하나님께 묻는 것이 좋다'라는 말이 나옵니다. 악마는 항상 그럴싸한 말로 우리를 유혹하고 죄를 타협하려 하지만 성경의 기준에는 절대로 변함이 없다는 사실을 잊지 마십시오.

♡ 주님! 복음을 가리는 일들에 마음을 빼앗기지 않게 하소서!
📖 복음의 변하지 않는 진리를 굳건히 다지십시오.

나의 영적 일지

절대적인 부흥 법칙

읽을 말씀 : 사도행전 6:1-7

● 행 6:7 하나님의 말씀이 점점 왕성하여 예루살렘에 있는 제자의 수가 심히 많아지고 허다한 제사장의 무리도 이 도에 복종하니라

신학자 토레이는 는 다음과 같은 말을 한 적이 있습니다.
"나는 지구상의 어떤 나라와 도시와 지역에 있는 어떤 교회라도 부흥을 일으킬 수 있는 방법을 알고 있다."
그리고 다음과 같은 그 세 가지 방법에 대해서 말했습니다.
첫째, 하나님과 함께 하는 신실한 교인들이 있어야 한다. 다만 그 수가 몇 명이라도 반드시 이들이 있어야 하며, 이들이 있지 않은 상태에서는 아무것도 할 수가 없다.
둘째, 다시 오실 하나님을 기다리며 서로 교제하며 기도한다.
셋째, 하나님의 뜻을 따라 성령님의 감동을 따라 전도를 한다.
한번은 어떤 사람이 그렇게 당연한 말을 뭣하러 하느냐고 따지자 토레이가 대답했습니다.
"이 방법은 절대로 실패할 수가 없는 방법입니다. 또한 이 방법 외에는 어떤 노력을 해도 교회가 부흥할 수 없습니다. 이 원리가 중요한 것은 바로 그것 때문입니다."
예나 지금이나 성경이 말하는 구원은 변하지 않듯이 부흥 역시 마찬가지입니다. 성령이 충만하고, 성도들과 교제하며 세상에 나가서 전도하는 것이 부흥의 가장 기본적인 조건이자 확실한 방법입니다.

♥ 주님! 부흥을 향한 간절함과 열망을 품게 하소서!
✤ 교회 복음을 위해 필요한 일들을 기도로 간구하십시오.

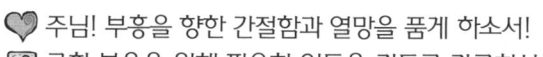

4월 13일

철학이 가져다준 성공

읽을 말씀 : 고린도전서 1:18-21

● 고전 1:18 십자가의 도가 멸망하는 자들에게는 미련한 것이요 구원을 받는 우리에게는 하나님의 능력이라

금융가의 황제 조지 소로스의 원래 꿈은 철학자였습니다.

열두 살 때부터 철학자를 꿈꾸었던 조지 소로스는 가정환경이 어려워 학교를 다니지는 못했지만 그래도 철학책만은 끊임없이 읽었습니다. 내용도 제대로 이해되지 않았고, 끝까지 읽은 책도 별로 없었지만 그래도 손에서 책을 놓지 않았습니다. 그러나 철학에 대한 열정과는 달리 현실 세계에서는 제대로 하는 일이 하나도 없었습니다. 8년 동안 접시닦이를 비롯해, 페인트공, 철도역 짐꾼 등 허드렛일을 안 해본 것이 없지만 모두 퇴짜를 받았습니다. 조지 소로스를 휘하에 두었던 사람은 모두 '정말 지독하게 일을 못했다'고 이야기했을 정도였습니다.

결국 여자 친구에게까지 버림받은 소로스는 이 모든 것은 '돈이 없기 때문'이라고 생각을 한 뒤 금융가에서 일을 하기 시작했습니다. 그러나 거기서도 제대로 일을 하지 못해 수 없이 많은 해고를 당했고, 관련 자격증 시험에서도 수없이 떨어졌습니다. 그러나 그때까지도 소로스는 철학책을 손에서 놓지 않았습니다. 그리고 그 철학이 조지 소로스를 금융의 황제로 만들어주었습니다. 소로스는 철학적 사고로 주식시장을 바라본 것이 자신이 성공할 수 있었던 요인이었다고 수차례 이야기했으며, 지금도 철학에 관한 공부를 하며 또 세계적인 철학자들을 자신의 집으로 초청해 강의를 받고 토론을 한다고 합니다.

믿음이 없이도 어떤 사람들은 성공합니다. 그러나 주님이 주신 구원이 없다면 세상의 어떤 성공도, 어떤 방법도 아무런 의미가 없게 됩니다. 영혼을 구원하는데 까지 이어지는 성공을 바라십시오.

❤ 주님! 십자가의 도를 깨달아 알게 하소서!
📖 인생과 복음은 분리된 것이 아니라는 사실을 깨달으십시오.

나의 영적 일지

그리스도를 바라보는 시선

읽을 말씀 : 요한복음 20:24-29

● 요 20:28 도마가 대답하여 이르되 나의 주님이시요 나의 하나님 이시니이다

    유명한 역사학자 로버트슨은 성경이 말하는 예수님은 모두 날조라고 이야기했습니다.
    "성경이 말하는 대로 또 많은 기독교인들이 말하는 대로 예수님이 완전하신 분이고 성경에 나오는 일들을 했을 확률은 지극히 적습니다. 만약 정말로 신이 인간의 형상을 입고 완전한 모습으로 내려와 기적을 행했다면 모든 인간들은 그런 사람을 십자가에 못 박지는 않을 것입니다. 오히려 온 마음을 다해 그를 경배할 것입니다."
    로버트슨의 말을 들은 어스킨 박사는 다음과 같이 반박했습니다.
    "인간이 정말로 그렇게 지혜롭고 현명하다면 무솔리니와 히틀러 같은 지도자들의 선동에 놀아나지 않았을 것입니다. 그처럼 많은 폭군들이 민중들의 지지를 받았다는 사실을 생각할 때 완전하신 그리스도에 대한 성경 속사람들의 반응은 전혀 이해 못할 일이 아니라고 생각합니다."
    예수님을 받아들이는 태도의 차이가 진리와 비진리를 나눕니다. 조금만 시선을 돌려서 세상을 바라보면 결국 우리가 바라보고 느끼는 모든 것이 창조주 하나님과 그 아들 예수 그리스도를 가리키고 있음을 알게 됩니다. 주님을 더욱 경험하는 오늘 하루를 살아가십시오.

♥ 주님! 성경을 통해 믿음과 지혜가 자라나게 하소서!
🧿 성경이 말하는 하나님과 예수님의 사랑을 의심 없이 믿으십시오.

나의 영적 일지

4월 15일

머물러 있어야 한다

읽을 말씀 : 요한복음 16:24-33

● 요 16:32 보라 너희가 다 각각 제 곳으로 흩어지고 나를 혼자 둘 때가 오나니 벌써 왔도다 그러나 내가 혼자 있는 것이 아니라 아버지께서 나와 함께 계시느니라

    공식적인 기록으로 가장 오래 표류한 배는 1881년에 침몰한 엘렌 오스틴이라는 상선입니다.
    그 배에 있던 선원 몇 명은 배가 침몰할 때에 작은 보트를 타고 무사히 탈출했습니다. 구조대는 곧 생존자를 찾기 위해서 배가 침몰한 주변을 샅샅이 뒤졌습니다. 그러나 텅 빈 보트만이 발견되었습니다. 배 안에는 비어있는 통조림 몇 개와 사람이 있었다는 것을 알려주는 약간의 흔적만이 남아있었습니다. 구조대는 선원들이 그곳에서 다른 보트로 옮겨갔을 것이라고 생각하고 기준을 옮겨서 수색을 진행하다 비슷한 보트를 다시 발견했습니다. 그 보트도 전에 있는 보트와 마찬가지로 사람이 머문 흔적만 있을 뿐이었습니다. 구조 작업을 하는 동안 동일하게 비어있는 보트를 2개나 더 발견했지만 정작 중요한 선원이 타고 있는 실제 보트는 결국 끝까지 찾을 수가 없었습니다. 전문가들은 이유는 알 수 없지만 선원들이 여러 보트를 가지고 탈출을 한 뒤 배를 주기적으로 갈아타거나 떠도는 보트를 만나 옮겨가며 표류를 하다가 결국 실종되었을 것이라고 판단했습니다.
    때로는 신앙에 의심이 생기고 시험이 들지라도 교회를 떠나거나 다른 길로 가서는 안 됩니다. 문제가 있더라도 신앙 안에 머물러 있어야 주님의 은혜를 받을 수 있습니다. 신앙을 유지하는 최소한의 끈만큼은 어떤 일이 와도 포기하지 마십시오.

💛 주님! 회의감이 때로 찾아오더라도 능히 극복하게 하소서!
🧩 믿음의 울타리를 안에서 모든 문제를 해결하십시오.

나의 영적 일지

용서받은 죄

읽을 말씀 : 누가복음 17:1-4

● 눅 17:4 만일 하루에 일곱 번이라도 네게 죄를 짓고 일곱 번 네게 돌아와 내가 회개하노라 하거든 너는 용서하라 하시더라

러시아의 대문호 도스토예프스키의 단편 소설 중에 다음과 같은 내용이 있습니다.

시청에서 일하는 서기가 하루는 실수로 시장의 신발을 밟았습니다. 서기는 혹시라도 일자리를 잃을까 싶어서 즉각 정중하게 사과를 했습니다. 시장은 별 일 아니니 신경 쓰지 말라고 대답을 했지만 서기는 불안함을 떨치지 못했습니다. '시장님의 표정이 별로 좋지 않아, 혹시 실제로는 나를 용서하지 않은 것이 아닐까?' 결국 다음날 아침 일찍 서기는 다시 시장을 찾아가서 용서를 빌었습니다. 그러나 시장은 서기가 누군지도 몰라보았습니다. 서기는 시장이 자신에게 화가 많이 난 것이라고 생각을 한 뒤에 점심을 먹고 다시 찾아갔습니다. 그러나 시장은 다른 사람과 중요한 이야기를 하느라 서기의 이야기를 들은 채도 하지 않았습니다. 서기는 시장이 퇴근할 때에 맞춰 찾아가 다시 용서를 빌었습니다.

"시장님, 제발 용서해 주십시오. 저는 처자식이 있는 몸입니다!"

그러자 시장이 매우 화를 내면서 말했습니다.

"제발 더 이상 내 앞에 나타나지 말아주게. 난 자네가 누군지도 모른다네."

서기는 시장이 역시 자기를 용서하지 않았다고 생각하며 집에 돌아가서 잠이 드는 순간까지 계속해서 걱정을 멈추지 않았습니다.

이미 용서받은 죄를 계속해서 생각하는 것은 아무런 도움이 되지 않습니다. 모든 죄를 용서할 능력이 그리스도의 보혈에 있다는 것을 의심하지 마십시오.

♡ 주님! 주님 믿을 때 이미 모든 죄가 용서됨을 의심 없이 믿게 하소서!
🧩 모든 죄를 사하시는 보혈의 능력을 믿으십시오.

나의 영적 일지

4월 17일

대통령의 자녀교육

읽을 말씀 : 디모데후서 1:1-5

●딤후 1:5 이는 네 속에 거짓이 없는 믿음이 있음을 생각함이라 이 믿음은 먼저 네 외조모 로이스와 네 어머니 유니게 속에 있더니 네 속에도 있는 줄을 확신하노라

　미국의 버락 오바마 대통령이 ABC방송의 '더 뷰(The View)'라는 프로그램에 출연하여 자녀들을 교육하는 방식에 대해서 이야기한 적이 있습니다.
　먼저 대통령 부부는 아이들에게 절대로 이른 나이에 핸드폰을 사주지 않았다고 합니다. 큰 딸인 말리아는 14살 때 핸드폰을 구입했으며, 당시 11살인 둘째 딸 샤샤는 아직도 핸드폰이 없다고 합니다. 전 세계 5억 명이 이용하고 있는 소셜 네트워크 서비스인 페이스북은 하지 못하게 금지했으며, 컴퓨터를 사용할 수 있는 것은 오직 학교 숙제에 필요할 때뿐입니다. 게다가 TV 시청 역시 주말에만 가능하고 아침에 일어나서는 자신의 침대 정리를 반드시 해야 한다고 합니다. 이들 부부가 이렇게 자녀들의 상태를 꼼꼼히 체크하는 것은 아직 자아 개념에 형성되지 않고 충분한 절제력이 없는 성장의 시기에, 불필요한 대중 매체로부터 유해한 정보를 받지 않도록 보호하기 위해서이며 또한 성인이 되어감에 따라 이런 제재는 스스로 선택할 수 있게 단계적으로 풀어갈 것이라고 말했습니다.
　무조건적인 자유가 항상 좋은 것은 아닙니다. 상한 음식이 몸에 나쁜 영향을 미치듯이 잘못된 매체는 우리의 정신에 나쁜 영향을 미칩니다. 미디어에 너무 오랜 시간 몸과 마음을 노출하지 말고 적절히 절제하는 방법을 터득하십시오.

💗 주님! 절제와 인내로 바른 교육을 가르치게 하소서!
🖼 지나친 자유가 때로는 독이 된다는 사실을 기억하십시오.

나의 영적 일지

위대한 3년

읽을 말씀 : 누가복음 3:16-22

● 눅 3:22 성령이 비둘기 같은 형체로 그의 위에 강림하시더니 하늘로부터 소리가 나기를 너는 내 사랑하는 아들이라 내가 너를 기뻐하노라 하시니라

　예수님의 업적의 위대함에 대해 어떤 학자는 다음과 같이 말했습니다. "고대 그리스의 철학자들은 오랜 세월을 통해 사람들을 가르치면서 저마다의 업적을 남겼습니다. 소크라테스는 약 40년을 가르쳤고, 그의 제자인 플라톤은 50년을 가르쳤습니다. 아리스토텔레스 역시 40년을 가르쳤습니다. 그러나 예수님이 공생애 기간 동안에 가르치시고 남긴 3년의 업적에 비한다면 역사적으로 아주 작은 업적일 뿐입니다. 당신은 예수님을 그저 나사렛의 목수라고 생각할 수 있을지도 모릅니다. 그러나 미켈란젤로와 다빈치 같은 사람들은 예수님을 기념하는 많은 그림들을 남겼고, 단테와 밀턴은 그리스도를 찬양하는 시를 남겼습니다. 하이든과 헨델, 베토벤과 바하는 주님을 찬양하는 많은 곡과 교향곡들을 남겼고 그것들은 100년이 넘게 사라지지 않고 계속해서 울려 퍼지고 있습니다. 당신이 예수님에 대해서 어떻게 생각하고 있을지 모르겠습니다만 인류 역사상 이처럼 지구상에 강력한 영향력을 미친 인물은 예수님밖에 없다는 사실을 부인할 수는 없습니다."

　창조주 하나님과 그의 아들 예수님이 이 땅에 오신 모든 사실이 거짓이고 허탄한 신화일 뿐이라면 지금 인류의 많은 업적들 역시 마찬가지로 그저 환상일 뿐입니다. 이 모든 놀라운 일들이 가능할 수 있는 것은 하나님의 아들인 예수 그리스도가 온 인류를 위하여 이 땅에 오시고 죽으셨다가 부활 했기 때문이라는 사실을 이제는 믿으십시오.

💗 주님! 예수님을 보내주신 하나님의 큰 은혜에 감사하게 하소서!
🧩 예수님이 날 위해 오셨다는 사실을 믿고 감사의 기도를 드리십시오.

　나의 영적 일지

4월 19일

구원받은 성도의 삶

읽을 말씀 : 로마서 6:8-14

● 롬 6:13 또한 너희 지체를 불의의 무기로 죄에게 내주지 말고 오직 너희 자신을 죽은 자 가운데서 다시 살아난 자 같이 하나님께 드리며 너희 지체를 의의 무기로 하나님께 드리라

    18세기 남부 웨일즈에서 일어났던 일입니다.
    눈이 내리던 추운 겨울 날, 어떤 거지 여인이 자신의 어린 아이를 품에 안고 가파른 구릉을 넘고 있었습니다. 그러나 눈보라가 점점 거세졌고 주변에 도움을 구할 곳도 마땅히 없었기 때문에 기력이 떨어진 여인은 안타깝게도 구릉을 넘는 도중에 숨을 거두고 말았습니다. 여인이 죽은 다음 날 그 구릉을 지나던 사람들이 그녀의 시체를 발견하고는 장사를 지내주려 했습니다. 그런데 여인의 시체를 꺼내던 한 사람이 갑자기 외쳤습니다.
    "어, 여기 살아있는 아기가 있어요."
    여인은 아이만이라도 살리기 위해서 자신의 모든 옷으로 아이를 꽁꽁 싸맨 뒤에 자신의 온몸으로 아이를 안고 눈 속에 몸을 파묻었던 것입니다. 사람들의 도움으로 구출 된 그 아이는 평생 자신을 위해 희생한 어머님을 잊지 않았고, 어머님이 보시기에 부끄럽지 않은 삶을 살겠다고 다짐했습니다. 데이비드 로이즈 조지라는 이름의 이 아이는 훗날 영국의 수상에 자리에 올랐고, 영국 역사상 가장 위대한 정치가 중 한 명이라는 소리까지 듣게 되었습니다.
    구원 받은 성도들의 삶이 이와 같아야 합니다. 우리의 삶의 이유와 우리 삶이 변화되어야 할 이유는 우리를 위해 죽임 당하신 예수님 때문입니다. 그분을 위한 일을 하고, 그분을 위한 하루를 사십시오.

♥ 주님! 구원받은 기쁨으로 인해 새로운 사람을 살게 하소서!
📖 구원의 은혜에 합당한 하루를 사십시오.

`나의 영적 일지`

주신 분에 대한 감사

읽을 말씀 : 누가복음 12:13-21

● 눅 12:20 하나님은 이르시되 어리석은 자여 오늘 밤에 네 영혼을 도로 찾으리니 그러면 네 준비한 것이 누구의 것이 되겠느냐 하셨으니

    파푸아뉴기니아의 코리 부족은 아직도 식인 풍습이 남아있을 정도로 원시적인 부족입니다.
    그러나 이곳에 한국을 비롯한 수많은 나라의 선교사들의 노력으로 점점 복음이 전파되면서 이전의 잘못된 풍습들이 사라지고 있습니다. 코리 부족은 게을러서 일을 하기 싫어합니다. 그래서 평소에도 고구마를 불에 구워 먹거나 차코라는 풀잎을 구워서 먹는 것으로 식사를 대신하고, 아주 특별한 날이 아니면 사냥도 나가지 않습니다. 이곳에 온 선교사들이 옥수수를 재배하고 가축을 기르는 법을 알려주어도 아무도 알려준 대로 실천하지 않습니다. 그러나 이런 코리 부족도 때로는 단백질의 보충을 위해서 돼지나 새를 잡으러 사냥을 나갑니다. 그리고 비록 게으른 습성을 가지고 있지만 복음을 믿은 후에는 꼭 하나님께 감사의 기도를 드린 뒤에 나간다고 합니다. 그리고 사냥을 갔다 돌아오면 반드시 감사 기도를 드리는데 이 기도를 통해 많은 선교사님들은 큰 깨달음을 얻었다고 합니다.
    "아침에 우리가 기도할 때 함께 하신 것 감사합니다. 멧돼지를 보내주셔서 하나님이 우리와 함께 하신다는 것을 알았습니다. 항상 우리의 기도를 들으시는 하나님을 때로는 우리가 의심함을 용서해 주세요. 아멘"
    정규 교육을 받은 적도 없고 글도 모르고, 복음을 들은 지 조금밖에 지나지 않았지만 이들 코리 부족은 선물이 아니라 선물을 주신 분에 대한 기도를 자연스럽게 드리고 있었습니다. 주님이 주신 선물에 집중하지 말고 선물을 주신 분에 집중하십시오.

♥ 주님! 모든 것을 주신 분이 하나님이심을 깨달아 알게 하소서!
※ 재물에 대한 욕심을 버리고 온전히 하나님을 경배하십시오.

나의 영적 일지

4월 21일

건강 염려증

읽을 말씀 : 누가복음 12:22-28

● 눅 12:27 백합화를 생각하여 보아라 실도 만들지 않고 짜지도 아니하느니라 그러나 내가 너희에게 말하노니 솔로몬의 모든 영광으로도 입은 것이 이 꽃 하나만큼 훌륭하지 못하였느니라

'건강염려증'은 아픈 곳이 없음에도 스스로 환자라고 생각하는 병입니다.

최근 5년 동안 국내에 이런 '건강염려증' 환자가 급증하고 있다고 합니다. 이들은 자신의 병을 병원이 찾지 못한다고 생각한 뒤에 여러 병원을 전전하며 자신의 아픈 곳을 찾아달라고 요구합니다. 의사들은 엑스레이도 찍어주고, 여러 가지 검사를 통해 병이 없다는 사실을 증명하지만, 환자들은 도무지 믿지 않고 계속해서 다른 병원을 찾아갑니다. 이 병이 정말로 위험한 것은 아무런 병력이 없다가도 과도한 걱정으로 실제 염려하는 병이 생길수도 있기 때문입니다. 순천향병원의 신경정신과의 경우에는 하루에 내원 환자인 60여 명 중 약 20%인 12명 정도가 건강염려증 환자이고 서울대병원의 경우에도 초진 환자 50명 중 10명에서 20명 정도는 건강염려증 환자라고 합니다.

지나친 염려는 없는 병도 만듭니다. 걱정 자체로는 아무런 문제도 해결되지 않습니다. 우리의 모든 필요를 알고 계시는 주님을 믿음으로 걱정에서 해방되십시오.

♥ 주님! 주님으로 인해 모든 걱정에서 해방되게 하소서!
🎗 모든 것을 예비하신 주님을 신뢰하십시오.

나의 영적 일지

새로운 은혜의 원천

읽을 말씀 : 요한복음 4:19-30

● 요 4:24 하나님은 영이시니 예배하는 자가 영과 진리로 예배할지니라

    같은 교회를 오래 다닌 한 청년이 있었습니다.
    청년은 같은 교회를 너무 오래 다녀 설교가 더 이상 은혜가 되지 않는다고 생각했습니다. 처음 다닌 교회라는 소중함이 있었지만 설교가 금세 귀에 익어 식상했기 때문입니다. 결국 청년은 얼마 뒤에 설교를 잘 하기로 소문난 근처의 교회로 옮겼습니다. 교회를 옮긴 뒤 처음 드린 예배에서 설교를 들은 뒤 청년은 매우 큰 은혜를 받았습니다.
    "이렇게 은혜로운 말씀이 있었다니, 역시 설교를 잘하는 목사님은 달라."
    그렇게 몇 달간은 매 설교시간마다 큰 은혜를 받았던 청년이지만 결국 1년 정도 지나자 다시 전과 같은 식상함을 느끼게 되었습니다. '목사님의 밑천이 드디어 떨어졌나?'라고 생각한 청년은 다시 주변에 대형 교회로 옮겼습니다. 거기서도 역시 처음 몇 달간은 은혜가 넘쳤으나 시간이 지나자 금방 설교가 식상해지기 시작했습니다. 그렇게 청년은 계속해서 새로운 말씀의 은혜를 찾아 교회를 옮겨 다녔지만 끝끝내 질리지 않는 은혜를 찾을 수는 없었습니다. 청년이 교회에 나오는 이유는 예수 그리스도가 아닌 참신한 설교 패턴이었기 때문입니다.
    교회를 나오는 이유는 재밌고 참신한 설교를 듣고, 다양한 사람들을 만나기 위해서가 아닙니다. 마음을 다해 주님을 경배하는 것이 예배와 교회의 목적임을 잊지 마십시오.

♥ 주님! 교회의 본 목적을 항상 잊지 않게 하소서!
✤ 나의 마음을 하나님께 예배로 드리십시오.

나의 영적 일지

4월 23일
40년 만의 해후

읽을 말씀 : 히브리서 10:36-39

● 히 10:39 우리는 뒤로 물러가 멸망할 자가 아니요 오직 영혼을 구원함에 이르는 믿음을 가진 자니라

한국전쟁 중 전쟁고아를 가르치려고 한국을 찾았던 많은 선교사들이 있었습니다,

전쟁이 끝나지도 않아서 위험천만한 이 땅에 74명의 미국인 선교사들은 전쟁고아들을 거두어 가르치고, 또한 전쟁으로 남편을 잃은 미망인들에게 재봉틀을 가르쳐 주었습니다. 아무것도 없는 폐허 같은 땅에서 고아들을 위해 오랜 세월 헌신할 수 있었던 것은 바로 하나님이 주신 사랑 때문이었습니다.

그리고 그 사랑은 오랜 세월을 통해 크나큰 결실을 맺었습니다. 주로 대구와 경산에서 활동을 했던 선교사들은 약 20년 동안 그들이 세운 메노나이트 실업학교를 통해 천 명에 가까운 전쟁고아들을 교육했습니다. 그리고 그들은 대부분 교수, 목사, 실업가 등 각 분야의 성공한 사람들이 되었고, 지난 2012년도에는 자신들을 가르친 선교사들과 그들의 가정을 초청해 40년 만의 만남을 가졌습니다.

돈보다 귀한 순종의 헌신이 따를 때, 사람을 살리고 영혼을 살리는 귀한 사역을 감당할 수 있습니다. 60년 전에 한국으로 떠나던 미국의 선교사들을 이해할 수 있는 사람은 아무도 없었을 테지만 그들의 사역은 풍성한 결실을 맺었습니다. 때로는 이해가 되지 않더라도 주님의 부름에 응답함으로 구원의 사역에 동참하십시오.

♡ 주님! 영혼 구원을 위해 늘 기도하게 하소서!
✿ 영혼의 구원에 관한 사역을 한 가지 이상 결심하십시오.

나의 영적 일지

또 다른 기회

읽을 말씀 : 시편 17:6-10

● 시 17:8 나를 눈동자 같이 지키시고 주의 날개 그늘 아래에 감추사

    19세기 초에 미국에서 골드러시가 일어났을 때 금광을 찾으러 떠나던 사람들은 대부분 가난한 사람들이었습니다.
    돈이 많은 사람들은 이미 땅을 구입해 금광을 캘 인부들을 구하고 있었기에 엄밀히 말하면 골드러시는 금을 캐기 위한 것이 아니라 금을 캐서 돈을 벌기 위해 일어난 일입니다.
    그런데 골드러시에 대한 소문을 너무 늦게 듣고 떠난 어떤 청년이 있었습니다. 가난함에서 벗어날 희망을 갖고 도착한 캘리포니아였지만 이미 대부분의 금광이 개발되었고, 또 이미 너무 많은 사람들이 일을 하고 있어서 비어있는 일자리가 없었습니다. 그러나 청년은 포기하지 않고 어떤 기회라도 찾아보기로 했습니다.
    그리고 사람들을 유심히 관찰한 결과 힘한 일을 하기에 적합한 작업복이 필요할 것이라는 생각에 천막 기지로 튼튼한 청바지를 만들어서 팔기 시작했습니다. 시간이 흐르고 골드러시는 끝이 났지만 골드러시에 실패한 청년이 만든 리바이스라는 청바지는 지금 전 세계인이 좋아하는 인기 브랜드가 되었습니다.
    끝이라고 생각할 때 더 좋은 기회가 찾아옵니다. 좋은 것을 주실 하나님에 대한 흔들림 없는 믿음이 있을 때 어떤 상황에서도 낙담하지 않고 희망을 찾을 수 있습니다. 절망 속에서도 주님을 의지함으로 새로운 희망과 기회를 발견하십시오.

♥ 주님! 어떤 상황에서도 주님이 보호하심을 알고 또 믿게 하소서!
🙏 고난에 절망하기보다 새로운 희망을 기도함으로 구하십시오.

나의 영적 일지

4월 25일
노을에서 배우는 진리

읽을 말씀 : 누가복음 12:29-34

● 눅 12:33 너희 소유를 팔아 구제하여 낡아지지 아니하는 배낭을 만들라 곧 하늘에 둔 바 다함이 없는 보물이니 거기는 도둑도 가까이 하는 일이 없고 좀도 먹는 일이 없느니라

노을을 바라보던 아들과 아버지가 있었습니다.

해가 점점 기울며 그림자가 사라져가자 아들이 걱정스런 목소리로 물었습니다.

"아빠, 해가 사라지면서 그림자의 모습도 점점 사라지고 있어요. 사람도 언젠가 죽으면 이처럼 사라지고 말겠죠?"

"그럼, 죽음은 누구에게나 일어나는 일이기 때문에 피할 수가 없어. 하지만 해가 지고 그림자가 사라져도 다음 날 다시 해가 뜨면 그림자도 생기지? 우리가 죽고 난 뒤에는 천국에서 사라지지 않는 그림자가 다시 생긴단다. 하나님은 영원하신 분이기 때문에 그곳에서 우리라는 그림자는 다시 사라질 염려를 하지 않아도 돼."

그러자 아들이 다시 물었습니다.

"그럼 이곳에서의 인생은 어떤 의미가 있죠? 그냥 대충 살아도 상관이 없나요?"

"노을이 지면서 그림자가 사라지기 직전에 가장 길어지는 것을 보았지? 사라지기 전이라도 그림자가 길어지는 것처럼 이 땅에서 최선을 다할 때 우리는 천국에서의 즐거움과 기쁨을 잠시나마 느끼며 깨달을 수 있단다."

하나님이 세상을 지으신 창조의 원리와 성경이 말하는 진리를 우리는 모든 세상에서도 배울 수 있습니다. 오늘 하루의 삶을 통해 나에게 말씀하실 하나님의 음성에 귀를 기울이십시오.

♥ 주님! 세상에서의 삶이 끝이 아님을 깨닫게 하소서!
📖 하늘에서의 삶을 이 땅에서 준비하는 현명한 성도가 되십시오.

나의 영적 일지

명확한 기도의 위력

읽을 말씀 : 마가복음 11:22-25

● 막 11:24 그러므로 내가 너희에게 말하노니 무엇이든지 기도하고 구하는 것은 받은 줄로 믿으라 그리하면 너희에게 그대로 되리라

신학자 토레이는 '명확한 기도'에 대해서 다음과 같은 간증을 통해 설명했습니다.

"제가 몇 년 전 메인 주의 어느 조그만 마을에 부임했을 때, 그곳의 교회는 완전히 죽어있었습니다. 교회가 하는 일이라고는 아무것도 없었고, 다만 몇 사람의 성도가 있을 뿐이었습니다. 게다가 마을의 분위기도 좋지 않았습니다. 사람들은 마지못해 일을 했고, 일이 끝나면 곧바로 술집을 찾아가 소일을 했습니다. 저는 이대로는 안 되겠다고 생각을 했고, 그나마 있는 몇 명의 성도들을 모아 매일 같이 기도하기 시작했습니다.

먼저 저희는 마을의 한 알코올 중독자를 위해 기도를 했습니다. 매일 기도하고 찾아가 관심을 표하자 몇 주 뒤 그는 변화되었고, 이번에는 그를 포함한 우리 모두가 그 다음으로 기도가 필요한 사람을 위해 기도하고 행동했습니다. 그렇게 1년이 지나고 10명도 되지 않았던 교회의 교인 수가 300명이 넘게 되었고, 곧 옆 마을의 사람들까지 찾아오기 시작했습니다. 대상과 목적과 노력이 분명한 명확한 기도에는 이처럼 놀라운 힘이 있습니다."

필요한 사람에게 필요한 방법을 구하는 기도에는 하나님의 능력이 임합니다. 우리 주변에 정말로 기도가 필요한 사람을 먼저 찾아보고 그들을 위해 기도하고 또 축복해주십시오.

♥ 주님! 구하기 전에 먼저 주님의 뜻을 깨달아 알게 하소서!
🙏 마음의 소원을 위해 기도하고 또 기도해주십시오.

나의 영적 일지

4월 27일
경쟁의 늪에 빠진 한국인

읽을 말씀 : 마태복음 25:14-30

●마 25:23 그 주인이 이르되 잘 하였도다 착하고 충성된 종아 네가 적은 일에 충성하였으매 내가 많은 것을 네게 맡기리니 네 주인의 즐거움에 참여할지어다 하고

'한국인은 어디서든 경쟁에 찌든 삶을 살고 있다.'

미국 캘리포니아 대학의 저널리즘을 전공하는 대학원생들이 한국인의 삶을 연구한 뒤 내린 결론입니다. 한국인들이 경쟁에 찌든 삶을 살고 있는지 확인하기 위해 진행된 이 연구는 한국과 미국에서 살고 있는 각각의 한국인들 9명의 삶을 한 주간의 일상과 살아온 환경을 분석한 자료를 토대로 진행되었습니다. 그리고 조사 결과 한국에서 사는 한국인이나 미국에서 사는 한국인이나 모두 과도한 경쟁을 불러일으키는 삶을 살고 있었습니다. 무엇보다 큰 문제는 이런 경쟁이 일시적인 현상이 아닌 평생 지속적인 현상이라는 점입니다.

이제 11살인 한 초등학생은 영어, 수학, 컴퓨터와 같은 개인 과외를 받기 때문에 주중에는 전혀 놀 시간이 없습니다. 이렇게 자란 학생은 입시 지옥을 뚫어야 하고, 또한 취직이란 관문도 뚫어야 합니다. 그 뒤에는 노후를 준비하기 위해 또 고군분투합니다. 퇴직을 하면 번듯한 가게라도 하나 차려 장사를 해야 체면이 서기 때문입니다.

자신에게 진정으로 중요한 가치가 무엇인지 깨달을 때 다른 사람을 의식하지 않는 삶을 살게 됩니다. 모두가 일등을 할 수도 없고 일등을 한다고 삶이 행복해지는 것도 아닙니다. 최고가 되는 삶이 아니라 최선을 다하는 삶이 진정으로 아름답고 귀한 삶이라는 사실을 기억하십시오.

♡ 주님! 무익한 열등감과 자괴감에 빠지지 않게 하소서!
📖 적게 가진 것에 불평하기보다 그것을 잘 활용하는데 집중하십시오.

나의 영적 일지

의미 없는 낭비

읽을 말씀 : 로마서 8:18-23

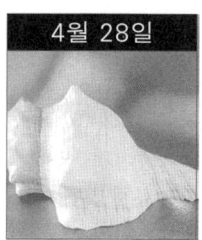

● 롬 8:21 그 바라는 것은 피조물도 썩어짐의 종 노릇 한 데서 해방되어 하나님의 자녀들의 영광의 자유에 이르는 것이라

    19세기 프랑스의 유명한 작가였던 뒤마는 낭비벽으로 유명했습니다. 유명한 작가가 되기 전의 뒤마는 매우 가난한 삶을 살았는데, 그의 글이 인기를 얻게 되고나서부터는 엄청나게 많은 돈을 벌게 되었습니다. 당시 하루 노동자의 평균 일당이 3프랑이었는데, 뒤마는 일 년에 80만 프랑을 벌었습니다. 그러나 갑자기 많은 돈을 벌게 된 뒤마는 돈을 잘 관리하지 못하고 자신의 인기가 영원할 것으로 생각하고 돈을 흥청망청 썼습니다.
    결혼도 하지 않고 홀몸으로 살았던 뒤마는 당시 프랑스의 여왕보다 더 호화로운 삶을 살았습니다. 그러나 말년에 들어서 그의 인기가 떨어지며 책이 팔리지 않았고 그토록 많았던 뒤마의 재산은 금화 몇 닢 밖에 남아있지 않았습니다. 사람들은 뒤마가 쓸데없이 돈을 낭비했다고 생각했지만 정작 뒤마는 자신의 친구에게 다음과 같은 말을 한 적이 있었습니다.
    "내가 처음 작가의 꿈을 안고 파리로 왔을 때의 재산이 금화 한 닢이었고, 그때로부터 50년이 지나 다시 처음으로 돌아갔을 뿐인데, 내가 무엇을 낭비했다고 하는지 나는 모르겠네."
    돈은 어떻게 사용하느냐에 따라서 사랑이 되기도 하고, 분노가 되기도 하고, 천사가 되기도 하고 악마가 되기도 합니다. 돈 자체에 너무 집중하기 보다는 돈을 가지고 할 수 있는 좋은 일들에 더욱 신경을 쓰는 지혜를 가지십시오.

♡ 주님! 재물에 마음을 빼앗기지 않고 그것을 다스리게 하소서!
🧶 의미 없는 재물을 하나님의 영광을 위해 사용하는 지혜로운 사람이 되십시오.

나의 영적 일지

4월 29일
적절한 휴식의 필요성

읽을 말씀 : 창세기 2:1-3

● 창 2:3 하나님이 그 일곱째 날을 복되게 하사 거룩하게 하셨으니 이는 하나님이 그 창조하시며 만드시던 모든 일을 마치시고 그 날에 안식하셨음이니라

적절한 휴식은 하나님이 창조한 세상의 원리입니다.

성경에는 하나님이 엿새 동안 세상을 창조하시고 칠일 째에 휴식을 취하셨다고 나와 있습니다. 당연히 그 원리를 따라 창조된 인간들도 조금씩 차이는 있지만 일주일을 주기로 일정한 휴식을 취해야 합니다. 또한 출애굽기를 보면 부리는 짐승들에게도 충분한 안식을 주라는 말씀이 나와 있는데, 이것은 짐승들도 동일한 원리의 의해 창조되었기 때문입니다.

전기가 없던 시절에는 탄광에서 석탄을 캐는 일에 노새를 사용했습니다. 노새는 체력이 좋아서 많은 일을 할 수 있었지만 이런 노새도 일주일에 하루만큼은 완전한 휴식을 취하게 하고 탄광 밖인 수풀에서 지낼 수 있게 묶어두었다고 합니다. 아무리 돈에 혈안이 된 사람이라 하더라도 절대로 이 방법을 어기지는 않았는데, 노새에게 쉴 새 없이 탄광에서 일을 시키면 한 달 만에 눈이 멀어서 일을 아예 할 수 없게 되었기 때문입니다.

하나님의 원리를 벗어나서 우리는 생활할 수 없습니다. 열심히 일한 만큼 충분히 휴식을 취해야 하는 것이 하나님이 우리를 창조하신 원리입니다. 주일은 거룩하게 지켜지며 온전히 하나님을 예배하며 몸과 영혼이 쉼을 얻는 날이 되어야 합니다. 주일만큼은 예배를 통해 모든 부담감에서 벗어나 몸과 마음을 쉬게 하십시오.

♡ 주님! 성경이 말하는 일과 쉼의 원리를 따라 살게 하소서!
🎬 세상의 일과 여러 일들 속에서 주일을 거룩히 지키십시오.

나의 영적 일지

희망을 위한 도전

읽을 말씀 : 다니엘 1:1-9

● 단 1:8 다니엘은 뜻을 정하여 왕의 음식과 그가 마시는 포도주로 자기를 더럽히지 아니하리라 하고 자기를 더럽히지 아니하도록 환관장에게 구하니

    마이클 매커티라는 미국의 10대 소년은 두 다리가 없는 선천성 장애인입니다. 시카고 재활센터 운영기금 마련을 위해 열린 103층인 윌리스 타워 계단으로 오르기 행사에 참여한 마이클은 의족 한 개와 목발 2개에만 의존해 103층인 빌딩의 계단을 모두 오르며 도전에 성공을 했습니다. 장애에도 불구하고 평소에 수영과 하키를 즐기며 단련된 마이클이지만 103층의 계단을 목발로 오른다는 것은 결코 쉬운 일이 아니었습니다. 오르는 도중 난간에 기대어 많은 시간을 쉬었고, 심하게 표정을 찡그리며 고통스러워 한 적도 많았습니다. 그러나 "포기하겠느냐?"는 질문에는 단호히 "아니오!"라고 대답했습니다. 그렇게 도전에 성공한 뒤에 많은 언론들이 몰려와서 이렇게 무모해 보이는 도전을 한 이유가 무엇이냐고 물었습니다. 자선기금을 모으기 위한 행사였기 때문에 완주를 한다고 주어지는 상금이나 아무런 명예도 없었기 때문입니다.

    "신체적 장애가 도전과 성취를 막을 수 없다는 것을 입증해 보이고 싶었습니다."

    자신과 같은 장애인들도 할 수 있다는 것을 보여주기 위한 것이 유일한 소년의 목표였습니다. 언론들은 이 14세 소년의 도전을 '불굴의 도전'이라고 표현했고, 한 소년의 도전은 이날 모인 10억 원의 성금보다 다른 장애인들에게 더 큰 희망이 되었습니다.

    한 사람의 도전과 성공은 다른 많은 사람들에게 희망이 됩니다. 이미 본을 보이신 예수 그리스도를 따라 도전하십시오. 다른 사람들의 희망의 증거가 되는 그리스도인이 되십시오.

💗 주님! 주님을 증거하는 삶으로 살아가게 하소서!
🖼 세상 사람에게 본이 되지 않는 일들을 차차 끊어나가십시오.

나의 영적 일지

하나님은 네게 복을 주시고
너를 지키시기를 원하며
민 6:24

5월

5월 1일

인생의 3분의 1

읽을 말씀 : 골로새서 4:2-6

●골 4:5 외인에게 대해서는 지혜로 행하여 세월을 아끼라

저명한 심리학자이자 사회학자인 미하이 칙센트미하이에 의하면 우리가 보내는 하루는 좋아서 하는 일, 의무적으로 해야 하는 일, 해도 그만 안 해도 그만인 일로 각각 3분의 1씩 구성되어 있다고 합니다. 사람의 성별과 연령대, 가진 직업에 따라서 이 비율은 조금씩 달라지지만 인생 전체로 놓고 봤을 때 비율이 높게 달라지는 경우는 없다고 합니다.

사람들은 이 세 가지 일 중에서 자발적인 일을 할 때 가장 만족스러워하지만 의무감 때문에 하는 일도 불만족스러워하지는 않는다고 합니다. 결국 사람의 인생이 얼마나 행복해질 수 있는가는 남은 3분의 1이라는 시간을 반드시 해야 하는 일에 사용하느냐, 아니면 안 해도 그만인 일에 사용하느냐에 따라서 달려 있다는 말이 됩니다.

사람은 자신이 하고 싶은 일이나 해야 되는 일을 하는 경우에는 깊은 몰입과 행복감을 느끼지만 어떤 목표도 갖지 않고 마지못해 소일하는 경우에는 쉰다는 느낌 이외에 어떤 안도감도 느끼지 못하고 오히려 자괴감을 느끼게 되기 때문입니다.

모든 사람들이 같은 시간의 구성을 갖고 살아간다면 우리에게 남는 시간은 주님이 주신 명령을 실천하는 삶이 되어야 할 것입니다. 하루의 시간의 쓰임을 살펴보고 주님의 일을 위한 시간을 미리 준비해놓으십시오.

♥ 주님! 시간의 유한함을 깨달아 현명하게 사용하게 하소서!
📖 시간을 지혜롭게 사용하기 위한 계획을 세워보십시오.

나의 영적 일지

두려움을 이길 용기

읽을 말씀 : 사무엘상 17:41-52

5월 2일

● 삼상 17:45 다윗이 블레셋 사람에게 이르되 너는 칼과 창과 단창으로 내게 나아 오거니와 나는 만군의 여호와의 이름 곧 네가 모욕하는 이스라엘 군대의 하나님의 이름으로 네게 나아가노라

조대현 전 헌법재판관은 6년간의 임기를 마쳤습니다.

개포감리교회에서 장로직분을 섬기고 있을 뿐 아니라 공직자 중에서도 독실한 기독교인으로 소문난 조대현 헌법재판관은 퇴임식에서 하나님에 대한 감사를 표현했습니다.

"부족한 저를 헌법재판관으로 하나님이 세워주셨습니다. 두려워 도망가고 싶을 때 사명감과 용기를 주셨고, 어둠 속에서 헤맬 때 지혜를 주셨습니다."

가장 높은 수준의 시비를 가리는 자리에 있었기에 어떤 결정이든 내리는 것이 쉽지는 않았습니다. 항상 하나님께 지혜를 구하며 상식을 벗어나지 않는 판결을 내리려고 노력했지만 조 헌법재판관의 판결이 소수 의견에 그친 경우도 많았고, 또 국민들로부터 많은 원성을 들은 적도 있었습니다. 그러나 그 자리를 주신 것이 하나님의 사명이라고 생각했기에 최선을 다해 임기까지 무사히 마무리를 할 수 있었다는 고백이었습니다. 조 헌법재판관은 마지막으로 무거운 책임은 내려놓게 되었지만 그래도 중요한 자리의 일들이 앞으로도 계속해서 현명하게 처리될 수 있도록 기도를 쉬지 않겠다는 말로 퇴임사를 마쳤습니다.

모든 시험을 이겨내고 승리하신 주님이 우리와 함께 하십니다. 주님을 의지함으로 두려움을 이겨내고, 주님을 의지함으로 다시 일어설 용기를 얻으십시오.

♥ 주님! 골리앗에 맞설 수 있는 다윗과도 같은 용기를 주소서!
📖 세상을 이기신 주님을 통해 세상을 이길 힘을 얻으십시오.

나의 영적 일지

5월 3일 행복의 조건

읽을 말씀 : 잠언 15:12-17

● 잠 15:16 가산이 적어도 여호와를 경외하는 것이 크게 부하고 번뇌하는 것보다 나으니라

    미국의 콜롬비아 대학의 프린트만 교수가 미국인 10만 명을 대상으로 행복한 사람에 대한 연구를 진행 했습니다.
    10만 명이나 되는 사람들의 직업과 재산, 나이와 가정환경, 주거 지역 등등을 면밀히 검토한 뒤에 여러 가지 방법으로 그들의 삶의 행복도가 조사되었습니다. 이 실험의 목적은 과연 사람이 행복을 느끼는 조건이 무엇인가를 알아내는 것이었습니다. 오랜 기간의 연구 끝에 프린트만 교수와 연구진은 인간이 행복해지는 데는 다음의 세 가지 조건이 절대적이라는 결론을 내렸습니다.
    첫째는 낙천적인 인생관이었고,
    둘째는 가까운 인간관계를 통해 사랑을 주고받으며 사는 것,
    셋째는 일의 종류에 관계없이 보람을 느끼며 일을 하는 것이었습니다.
    중요한 것은 프린트만 교수의 연구와 비슷한 수많은 다른 연구가 있었지만 그 어떤 연구에도 돈이나 명예, 사회적 지휘와 같은 것들이 뽑힌 적은 없었다는 사실입니다.
    행복한 사람은 미래를 긍정적으로 바라보고 관계가 건강하고 보람 있는 일을 하는 사람입니다. 대다수의 사람들이 바라는 많은 욕심은 결코 사람을 행복하게 만들 수 없다는 사실을 미리 깨달으십시오.

♡ 주님! 인생의 행복은 주님을 아는 것에 있음을 깨닫게 하소서!
※ 주님을 알게 하신 가장 큰 은혜로 인해 감사하십시오.

나의 영적 일지

거룩한 명령

읽을 말씀 : 마태복음 12:22-32

● 마 12:32 또 누구든지 말로 인자를 거역하면 사하심을 얻되 누구든지 말로 성령을 거역하면 이 세상과 오는 세상에서도 사하심을 얻지 못하리라

미국 초대 대통령인 워싱턴이 아직 장군 시절일 때에 중요한 전투를 앞에 두고 있었습니다.

당시 연전연패를 거듭하던 워싱턴 장군의 부대는 당장 있을 전투마저 패한다면 전쟁이 아예 패배로 끝나버릴 가능성도 있었습니다. 기나긴 전투와 계속된 패배에 지친 워싱턴 장군의 군사들은 기강이 매우 해이해졌고, 그 중에는 하나님을 욕하는 사람들도 있었습니다. 이 사실을 알게 된 워싱턴 장군은 모든 장교들을 불러서 다음과 같이 말했습니다.

"이번에 있을 전쟁에 우리가 승리하기 위해서는 반드시 하나님의 도움이 필요합니다. 지금의 전력으로는 냉혹히 말하면 이긴다는 것이 거의 불가능하기 때문입니다. 따라서 오늘부터 특별히 병사들의 사기에 영향을 미치는 말과 하나님께 불경한 말들을 하지 않도록 잘 관리해주시기 바랍니다. 하나님을 모독하는 사람이 하나님이 주실 복을 기대할 수는 없습니다."

하나님의 큰복을 바란다면 먼저 그 큰복을 받을만한 깨끗한 그릇이 되어야 합니다. 하나님의 큰복을 받을 수 있는 깨끗한 그릇이 되기 위해 몸과 마음을 거룩하게 하십시오.

♡ 주님! 하나님의 도우심을 늘 겸손히 구하게 하소서!
❀ 하나님께 큰복을 구하기보다 먼저 정결한 마음을 품으십시오.

나의 영적 일지

5월 5일

양육 십계명

읽을 말씀 : 잠언 22:1-12

● 잠 22:6 마땅히 행할 길을 아이에게 가르치라 그리하면 늙어도 그것을 떠나지 아니하리라

    자녀를 둔 크리스쳔 부모들의 모임인 외국의 한 포럼에 올라온 자녀를 성경적으로 키우는 10가지 계명입니다.
1. 긍정적인 말로 격려하고 용기를 주십시오.
2. 부모의 목표를 강요하지 말고 자녀의 꿈을 존중하십시오.
3. 그리스도를 닮는 생활의 본을 자녀에게 보이십시오.
4. 자녀들을 무시하지 말고 인격적으로 대하십시오.
5. 일시적인 감정으로 자녀에게 매를 들지 마십시오.
6. 자녀에게 심한 정신적인 스트레스를 주지 마십시오.
7. 자녀의 요구를 무작정 거부하지 말고 선별하여 판단하십시오.
8. 큰 실수를 했을 때는 비록 자녀 앞이라도 사과하십시오.
9. 자녀들의 마음의 상처나 자존심을 건드리는 언행을 삼가십시오.
10. 자녀들의 문제와 고민을 귀 기울여 들어주는 친구가 되십시오.

    바른 성품과 실력을 갖춘 자녀로 양육하기 위해 성경으로 신앙을 양육하는 것이 중요합니다. 그러나 생각보다 많은 성도님들이 자녀를 양육하는 데 있어서 오로지 실력과 성공만을 추구하는 세상 사람들과 같은 방법으로 양육을 하고 있습니다.

    그러나 아무리 튼튼한 다리라고 하더라도 한 쪽 발만으로는 온전히 걸을 수 없듯이 성품과 신앙이 없는 실력과 성공이란 하나님께 영광이 될 수도, 진정한 행복을 줄 수도 없습니다. 실력과 신앙이 균형 잡힌 자녀로 기도하며 지혜롭게 양육하십시오.

♥ 주님! 바른 성품과 신앙으로 자녀들을 양육하게 하소서!
🙏 자녀들의 이야기를 듣고 대화하는 시간을 가지십시오.

나의 영적 일지

그림자 인생

읽을 말씀 : 로마서 8:33-39

● 롬 8:39 높음이나 깊음이나 다른 어떤 피조물이라도 우리를 우리 주 그리스도 예수 안에 있는 하나님의 사랑에서 끊을 수 없으리라

신학 교수 C. 라일리는 성도의 신앙을 그림자에 비유해 설명했습니다. "사람들은 자신의 그림자에 대해서 의식하지 않는 경우가 많습니다. 빛이 있을 때만 그림자는 존재하며, 또한 빛의 상태에 따라 그림자의 상태도 달라지기 때문입니다. 우리의 신앙도 마찬가지입니다. 하나님이라는 태양은 믿는 사람에게나 믿지 않는 사람에게나 모두 비추이고 있습니다. 단지 어떤 사람에게는 욕심이란 커다란 건물 때문에 햇빛이 닿고 있지 않고, 어떤 사람에게는 교만이란 구름 때문에 햇빛이 닿고 있지 않을 뿐입니다. 그리고 우리와 하나님 사이를 가로막고 있는 모든 장애물들이 없을 때 우리를 통해 나타나는 하나님의 역사가 그림자로써 길게 드러나게 됩니다."

아무리 태양빛이 강하다 하더라도 사이를 가로막는 장애물이 있다면 그림자가 생기지 않습니다. 고개를 들어 어제나 오늘이나 변함없이 나를 향하고 있는 하나님을 바라보십시오.

꺼지지 않는 태양처럼 주님의 사랑은 늘 우리를 비추이고 있습니다. 다만 나의 잘못된 마음과 헛된 정욕으로 인해 그것을 바라보지 못할 뿐입니다. 하나님이 계시지 않는 것처럼 느껴질 때 먼저 스스로를 살피십시오.

♥ 주님! 하나님의 역사를 온전히 체험하며 살게 하소서!
 나와 하나님 사이를 가로막는 장애물이 어떤 것이 있는지 생각해보십시오.

나의 영적 일지

5월 7일

바리스타가 된 목사님

읽을 말씀 : 마태복음 10:15-22

● 마 10:16 보라 내가 너희를 보냄이 양을 이리 가운데로 보냄과 같도다 그러므로 너희는 뱀 같이 지혜롭고 비둘기 같이 순결하라

환갑이 넘은 나이로 오랜 세월동안 인권운동을 해 오신 김종맹 목사님은 최근에 카페를 운영하는 바리스타가 되었습니다.

예배당 안에서의 선교에는 분명 한계가 있다고 생각을 하신 목사님은 믿지 않는 신자들을 위해 교회의 문턱을 낮출 수 있는 방법을 고민하였고, 고민 끝에 '빈 어스(bean us)'라는 카페를 열었습니다.

카페를 운영하기 위해서 목사님은 유명한 곳을 찾아다니며 커피를 만드는 법과 재료와 비용, 운영 등 관련된 모든 사항을 열심히 공부하며 준비했습니다. 처음 찾아오는 분들도 편안함을 느낄 수 있게 아늑한 인테리어도 신경을 썼습니다. 그리고 선교를 목적으로 세운 카페이니만큼 모든 수익금은 선교와 어린이 장학금, 불우이웃을 돕는 데에 사용됩니다.

지금은 비신자들에게 더욱 찾아오는 명소가 된 빈 어스를 통해 목사님은 유명한 목사님이나 강사들의 초청을 통한 문화 강연과 어린이와 다양한 문화사역자들을 위한 무대도 마련할 계획을 갖게 있다고 합니다.

그리스도인들은 세상과 구별되어야 하지만 세상의 흐름을 이해할 필요는 있습니다. 다양한 문화적, 전략적 헌신을 위한 여러 가지 방법들로 행해지는 선교와 전도에 생각과 마음을 여십시오.

♡ 주님! 복음을 다양하게 전하는 방법에 대한 지혜를 주소서!
🎭 나의 취미와 관심사를 통해 전도를 할 수 있는 방법을 찾아보십시오.

나의 영적 일지

부모님의 격려

읽을 말씀 : 마가복음 10:17-31

● 막 10:19 네가 계명을 아나니 살인하지 말라, 간음하지 말라, 도둑질하지 말라, 거짓 증언하지 말라, 속여 빼앗지 말라, 네 부모를 공경하라 하였느니라

유명한 발레리나였던 스테파니 바스토스는 1995년도에 교통사고를 당해 발목을 절단했습니다.

한쪽 발이 없다는 것은 곧 발레리나로써의 생명이 끝났다는 것을 의미했습니다. 사고가 난 후 스테파니는 자신에게 일어난 일을 괴로워하며 다음과 같은 일기를 썼습니다.

「나는 사형선고를 받은 것과 다름없다. 이제 내 인생은 껍데기만 남았다.」

그러나 그녀의 부모님은 포기하지 않았습니다. 부모님은 의족을 낀 스테파니에게 매일 다음과 같이 격려해주었습니다.

"사랑하는 딸아, 네가 잃은 것은 몸의 전체 중 발목 하나뿐이란다. 우린 네가 반드시 재기할 수 있을 것이라고 믿는단다."

부모님의 지속적인 격려와 사랑에 스테파니도 점점 자신이 다시 발레를 할 수 있다는 생각을 하게 되었습니다. 그리고 4년 동안의 혹독한 재활과 연습을 통해 1999년 2월 4일, 미국의 링컨 센터에서 다시 발레리나로 공연을 함으로 인간승리의 주인공이 되었습니다.

부모님의 사랑은 세상에서 가장 큰 사랑입니다. 힘들 때 격려와 사랑을 부어주신 부모님의 사랑에 감사드리고 그 사랑을 통해 하나님의 사랑을 깨달으십시오.

♥ 주님! 부모님을 공경하고 섬기는 계명을 어기지 않게 하소서!
🎁 부모님에게 감사의 편지와 작은 선물을 드리십시오.

나의 영적 일지

5월 9일

차별을 이겨내는 자신감

읽을 말씀 : 창세기 1:26-31

● 창 1:31 하나님이 지으신 그 모든 것을 보시니 보시기에 심히 좋았더라 저녁이 되고 아침이 되니 이는 여섯째 날이니라

미국에는 '못생긴 사람 연합'이라는 단체가 있습니다.

자신을 못생겼다고 생각하는 사람들의 모임인 이 단체의 대표 대니 맥코이 씨는 현대 사회가 외모로 사람을 너무 많이 차별하고 있다고 말합니다.

"일을 구할 때에 가장 많이 언급되는 조건이 바로 외모입니다. '깔끔한', '단정함'과 같이 조금 순화시켜서 적기도 하지만 결국은 외모를 본다는 소리입니다. 우리는 단지 외모가 아닌 다른 능력으로 우리가 평가되기를 바라는 것뿐입니다."

실제로 이 단체는 외모를 따지는 구인광고를 낸 항공사나 회사를 찾아가 항의하는 운동을 벌이기도 했고, 법원에 고소를 하기도 했습니다. 그러나 법원은 '못생긴 사람'의 기준이 모호하다는 이유로 이 고소를 기각했습니다. 그리고 실제로 '못생긴 사람 연합'의 회원들 중 대부분은 실제로 평범한 외모를 지녔으며, 못생김과는 거리가 아주 먼 사람들도 많이 있었다고 합니다.

외모로 인해 사람의 능력이 평가되어서는 안 됩니다. 그러나 그보다 앞서 중요한 것은 자신을 하나님이 창조하신 소중한 존재로 생각하는 자신감입니다. 사람들의 시선에 맞춰 자신을 평가하지 말고 하나님의 기준에 맞춰 자신을 생각하십시오.

♥ 주님! 하나님의 귀한 자녀라는 자존감을 갖게 하소서!
📖 날 향한 하나님의 크고 귀하신 뜻이 있음을 기억하십시오.

나의 영적 일지

한사람의 영향력

읽을 말씀 : 사사기 7:14-23

● 삿 7:14 그의 친구가 대답하여 이르되 이는 다른 것이 아니라 이스라엘 사람 요아스의 아들 기드온의 칼이라 하나님이 미디안과 그 모든 진영을 그의 손에 넘겨 주셨느니라 하더라

SBS-TV의 유명 프로그램 '힐링캠프'에서 차인표 씨가 출연해 자신의 봉사 활동을 소개 했는데 그 뒤로 여러 가지 긍정적인 사회적 효과들이 연달아 일어나고 있다고 합니다.

차인표 씨는 처음에 봉사활동을 하게 된 계기는 생색을 내기 위해서였지만 우연히 인도에서 만난 아이들을 통해 놀라운 사랑을 느꼈고 이후로 여러 오지를 돌아다니면서 봉사를 하게 된 자신의 삶을 진솔하고 또 겸손하게 이야기했습니다.

'내가 도움을 주기 위해 나누는 것이 아니라 내가 즐겁기 때문에 나누는 것'이라는 차인표 씨의 고백은 많은 사람들에게 감동을 주었을 뿐 아니라 실제적인 실천으로 옮기게 만들었습니다. 차인표 씨에 대한 방송이 나가고 난 뒤에 약 한 달 사이에 국제결연후원기구 컴패션의 결연 신청이 6500건이나 들어왔다고 합니다. 1년간 이루어지는 컴패션의 결연 신청이 약 1만 건이라는 것을 생각해볼 때 차인표 씨로 인해 약 6배나 결연 신청이 증가한 것이라고 볼 수 있습니다.

한 사람의 선한 영향력은 사회에 엄청난 긍정적인 효과를 줍니다. 누구나 한 사람이 약 5천 명 이상에게 알게 모르게 영향을 주고 있다는 사실을 항상 기억하며 날마다 주님이 주시는 사랑과 선한 영향력을 끼치며 사십시오.

♥ 주님! 매일 주님의 영광을 드러내는 삶을 살게 하소서!
✿ 작은 나눔이나 후원할 수 있는 단체를 알아보십시오.

나의 영적 일지

5월 11일 까마귀의 지혜

읽을 말씀 : 사도행전 17:16-31

●행 17:23 내가 두루 다니며 너희가 위하는 것들을 보다가 알지 못하는 신에게라고 새긴 단도 보았으니 그런즉 너희가 알지도 못하고 위하는 그것을 내가 너희에게 알게 하리라

이솝우화에 나오는 목이 마른 까마귀라는 이야기입니다.

목이 마른 까마귀 한 마리가 열심히 물을 찾아다니고 있었습니다. 그러다 길가에서 드디어 물이 반쯤 들어있는 항아리를 발견했습니다. 커다란 항아리라 비록 반이었지만 담겨있는 물의 양은 충분했으나 까마귀의 부리가 너무 짧아서 도저히 항아리에 담겨있는 물을 마실 수가 없었습니다. 까마귀는 다른 물을 찾아 떠날까 잠시 고민하다가 그래도 눈앞의 물을 포기하는 것이 어리석은 일이라고 생각해 방법을 강구하기 시작했습니다. 잠시 뒤 까마귀는 주변의 자갈들을 물어 단지 안에 집어넣기 시작했고, 부력에 의해서 물이 차올라 짧은 부리를 가진 까마귀도 물을 마실 수 있게 되었습니다. 그렇게 실컷 물을 마신 까마귀는 단지를 떠나며 말했습니다.

"조금만 수고하면 되는 일을 포기했으면 큰일 날 뻔 했네."

이솝 우화의 까마귀처럼 우리도 지혜로운 전도를 해야 합니다. 진심어린 행동으로 선행을 베풀고 관심을 가져주다 보면, 전도대상자들의 마음에 하나님을 향한 관심과 사랑이 조금씩 차오르게 될 것입니다. 영혼구원을 위한 노력을 수고로이 생각하지 마십시오.

♥ 주님! 영혼구원을 향한 뜨거운 마음을 갖게 하소서!
📖 전도리스트를 만들고 매일 그 사람의 영혼을 위해 기도하십시오.

나의 영적 일지

하나님의 인정

읽을 말씀 : 베드로전서 1:1-4

● 벧전 1:2 곧 하나님 아버지의 미리 아심을 따라 성령이 거룩하게 하심으로 순종하고 예수 그리스도의 피 뿌림을 얻기 위하여 택하심을 받은 자들에게 편지하노니 은혜와 평강이 너희에게 더욱 많을지어다

소설가 A. J. 크로닌이 건강의 문제로 작은 시골 마을의 한 병원에서 요양을 하고 있었습니다.

크로닌이 머물던 병원에는 올리븐 데이비스라는 간호사가 있었는데, 그녀는 환자들에게 매우 친절했으며 남는 시간에는 마을 사람들을 위한 봉사활동을 쉬지 않았습니다. 또한 그녀는 자신의 수고에 어떠한 대가도 바라지 않았습니다. 받고 있는 것은 오직 기본 간호사의 봉급이었는데, 20년차임에도 초년 호봉의 월급 그대로를 받고 있었습니다. 우연히 이 사실을 알게 된 크로닌이 어째서 월급 인상을 거부하냐고 묻자 그녀가 대답했습니다.

"저희 병원은 시골이라 사정이 그리 넉넉지 않아요. 저한테 줄 돈을 아껴 다른 사람을 구하는 편이 더 도움이 되거든요. 게다가 지금 받는 월급도 제 생활에는 매우 충분하답니다."

"하지만 당신이 돈을 더 받는다고 아무도 뭐라고 하지 않을 텐데요. 지금까지 만난 간호사 중에 당신 같은 사람은 보지 못했습니다. 당신의 헌신과 노력은 하나님도 인정하실 겁니다."

크로닌의 말을 들은 간호사가 웃으며 대답했습니다.

"하나님이 인정하신다면 그걸로 충분합니다. 저에게 돈은 이미 충분하거든요."

사람들의 인정보다 하나님의 인정을 위해 살아야 합니다. 세상 사람들의 평가에 과민반응하지 말고 하나님을 만족시키기 위해 노력하는 성도가 되십시오.

♥ 주님! 하나님의 일을 함으로 하나님께 인정받게 하소서!
🙏 사람보다 하나님께 인정받는 사람이 되기 위해 노력하십시오.

나의 영적 일지

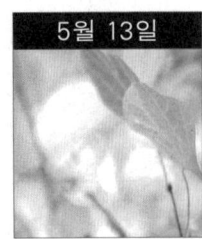

5월 13일
하나님이 주신 소망

읽을 말씀 : 골로새서 1:1-5

● 골 1:5 너희를 위하여 하늘에 쌓아 둔 소망으로 말미암음이니 곧 너희가 전에 복음 진리의 말씀을 들은 것이라

성경의 인물들과 관련된 짧은 픽션의 예화입니다.
천국에서 아브라함이 요셉에게 물었습니다.
"요셉, 이집트로 팔려갈 때 기분이 어땠니?"
"네, 사실 기분이 무척 좋았습니다."
아브라함이 놀라서 되물었습니다.
"노예로 팔려갔는데 기분이 좋았다고?"
"구덩이 빠졌을 때 형님들 손에 죽을 줄 알았는데, 목숨은 건졌거든요."
"흠, 그래, 그럼 보디발의 아내에게 모함을 당했을 때는?"
"돈이 많은 예쁜 여자가 저에게 매력을 느꼈다고 생각하니 기분이 좋더군요."
아브라함이 그 유혹을 견디기 힘들지 않았냐고 물었습니다.
"제가 아무리 모자라도 이집트의 총리 자리를 잠깐의 쾌락과 바꾸겠습니까?"
요셉은 어떤 상황에서도 하나님이 주신 꿈을 믿고 의지했습니다. 하나님이 주신 꿈을 기억하고 믿음으로 요셉은 온갖 고난을 이겨낼 수 있었습니다. 하나님이 주신 소망, 곧 말씀이 우리에게 약속한 소망을 항상 기억함으로 역경을 이겨낼 힘을 얻으십시오.

♡ 주님! 연단을 통해 선한 축복을 인내하며 기다리게 하소서!
🖼 하나님의 말씀을 따름으로 찾아오는 분명한 하나님의 복을 누리십시오.

나의 영적 일지

찬성보다 아름다운 반대

읽을 말씀 : 갈라디아서 2:11-14

● 갈 2:14 나는 그들이 복음의 진리를 따라 바르게 행하지 아니함을 보고 모든 자 앞에서 게바에게 이르되 네가 유대인으로서 이방인을 따르고 유대인답게 살지 아니하면서 어찌하여 억지로 이방인을 유대인답게 살게 하려느냐 하였노라

　드와이트 아이젠하워는 미국 육군 원수 출신으로 미국의 대통령 자리에까지 올랐던 인물입니다.
　세계 2차 대전을 승리로 이끈 미국의 영웅이기도 한 아이젠하워를 기념하는 건물을 세우는 일이 미국 의회에서 법안으로 통과되어 실제적인 계획이 세워졌습니다. 1억 달러가 넘는 엄청난 액수가 상정되었고, 10만 평부지에 최첨단 디스플레이와 멋진 조경 시설이 함께 설치되는 대규모의 설계가 기획되었습니다.
　그러나 아이젠하워의 손녀인 수잔 양은 할아버지의 기념물이 너무 웅장하다는 이유로 반대를 했습니다. 평소 소박했던 할아버지의 성격과 웅장한 기념물은 어울리지 않으며, 실제 할아버지가 살아계셨다 하더라도 역시 마찬가지로 작고 소소한 기념관을 바라셨을 것이라는 게 이유였습니다. 아이젠하워의 기념관을 담당 설계했던 현대건축의 거장인 프랭크 게리는 후손들의 뜻을 이해하고 자신의 자존심을 꺾고 설계를 변경하기로 했습니다.
　화려한 건축물보다 고인의 유지가 더욱 중요했던 것처럼 현대의 교회와 성도들도 너무 외형적인 것에 집착하지 말아야 합니다. 교회의 크기와 외형적인 모습보다도 중요한 것은 예수님의 사랑을 알고 그 정신을 따라 사는 성도들 이어야한다는 사실을 항상 기억하십시오.

♥ 주님! 교회와 성도의 본질을 잊지 않게 하소서!
📖 말이 아닌 행동하는 사랑으로 복음을 전하십시오.

나의 영적 일지

참다운 스승의 가르침

5월 15일

읽을 말씀 : 전도서 12:9-13

●전 12:11 지혜자들의 말씀들은 찌르는 채찍들 같고 회중의 스승들의 말씀들은 잘 박힌 못 같으니 다 한 목자가 주신 바이니라

이탈리아의 천재 예술인 미켈란젤로는 지오바니라는 스승에게 조각을 배웠습니다.

14살 때 처음 가르침을 받으러온 미켈란젤로에게 지오바니가 물었습니다.

"위대한 조각가가 되기 위해서 필요한 것은 무엇이라고 생각하나?"

"재능과 기술을 갈고 닦는 노력입니다."

지오바니는 미켈란젤로를 데리고 술집 앞에 놓여있는 아름다운 조각을 보여주었습니다. 그리고 교회로 가서 십자가와 예수님 조각을 보여주었습니다.

"재능과 기술을 익히기 전에 먼저 그것을 어떻게 사용할지에 대해서 생각해야 한다. 똑같이 아름다운 조각이지만 하나는 술집의 장식품일 뿐이고 하나는 하나님의 영광을 위해 세워졌다. 너는 무엇을 위해 조각을 하길 원하느냐?"

스승의 가르침으로 깨달음을 얻었던 미켈란젤로는 이후에 천지창조, 피에타, 최후의 심판 등의 명작을 남기며 하나님을 위해서 자신의 재능을 사용했습니다.

인생의 방향을 가르쳐주는 것이 참다운 좋은 스승입니다. 지금의 신앙으로 인도해주신 스승들을 위해 감사의 마음을 갖고 또 좋은 스승님을 붙여주신 하나님께 감사하십시오.

♥ 주님! 좋은 길로 인도하고 또 가르쳐 주신 주님의 은혜를 알게 하소서!

📖 믿음의 스승님께 연락을 통해 감사의 마음을 전하십시오.

나의 영적 일지

예수라는 충분조건

읽을 말씀 : 디모데전서 6:5-12

● 딤전 6:6 그러나 자족하는 마음이 있으면 경건은 큰 이익이 되느니라

'자연으로 돌아가라'는 말을 남겼던 철학자 루소는 자신의 저서에 다음과 같은 내용을 적은 적이 있습니다.

'소크라테스의 죽음은 현자의 죽음이었다.

그러나 예수 그리스도의 죽음은 하나님의 죽음이었다'

루소의 종교에 대해서는 명확히 알 수 없으나, 최소한 그가 예수님을 존경하는 사람이었다는 것은 확실합니다. 그러나 당대의 다른 지식인들은 그런 루소의 비판을 신랄하게 풍자했습니다.

'확실히 루소의 고백은 멋지고 아름답습니다. 그러나 애석하게 그 내용은 전혀 불합리하며 이치에 맞지 않는 것입니다.'

나치에 대한 자국 내의 저항세력이었던 에디스 카벨은 총살을 당하기 전 유언을 남겼습니다.

"나는 내 조국을 위한 일을 하다 죽기에 지금 기쁩니다. 그러나 애국심만으로 충분하지 않고, 그리스도의 구원을 믿기에 기뻐합니다."

주님의 나의 삶에 모든 이유가 되어야 합니다. 먼저 하나님의 사랑과 예수님을 통한 구원의 확신으로 바로 서는 삶의 모습으로 변화하십시오.

♡ 주님! 예수님의 사랑만으로 충분한 만족을 얻게 하소서!
🕮 주님의 사랑으로 인한 기쁨함과 만족함이 있는지 생각해보십시오.

나의 영적 일지

5월 17일

생각의 나이

읽을 말씀 : 여호수아 14:6-14

● 수 14:11 모세가 나를 보내던 날과 같이 오늘도 내가 여전히 강건하니 내 힘이 그 때나 지금이나 같아서 싸움에나 출입에 감당할 수 있으니

　안데스 산맥은 남아메리카의 일곱 개 나라를 거쳐있을 정도로 광활합니다.
　1880년대에 이 안데스 산맥을 관통하는 철도를 만들기 위한 움직임이 있었고, 남아메리카의 몇몇 나라들은 자국의 최고의 기술자들을 불러 자문을 구했습니다. 그러나 하나같이 불가능하다는 의견뿐이었습니다. 그래서 이번에는 미국 최고의 기술자들을 불러 공사 가능여부를 의뢰했지만 역시 불가능하다는 대답이었습니다.
　마지막으로 폴란드의 전설적인 건축가인 어니스트 팔리노프쉬가 찾아왔고 그는 단박에 가능하다고 말했습니다. 그러나 그를 초청한 나라에서도 그에게 공사를 맡기는 것은 무리라고 생각했습니다. 당시 60세였던 어니스트가 일을 제대로 하지 못할 것이며 어쩌면 공사가 가능하다는 것 자체가 이미 실수라는 의견도 있었습니다. 그러나 어니스트는 자신이 이 공사를 해낼 수 있다고 호언장담했고, 또 관계자들을 찾아다니며 설득을 했습니다. 그렇게 공사는 이전의 기술과는 전혀 다른 방법으로 착공되었습니다. 62개의 굴과 30개의 교량을 거치는 대공사였습니다. 1Km가 넘는 터널이 빈번했고, 해발고도가 3000m가 넘어가는 곳도 있었습니다. 그러나 그는 불굴의 의지로 마침내 안데스 산맥에서 페루로 이어지는 철도를 무사히 완성시켰습니다.
　나이가 사람의 능력을 결정하는 것이 아닙니다. 꿈을 꿀 수 있는 크기와 과감한 도전정신이 그 사람이 할 수 있는 일을 만드는 것입니다. 하나님이 주시는 큰 꿈과 용기를 가지고 오늘도 살아가십시오.

💛 주님! 하나님의 전능하심을 의심치 않게 하소서!
🖼 하나님이 주신 꿈이라면 반드시 이루어진다는 확신을 가지십시오.

나의 영적 일지

달인을 만드는 것

읽을 말씀 : 히브리서 3:7-13

● 히 3:13 오직 오늘이라 일컫는 동안에 매일 피차 권면하여 너희 중에 누구든지 죄의 유혹으로 완고하게 되지 않도록 하라

　미국의 넬슨 델리스 씨는 전미 암기대회에서 2년 연속 우승을 차지했습니다.
　많은 사람들이 기억력은 타고 나야 된다고 생각하지만 넬슨 씨의 생각은 조금 다릅니다. 자신 역시 기억력이 특출한 사람은 아니었지만 오랜 노력 끝에 암기 능력을 향상 시킬 수 있었기 때문입니다. 넬슨 씨는 할머니가 알츠하이머에 걸려 점점 기억을 잃어가는 모습을 보면서 큰 충격을 받은 뒤 암기하는 연습을 하기로 결심했다고 합니다.
　2009년 할머니가 사망한 때부터 매일 하루 5시간 씩 암기훈련을 지속했던 넬슨 씨의 암기력은 매일 같이 향상되었고, 그 결과 미국 전역에서 가장 기억력이 좋은 사람이 될 수 있었습니다. 넬슨 씨는 현재 알츠하이머 예방 재단을 위해 미국 전역을 돌아다니며 '누구든지 꾸준히 노력만 하면 기억력을 유지, 향상 시킬 수 있다'는 내용으로 강의를 하고 있습니다.
　기억력도 끝없는 노력으로 단련시킬 수 있듯이 한 분야에 장인을 만드는 것은 재능보다도 지속되는 노력입니다. 재능이 없다고 포기하지 말고 어떤 분야든지 날마다 꾸준히 도전함으로 뛰어난 실력으로 주님을 높여 드리십시오.

♥ 주님! 매일 주님께로 더 나아가게 하소서!
🌼 신앙과 비전을 위해 필요한 일을 조금씩이라도 매일 하십시오.

나의 영적 일지

5월 19일

노년의 지혜

읽을 말씀 : 잠언 20:22-30

● 잠 20:29 젊은 자의 영화는 그의 힘이요 늙은 자의 아름다움은 백발이니라

증기기관을 발명한 제임스 와트는 64세 때 은퇴를 했습니다.

이제는 여생을 조금 여유롭게 보내기로 결심한 제임스는 평소에 다니고 싶었던 곳으로 여행도 하고, 만나고 싶었던 친구들과도 마음껏 만나며 시간을 보내고 있었습니다. 그러나 그렇게 몇 달을 보내자 지금껏 개발해 놨던 자신의 능력과 지능이 낮아지는 삶이 될까봐 걱정이 되었습니다.

그래서 취미삼아 독일어를 공부하기 시작했는데, 자신이 한창 연구를 진행할 때보다도 기억력이나 이해력이 전혀 감퇴되지 않았습니다. 여전히 자신이 훌륭하게 일을 할 수 있다고 생각한 와트는 이후로 기회가 되는 대로 자신의 능력을 발휘할 수 있는 일을 하기 시작했습니다.

글래스고 회사의 설계를 돕기도 했고, 취미생활로 조각을 하기도 했습니다. 당시 사람들은 나이가 들면서 신체적, 지적인 능력이 떨어져서 일을 전처럼 할 수 없다고 생각했지만 와트는 80세까지 자신의 능력을 유감없이 발휘하며 노년 생활을 보냈습니다.

나이가 들면서 신체적인 능력과 뇌의 건강이 조금씩 약해지기는 하지만 그것들을 보충하고도 남을 만큼의 지혜가 채워집니다. 어떤 상황에서도 충분한 능력을 주시는 주님을 통해 자신감을 가지십시오.

♥ 주님! 때에 맞는 즐거움을 허락하신 주님을 찬양하게 하소서!
🙏 모든 나이 때의 주님이 주시는 은혜가 있음을 깨달으십시오.

나의 영적 일지

결단의 이유

읽을 말씀 : 요한계시록 12:9-12

●계 12:11 또 우리 형제들이 어린 양의 피와 자기들의 증언하는 말씀으로써 그를 이겼으니 그들은 죽기까지 자기들의 생명을 아끼지 아니하였도다

인도의 종교분쟁지역에서 선교를 하는 한 선교사님이 계셨습니다.

그곳에서는 배교자에 대한 처벌이 너무나도 엄격하게 적용되고 있어서 간혹 복음에 관심을 보이는 사람이라 할지라도 배교에 따라 가해질 처벌이 두려워 실제로 주님을 영접하는 사람들은 전혀 없었습니다.

그러던 어느 날 밤 힌두교를 믿고 있던 한 여인이 찾아와 크리스천이 되겠다며 침례(=세례)를 요청했습니다. 선교사님은 기뻤지만 내심 한편으로 걱정이 되기도 했습니다. 그러나 찾아온 여인은 자신이 당할 고난을 알고 있다고 이야기했습니다.

"제가 크리스천이 되면 어떤 고난을 당할지 저는 알고 있습니다. 그러나 이 모든 것을 감당할 준비가 저에게는 되어 있습니다. 제가 복음을 통해서 얻은 확신 중 하나는 주님이 나를 위해서 이보다 더 엄청난 고난을 받으셨다는 사실이기 때문입니다."

바울과 베드로, 그리고 사도들과 수많은 제자들이 목숨을 아까워하지 않고 복음을 전할 수 있던 것은 그리스도의 고난과 희생이 얼마나 고귀한 것인지 알았기 때문입니다. 나를 위해 희생하신 주님의 고난을 잊지 마십시오.

♥ 주님! 주님을 위해 결단하며 헌신하게 하소서!
📖 주님의 크신 희생을 생각하며 오늘도 거룩한 삶을 결단하십시오.

나의 영적 일지

5월 21일
아무것도 하지 않은 죄

읽을 말씀 : 마태복음 25:14-30

● 마 25:26 그 주인이 대답하여 이르되 악하고 게으른 종아 나는 심지 않은 데서 거두고 헤치지 않은 데서 모으는 줄로 네가 알았느냐

'도베레 장군'이라는 영화에 나오는 장면입니다.
나치에 저항하는 반란군인 레지스탕스들에 관한 내용을 담은 이 영화 중간에는 레지스탕스들이 모두 잡혀 감옥에서 처형을 기다리는 장면이 나옵니다. 그런데 레지스탕스들 사이에는 저항 운동에 전혀 참여하지 않았는데도 불구하고 잡혀온 사람이 있었습니다. 처형이 집행되기 전날 그는 억울한 마음을 참지 못하고 울며 소리를 질렀습니다.
"나를 꺼내 달란 말이다! 나는 아무것도 하지 않았다! 나는 어떤 저항 운동도 하지 않았는데 왜 내가 죽어야 한단 말인가!"
이 말을 듣던 다른 레지스탕스 중 한 명이 조용히 입을 열었습니다.
"아무것도 하지 않았기 때문이다. 전쟁이 5년이나 계속되었다. 수많은 동포가 피를 흘리며 죽어갔고, 우리의 삶의 터전인 도시가 파괴되었다. 조국이 망할지도 모르는 이 위기의 순간에 도대체 어떻게 아무 일도 하지 않을 수가 있단 말인가? 당신이 지금 죽을 위기에 처한 것도 결국은 아무것도 하지 않았기 때문이다."
외면한다고 진행 중인 전쟁이 사라지는 것이 아니듯이, 우리가 인정하지 않는다고 세상에서의 영적전쟁과 죽음 뒤의 심판이 사라지는 것이 아닙니다. 혼란한 시대에 대한 경각심을 갖고 하나님의 자녀로써, 그리스도인으로써 마땅히 해야 할 일에 속히 집중하십시오.

♡ 주님! 주님께 유익한 종으로 쓰임 받게 하소서!
❀ 하나님을 위해 결심한 일이 있다면 지금 당장 시작하십시오.

`나의 영적 일지`

실패하는 청춘

읽을 말씀 : 시편 145:1-21

● 시 145:14 여호와께서는 모든 넘어지는 자들을 붙드시며 비굴한 자들을 일으키시는도다

전구를 발견하기 위해 이만번이나 실험을 했던 에디슨은 2만여 번의 실패가 아니라 2만여 번의 가능성을 발견했을 뿐이라고 이야기했습니다. 에디슨은 또한 다음과 같은 말을 남겼습니다.

"문제를 환영하라. 문제 속에 성공의 해답이 들어있다. 약점이 없는 사람은 없지만 반대로 그 약점을 통해 누구든 성공할 수 있다."

시인 몰트케는 다음과 같은 일기를 쓴 적이 있습니다.

「청년의 실패야말로 그의 성공의 척도이다.

그는 실패를 통해 어떤 생각을 했는가?

절망했는가? 후퇴했는가?

아니면 용기를 얻고 다시 일어서 전진을 했는가?

실패 뒤의 선택으로 그의 인생이 결정된다.」

실패는 누구나 하는 것입니다. 사람은 나이가 들면서 점점 실패를 두려워하고, 도전을 피하려 하지만 실패는 인생에서 절대로 피할 수 없는 과정입니다.

지금 우리가 걷고 있는 것, 말을 하는 것, 밥을 먹는 것처럼 아주 간단한 일들도 모두 수많은 실패의 결과가 있었기에 할 수 있는 일들입니다. 게다가 우리에겐 늘 나를 위해 기도하고 또 힘을 주시는 주님이 함께 하십니다. 낙심하지 않는 선한 마음으로 오늘도 용감히 도전하십시오.

♥ 주님! 역경을 통해 더욱 신앙을 성장시켜 주소서!
🌸 주님과 함께한다는 믿음을 가지고 모든 일에 도전하십시오.

나의 영적 일지

5월 23일
희망이 만들어 낸 위대한 4분

읽을 말씀 : 예레미야 29:10-14

● 렘 29:11 여호와의 말씀이니라 너희를 향한 나의 생각을 내가 아나니 평안이요 재앙이 아니니라 너희에게 미래와 희망을 주는 것이니라

지난 2012년도에 국내의 축구팬들을 설레게 하던 경기가 있었습니다. 영국 프리미어 리그의 마지막 최종전에서 맨체스터 시티와 퀸즈 파크의 경기는 정규 시즌 우승이 걸린 아주 중요한 경기였습니다. 그 전 경기까지 맨체스터 유나이티드와 승점이 같은 상황이었던 맨체스터 시티는 이미 경기를 승리한 멘체스터 유나이티드를 넘어서기 위해선 반드시 경기에 승리해야 하는 상황이었습니다. 그러나 경기 종료 4분 전까지 퀸즈 파크에 2:1로 뒤져 있어서 사실상 리그 우승은 물 건너 간 것처럼 보였습니다. 하지만 경기 종료 4분을 남기고 순식간에 2골이 터지면 맨체스터 시티가 승리를 거머쥐었습니다. 당시 퀸즈 파크는 선수 거의 전원이 수비를 하고 있던 상황이라 더더욱 믿을 수 없는 상황이었습니다. 44년 만에 정규 리그 우승을 한 이날의 사건을 두고 영국 언론들은 '4분의 기적'이라고 대서특필을 했고, 만치니 감독은 마지막까지 포기하지 않고 희망을 가지고 열심히 뛴 선수들에게 우승의 공로를 돌렸습니다.

어떤 선수 한 명이라도 포기를 했다면 4분의 기적은 절대로 일어나지 않았을 것입니다. 절망 속에서 희망을 품었을 때 대망이 이루어진다는 사실을 잊지 마시고 신령한 경주자의 맡은 의무를 최선을 다해 수행하십시오.

♥ 주님! 어떤 난관 속에서도 맡은 일을 충실히 하게 하소서!
🙏 일의 성취는 주님께 있음을 알고 다만 최선을 다하십시오.

나의 영적 일지

무디 목사님을 만든 것

읽을 말씀 : 시편 107:15-22

●시 107:19 이에 그들이 그들의 고통 때문에 여호와께 부르짖으매 그가 그들의 고통에서 그들을 구원하시되

    미국이 낳은 세계적인 부흥사 무디 목사님은 '고난'을 통해 하나님을 만날 수 있었다고 고백했습니다.
    어린 나이에 아버님이 돌아가셨기 때문에 목사님은 어렸을 때부터 농장에서 일을 했습니다. 하지만 수입이 너무 적어서 결국 17살 때 '제가 집을 떠나면 입이 하나 줄어서 도움이 될 거예요. 어머니, 꼭 성공해서 돈을 부쳐드릴게요'라는 쪽지를 남기고 매사추세츠의 클린트로 떠났습니다. 그러나 도시가 크지 않아서 마땅한 일자리가 없어서, 더 큰 도시인 보스턴으로 떠났습니다.
    보스턴에는 일자리가 많았으나 허름한 옷차림의 흑인 소년에게 일자리를 주지는 않았습니다. 가끔씩 허드레 일이나 막노동 정도의 일을 겨우 구할 수가 있었습니다. 잠자는 시간을 빼고는 하루 종일 일을 하러 찾아다녔지만 허탕을 치기가 일수였습니다. 그러나 그런 고난 앞에서도 무디 목사님은 굽히지 않고 희망을 찾아 다녔고, 예수 그리스도라는 희망을 만나 수많은 사람을 낚는 어부가 되었습니다.
    무디 목사님이 심한 고난에도 감사할 수 있었던 것은 그 고난을 통해 연단하실 하나님의 계획을 깨달았기 때문입니다. 보잘 것 없는 모래도 연단 받을 때 진주로 변화된다는 사실을 기억하고, 고난과 어려움 속에서 주님이 주시는 보물을 찾으십시오.

♥ 주님! 어려움 속에 찾아오는 은혜를 깨닫게 하소서!
🙏 힘들고 지칠 때 우리를 찾아오시는 주님이심을 믿으십시오.

나의 영적 일지

5월 25일
실패로 드러난 사명

읽을 말씀 : 누가복음 22:39-46

● 눅 22:42 이르시되 아버지여 만일 아버지의 뜻이거든 이 잔을 내게서 옮기시옵소서 그러나 내 원대로 마시옵고 아버지의 원대로 되기를 원하나이다 하시니

　브룩스라는 한 청년은 초등학교 교사가 되는 것이 꿈이었습니다.
　어려서부터 그 꿈을 품었던 브룩스는 평생을 그 꿈을 위해 살았습니다. 그러나 대학을 나와서 아무리 시험을 쳐도 붙을 수가 없었습니다. 몇 번의 시도 끝에 다시 한 번 낙방을 경험한 브룩스는 심한 좌절감을 느꼈습니다. 지금까지 살아왔던 자신의 인생의 모든 의미가 사라져버린 것만 같았습니다.
　그러나 다행히도 이런 브룩스의 고민을 알고 있던 많은 좋은 친구들이 있었습니다. 브룩스가 다니던 교회의 목사님과 그의 친구들은 브룩스가 그 절망의 늪에서 빠져나올 수 있도록 깊은 관심과 기도로 중보 해주었습니다. 그리고 그 과정에서 브룩스는 신학을 공부하기로 마음을 먹었습니다. 브룩스는 신학을 공부하면서 설교와 목회에 탁월한 재능을 보이기 시작했고 지금은 미국이 낳은 위대한 설교가 중 한 명이라는 평가를 받고 있습니다.
　거듭된 낙방이 사실은 하나님의 섭리였습니다. 나보다 나를 더 잘 아시는 주님을 믿고 모든 상황에서 주님의 뜻을 묻는 습관을 가지십시오.

♥ 주님! 나의 마음보다도 주님의 음성을 따라 살게 하소서!
📖 매일 아침 기도와 묵상으로 하루를 시작하며 주님의 음성을 청종하십시오.

나의 영적 일지

보이지 않는 곳에서

읽을 말씀 : 마가복음 9:33-37

● 막 9:35 예수께서 앉으사 열두 제자를 불러서 이르시되 누구든지 첫째가 되고자 하면 뭇 사람의 끝이 되며 뭇 사람을 섬기는 자가 되어야 하리라 하시고

해마다 장마철이 되면 낡은 건물을 본당으로 사용하고 있는 교회 성도님들은 걱정에 잠을 못 이룹니다. 특히나 이런 교회를 관리하는 직책을 맡고 계신 집사님들은 더욱 그렇습니다.

장충동의 한 교회의 관리를 맡고 계시는 집사님은 비가 오는 날이면 어김없이 교회 본당을 찾아가 양동이로 물을 받습니다. 교회가 낡은 것은 아니지만 교회 벽에 나무가 뿌리를 내려 수시로 비가 새기 때문입니다. 5년 전 배수로 공사가 있을 때는 온가족이 밤새서 교회 물을 퍼낸 적도 있다고 합니다. 그러나 그런 집사님의 노고는 모른 채 허드렛일을 하는 사람으로 대하는 성도들이 꽤나 많다고 합니다.

신림동에 있는 한 교회의 집사님도 22년 간 교회 건물을 관리했습니다. 비가 새지 않도록 수시로 건물 옥상에 올라가 수리를 하고 있지만 노화되는 건물을 혼자 보수하기에는 힘이 너무 벅찼습니다. 예전에는 집과 교회에 동시에 물이 찬적도 있었는데 일말의 망설임 없이 먼저 교회로 뛰어가 물을 퍼냈을 정도로 교회에 대한 사랑과 열정이 넘치십니다. 그러나 교회의 궂은일을 맡다보니 가끔은 얼굴을 붉힐 일도 많이 생기지만 그래도 많은 사람들을 위해 교회에서 섬기는 일을 주신 하나님께 감사하다고 고백하셨습니다.

보이지 않는 곳에서 빛과 소금처럼 헌신하시는 분들이 있기 때문에 우리 사회가 돌아가고 또 우리 교회가 안전할 수 있습니다. 보이지 않는 곳에서 헌신하는 분들께 항상 감사하는 마음을 가지고 또한 표현할 줄 아는 겸손한 성도가 되십시오.

💗 주님! 더욱 겸손함으로 주님께 칭찬을 듣게 하소서!
🎁 궂은 일로 헌신하는 분 들께 감사의 말과 작은 선물을 드리십시오.

나의 영적 일지

5월 27일

생수의 품질

읽을 말씀 : 요한복음 4:9-14

● 요 4:14 내가 주는 물을 마시는 자는 영원히 목마르지 아니하리니 내가 주는 물은 그 속에서 영생하도록 솟아나는 샘물이 되리라

    생수를 만드는 공장은 아주 엄격하게 관리됩니다.
    일단 맑은 수원지를 얻기 위해서 시골에서도 아주 깊은 산속이나 계곡 같은 곳에 자리를 잡아야 합니다. 그리고 지하수나 흐르는 물을 끌어들이기 위해서 땅속 깊이에 파이프를 심어야 합니다. 게다가 아무리 1등급인 좋은 수질의 물이라 하더라도 절대 그대로 병에 담을 수는 없습니다. 기본적인 냄새와 이물질 검사를 거친 뒤에 오염상태를 주기적으로 검사해야 합니다. 이런 일련의 조건을 만족한 생수만이 페트에 담겨져서 판매할 수 있게 됩니다.
    그런데 이런 과정에서 가장 중요한 것은 엽록소 포자를 막는 것입니다. 엽록소 포자는 인체에는 별다른 해가 없지만 물의 맛과 향을 변화시키기 때문에 이 엽록소 포자가 들어간 물은 판매할 수 없습니다. 게다가 이 엽록소 포자가 수원지 안으로 들어가게 되면 금세 물 전체에 퍼지고 맙니다. 포자가 번진 곳을 제거하고 닦아내려고 애를 써도 절대로 막을 수가 없기 때문에 엽록소 포자가 퍼진 수원지는 아무리 맑은 물이 나오고 있어도 못 쓰게 됩니다.
    생수가 이처럼 엄격하게 관리되는 이유는 물은 모두에게 반드시 필요한 것이며, 누구나 매일 마셔야 하는 중요한 자원이기 때문입니다. 마찬가지로 복음 역시 영혼을 위해 반드시 필요한 생수입니다. 진리의 생수를 담고 전하는 우리들의 말과 행실에 작은 포자라도 퍼지지 않도록 늘 주의하십시오.

♡ 주님! 영과 육을 만족시킬 좋은 초장으로 인도하여 주소서!
🕮 영혼을 좀먹는 작은 실수를 더욱 조심하십시오.

나의 영적 일지

끝까지 기다리시는 분

읽을 말씀 : 히브리서 3:1-13

● 히 3:6 그리스도는 하나님의 집을 맡은 아들로서 그와 같이 하셨으니 우리가 소망의 확신과 자랑을 끝까지 굳게 잡고 있으면 우리는 그의 집이라

　미국 애틀랜타에 사는 나이가 아주 많은 어떤 여인이 경찰서에 가다가 계단에서 발을 헛디뎌 큰 부상을 당했습니다.
　경찰들은 곧 순찰차에 태워 그녀를 응급실로 보냈지만, 여인의 몸이 워낙 병약해 작은 부상에도 크게 충격을 받았기에 내일을 장담할 수 없었습니다. 자신의 상태를 직감한 여인은 어떤 간호사를 불러 한 가지 부탁을 했습니다.
　"실은 몇 년 전에 내 아들이 어떤 여자를 잘못 만나 집을 나갔습니다. 집 근처부터 시작해 샌프란시스코와 캘리포니아까지 모든 경찰서와 병원을 찾아봤는데 아직도 찾지 못했습니다. 혹시라도 내 아들이 내 소식을 듣고 이 병원에 찾아오고 그 때 내가 세상을 떠났다면 우리 두 사람은 끝까지 아들을 기다리고 있다고 전해주세요."
　두 사람이라는 말을 들은 간호사는 여인과 나머지 한 분의 이름은 누구인지를 물었습니다.
　"아들을 끝까지 기다리는 사람은 바로 나와 하나님이랍니다."
　어떤 상황에서도 한 영혼을 잊지 않고 기다리시는 한분은 바로 하나님이십니다. 오늘도 돌아올 한 영혼을 위해 기도하시고 또 기다리시는 주님의 대사가 되는 하루를 사십시오.

♥ 주님! 영혼을 위해 끝까지 포기하지 않고 기도하는 끈기를 주소서!
🙏 전도대상자들을 위한 기도를 죽을 때까지 멈추지 마십시오.

나의 영적 일지

5월 29일

현대의 티테이오스

읽을 말씀 : 빌립보서 4:6

● 빌 4:6 아무 것도 염려하지 말고 다만 모든 일에 기도와 간구로, 너희 구할 것을 감사함으로 하나님께 아뢰라

어떤 신학자가 초대 교회와 관련된 문서를 연구하다가 이상한 점을 발견했습니다.

초대 교인들에 대한 삶이 기록되어 있는 그 문서에 나와 있는 사람들의 이름 앞에는 '티테이오스'라는 단어가 하나같이 붙어있었습니다. 성경에 나오는 바나바와 바울, 베드로와 같은 모든 사도들 뿐 아니라 일반 평신도로 생각되는 사람들의 이름에도 어김없이 '티테이오스'라고 쓰여 있었습니다. 신학자는 곧 이 단어의 뜻을 알아보았는데 '티테이오스'는 '염려하지 않는 사람'이라는 뜻이었습니다. 당시 초대 교인들은 예수님을 믿는 것이 발각되면 원형 경기장에 끌려가고 비참한 고문을 당할 위기에 처해있었지만 그럼에도 걱정하지 않는 사람들이었습니다.

하늘의 소망을 품고 주님의 의지하는 사람들에게는 염려할 문제가 없습니다. 이미 모든 생각과 열정을 하나님의 일을 위해 사용하고 있기 때문입니다. 어떠한 문제를 만나더라도 염려하지 않는 오늘 날의 '티테이오스'로 바로 서십시오.

♥ 주님! 문제를 걱정하지 않는 티테이오스가 되게 하소서!
🧩 오늘의 문제와 내일의 문제를 모두 주님께 맡기십시오.

나의 영적 일지

쓰레기에서 찾은 보물

읽을 말씀 : 디모데전서 1:15-17

5월 30일

● 딤전 1:15 미쁘다 모든 사람이 받을 만한 이 말이여 그리스도 예수께서 죄인을 구원하시려고 세상에 임하셨다 하였도다 죄인 중에 내가 괴수니라

미국에 머물던 한 사업가가 동네의 주차장 세일에서 그림을 샀습니다. '주차장 세일'은 봄이나 이사철에 미국의 동네 주민들이 서로 집 앞에 물건들을 내다놓고 저렴한 가격에 물건을 파는 행사를 말합니다. 그러나 가격이 싼 만큼 대부분 잡동사니들이 많습니다.

사업가도 그저 조금 장난스런 그림을 5달러를 주고 구입을 했습니다. 그런데 집에서 와서 그림 아래쪽에 '앤디 워홀'이라는 사인이 적힌 것을 발견했습니다. 세계적인 팝 아티스트 앤디 워홀의 그림일지도 모른다는 생각에 사업가는 여러 감정사를 찾아다녔지만 모두 진품이 아닐 것이라고 이야기했습니다. 그림이 그려진 시기의 앤디 워홀은 아직 나이가 어렸고, 팝 아트라는 장르가 생기지 않았을 때라는 것이 이유였습니다. 그러나 미국의 저명한 감정사인 안 브릿 메릴 리의 감정에 의해 이 그림이 진품이라는 사실이 밝혀졌습니다. 게다가 팝 아트의 시작을 알리는 작품으로 추정되어 잠재적인 가치가 200만 달러를 넘는 것으로 평가 받았습니다. 주차장에서 5달러 판매되는 장난스런 그림이었지만 그 그림이 가진 가치가 알려짐으로 이전과 비교할 수 없을 정도로 귀한 그림이 되었습니다.

우리의 가치가 높은 평가를 받을 수 있는 때는 바로 그리스도를 믿어 구원을 받았을 때입니다. 죄와 심판에서 우리를 구원해 하나님의 자녀로 삼아주신 그 커다란 은혜를 늘 잊지 마십시오.

♥ 주님! 귀하게 불러주신 구원의 은혜를 감사하게 하소서!
🙏 구원을 받기 전과 후의 삶의 차이점을 비교해보십시오.

나의 영적 일지

5월 31일 과도한 욕심

읽을 말씀 : 마가복음 4:14-20

● 막 4:19 세상의 염려와 재물의 유혹과 기타 욕심이 들어와 말씀을 막아 결실하지 못하게 되는 자요

한 부자가 사는 커다란 저택 옆으로 가죽을 삶는 사람이 이사를 왔습니다.
짐승의 가죽을 삶아 손질을 해 여러 가지 물건을 만드는 사람이었는데, 동물의 가죽을 삶는 냄새가 아주 고약했습니다. 부자는 가죽 삶는 냄새가 너무 역해 도저히 참을 수가 없어서 다음 날 가죽 장수를 찾아갔습니다.
"금화 하나를 줄 테니 다른 곳으로 이사를 가시오."
가죽장수는 금화를 준다는 말에 깜짝 놀랐지만 부자의 제안을 거절했습니다. 거절을 몇 번만 더하면 부자가 더 많은 금을 줄 것이라고 생각했기 때문입니다. 다음 날 역시 부자가 찾아왔으나 가죽 장수는 한 번 더 거절을 했습니다. 그리고 다음 날 다시 부자가 찾아왔습니다.
"금화 열 개를 줄 테니 다른 곳으로 이사를 가시오."
가죽 장수는 한번만 더 참자고 욕심을 부렸습니다. 그러나 부자는 그 다음날도, 그 다음날도 가죽 장수를 찾아오지 않았습니다. 안달 난 가죽 장수가 부자를 찾아가 말했습니다.
"금화 열 개를 주면 이사를 가겠습니다."
그러자 부자가 콧방귀를 뀌며 말했습니다.
"그럴 필요 없소, 그동안 가죽 삶는 냄새가 꽤나 좋아졌거든."
과도한 욕심은 오히려 기회를 놓치게 만듭니다. 사회가 만들어놓은 성공의 틀 속에서 과도한 욕심을 부리다가는 모든 것을 망치게 된다는 사실을 잊지 마십시오.

♥ 주님! 욕심의 마음을 버리고 나누는 여유를 품게 하소서!
🙏 모든 일에 지나친 욕심을 부리지 마십시오.

나의 영적 일지

보라 내가 새 일을 행하리니
이제 나타낼 것이라 너희가 그것을
알지 못하겠느냐 반드시 내가
광야에 길을 사막에 강을 내리니
사 43:19

6월

6월 1일
전도의 기쁨

읽을 말씀 : 누가복음 15:7-10

●눅 15:10 내가 너희에게 이르노니 이와 같이 죄인 한 사람이 회개하면 하나님의 사자들 앞에 기쁨이 되느니라

미국의 아칸소 주의 주지사 자리에 미스터 브루워(Mr.Brewer) 씨가 당선이 되었을 때의 이야기입니다.

선거 결과가 확정된 뒤에 한 신문사의 기자가 미스터 부르워의 어머니를 찾아가 당선소감을 물었습니다.

"아드님이 오늘 주지사에 선출되셨습니다. 지금 기분이 어떠시죠? 일생 중 가장 자랑스럽고 행복한 날 아니신가요?"

"네, 맞습니다. 오늘은 제 인생에서 가장 행복하고 또 기쁜 날입니다. 그러나 오늘 같은 날이 처음은 아닙니다. 제 아들이 처음 저를 따라 교회에 나가기로 결심했을 때도 오늘처럼 기쁜 날이었습니다."

신문사 기자는 어머니의 의외의 대답에 큰 감동을 받았고, 결국 인터뷰 전문을 조금도 건들지 않고 신문기사에 실었습니다. 그리고 다음 날 그 기사를 접한 많은 그리스도인들은 큰 은혜를 받았습니다.

전도의 기쁨은 무엇과도 바꿀 수 없는 큰 은혜입니다. 오늘 하루는 믿지 않는 가족이나 친한 친구에게 짧은 말씀을 통해서라도 복음을 전하십시오.

♥ 주님! 전도로 하나님을 기쁘게 하는 삶을 살게 하소서!
🌸 전도가 스스로에게 가장 큰 기쁨이 된다는 사실을 깨달으십시오.

나의 영적 일지

참된 스승의 모습

읽을 말씀 : 시편 23:1-6

●시 23:1 여호와는 나의 목자시니 내게 부족함이 없으리로다

6월 2일

    제1회 '대한민국 스승상' 시상식에서 대상을 받은 조연주 선생님은 전남의 섬인 조도에서 아이들을 가르치고 있습니다.
    조 선생님은 농사와 어업에 바빠 아이들의 식사를 챙겨주지 못하는 부모님들을 대신해 2년이 넘게 저녁 급식을 홀로 준비했습니다. 처음에는 컵라면으로 끼니를 때우는 아이들이 안쓰러워 김밥을 사다 먹였는데, 아이들의 안타까운 모습을 본 주변 동료들과 힘을 합쳐 학교의 허름한 창고를 개조해 식당을 만들었고, 이후부터 급식을 제공하기 시작했습니다.
    사람들은 전교생이 고작 28명인 초미니 학교인 조도고등학교에서 그렇게 열심히 한다 해서 무슨 소용이 있겠냐고 생각했지만 조 선생님은 최선을 다해 아이들을 가르치고 보살폈고, 아이들은 또한 그런 기대에 부응을 했습니다. 그리고 이런 화합을 통해 30년 만에 처음으로 서울대 입학생이 나오는 경사가 조도 고등학교에서 일어났습니다.
    참된 스승의 모습이란 작은 어려움도 보살필 줄 알며, 낮은 가능성도 발견할 줄 아는 모습입니다. 겨자씨가 좋은 땅에 묻히면 그득한 결실을 맺는다는 사실을 잊지 말고 지금의 모습보다 미래를 바라볼 줄 아는 현명한 사람이 되십시오.

♥ 주님! 사람의 가능성을 제한하는 사람이 되지 않게 하소서!
🖼 항상 가능성에 초점을 맞추어 교육하고 또 가르치는 목자가 되십시오.

나의 영적 일지

6월 3일 디즈니를 세운 격려

읽을 말씀 : 데살로니가전서 5:12-22

● 살전 5:14 또 형제들아 너희를 권면하노니 게으른 자들을 권계하며 마음이 약한 자들을 권계하며 마음이 약한 자들을 격려하고 힘이 없는 자들을 붙들어 주며 모든 사람에게 오래 참으라

미국의 캔자스시티의 시골에 살던 한 청년이 있었습니다.

그림에 재능이 있던 청년은 자기가 직접 만화를 그려 신문사와 출판사를 돌아다니며 일자리를 구했으나 채용이 전혀 되지 않았습니다. 돈도 없어 더 이상 머물 곳도 구할 수 없던 청년은 때마침 주일이라 예배도 드릴 겸 한 교회에 들렀는데 자신이 처한 비참한 상황이 머릿속에서 떠나지가 않았습니다. 그러나 아무리 생각해도 자신의 처지에 답이 나오지 않아 하염없이 눈물만 흘리고 있었습니다. 예배가 끝난 뒤 슬픈 기색의 청년을 찾아온 목사님은 자초지종을 들은 뒤에 정 사정이 어렵다면 교회에 비어있는 창고에 얼마든지 묵으라고 말해주었습니다.

"마음 편히 이곳에서 쉬게, 그리고 용기를 잃지 말게, 하나님은 자네를 사랑하신다네."

디즈니라는 이 청년은 이때의 목사님의 격려로 꿈을 잃지 않을 수 있었습니다. 디즈니는 교회의 창고에서 돌아다니는 쥐를 관찰하면서 훗날 자신의 만화에 사용할 캐릭터 미키 마우스를 구상할 수 있었습니다.

월트 디즈니의 꿈은 허름한 창고에서 받은 격려로 자랄 수 있었습니다. 아주 작은 격려와 칭찬이 때로는 상상할 수 없을 정도로 훌륭한 인재를 키우기도 합니다. 오늘도 만나는 사람들에게 작은 격려와 칭찬의 씨앗을 뿌리십시오.

♥ 주님! 선행과 격려로 양육하게 하소서!
🎯 오늘 만나는 모든 사람들에게 격려의 선행을 베푸십시오.

나의 영적 일지

미국이 감동한 사연

읽을 말씀 : 고린도전서 9:1-19

●고전 9:17 내가 내 자의로 이것을 행하면 상을 얻으려니와 자의로 아니한다 할지라도 나는 사명을 맡았노라

　친부모가 포기한 장애아들을 거둬들여 정성으로 돌보고 계시는 이종락 목사님의 사연이 미국에 알려져 큰 감동을 주고 있습니다.
　로스앤젤레스타임스를 비롯한 각종 주간지의 1면에는 이 목사님의 기사가 실렸습니다. 이 목사님이 운영하고 있는 보호시설 앞에는 '투입함'이라는 상자가 설치되어 있습니다. 투입함 앞에는 '장애가 있는 아기를 돌볼 수 없다면 길에다 버리지 말고 이곳으로 데려 오십시오'라고 적혀있습니다. 누군가 그곳에 아이를 넣으면 곧 상자에서 소리가 나고 이 목사님 부부가 그 아이를 거두어 돌보는 것입니다.
　1998년부터 이 일을 하고 계시는 목사님은 지금까지 36명을 양육해 독립시켰고, 지금도 20명이 넘는 아이들을 돌보고 계신다고 합니다. 그러나 정부는 이 목사님이 이런 분야에 대한 전문가가 아니며, 이런 시설이 있음으로 아이들을 유기하는 일이 늘어난다는 이유로 시설의 문을 닫게 하려고 하고 있습니다. 하지만 일면식도 없는 장애아들을 하나같이 거둬들여 보살필 수 있는 것은 친부모보다도 더한 놀라운 사랑의 힘이 있기에 가능한 일입니다.
　커다란 사랑의 실천은 국경을 넘어서도 감격을 줍니다. 부모도 포기한 생명들을 보살피는 것은 보통 사람이 할 수 없는 일이기에 많은 사람들이 감동을 받은 것처럼 모든 인류, 즉 우리를 위해서 고난을 당하신 주님의 사랑을 생각하며 날마다 벅찬 감동으로 살아가십시오.

♥ 주님! 주신 사랑에 감격하며 매일을 살게 하소서!
🖋 주님의 사랑으로 감격한 적이 언제인지 떠올려 보십시오.

나의 영적 일지

6월 5일
100년 인생의 전부

읽을 말씀 : 시편 90:1-17

● 시 90:10 우리의 연수가 칠십이요 강건하면 팔십이라도 그 연수의 자랑은 수고와 슬픔뿐이요 신속히 가니 우리가 날아가나이다

100세를 일기로 생을 마감하신 김화식 할머니는 마지막 유언으로 자신의 전 재산을 기부하겠다는 글을 남겼습니다.

'적은 돈이나마 어린 새싹들에게 밝고 희망찬 미래를 여는 씨앗이 되길 바랍니다'라는 축복의 메시지가 김 할머니가 남긴 마지막 말이었습니다. 한국 전쟁 때 남편과 함께 북에서 남으로 내려와 충북에서 살던 김 할머니는 남편이 돌아가신 후 20여 년간을 불편한 몸으로 혼자 외롭게 생활하셨습니다.

천식이 심해 고생을 하셨던 김 할머니의 인생의 유일한 낙은 한 달에 한 번씩 찾아오는 자원봉사자들과의 만남이었습니다. 마지막 가는 길 정신이 혼미해지기 전에 좋은 일을 하고 싶다고 입버릇처럼 말씀하셨던 할머니는 결국 자신의 마지막 재산인 전세방 보증금 3500만원을 어린이 재단과 요양원에 각각 기부를 하며 인생을 아름답게 마감하셨습니다.

비록 소외되어 외로운 인생을 살았던 할머니셨지만 자신이 할 수 있는 가장 아름다운 일을 하셨습니다. 의학의 발달로 백세 장수의 시대가 온다고 하지만 오래 사는 것보다 더 중요한 것은 살아온 인생을 통해 무엇을 남길 것인가라는 사실을 잊지 마십시오.

♥ 주님! 무엇보다 영혼의 결실을 더욱 탐스럽게 맺는 삶이 되게 하소서!
📖 100세를 기준으로 인생의 남은 계획을 세워보십시오.

나의 영적 일지

바꿀 수 없는 것

읽을 말씀 : 로마서 1:18-32

● 롬 1:23 썩어지지 아니하는 하나님의 영광을 썩어질 사람과 새와 짐승과 기어다니는 동물 모양의 우상으로 바꾸었느니라

워싱턴의 국립 박물관에는 희망이라는 이름의 다이아몬드가 전시되어 있습니다.

푸른빛을 띤 다이아몬드 중에 가장 크고 아름다운 것으로 알려진 이 다이아몬드는 포르투갈이라는 이름의 다이아몬드와 함께 짝을 이루어 있습니다. 포르투갈 다이아몬드는 희망보다 두 배나 커다란 크기의 다이아몬드이지만 박물관의 관람객들은 모두 푸른빛을 띠는 희망 다이아몬드에 더 커다란 관심을 보입니다. 그러나 희망 다이아몬드가 이렇게 유명해질 수 있었던 것은 그것이 띄고 있는 푸른빛보다도 가격 때문이었습니다. 워싱턴 국립 박물관의 관리인은 이 다이아몬드의 가격에 대해서 다음과 같이 말한 적이 있었습니다.

"사람들이 희망 다이아몬드의 가격에 대해서 많이들 묻곤 합니다. 그러나 이 다이아몬드는 앞으로 절대로 팔지 않을 것이기 때문에 가격을 매길 수가 없습니다. 이 다이아몬드는 영원히 미국에 속해 있으며, 우리와 함께 할 것입니다."

복음의 가치는 우리가 그것을 어떻게 생각하느냐에 따라 달라집니다. 목숨과도 바꿀 수 없는 귀한 복음이 될 것인지, 작은 유혹에도 쉽게 버릴 가치의 복음이 될 것인지는 모두 우리의 선택에 달려 있습니다. 그리스도의 희생이 서려있는 귀한 복음의 가치를 깨달으십시오.

♥ 주님! 복음의 가치가 너무도 귀한 것임을 잊지 않게 하소서!
🔖 신앙생활이 아닌 종교 활동을 하고 있는지 돌아보십시오.

나의 영적 일지

6월 7일 참된 제자의 양성

읽을 말씀 : 마태복음 4:12-25

●마 4:19 말씀하시되 나를 따라오라 내가 너희를 사람을 낚는 어부가 되게 하리라 하시니

숭실대학교의 9대 학장인 김형남 학장은 항상 학생의 입장에서 학교를 운영했습니다.

1967년에 학장 자리에 취임하자마자 한 직원을 불러서 다음과 같이 말했습니다.

"전교생에 대한 신상목록 카드를 최대한 빨리 만들어 나에게 갖다 주세요. 학생들에 대해서 일단 알아야 일을 할 수 있을 것 같습니다."

김 학장이 워낙 다급하게 부탁하는 바람에 직원은 3일 동안 꼬박 작업을 해서 카드를 가져다 주었습니다. 김 학장은 카드를 며칠간 반복해서 보면서 학생들의 이름을 모두 외웠습니다. 그리고 신상카드를 보며 가장 인상 깊은 학생 10명을 불러 학교 발전에 필요하다고 생각되는 일을 듣기 위해 점심을 같이 했습니다. 또한 언변이 좋지 못해서 고생한 과거를 생각해 사재를 들여 웅변반을 조직해 학생들이 누구나 와서 배울 수 있게 도왔습니다.

김 학장의 노력 덕분에 열악한 환경에도 불구하고 숭실대에서는 뛰어난 인재들이 많이 배출될 수 있었고 이제는 서울의 유수의 대학 중의 하나로 설 수 있게 되었습니다.

참된 제자를 키우는 것은 상대방에게 눈높이를 맞추어 정말로 가장 필요한 일을 도와줌으로 가능합니다. 아직 믿음이 없는 사람들의 눈높이에 맞추어 복음을 전하고 함께 주님의 제자가 되는 기쁨을 누리십시오.

♡ 주님! 주님을 따르는 참된 제자가 되게 하소서!
🎀 말씀을 따르는 제자의 삶을 살며, 또 그런 제자를 양육하십시오.

나의 영적 일지

철가방 천사 이야기

읽을 말씀 : 히브리서 13:1-8

●히 13:2 손님 대접하기를 잊지 말라 이로써 부지중에 천사들을 대접한 이들이 있었느니라

중국음식점 배달원이었던 고 김우수 씨는 '철가방 천사'로 사람들에게 불렸습니다.

한 달에 70만 원 정도밖에 되지 않는 월급을 받으며 한 평 남짓한 고시원에서 사는 김 씨는 고아로 자랐습니다. 제대로 된 교육도 받지 못했고 어떠한 취업의 기회도 얻지 못하던 김 씨는 세상을 원망하며 괴로움과 불행 속에서 인생을 살았지만 우연한 기회에 기부를 실천하게 되면서 새로운 삶을 살게 됩니다. 나누는 기쁨과 용서로 인한 평안에 대해서 깨달은 김 씨는 박봉을 쪼개 5명의 아이들을 후원했고 일이 없는 날에는 자신을 낳아주신 부모님을 찾으러 다녔습니다. 그러다 안타깝게 불의의 사고로 목숨을 잃게 되었지만 김 씨의 삶은 영화로 제작되어 많은 사람들에게 알려질 예정이라고 합니다.

김 씨의 삶에 대한 이야기를 듣고 영화로 제작하겠다고 발표한 윤학열 감독은 '김우주 씨의 아름다운 삶과 이웃사랑에 대한 그 정신을 세상에 남겨야겠다는 소명의식' 때문에 제작을 결심하게 되었다고 합니다.

김우주 씨는 깨달은 나눔과 용서를 자신의 삶에서 실천했습니다. 그리고 그 작은 실천은 세상의 큰 반향을 일으켰습니다. 처한 환경에 상관없이 해야 할 일과 전해야 할 사랑을 실천하는 아름다운 삶을 살아가십시오.

♥ 주님! 듣기만 하고 깨닫지 못하는 자가 되지 않게 하소서!
🖼 매일 한 가지씩 행할 선행의 목록을 정해놓고 실천하십시오.

나의 영적 일지

6월 9일

진주의 빛

읽을 말씀 : 마태복음 5:13-16

● 마 5:13 너희는 세상의 소금이니 소금이 만일 그 맛을 잃으면 무엇으로 짜게 하리요 후에는 아무 쓸 데 없어 다만 밖에 버려져 사람에게 밟힐 뿐이니라

진주가 아름다운 이유 중의 하나는 영롱한 빛입니다.

진주가 그 빛을 잃게 하지 않기 위해서는 잘 닦고 쾌적한 장소에 보관을 하는 것도 중요하지만 가장 중요한 것은 사람의 피부에 꾸준히 닿게 하는 것입니다.

실제로 프랑스에서 '데어의 목걸이'로 알려진 핑크색의 진주는 그 어떤 진주보다도 영롱한 빛을 자랑했지만 프랑스 정부에서 구입을 해 박물관에 전시를 한 뒤에는 그 빛을 잃게 되었습니다.

프랑스 정부는 진주가 사람의 피부에 접촉을 해야 빛을 잃지 않는다는 사실을 알고는 사람을 고용해 매일 일정한 시간동안 목에 걸게 하도록 조치를 내렸고, 이런 노력으로 데어의 목걸이는 빛을 잃지 않으면서 많은 사람들 앞에서 아름다움을 뽐낼 수 있었습니다.

사람의 몸과 접촉하지 않는 진주가 빛을 잃는 것처럼 행함이 없는 말씀은 능력을 잃게 됩니다. 하나님은 존재하지 않는다고 말하는 사람들에게 우리는 말씀을 행하고 사랑을 실천함으로 복음을 전하고 하나님을 보여줄 수 있습니다. 또한 말씀을 실천하는 사람만이 하나님이 주시는 능력과 사랑을 나타낼 수 있습니다. 믿음으로 말씀을 행하고 능력을 체험하는 하루가 되십시오.

♥ 주님! 진리의 빛을 잃지 않는 성도가 되게 하소서!
📖 믿음과 말씀과 기도가 없는 껍데기 신앙을 조심하십시오.

나의 영적 일지

안전지대

읽을 말씀 : 요한복음 14:27-31

● 요 14:27 평안을 너희에게 끼치노니 곧 나의 평안을 너희에게 주노라 내가 너희에게 주는 것은 세상이 주는 것 같지 아니하니라 너희는 마음에 근심하지도 말고 두려워하지도 말라

산불을 막는 가장 효과적인 방법은 맞불을 놓는 것입니다.
한번 일어난 산불은 아무리 물을 뿌리고 약품을 쳐도 불길을 막기가 쉽지 않습니다. 그래서 가장 좋은 방법은 산불이 번지는 경로를 미리 예측해서 진화할 수 있는 소규모의 산불을 일으켜 나무와 풀을 태워버린 뒤에 진화를 하는 것입니다.
실제로 미국의 큰 농장이나 커다란 초원에 사는 주민들은 주변에서 거대한 산불이 났을 때는 다른 경로로 탈출하거나 물을 끼얹기보다는 집 주변에 미리 불을 내어 밭을 태웁니다. 그러면 아무리 큰 산불이 일어나도 집과 농장 주변으로는 불이 번지지 못하게 되고 심지어 그 지역을 둘러싼 큰 산불이 일어난다고 해도 안전합니다.
주변이 불로 휩싸인다고 해도 탈것이 없다면 안전지대입니다. 예수님을 영접한 모든 그리스도인들이 세상에서 그 어떤 것에도 걱정할 필요가 없음은 이미 주님께서 우리 주변을 안전하게 보호하고 계시기 때문입니다. 예수님은 십자가에서 돌아가심으로 구원을 완전히 이루셨습니다. 그리고 그 구원은 우리의 죄의 문제와 우리의 모든 약함까지도 해결할 능력의 보혈로 이루어진 완전한 구원입니다. 그 구원이 우리에게 있기에 우리는 주님을 믿을 때에 어떤 문제에도 흔들리지 않고 평안할 수 있습니다. 그 어떤 상황 속에서도 믿음으로 인해 두려워 마십시오.

♥ 주님! 주님이 주신 평안으로 세상을 이겨내게 하소서!
🙏 영원한 안전지대이신 주님의 품 안에 머무십시오.

나의 영적 일지

6월 11일

언제나 함께 하시는 분

읽을 말씀 : 창세기 31:1-16

● 창 31:3 여호와께서 야곱에게 이르시되 네 조상의 땅 네 족속에게로 돌아가라 내가 너와 함께 있으리라 하신지라

어떤 교회의 한 어린이가 헌금봉투에 하나님께 보내는 편지를 적어 내었습니다.

'사랑하는 하나님, 안녕하세요? 저희 가족이 이번 주에 휴가를 떠나서 부탁드릴게 있어요. 사흘 동안은 먼 곳을 갔다 와야 하니까 그 기간 동안은 어디 가지 마시고 저희 가족을 지켜주세요. 아, 그리고 혹시나 급한 일이 생기거나 어디로 휴가를 가게 되실 경우에는 미리 알려주세요. 그래야 집에서 멀리 나가지 않고 휴가를 떠난 하나님을 위해 기도할 수 있을 테니까요'

편지를 읽은 목사님은 예배가 끝난 후 그 아이를 불러서 하나님은 언제나 우리와 함께 계시고 우리를 지켜주시는 분이란 것을 알려주었습니다. 목사님의 이야기를 들은 아이는 자신의 걱정이 쓸데없는 것이란 걸 깨닫고 환한 미소와 함께 즐겁게 집으로 돌아갔습니다.

하나님은 언제나 우리와 함께 계십니다. 그분은 특정 순간에만 우리와 함께 하시고 돌보시는 분이 아닙니다. 언제나 우리를 지키시고 우리를 위해 기도하는 분이십니다. 언제나 하나님이 함께한다는 확신을 가지십시오. 믿음을 가지십시오.

♡ 주님! 늘 함께 계시는 주님께 늘 감사와 찬송을 올리게 하소서!
📖 지금도 함께 계시는 주님으로 인해 평안을 누리십시오.

나의 영적 일지

악행을 위한 선행

읽을 말씀 : 마태복음 12:33-37

● 마 12:35 선한 사람은 그 쌓은 선에서 선한 것을 내고 악한 사람은 그 쌓은 악에서 악한 것을 내느니라

6월 12일

미국의 린다 테일러는 '복지의 여왕'으로 불렸습니다.

일리노이 주에 본거지를 두고 있는 그녀의 재단은 여러 곳에서 엄청난 기부금을 받아 많은 복지활동을 벌이고 있었습니다. 그녀가 한창 활동하던 당시의 대통령이었던 로날드 레이건이 복지정책을 의논하기 위해 그녀를 초청했을 정도였습니다.

그런데 나중에 밝혀진 바에 따르면 그녀의 그런 행적은 거짓이었습니다. 그녀는 127개의 다른 사람의 이름을 사용해 14개의 주를 돌아다니며 어쩔 때는 변호사, 어쩔 때는 의사 등으로 자신을 소개하며 사람들을 속여 복지기금을 모금했습니다. 그렇게 모인 금액 중 많은 금액을 횡령하기도 했는데 조사 결과 그녀가 복지단체를 운영한 이유는 사람들을 속여서 모금을 한 뒤 세금의 문제를 피하며 자신이 이득을 보고자 함이었습니다. 게다가 재판 과정에서 그녀는 최고의 변호사팀을 구성해 교묘하게 법망을 피해 유죄선고를 받지도 않았습니다.

참된 선행에는 선한 의도와 선한 결과가 있어야 합니다. 이 중 어느 것 하나라도 하나님 앞에 떳떳하지 않다면 그것은 잘못된 선행입니다. 복지와 기부가 아니라 작은 호의 하나라도 순수한 의도와 상대방을 향한 진심으로 실천하십시오.

♥ 주님! 참되고 순수한 마음의 사랑의 선행을 행하게 하소서!
📖 선행을 통해 교만하지 않도록 스스로를 살피십시오.

나의 영적 일지

6월 13일
한 장의 사진

읽을 말씀 : 데살로니가후서 3:1-5

● 살후 3:1 끝으로 형제들아 너희는 우리를 위하여 기도하기를 주의 말씀이 너희 가운데서와 같이 퍼져 나가 영광스럽게 되고

  1975년 1월에 '포퓰러 일렉트로닉스'라는 과학 잡지에 한 장의 사진이 실렸습니다.
  최초의 마이크로컴퓨터인 '알테어'의 사진이었는데 당시로서는 거대한 크기였던 컴퓨터를 손가락 하나만한 작은 반도체칩에 넣었던 최초의 모델이었습니다.
  애플의 창업자인 스티브 잡스와 스티브 워즈니악은 이 한 장의 사진을 보고는 확신을 가지고 애플컴퓨터라는 최초의 개인용 컴퓨터를 만들었습니다.
  빌 게이츠와 폴 엘린은 '알테어'의 사진을 본 뒤 곧 이 컴퓨터를 위한 '베이직'이라는 프로그래밍 언어를 개발했습니다. 앞으로 이런 시스템이 세상에 널리 퍼질 것이라는 생각을 했기 때문입니다.
  2011년도 일본 경영자가 뽑은 최고의 경영자인 손정의 회장도 이 사진을 본 뒤에 놀라운 충격을 받았습니다. 이후로 손정의 회장은 이 사진을 외출할 때나 잠잘 때까지도 항상 가지고 다니면서 '정보혁명'에 대한 의지를 불태웠습니다.
  한 장의 사진으로 인해 많은 이들이 영감을 얻고 세상을 변화시켰습니다. 한 구절의 말씀을 통해 우리의 삶도 충분히 변화될 수 있고, 하나님의 능력을 체험할 수 있습니다. 오늘 나에게 주시는 주님의 소중한 말씀을 귀하게 묵상하십시오.

♥ 주님! 생명의 말씀을 믿음으로 받게 하소서!
🎯 가장 은혜 받았던 성경의 한 구절을 암송하십시오.

나의 영적 일지

고난의 대가

읽을 말씀 : 로마서 8:1-18

● 롬 8:18 생각하건대 현재의 고난은 장차 우리에게 나타날 영광과 비교할 수 없느니라

    가리발디는 19세기 이탈리아의 개혁과 통일운동에 공헌한 국민적 영웅입니다.
    가리발디가 하루는 청년들이 모인 광장에서 함께 조국을 위해 싸우자고 연설을 했습니다. 그 연설을 들은 한 청년이 물었습니다.
    "당신과 함께 전쟁에 참여하면 무엇이 주어집니까?"
    "나와 함께 전쟁터에 나가는 여러분들에게는 심한 상처와 부상, 그리고 때로는 죽음까지 대가로 주어질 것입니다."
    "그것이 전부입니까?"
    "우리에게 주어지는 것은 그것이 전부입니다. 그러나 잊지 말아야 할 것이 있습니다. 우리들의 상처와 죽음으로 인해 우리들의 조국은 자유로운 나라가 될 것이며, 우리들의 후손은 평화롭게 살 수 있을 것이라는 사실입니다."
    우리가 누리고 있는 모든 것들은 다른 사람의 수고와 희생으로 이루어져 있습니다. 이제는 그 모든 것들에 감사하는 마음으로 누군가를 위한 희생과 수고를 아끼지 말아야 합니다. 예수님이 우리를 향하신 그 희생을 기억하며 다른 사람을 위한 헌신의 모습을 보여주십시오.

♥ 주님! 고난으로 인해 감사하는 믿음을 갖게 하소서!
📖 모든 복음은 값없이 주어진 것이 아님을 기억하십시오.

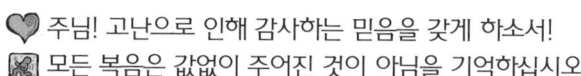

남용의 부작용

읽을 말씀 : 고린도전서 1:18-24

● 고전 1:21 하나님의 지혜에 있어서는 이 세상이 자기 지혜로 하나님을 알지 못하므로 하나님께서 전도의 미련한 것으로 믿는 자들을 구원하시기를 기뻐하셨도다

6월 15일

몇 십 년 전의 일본에선 전국의 의사들이 총파업을 한 적이 있었습니다.

의사들은 병원 문을 닫고 더 이상 기초적인 진료조차 해주지 않았고 심지어 이미 약을 복용하던 사람들의 약조차 처방해주지 않았습니다. 일본 당국에서는 이런 파업으로 인해 지병을 앓는 환자들의 증상이 악화되는 일을 걱정하고 있었는데 길었던 총 파업이 끝나자 다소 의외의 결과가 나왔습니다.

일본 후생성의 집계로 분류된 이러한 위험군의 환자의 약 50%는 예상대로 병이 더욱 악화되었거나 위급한 상황을 정말로 맞았습니다. 그러나 나머지 50%는 약을 받지 못한 뒤로 더욱 건강이 좋아졌거나 심지어 완치된 경우도 있었습니다. 이 사실이 알려지면서 많은 사람들이 무조건 약을 먹는 것이 좋은 것은 아니며 이미 우리가 복용하고 있는 많은 약들이 생각보다 큰 부작용을 가지고 있다는 사실을 알게 되었습니다.

사람을 미혹하게 하는 잘못된 진리가 유독 우리나라에 넘쳐나고 있습니다. 그러나 진리는 예수를 믿음으로 구원을 받는다는 사실이지 눈에 보이는 화려함, 새로 유행하는 신학이나 기적 같은 표적에 있지 않다는 사실을 알아야 합니다. 화려한 현상과 새로운 이론에 관심을 두기보다는 복음 그 자체에 더욱 집중하십시오.

♥ 주님! 진리의 도를 바르게 알고 깨닫게 하소서!
주변에 잘못 퍼지는 이단에 대해서 단단히 경계하십시오.

나의 영적 일지

고치의 나비

읽을 말씀 : 욥기 23:1-10

● 욥 23:10 그러나 내가 가는 길을 그가 아시나니 그가 나를 단련하신 후에는 내가 순금 같이 되어 나오리라

찰스 코언이라는 곤충학자가 나비의 생태를 관찰했습니다.

나비가 고치를 뚫고 나오는 과정을 관찰하던 찰스는 다음과 같은 생각을 했습니다.

"저렇게 작은 구멍으로 힘겹게 나와 나비가 되는구나, 구멍을 넓혀 도와준다면 조금 더 쉽게 번데기에서 나비가 될 수 있지 않을까?"

찰스는 나비 고치를 몇 개 구해서 부화의 과정에서 살짝 칼로 입구를 넓혀 주었습니다. 그리고는 이렇게 나온 나비들이 성장과정에서 어떤 영향을 받는지 관찰을 하기 시작했습니다. 그런데 이상한 일이 벌어졌습니다. 찰스가 칼집을 내준 나비들은 한 마리도 제대로 날지 못하고 바닥에서 굴러다니다 죽었습니다. 혹시나 싶어 여러 고치를 구해서 서로 대조를 해보았지만 자력으로 빠져나온 나비들만이 제대로 날 수 있었고, 칼집을 내려준 나비들은 항상 결과가 똑같았습니다. 고치를 빠져나오려는 나비의 몸부림 과정에서 윤활유가 나오게 되고 이것이 날개를 튼튼하게 만들어주는데 찰스가 칼집을 내준 나비들은 이러한 과정을 거치지 못했기 때문입니다.

시련이 주는 많은 유익과 소중한 경험들이 있습니다. 시련이 가져다주는 부정적인 면에만 집중하지 말고 하나님이 시련을 통해 주시는 귀한 선물에 대해서 더욱 집중하십시오.

♥ 주님! 모든 고난에도 주님의 뜻이 있음을 믿고 감사하게 하소서!
🦋 지나간 시련들을 떠올려 보며 그 때마다 임했던 주님의 은혜를 묵상하십시오.

나의 영적 일지

6월 17일

찬란한 빛을 내는 순간

읽을 말씀 : 고린도후서 1:3-7

●고후 1:5 그리스도의 고난이 우리에게 넘친 것 같이 우리가 받는 위로도 그리스도로 말미암아 넘치는도다

보석을 전문적으로 다루는 어떤 상인이 있었습니다.

그는 진짜와 가짜 다이아몬드를 구분하는 쉬운 방법에 대해서 깊은 연구를 하기 시작했는데, 오랜 연구 끝에 정말로 쉽게 구분하는 방법을 찾아낼 수 있었습니다. 상인이 오랜 시간 연구한 바로는 진짜와 가짜의 차이는 바로 다이아몬드가 내는 빛에 있었습니다. 그러나 이 빛은 다른 광원이 있는 야외나 실내에서는 육안으로 구분하기가 어려웠습니다. 그러나 물속에 다이아몬드를 넣어보면 진짜와 가짜가 내는 빛의 차이가 확연히 드러나는 것을 알 수 있었습니다. 진짜 다이아몬드는 물속에서도 빛을 잃지 않아 찬란한 모습을 잃지 않지만 가짜 다이아몬드는 물속에 들어가면 희뿌옇게 변해버립니다. 상인은 이런 커다란 차이를 내는 현상에 대해 다음과 같이 한 줄로 정리했습니다.

'가짜 다이아몬드는 진짜 다이아몬드가 내는 빛을 결코 낼 수 없기 때문에'

진짜 성도들은 고난의 순간에 찬란한 빛을 냅니다. 그리고 이런 고난 속에서 하나님의 도우심으로 찬란한 빛을 내는 성도들로 인해 세상은 하나님의 영광을 알게 됩니다. 고난 속에서 더욱 빛을 발하는 진짜 다이아몬드의 신앙을 위해 노력하십시오.

♥ 주님! 고난 속에서 더 빛을 발하는 신앙을 갖게 하소서!
🖐 고난 중에 임하실 하나님의 더 큰 위로의 축복을 믿으십시오.

나의 영적 일지

굳건한 약속

읽을 말씀 : 디도서 1:1-4

● 딛 1:2 영생의 소망을 위함이라 이 영생은 거짓이 없으신 하나님이 영원 전부터 약속하신 것인데

  '홀리데이 인' 호텔은 도박장이 없는 것으로 유명했습니다.
  이런 운영방침은 홀리데이 인의 창업자인 클라이머의 의지 때문이었는데, 경쟁업체들이 하나 둘씩 도박시설을 설치하고 그것으로 큰 이득을 얻고 있음에도 그는 결코 도박시설을 자신의 호텔에는 설치하지 않았습니다. 주주들과 간부들은 호텔에 도박시설을 추가함으로 더 많은 수익을 올리자고 클라이머를 수차례 설득했습니다. 그러나 아무리 설득을 해도 클라이머가 고집을 꺾지 않자 그들은 결국 주주총회를 통해 클라이머를 경영진의 자리에서 퇴진시켰습니다. 클라이머가 자신이 일궈낸 회사에서 쫓겨나면서까지 도박시설을 설치하지 않으려고 한 이유는 하나님에 대한 약속 때문이었습니다.
  "나는 일생동안 하나님과의 약속을 지키면 하나님께서 검은 구름을 거두어주시고 밝은 무지개를 보여주신다는 것을 믿고 살았고, 그것은 실제로 항상 이루어졌다."
  기업의 회장 자리보다도 중요한 것은 하나님에 대한 약속이었습니다. 주님이 바라시는 삶을 살아갈 때에 반드시 성경에 나온 모든 약속을 이루어주시는 하나님임을 믿으십시오.

♥ 주님! 모든 약속 위에 있는 하나님의 약속을 믿게 하소서!
📖 사람의 약속은 흔들릴지라도 하나님의 약속은 변하지 않음을 믿으십시오.

나의 영적 일지

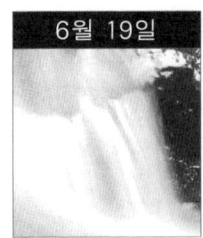

6월 19일 이론과 현실

읽을 말씀 : 고린도전서 4:14-20

●고전 4:20 하나님의 나라는 말에 있지 아니하고 오직 능력에 있음이라

　미국의 인디애나폴리스에서 '대중에게 가까이 다가가는 방법'에 대한 목회자 세미나가 있었습니다.
　대중과 소통하는 방법과 효과적인 전도방법을 배우고 싶어 하는 많은 목회자들이 그 세미나에 참석을 했습니다. 그러나 세미나가 열리고 있는 시간 근처의 한 마을 어귀에서는 어떤 목사님이 자리에 서서 사람들에게 설교를 하고 있었습니다. 길을 가던 많은 사람들이 목사님의 설교를 서서 듣고 있었습니다. 피곤함에 지쳐 귀가를 하던 많은 노동자들도 피로를 잊은 채로 목사님의 설교를 들었습니다.
　어느덧 마을 어귀의 공간이 부족해지자 목사님은 30분 뒤에 더 넓은 공터로 가서 설교를 계속하겠다고 말했습니다. 그 사이 더 많은 사람들이 공터에 모여들었습니다. 어떤 사람들은 저녁도 먹지 않고 도시락을 싸들고 와서 목사님의 설교를 들었습니다. 아무런 악기도 없었지만 사람들은 목사님과 함께 즐겁게 찬양을 했고, 설교를 듣고 기도를 하며 눈물을 흘렸습니다. 같은 시간 한 장소에서는 대중에게 다가가는 방법에 대한 세미나가 일어나고 있었지만, 다른 장소에서는 무디 목사님이 대중을 대상으로 복음을 전하고 있었습니다.
　믿는 사람 뿐 아니라 노방에서도 탁월한 설교자였던 무디 목사님은 자신의 비결에 대해서 '하나님의 나라에 대해 설교하는 것'이라고 한 마디로 말했습니다. 기독교가 대중에게 다가가는 가장 확실하고 효과적인 방법은 바로 복음을 그대로 전하는 것임을 잊지 마십시오.

♥ 주님! 복음을 부끄러워 않고 당당히 전하게 하소서!
❀ 기독교인임을 부끄러워하지 않는 기독교인이 되십시오.

나의 영적 일지

이해와 참여

읽을 말씀 : 에베소서 5:15-21

● 엡 5:17 그러므로 어리석은 자가 되지 말고 오직 주의 뜻이 무엇인가 이해하라

    한국의 기후가 바뀌면서 여름의 폭염도 점점 심해지고 있습니다.
    그런 가운데 여름의 전력수요가 급증하면서 이제는 개인 차원이 아니라 정부적인 차원에서의 절전정책이 이루어지고 있는데 이와 관련해서 시민들이 불편과 민원을 호소하는 경우가 매우 많아지고 있다고 합니다.
    일본 역시 원전 사태와 폭염으로 인해 최근 몇 년과 대규모 전력부족 사태를 겪고 있습니다. 일본의 마이니치신문에서는 대규모 절전 정책을 시행하기에 앞서서 국민들을 대상으로 전국적으로 여론조사를 실시했습니다. 그 결과 '생활이 불편해지더라도 전력소비를 줄여야 한다'라는 응답이 전체의 65%였고, 반대 의견은 32%에 그쳤습니다. 특히나 주목해야할 점은 20,30대의 절전에 대한 찬성 의견이 70%를 상회했다는 점이었습니다.
    때로는 개인보다 중요한 것이 있고, 불편해도 참아야 할 일이 있습니다. 어떤 사안에 대한 충분한 이해가 되었다면 적극적인 참여를 통해 보다 큰 실리를 추구하는 지혜로운 사람이 되십시오.

♥ 주님! 세상의 일에도 사랑과 이해의 마음으로 행동하게 하소서!
🌼 희생이 필요한 일이더라도 때로는 기꺼이 감수하십시오.

나의 영적 일지

6월 21일
잘못된 사용법

읽을 말씀 : 로마서 2:16-29

● 롬 2:23 율법을 자랑하는 네가 율법을 범함으로 하나님을 욕되게 하느냐

중국에는 발을 작게 만드는 전족이란 관습이 있습니다.

어려서부터 여인들의 발을 묶어서 작게 만드는 전족은 천 년 이상의 시간 동안 내려져 이어왔습니다. 고대의 중국인들은 발이 작고 동그란 열매 모양으로 생기는 것이 모든 아름다움 중의 으뜸이라고 생각했습니다. 따라서 딸을 낳은 부모님들은 아이의 발이 커서 나중에 결혼을 할 때 불이익이 생길까봐 2살에서 6살 사이에 미리 발 모양을 변형시키고 자라지 못하게 하는 신발을 신기며 각종 요법을 시행합니다.

그리고 이런 요법을 통해 자라난 발의 모양은 매우 불균형해집니다. 엄지발가락은 바깥으로 휘어지고 나머지 네 발가락은 발바닥보다 아래쪽으로 낮게 내려갑니다. 그리고 이런 불균형으로 인해 엄지발가락이 몸무게를 지탱하는 역할을 하지 못하게 되어 나머지 발가락과 발바닥에 과부하가 걸립니다. 전족을 한 여성들의 걸음걸이는 똑바르지 못하고 딱딱하게 통통 튀기며 걸을 수밖에 없게 되고 경사진 곳을 오르거나 빠르게 뛰는 것이 매우 힘들어지는 부작용이 일어납니다.

마음이 튼튼하고 믿음이 바로 선 사람들은 세상의 가치와 판단 기준에 휘둘리지 않습니다. 내면이 성숙하지 못했다면 아무리 외모를 고치고 아름답게 가꿔도 결코 하나님이 주시는 기쁨과 만족은 찾아오지 않습니다. 세상의 판단 기준에 비추어 스스로를 바라보지 마십시오.

♥ 주님! 세상의 잘못된 판단 기준에 빠지지 않게 하소서!
✍ 말씀을 믿는 사람답게 말씀을 행하십시오.

나의 영적 일지

숭고한 도전정신

읽을 말씀 : 에베소서 4:21-27

● 엡 4:22 너희는 유혹의 욕심을 따라 썩어져 가는 구습을 따르는 옛 사람을 벗어 버리고

런던의 한 신문에 다음과 같은 광고가 실린 적이 있습니다.

'구인 광고 - 아주 위험하고 보수가 적은 힘한 일을 할 사람 구함. 먼 곳으로 여행을 떠날 준비가 되어야 함. 살아 돌아온다는 보장이 없고 끊임없는 위험이 도사리고 있음. 매우 많은 시간이 걸릴 수도 있음.

추신: 그러나 성공할 경우 큰 명예와 사람들로부터의 인정이 주어질 것은 보장할 수 있음'

이 광고 밑에는 유명한 탐험가인 어니스트 셰클턴 경의 서명이 적혀있었습니다. 이 광고를 보고 많은 사람들이 지원을 했는데 이유는 딱 두 가지였습니다.

첫째는 셰클턴 경의 명성에 대한 신뢰 때문이었고, 둘째는 인생에서 무언가 명예로운 일에 도전을 해보고 싶다는 생각 때문이었습니다.

현실에 안주하는 모습보다는 도전하는 모습이 아름답습니다. 세상의 물질과 명예보다 하나님의 영광을 위한 더 나은 삶을 위해 도전하십시오.

♥ 주님! 현실에 안주하지 않고 성령을 구하는 삶을 살게 하소서!
🌹 구원의 기쁨이 넘치고 성령이 충만한 삶을 위한 일들에 도전하십시오.

나의 영적 일지

6월 23일
선한 사마리아인

읽을 말씀 : 로마서 13:8-14

●롬 13:9 간음하지 말라, 살인하지 말라, 도둑질하지 말라, 탐내지 말라 한 것과 그 외에 다른 계명이 있을지라도 네 이웃을 네 자신과 같이 사랑하라 하신 그 말씀 가운데 다 들었느니라

미국 유타주에 있는 유타주립대 인근 도로에서 큰 사고가 일어난 적이 있었습니다.

BMW 자동차와 오토바이의 추돌사고였는데, 사고가 난 뒤에 오토바이에서 휘발유가 새어나와서 차체의 일부분에 불이 붙은 사태였습니다. 불이 잘못 옮아 붙으면 폭발이 일어날 수 있는 위험한 상황이었습니다.

그러나 차 밑에는 오토바이 운전자가 깔려 있었고 그 상황을 목격한 대여섯 명의 행인들은 곧 운전자를 구하기 위해서 위협을 무릅쓰고 달려들어 차를 들기 시작했습니다. 그래도 차가 꿈쩍하지 않자 곧 열 명이 넘는 사람들이 달려들었습니다.

마침내 이들은 밑에 깔렸던 운전자를 구출해냈고 이 장면은 근처의 높은 빌딩에서 일을 하고 있던 크리스 카프 씨의 카메라 고스란히 담겨 CNN에 의해 방송되었습니다. 이 소식을 들은 미국의 언론과 네티즌은 이 행인들을 성경에 나오는 '선한 사마리아인'이라고 부르며 칭송을 했습니다.

우리가 서로의 이웃이 되어줄 때 삶이 행복해지고 세상이 행복해집니다. 그리고 남을 도울 용기를 가진 사람만이 누군가의 이웃이 될 수 있습니다. 주님이 말씀하신 참된 이웃으로 주위 사람들을 섬기십시오.

♥ 주님! 사랑이 주님이 주신 가장 큰 계명임을 알게 하소서!
🙏 잘못을 행한 이웃이 있더라도 오늘 용서하고 사랑의 마음을 품으십시오.

나의 영적 일지

환경을 바꾸는 믿음

읽을 말씀 : 고린도후서 4:6-10

● 고후 4:7 우리가 이 보배를 질그릇에 가졌으니 이는 심히 큰 능력은 하나님께 있고 우리에게 있지 아니함을 알게 하려 함이라

　미국의 마리온 라이스 하트 여사는 경비행기를 타고 대서양을 횡단해 유명해진 사람입니다.
　경비행기로 그것도 여자가, 84세의 나이로 대서양을 횡단을 했기 때문에 사람들의 많은 관심을 끌었는데, 더욱 놀라운 사실은 하트 여사가 비행을 배우기 시작한지 겨우 2달 밖에 되지 않았다는 것입니다.
　게다가 비행을 시작한 이유도 '혼자 시간을 때우기에 아주 좋다'는 이유뿐이었습니다. 단순히 비행을 위해 노력한 것이 아니라 나이가 들면 많아지는 혼자 있는 시간을 규모 있게 보내려다보니 나온 생각이었습니다. 이후로 하트 여사는 '나는 할머니'라는 별명으로 세계의 여러 곳을 작은 경비행기로 방문하기 시작했습니다.
　여사가 도착하는 곳마다 많은 사람들이 몰려와서 환영을 했고 그 때마다 여사는 '기진맥진하지만 매우 행복하다'는 소감과 함께 사람들의 환대에 감사했습니다.
　하트 여사의 도전은 보통 사람이라면 생각조차 할 수 없는 것이었습니다. 꿈을 이루고 비전을 실천하는 데에 가장 중요한 것은 믿음입니다. 믿음은 모든 근거를 선행하는 가장 중요한 토대입니다. 우리의 믿음을 보시고 모든 환경까지 조장하여주실 하나님께 기쁜 마음으로 기도하십시오.

♥ 주님! 주님의 뜻에서 벗어나지 않는 믿음을 갖게 하소서!
✿ 하나님이 바라시는 방향을 바라보는 소망에 믿음을 더하십시오.

나의 영적 일지

6월 25일

잊혀진 전쟁

읽을 말씀 요한복음 17:1-26

● 요 17:11 나는 세상에 더 있지 아니하오나 그들은 세상에 있사옵고 나는 아버지께로 가옵나니 거룩하신 아버지여 내게 주신 아버지의 이름으로 그들을 보전하사 우리와 같이 그들도 하나가 되게 하옵소서

  6.25 전쟁에 참전을 했던 데니스 힐리 씨는 최근에 미국 뉴욕에 '한국전 국립 박물관'의 건립을 추진하고 있습니다. 전쟁이 끝난 지 오랜 시간이 지난 지금 1억 달러가 넘는 돈이 드는 이런 대형 프로젝트를 추진하는 이유에 대해서는 다음과 같이 설명했습니다.

  "미국에서 한국 전쟁은 '잊혀진 전쟁'으로 불립니다. 그러나 몇 십 년의 시간이 흘렀다 하더라도 참전한 미군들의 희생이 결코 헛된 것이 아니라는 점을 반드시 알려야 한다고 생각했습니다. 이번 박물관은 전쟁이 무엇인지 미국의 미래세대에게 생생하게 교육시키고 전쟁의 역사와 유산을 기리게 될 목적으로 세워질 것입니다."

  한국은 처참한 전쟁의 상처를 극복하고 세계 십위권의 경제대국으로 성장했습니다. 이런 놀라운 기적에는 수많은 나라와 군인들의 희생이 있었습니다. 힐리 씨는 바로 이런 영광 뒤에 많은 미군들의 희생이 있다는 사실을 알리고 싶다고 말했습니다.

  참담한 사건이 되풀이 되지 않기 위해서 역사를 기억하는 것은 매우 중요합니다. 이 땅에 복음이 전해진 과정을 잊지 말고, 수많은 성도들의 희생으로 전해진 복음이 얼마나 소중한 것인지 잊지 마십시오.

♥ 주님! 과거를 통해 소중한 경험을 깨닫는 지혜를 갖게 하소서!
🕊 나에게 전해진 복음이 얼마나 소중한 것인지를 늘 잊지 마십시오.

나의 영적 일지

교회란 무엇인가?

읽을 말씀 : 에베소서 1:15-23

●엡 1:23 교회는 그의 몸이니 만물 안에서 만물을 충만케 하시는 이의 충만함이니라

동영상 공유사이트인 유튜브에 올라온 '교회란 무엇인가?'라는 영상이 많은 성도들의 관심을 끌고 있습니다.

깔끔한 배경에 플래시로 이루어진 영상은 사람들이 잘못 생각하는 예배의 개념들에 대해서 먼저 이야기합니다.

화려한 찬양, 목사님, 건물, 봉사, 기독교와 관련된 각종 세미나와 좋은 교육들… 그러나 이런 것들은 아주 좋은 프로그램일 뿐 교회 자체는 아니라고 영상은 계속해서 설명합니다. 그리고 최종적으로 교회는 바로 하나님을 바라보는 우리들이라고 결론을 내립니다.

하나님을 바라보고 그분의 가르침을 따라 생각하고 활동하는 우리들 자체가 바로 교회입니다. 우리가 교회가 되어 하나님의 가르침을 행할 때 자동적으로 지역과 사회에 봉사하게 되고, 필요한 교육을 하게 되고, 이런 순환으로 인해 또 다른 교회가 탄생하고 다시 같은 방식의 좋은 선순환이 일어나게 됩니다.

교회에 대해서 올바로 아는 것은 가장 중요합니다. 교회는 하나님을 예배하는 성도들의 모임이지 어떤 건물이나 교육, 특정 행위로 정의되는 것이 아닙니다. 하나님을 찬양하고 그분의 가르침을 따르고 전하는 하나님의 몸 된 교회로써 살아가십시오.

♥ 주님! 교회를 섬기고 세우는 건강한 지체가 되게 하소서!
내가 생각하는 교회와 성경이 말하는 교회가 무엇인지 살펴보십시오.

나의 영적 일지

6월 27일

몸으로 기억하는 말씀

읽을 말씀 : 데살로니가전서 5:4-11

● 살전 5:8 우리는 낮에 속하였으니 정신을 차리고 믿음과 사랑의 호심경을 붙이고 구원의 소망의 투구를 쓰자

높은 산을 오르는 등반가들은 수많은 위기상황을 맞습니다. 그러나 목숨이 걸린 수많은 위기 상황에서도 대부분 본능적으로 올바른 해결책을 찾아 문제를 해결합니다. 바둑에는 약 만 가지 이상의 정석 수가 있다고 합니다. 프로 기사들은 비슷한 상황이 오면 만 가지 정석 중에서 자연스럽게 최적의 수를 찾아 대응을 할 수 있습니다. 과학자들은 이처럼 급박한 순간에서 별 다른 에너지와 시간을 소모하지 않고 대처하는 전문가들을 조사했는데, 이들의 특징은 모두 반복적인 훈련을 통해 몸으로 기억했다는 점이었습니다.

로프를 묶는 방법을 수만 번 공부한 사람은 뇌에서 생각하는 부분에 정보를 담아둡니다. 따라서 남에게 설명도 잘하고 시연도 잘 보입니다. 그러나 실제로 등산을 하며 등산 중에 로프를 수없이 묶어봤던 사람은 정보를 뇌의 기저핵에 저장합니다. 여기에 저장된 정보들은 생각하는 부분에 저장된 정보보다 더 쉽고 빠르게 빼서 쓸 수가 있습니다. 따라서 실제 위기의 순간이 닥칠 때 생각하는 영역에 정보를 둔 사람은 먼저 그 정보를 찾는 데에 오랜 시간과 큰 에너지를 쏟아야 하지만 반복적인 훈련으로 몸으로 기억을 해둔 사람은 쉽고 능숙하게 대응할 수가 있습니다.

말씀은 먼저 몸으로 기억해야 합니다. 우리는 머리로만 말씀을 이해하는 것이 아니라 실제 생활 속에서 매일같이 반복적으로 말씀을 실천하는 훈련을 해야 합니다. 매일 주님이 주시는 말씀을 삶 속에서 실천하십시오.

💛 주님! 매일 말씀을 행하며 덕을 쌓아가게 하소서!
🖐 하루에 한 가지 말씀의 실천을 목표로 삼으십시오.

나의 영적 일지

도덕적 근육

읽을 말씀 : 요한복음 11:7-10

6월 28일

● 요 11:10 밤에 다니면 빛이 그 사람 안에 없는 고로 실족하느니라

윌리엄 제임스라는 심리학자는 다음과 같은 예화를 말했습니다.

어떤 농부에게 갓 태어난 송아지가 있었는데, 농부는 그 송아지를 매우 아껴 집에 들인 뒤 매일 들판으로 안고 나가고 또 다시 집으로 데리고 들어왔습니다. 송아지는 무럭무럭 자라 하루가 다르게 무거워져갔지만 농부는 전혀 힘이 들지 않았습니다. 꾸준히 송아지를 들고 나가던 습관 때문에 송아지의 무게가 늘어감에 농부의 팔 힘도 점점 강해졌기 때문입니다. 결국 나중에 송아지가 커다란 소가 되어서 더 이상 안을 필요가 없어졌을 때에도 농부는 필요하다면 소를 별 힘을 들이지 않고 들 수 있었습니다.

윌리엄은 이처럼 도덕적인 근육도 매일 단련해야 한다고 주장했습니다. 도덕적인 양심을 유지하기 위해서는 평소라면 하지 않았을 귀찮은 일을 최소한 한 가지씩 하다보면 운동을 통해 근육이 늘듯이 건강한 가치관과 정신을 유지할 수 있다는 것이 그의 주장이었습니다.

어제와 같은 오늘을 산다면 오늘과 같은 내일이 이어집니다. 쳇바퀴 같은 삶의 굴레를 벗어나기 위해서는 무언가 다른 결심과 다른 노력이 필요합니다. 구원으로 얻은 새로운 삶을 성화의 삶으로 도약시키는 선한 결심과 노력을 기울이십시오.

♡ 주님! 빛의 말씀을 늘 품어 지키게 하소서!
🖼 내일 나를 한 단계 성장시킬 수 있는 노력을 오늘 투자하십시오.

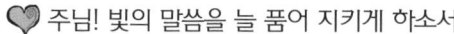

6월 29일

전통적인 가치관과 범죄율

읽을 말씀 : 데살로니가후서 3:6-9

● 살후 3:6 형제들아 우리 주 예수 그리스도의 이름으로 너희를 명하노니 게으르게 행하고 우리에게서 받은 전통대로 행하지 아니하는 모든 형제에게서 떠나라

지금으로부터 수년 전, 로스앤젤레스의 경찰청장이었던 에드워드 데이비스는 점점 높아지는 범죄율에 대해서 다음과 같이 경고했습니다.

"지금 우리 도시뿐 아니라 몇몇 나라에서는 유래를 찾아볼 수 없을 정도로 높은 범죄율을 보이고 있습니다. 제 생각으로는 특단의 조치가 없으면 이 범죄율은 점점 상승할 것입니다"

그리고 그는 한 연설에서 이런 범죄율의 증가를 새로운 가치관과 도덕관념 때문이라고 이야기했습니다.

"제가 생각하기로는 거짓말을 조장하는 정치인들과 남에게 생기는 어려움과 고통을 무시한 채 나만을 생각하는 지금 시대의 새로운 문화 풍조가 매우 잘못되었다고 생각합니다. 해결책으로는 전통적인 가치관을 회복시키는 것입니다. 특히나 부모님들은 자녀들을 사랑과 훈계로 양육해야 합니다. 어린 자녀들에게 무한한 자유를 주며 스스로의 삶을 선택하게 한다면 그들은 방종한 야만인으로 자라고 말 것입니다."

바른 길을 알지 못하는 사람들을 옳은 길로 인도하는 것은 바른 길을 아는 모든 사람들의 의무입니다. 힘이 닿는 대로 할 수 있는 대로 성경이 말하는 바른 진리를 모든 사람들에게 알리고 가르치십시오.

♥ 주님! 변하지 않는 진리를 바로 배우고 또 알게 하소서!
※ 진리인 말씀을 편의대로 잘못 해석하는 실수를 저지르지 마십시오.

나의 영적 일지

작은 일에도 최선을

읽을 말씀 : 골로새서 3:22-25

● 골 3:23 무슨 일을 하든지 마음을 다하여 주께 하듯 하고 사람에게 하듯 하지 말라

19세기 영국의 위대한 문학가인 찰스 디킨즈가 하루는 성공의 비결에 대해서 사람들에게 질문을 받았습니다.

디킨즈는 잠시 생각을 하며 자신의 어린 시절부터 지금까지의 삶을 회상한 뒤에 대답을 했습니다.

"내 인생에서 하려고 했던 일을 포기하지 않았습니다. 그리고 그 일을 하기 위해서 할 수밖에 없었던 다른 일들까지도 모두 열과 성을 다해서 최선을 다했습니다. 이것이 바로 비결인 것 같습니다."

주인들을 위해 아무 득도 없이 수고하는 하인들에게 바울은 하나님을 위해서라고 생각함으로 최선을 다하라고 말했습니다.

지금 당장의 우리가 해야 할 일들을 모두 최선을 다해 한다면 주님은 반드시 더 좋은 길을 열어주시고 우리의 노력과 열심을 기쁘게 받으십니다. 오늘도 맡은 일을 위해 최선을 다하십시오.

♥ 주님! 때로는 이해할 수 없을지라도 먼저 순종하게 하소서!
📷 작은 일에도 최선을 다함으로 주님이 주시는 순종의 기쁨을 경험하십시오.

나의 영적 일지

하나님께서
너를 실족하지 아니하게 하시며
너를 지키시는 이가
졸지 아니 하시리로다
시 121:3

7월

7월 1일

성경에 나오는 기적

읽을 말씀 : 마태복음 5:17-24

●마 5:18 진실로 너희에게 이르노니 천지가 없어지기 전에는 율법의 일점 일획도 결코 없어지지 아니하고 다 이루리라

일본의 유명한 신학자인 우찌무라 간조오에게 어떤 신학생이 찾아와 상담을 요청했습니다.

"저는 성경에 나오는 모든 기적들을 믿을 수가 없습니다. 예수님께서 물위를 걸으셨다는 이야기, 죽은 사람을 살리셨다는 이야기, 게다가 죽은 지 사흘 만에 부활하셨다는 이야기들을 지금의 제 신앙과 지식으로는 도저히 믿을 수가 없습니다. 차라리 이런 내용들을 모두 제외한 뒤에 상식적인 이야기들만 가지고 성경을 공부하면 안 될까요?"

우찌무라 선생은 학생이 가져온 성경을 들어 보이며 다음과 같이 말했습니다,

"성경에서 사람의 이성으로 받아들이기 힘든 기적들을 모두 다 뺀다면 딱 두 장이 남습니다. 바로 성경의 앞표지와 뒤표지 말입니다."

사랑은 논리적으로 설명할 수 없습니다. 성경의 모든 기적은 비논리적이고 비과학적으로 보이지만 과학의 한계를 깨닫고, 하나님이 창조주라는 사실을 인정하고 난 뒤에는 그 어떤 책보다도 확실한 증거와 확신을 주는 책이 됩니다. 성경을 통해 하나님의 능력과 영광을 깨달아 가십시오.

♥ 주님! 창조주이신 하나님께 불가능은 없음을 알게 하소서!
📖 성경의 모든 내용을 진심으로 믿고 있는지 돌아보십시오.

나의 영적 일지

더 기쁜 사랑의 표현

읽을 말씀 : 디모데전서 2:8-10

● 딤전 2:10 오직 선행으로 하기를 원하노라 이것이 하나님을 경외한다 하는 자들에게 마땅한 것이니라

리차드 버튼은 자신의 연인인 엘리자베스 테일러에게 주려고 25캐럿의 커다란 핑크빛 다이아몬드를 구입했습니다. 백금으로 화려하게 장식된 다이아몬드 가격만 10억 원이 넘었으며, 행여나 그 다이아몬드를 도난당할 까봐 10억 이상의 돈을 들여 보험까지 들어놓았습니다. 그러나 막상 다이아몬드를 선물하자 엘리자베스는 그다지 기뻐하지 않았습니다.

"저에게 비싼 것을 사주려는 당신의 마음을 나는 사랑하지만 이런 사치품으로 표현하기보다는 그저 정말로 나를 사랑해주기만 하면 되요."

그리고 다이아몬드를 다시 팔아 좋은 일에 써줄 것을 요청했습니다. 결국 리차드는 엘리자베스의 뜻에 따라서 다이아몬드를 팔고 대신 그 돈으로 격렬한 내전지역인 보스나와에 병원을 세우기로 했습니다.

하나님을 향한 고백을 즐거이 받으시는 주님이시지만 그 사랑을 통한 선한 일과 선한 나눔을 더욱 기뻐 받으십니다. 하나님을 찬양하는 마음이 실제적인 행동으로 이루어지도록 노력하십시오.

♥ 주님! 선한 나눔과 구제로 주님을 더욱 기쁘게 하는 사람이 되게 하소서!
🌹 사랑의 기쁨을 또 다른 사랑의 방법으로 표현하십시오.

나의 영적 일지

7월 3일
가장 필요한 것

읽을 말씀 : 마태복음 24:9-14

● 마 24:12 불법이 성하므로 많은 사람의 사랑이 식어지리라

뉴잉글랜드 주의 교도소에는 600명의 청소년들이 수감되어 있다고 합니다.

강력범죄가 아닌 이상 대부분 훈방, 합의 조치되거나 소년원으로 가게 되는 미성년자의 특성상 이러한 수는 놀라운 정도로 매우 많은 숫자입니다.

다음은 이들 600명을 대상으로 낸 통계입니다.
 - 60%의 아버지는 알코올 의존증 환자
 - 75%의 부모님은 무엇이든 할 수 있는 자유를 허락
 - 70%의 부모님들은 이혼을 했거나 별거 중
 - 90%의 아이들은 부모님이 자신에게 무관심하다고 생각
 - 100%의 가정은 어떠한 종교생활도 하지 않았음

올바른 길을 걸어가는 인생을 위해서 필요한 많은 것들이 있습니다. 행복한 가정과 바른 가치관, 옳은 길로 이끌어주는 멘토, 그러나 그 중에 가장 필요한 것은 하나님을 알고 그 말씀대로 따르는 신앙과 믿음이라는 것을 잊지 마십시오.

♥ 주님! 사랑이 없는 이 세대를 위해 기도하게 하소서!
🔲 모든 문제의 근원은 사랑의 부족임을 깊이 깨달으십시오.

나의 영적 일지

위로의 공동체

읽을 말씀 : 고린도후서 7:5-11

●고후 7:6 그러나 낙심한 자들을 위로하시는 하나님이 디도가 옴으로 우리를 위로하셨으니

7월 4일

17살 때 대마초를 시작한 한 남자가 있었습니다.
도박에도 손을 대 13년 동안 중독된 상태로 살았고, 조직에 들어가 활동하다 칼을 맞고 중태에 빠진 적도 있었습니다. 서른 살에는 마약에 빠져 아내와 어린 딸과도 이별을 하는 아픔을 겪었습니다. 그러나 그런 상황 속에서도 6년간 마약을 끊을 수가 없었습니다. '이제는 죽을 수밖에 없겠구나'라는 생각이 들기 시작했습니다. 그런데 남편을 보다 못한 이혼한 아내가 7년 만에 찾아와 교회로 인도했습니다. 그렇게 춘천의 한마음교회에 나가게 된 남자는 교회 문을 들어서자마자 깜짝 놀랐습니다.
"그토록 많은 사람이 진심으로 따뜻하게 대해주는 것은 제 인생에 있어서 처음이었습니다. 내가 사소한 존재가 아니며 목숨이 결코 하찮은 것이 아니라는 사실을 그때 느꼈습니다."
인생의 아무런 빛이 보이지 않던 이 남자는 결국 교회에 나와 믿음을 통해 새로운 삶을 살게 되었습니다. 불가능해보이던 마약까지 모두 끊고 이전의 가정을 다시 회복하고 성실한 삶을 살고 있습니다.
춘천 한마음교회의 김성로 목사님은 상처받은 마음과 실패와 경쟁에 찌든 마음을 가진 사람들에게 교회가 하나님의 사랑을 더 많이 베풀어야 하며 이런 위로의 공동체를 통해 사람들이 위로를 받고 교회도 부흥하게 된다고 말했습니다. 예수님은 항상 상처받은 영혼을 위로하고 모든 약자들에게 사랑을 베푸셨습니다. 이제는 그 사랑을 우리가 세상에 베풀고 알려야 합니다. 소외되고 상처받은 모든 영혼들에게 사랑을 전하는 위로의 전령사가 되십시오.

♥ 주님! 위로가 사랑이 필요한 곳을 찾아가게 하소서!
🙏 위로가 필요한 사람이 있다면 진심으로 마음을 다해 섬기십시오.

나의 영적 일지

7월 5일

선택의 순간

읽을 말씀 : 누가복음 11:29-36

● 눅 11:32 심판 때에 니느웨 사람들이 일어나 이 세대 사람을 정죄하리니 이는 그들이 요나의 전도를 듣고 회개하였음이거니와 요나보다 더 큰 이가 여기 있느니라

나폴레옹이 프랑스를 통치하고 있을 때에는 잦은 전쟁으로 국경이 수시로 변했습니다.

이때 어떤 스위스인이 국경범접 지역에 호텔을 하나 지었는데 우연찮게 이곳이 나중에 정확한 프랑스와 스위스의 국경지대가 되었습니다. 이 호텔의 중심이 정확히 두 국가의 경계선이었으며 따라서 같은 호텔이지만 어떤 손님이 묶는 숙소는 프랑스령이었고, 어떤 손님이 묶는 곳은 스위스령이었습니다.

호텔에 설치된 전화선도 각각의 나라에 연결된 것이어서 어느 숙소에서 어떤 전화를 사용하느냐에 따라 사용요금도 전혀 다르게 나왔습니다. 만약에 손님이 숙박요금을 내지 않고 도망간다면 정문으로 도망을 갔는지 후문으로 도망을 갔는지에 따라서 신고해야 될 경찰서까지도 달라졌습니다.

선택의 순간은 반드시 찾아옵니다. 삶과 죽음, 천국과 지옥, 세상과 복음, 중간에 비슷하게 걸쳐있다 하더라도 반드시 선택은 해야 하고 그 선택에 따라서 모든 결과가 달라집니다. 성경이 말하는 진리의 바른 길을 인생의 모든 순간에서 지혜롭게 선택하십시오.

♥ 주님! 모든 선택의 순간에서 진리의 편에 서게 하소서!
심판의 때에 부끄럽지 않은 성도의 모습을 위해 노력하십시오.

나의 영적 일지

천국의 자격

읽을 말씀 : 마가복음 10:13-16

● 막 10:15 내가 진실로 너희에게 이르노니 누구든지 하나님의 나라를 어린 아이와 같이 받들지 않는 자는 결단코 그 곳에 들어가지 못하리라 하시고

요한 웨슬레 목사님이 천국에 가는 꿈을 꾼 적이 있다고 합니다. 천국 문 앞에서 출입을 관장하는 천사에게 목사님이 물었습니다.

"나와 함께 복음을 전하는 사람들 중 몇 명이나 천국에 들어왔습니까?"

천사는 명부를 뒤져본 뒤에 한명도 없다고 말했습니다.

"그래요? 우리의 신앙이 뭔가 매우 크게 잘못되었나 보군요. 그렇다면 칼빈의 가르침을 따르던 사람들은 어떻습니까?"

천사는 그들 역시 명부에 없다고 말했습니다.

"그렇다면 우리의 종교개혁 역시 잘못되었나 보군요. 그렇다면 천주교인이 들어왔습니까?" 그러나 천사의 대답은 역시 마찬가지였습니다. 목사님은 그렇다면 도대체 천국에 누가 있는지 천사에게 물었습니다.

"천국에는 예수 그리스도를 자신의 구주로 영접하여 성령으로 거듭난 모든 사람들이 와있습니다."

우리의 모든 구원은 그리스도로부터 나온 것입니다. 따라서 특정 교파와 교리가 아닌 그리스도를 통해 받는 구원에 대한 믿음만이 유일한 천국의 조건이 됩니다. 구원을 위해 유일하게 하나님이 주신 예수의 이름을 오늘도 새기십시오.

♥ 주님! 구원의 본질이 그리스도임을 깨달아 알게 하소서!
❀ 오직 예수 그리스도의 이름만이 구원의 조건임을 잊지 마십시오.

나의 영적 일지

7월 7일

듣는 귀를 가진 사람

읽을 말씀 : 누가복음 8:1-8

● 눅 8:8 더러는 좋은 땅에 떨어지매 나서 백 배의 결실을 하였느니라 이 말씀을 하시고 외치시되 들을 귀 있는 자는 들을지어다

한 목사님이 청력에 이상이 생긴 것 같아 이비인후과를 찾았습니다. 의사는 검진 전에 먼저 목사님의 귀에 있는 귀지를 제거해 주었습니다. 그런데 귀에서 빼낸 귀지의 양이 엄청난 것 보고 놀란 목사님이 의사에게 말했습니다.

"이렇게나 귀지가 많은데도 소리가 잘 들리다니 정말로 놀라운데요?"

"귀지의 양이 어느 정도 된다 해도 듣는 데에는 전혀 지장이 없습니다. 그러나 제때에 제거해주지 않아서 만약 귀지가 하나로 굳게 된다면 그때는 청력장애가 생깁니다. 귀는 멀쩡히 있지만 소리는 잘 듣지 못하게 됩니다."

귀가 있어도 듣지 못한다는 의사의 말을 통해 목사님은 큰 깨달음을 얻었습니다.

'그렇다! 귀지로 인해 귀가 있어도 듣지 못하는 것처럼 불신이 쌓이면 말씀을 믿지 못하게 된다!'

양심의 소리에 귀를 기울이지 않고, 하나님 말씀에 대한 확신이 아닌 불신과 의심만이 쌓이게 될 때 우리의 예배는 신앙생활로 이어지지 않고 종교생활로 그치게 됩니다. 말씀을 듣는 귀와 깨닫는 믿음을 달라고 주님께 기도하십시오.

♥ 주님! 매일 드려지는 예배 속에 신앙이 성장하게 하소서!
📖 말씀을 들음으로 믿음이 자라는 기쁨이 있게 되기를 기도하십시오.

나의 영적 일지

더 나은 행동

읽을 말씀 : 로마서 12:17-21

● 롬 12:21 악에게 지지 말고 선으로 악을 이기라

　돌턴이라는 유명한 화학자가 어머니의 생신을 맞아 회색 양말을 선물로 드렸습니다.
　어머니는 선물을 받은 뒤 '빨간 양말'을 선물해 줘서 고맙다고 했습니다. 깜짝 놀란 돌턴은 회색 양말을 가지고 여러 사람에게 찾아가 무슨 색이냐고 물어봤지만 모두가 빨강색이라고 말했습니다. 돌턴은 자신의 눈에 문제가 있다는 사실을 깨닫고 연구를 한 결과 자신의 눈은 녹색과 적색을 구분할 수 없다는 사실을 알았습니다.
　근대원자론을 창시해 물리와 화학에 지대한 공헌을 했던 돌턴은 틈틈이 자신의 눈에 대해서도 연구를 해 색맹에 대한 많은 자료를 남겼습니다. 이유는 단 한 가지 자신과 같은 눈을 가진 사람들을 돕기 위해서였습니다. 그리고 노년에 들어 남긴 유언도 다음과 같았습니다.
　"제가 죽으면 저를 해부해 주십시오. 특히 저의 안구를 통해 색맹인 많은 사람들을 도울 수 있게 되면 좋겠습니다."
　위기에 슬퍼하는 것보다 더 나은 행동이 있습니다. 위기와 고난을 극복하고 다른 사람들을 위해 더 좋은 일을 하는 것이 더 나은 행동이며 더 나은 삶입니다. 어려움에 대한 일차적인 반응을 뛰어넘는 성도가 되십시오.

　♥ 주님! 고난을 극복함을 넘어 이겨낼 힘을 주소서!
　🖼 어려운 순간마다 세상 사람과는 다른 반응을 보여주십시오.

나의 영적 일지

7월 9일 한 사람의 결실

읽을 말씀 : 베드로전서 1:20-25

● 벧전 1:23 너희가 거듭난 것은 썩어질 씨로 된 것이 아니요 썩지 아니할 씨로 된 것이니 살아 있고 항상 있는 하나님의 말씀으로 되었느니라

미국 일리노이 주에선 1년간 신생아를 유기하는 범죄가 한건도 일어나지 않았습니다.

미국의 다른 주에서는 신생아 유기가 뉴스가 되지 않을 정도로 빈번하게 일어나고 있습니다. 유독 일리노이 주만 이런 모습을 보이는 것은 평범한 주부인 게라스 씨의 10년이 넘는 노력 덕분입니다. 공중화장실에서 출산하자마자 버려진 한 아이의 이야기를 들은 게라스 씨는 이후부터 버려지는 신생아들에 대한 관심을 갖게 됩니다. 그리고 1년에 버려지는 신생아들이 이루 셀 수 없을 정도로 많다는 사실을 알고는 큰 충격에 빠집니다. 이후 신생아 유기를 하게 되는 사회적 분위기와 불리한 법, 심리적인 이유까지 홀로 공부를 하며 관련된 법을 청원하고 다수의 시민단체의 협조를 이끌어내기 시작했습니다.

그렇게 게라스 씨의 노력으로 일리노이 주에는 '유기신생아 보호법'이 생겨났고, 지난 10년간 신생아 유기 범죄가 63건밖에 일어나지 않았습니다. 그러나 게라쓰 씨는 그 중 30명의 아이가 목숨을 잃었고, 이제는 전국적으로 버림받는 신생아가 없도록 노력을 해야 할 때라며 이제부터 더욱 할 일이 많다고 이야기하고 있습니다.

'나 혼자 뭘 할 수 있겠어?', '혼자서 그렇게 해 봤자야', 라고 생각하는 사람들에게 많은 귀감이 되는 예화입니다. 나 혼자라도 해야 할 일을 마땅히 할 때 하나님은 우리를 엘리야처럼, 다니엘처럼 사용해 주십니다. 마땅히 해야 할 일을 깨닫고 행하는 하루를 사십시오.

♡ 주님! 필요한 일이라면 우선 시작하는 용기를 주소서!
❀ 해야 할 일이라면 두려워말고 용기 있게 시작하십시오.

나의 영적 일지

올바른 기도의 응답

읽을 말씀 : 요한일서 5:13-18

● 요일 5:15 우리가 무엇이든지 구하는 바를 들으시는 줄을 안즉 우리가 그에게 구한 그것을 얻은 줄을 또한 아느니라

7월 10일

미국에서 남북전쟁이 벌어지고 있었을 때입니다.

북군의 사령관인 조지 워싱턴은 남군의 고든 장군을 샵스버그 전투에서 대파해 기나긴 전쟁의 승기를 거의 잡았습니다. 다음 전투가 벌어지기 전날 밤, 남부 연맹군의 고든 장군과 모든 장교들은 막사에 모여서 하나님께 기도를 드렸습니다. 뜨겁게 기도를 드린 남군의 장교들은 다음 날 전투부터는 자신들이 승리할 것을 확신했습니다. 그러나 다음 날 전투에서도 패배를 했습니다. 그럼에도 결국은 승리하리라는 굳건한 믿음은 여전히 변함없었습니다. 하지만 고든 장군의 진영은 내리 다섯 번의 전투에서 패배하며 결국 북군의 승리로 전쟁이 끝났습니다.

훗날 고든 장군은 그때의 기도를 두고 전쟁에 패배한 것이 오히려 하나님의 응답이었다고 고백했습니다. 그때 고든 장군이 승리를 했다면 미국은 지금도 노예 제도와 극심한 인종차별이 존재했을 것이며 워싱턴의 뛰어난 통치 없이 그저 평범한 나라로 전락했을 수도 있었기 때문입니다.

하나님이 우리 편에 서는 것이 아니라 우리가 하나님의 편에 서야 합니다. 나에게 초점을 맞추는 잘못된 기도의 습관을 버리고 하나님의 편에 서기를 간구하는 진실한 기도를 드리십시오.

♥ 주님! 주님의 뜻을 묻고 응답에 귀기울이는 바른 기도를 하게 하소서!
🌸 기도는 하나님과의 대화라는 사실을 잊지 마십시오.

나의 영적 일지

7월 11일
잘못된 영향력, 잘못된 사용

읽을 말씀 : 고린도전서 5:7-13

● 고전 5:7 너희는 누룩 없는 자인데 새 덩어리가 되기 위하여 묵은 누룩을 내버리라 우리의 유월절 양 곧 그리스도께서 희생되셨느니라

    1961년도에 프랑스에서 한 유괴사건이 일어났습니다.
    대형 자동차 회사의 사장 아들이 납치되었던 커다란 사건이었는데, 범행이 너무 완벽해서 수사가 쉽지 않았습니다. 약 200여명의 경찰이 동원되었고, 연방수사국과 인터폴까지 합세를 해서 수사를 했지만 1년이 넘는 시간이 걸렸습니다.
    다행히 1년 6개월 만에 유괴범들을 잡게 되었고, 유괴사건이 거의 없는 프랑스에서 어떻게 거의 완벽한 범죄가 일어날 수 있었는지 경찰들은 범인들을 심문했습니다.
    결과는 매우 놀라웠는데 이들은 단지 '강탈자'라는 미국의 한 추리소설을 보고 거기에 나오는 그대로 범행을 준비했을 뿐이었습니다. 책에 범행에 대한 내용이 워낙 세밀하고 짜임새 있게 나와 있었기에 그대로 모방했을 뿐인데도 거의 2년에 가까운 시간이 걸려서야 범인을 잡을 수가 있었습니다.
    모든 사람들이 같은 책을 읽었다고 범죄자가 되지는 않지만, 그래도 어떠한 책이 줄 수 있는 특정한 영향력은 분명히 있습니다. 책뿐 아니라 우리가 하루 동안 살면서 보고 듣고 생각하는 모든 것 역시 마찬가지입니다. 하나님이 주신 모든 것과 시간과 삶을 잘 사용하여 잘못된 영향력에 빠지지 마십시오.

♥ 주님! 세상의 잘못된 영향력으로부터 벗어나게 하소서!
🖋 최근 나에게 가장 많은 영향을 주고 있는 것이 무엇인지 생각해보십시오.

나의 영적 일지

마음의 쿠션

읽을 말씀 : 로마서 2:6-11

7월 12일

● 롬 2:10 선을 행하는 사람에게는 영광과 존귀와 평강이 있으리니 먼저는 유대인에게요 그리고 헬라인에게라

　작가 조신영 씨는 자신의 책 '쿠션'을 통해 우리 인생에는 수많은 불행들이 산재해 있는 것이 현실이라고 말합니다.
　재해, 전쟁, 기근, 중독, 갈등, 이별, 사별, 실패, 허무감, 질병 등등 다 열거하기도 힘들 정도로 괴롭고 힘든 일들이 언제나 우리 주변에서 일어나고 있는 것은 분명한 사실입니다. 그러나 이런 일들이 연달아 일어나는 고단한 삶이라 할지라도 기독교적인 평안을 추구할 수 있는 방법 역시 있다고 말합니다. 외부로부터 오는 자극을 마음속의 쿠션을 통해 완화시키고 무언가 교훈을 얻음으로써 다른 사람과는 다른 반응을 하게 되고, 이 과정에서 긍정적이고 희망적인 일들이 생기며 반응을 선택할 수 있는 자유가 주어집니다. 이것을 공식으로 표현하면 다음과 같습니다.
　「반응 + 능력 = 자유」
　그런데 이런 공식을 어떤 이유로 기독교적 평안이라고 표현할 수 있을까요? 그것은 하나님께서 인간에게 주신 특별한 선물이 바로 자신의 반응을 선택할 수 있는 힘이기 때문입니다.
　어떤 어려움과 마주하더라도 그리스도인들은 먼저 그 문제를 하나님께 가지고 나와야 합니다. 하나님은 나의 상황과 나의 마음을 모두 알고 계십니다. 나를 위로하시고 또한 환경을 이길 힘을 주시는 하나님께 모든 것을 가지고 나아가십시오.

♡ 주님! 인생의 문제가 있을 때 먼저 주님께 가지고 나오게 하소서!
❀ 항상 선한 반응을 선택할 마음의 힘을 위해 주님께 간구하십시오.

나의 영적 일지

7월 13일

인정받는 끈기

읽을 말씀 : 이사야 40:27-31

● 사 40:31 오직 여호와를 앙망하는 자는 새 힘을 얻으리니 독수리가 날개 치며 올라감 같을 것이요 달음박질하여도 곤비하지 아니하겠고 걸어가도 피곤하지 아니하리로다

　보스턴에 살던 한 청년이 회계사를 고용한다는 신문 광고를 보고 이력서를 보냈습니다. 며칠을 기다렸으나 붙었는지 떨어졌는지 아무 연락도 없었습니다. 청년은 주소가 맞는지 신문 광고를 다시 살펴본 뒤 다시 이력서를 보냈지만 여전히 어떠한 회답도 없었습니다. 청년은 우체국에 가서 자신의 사정을 설명하고 자신이 우편을 부친 사서함 1720호와 연결된 주소와 수신인을 가르쳐 달라고 간절히 부탁했지만 규정상 가르쳐 줄 수 없다는 대답만 돌아왔습니다.
　청년은 다음 날 새벽에 일어나 우체국으로 달려갔습니다. 그리고 사서함 1720호에서 우편물을 꺼내는 집배원을 확인한 뒤에 박스에서 수거한 물건을 배달하는 지역을 확인하기 위해 쫓아갔습니다. 그리고 쫓아다닌 결과 1720호와 연결된 곳이 시내의 증권 중개소인 것을 알게 되었습니다. 그는 바로 그 사무실로 들어가 담당자를 만나 자신이 수차례 이력서를 보냈는데 어째서 아무런 회답조차 주지 않느냐고 따졌습니다. 담당자는 그건 그렇고 도대체 어떻게 여기를 알게 되었는지 물었고, 청년은 자초지종을 설명했습니다. 청년의 이야기를 다 들은 담당자는 미소를 지으며 말했습니다.
　"내일부터 회사에 나오십시오. 당신은 방금 우리 회사 면접을 통과했습니다."
　끈기 있는 사람은 열정 있는 사람입니다. 끈기 있는 사람은 포기하지 않는 사람입니다. 선한 일에 열정을 갖고 포기하지 않는 끈기 있는 사람이 되십시오.

♥ 주님! 복음과 사명의 열정을 갖고 포기하지 않게 하소서!
📖 포기하지 않는 사람은 실패하지 않는 사람임을 깨달으십시오.

나의 영적 일지

요나의 신학대학

읽을 말씀 : 고린도후서 5:14-17

●고후 5:17 그런즉 누구든지 그리스도 안에 있으면 새로운 피조물이라 이전 것은 지나갔으니 보라 새 것이 되었도다

한 목사님이 '요나가 나온 신학교'라는 설교를 한 적이 있습니다.

"요나는 물고기 뱃속이란 신학대학교를 나왔습니다. 제 말이 맞는지 들어보십시오.

첫째로 요나는 물고기 뱃속에서 고난의 의미를 깨달았습니다.

둘째로 요나는 물고기 뱃속에서 기도를 배웠고, 하나님과 교제를 시작했습니다. 이 변화를 통해 요나는 하나님께로 향하게 되었고 변화되었습니다. 환란을 통해 교훈을 배우자 주님은 졸업을 시키셨습니다. 그래서 물고기는 요나를 토해냈지요.

고난과 고통이 우리를 찾아올지라도 그 속에서 하나님을 더욱 알아가게 된다면 그것은 크나큰 축복입니다. 하나님의 뜻을 알게 된 새로운 피조물로 태어나기 때문입니다. 하나님을 알게 되는 모든 일과 교훈들이 바로 우리들이 만나는 신학교입니다."

주님을 알게 된 순간부터 우리는 새로운 삶을 살게 됩니다. 삶 속에서 만나는 많은 일들을 통해 주님을 더욱 알게 된다면 그것이 바로 축복이며 은혜입니다. 새로운 피조물에 합당한 생각과 마음을 품으십시오.

♥ 주님! 언제나 주님 안에서 모든 일을 행하는 삶이 되게 하소서!
🙏 고난을 통해서도 축복을 통해서도 성장하는 신앙의 삶을 사십시오.

나의 영적 일지

7월 15일 — 남자의 눈물

읽을 말씀 : 시편 108:1-13

●시 108:1 하나님이여 내 마음을 정하였사오니 내가 노래하며 나의 마음을 다하여 찬양하리로다

　남자가 눈물을 흘리는 일은 전 세계적으로 남성의 약함을 나타내는 표현으로 통용되고 있습니다.
　우리나라에서도 아주 오래전부터 요즘 시대까지 남자는 강해보여야 하며 감정적으로 무뚝뚝해야 된다는 사회적 분위기가 내려오고 있습니다. 남자는 아파도 울면 안 되고, 즐거운 일이 생겨도 티가 나게 기뻐하면 안 됩니다.
　그러나 많은 심리학자들은 이런 마음의 태도가 오히려 남자들을 옭매어 감정적인 질식 상태에 빠트린다고 합니다. 자신의 감정을 억압하는 사람은 다른 사람의 감정도 억압하기 때문에 한번 감정적인 어려움에 빠진 남성이 만약 가장이라면 곧 그 가정에서도 심각한 문제가 생기기 시작합니다. 따라서 모든 현상과 결과를 종합해 볼 때 힘들면 참고 견디며 남자답게 강해지는 것은 모든 문제에 아무런 도움이 되지 않습니다. 아무리 가장이고 강해야만 하는 처지의 남자라고 하더라도 마음이 힘들 때는 누구에게든 힘들다고 털어놓고 도움을 구하는 것이 자신을 살리고 또한 남을 살리는 현명한 방법입니다.
　자신의 감정에 솔직해지는 것이 모든 관계의 시작입니다. 하나님께만 우리의 마음을 터놓는 것이 아니라 가족 간에도 서로의 어려움과 바람들을 진솔하게 나누고 대화하는 모습이 우리 사회에 더욱 많이 필요합니다. 어린아이와 같은 심성으로 하나님과 가까운 사람들에게 더욱 솔직한 자신을 표현하십시오.

💗 주님! 마음을 터놓은 진실한 교제가 있게 하소서!
🧩 힘들고 슬픈 감정을 솔직히 표현할 줄 아는 사람이 되십시오.

나의 영적 일지

신용조합의 탄생

읽을 말씀 : 야고보서 1:1-8

7월 16일

● 약 1:5 너희 중에 누구든지 지혜가 부족하거든 모든 사람에게 후히 주시고 꾸짖지 아니하시는 하나님께 구하라 그리하면 주시리라

저금리로 돈을 빌려주는 신용조합은 원래 남을 돕고자 하는 마음에서 생겨났습니다.

프리드리히라는 독일의 한 소년은 일찍 부모님을 여의어 마을의 목사님 손에서 자랐습니다. 목사님 밑에서 말씀과 믿음으로 잘 성장한 그는 독일의 공무원이 되었고, 나중에는 작은 시의 시장의 자리에까지 올랐는데 다음과 같은 다짐을 했습니다.

'가장 불쌍한 처지에 있는 사람들을 위한 정책을 펼치리라'

그는 시의 빈민가를 쭉 둘러보면서 사람들에게 가장 필요한 것이 무엇인지를 살폈습니다. 대부분의 사람들은 높은 이율의 빚에 허덕이고 있었고, 노름과 술로 월급을 대부분 탕진하는 잘못된 생활 습관을 가지고 있었습니다.

프리드리히는 먼저 신용조합이라는 것을 만들어 가난한 사람들에게 돈을 빌려줘 고리대금업자에게 진 빚을 갚아준 뒤에 낮은 금리로 돈을 갚게 만드는 정책을 시행했습니다. 그리고 노름과 술이 아닌 저축과 투자를 하도록 서민들을 대상으로 지속적으로 교육을 시켰습니다. 이렇게 시작된 신용조합은 프리드리히가 죽기 전까지 독일에만 423개나 생겼으며 이 제도를 통해 많은 사람들이 빈민층에서 벗어날 수 있었습니다.

하나님은 세상을 살아가는 사명자들에게 사랑의 마음과 좋은 생각을 주십니다. 예수님을 통해 사랑을 주시고, 구하는 자에게 지혜를 주시는 하나님에게 사명을 위해 필요한 모든 것을 구하십시오.

♡ 주님! 선한 일에 필요한 지혜로운 생각을 주소서!
🌸 하나님의 뜻을 행하는데 필요한 좋은 생각들을 달라고 간구하십시오.

나의 영적 일지

7월 17일

하나님이 원하시는 것

읽을 말씀 : 데살로니가전서 5:12-28

● 살전 5:18 범사에 감사하라 이것이 그리스도 예수 안에서 너희를 향하신 하나님의 뜻이니라

베다니 해밀턴은 세계적인 서핑선수입니다.

세계에서 가장 유명한 서핑대회인 하와이 대회에서 일찍이 우승을 하며 세계 최고의 자리에 선 그녀는 하나님을 믿는 독실한 크리스천이었습니다. 그러나 연습 도중 상어에게 한쪽 팔을 물려 외팔이가 되는 사고가 일어났습니다. 한순간에 모든 것을 잃었다고 느낀 베다니는 하나님을 원망하며 더 이상 서핑을 하지 않았지만, 지혜로운 그녀의 부모님은 이 일을 통한 하나님이 주신 뜻이 있을 것이라며 위로했습니다.

이후 태국으로 떠난 선교에서 쓰나미로 부모님을 잃은 어린 아이를 만나게 되면서 베다니는 하나님의 뜻을 깨닫습니다. 그리고 한쪽 팔로 서핑을 하는 자신을 통해 많은 사람들에게 복음과 용기를 전할 수 있다는 사실을 알게 된 뒤에 한쪽 팔로 서핑을 하는 연습을 하기 시작합니다. 세계 최고의 선수였던 베다니였지만 처음엔 한 쪽 팔만 가지고는 1초도 서 있기가 힘들었습니다. 그러나 오랜 시간의 연습과 상어에 대한 두려움을 이겨낸 채 결국 그녀는 재기에 성공했고, 다시 세계랭킹 상위권에 오르면서 많은 사람들에게 희망과 감동을 주는 삶을 살아가고 있습니다.

나에게 일어날 수 있는 가장 최악의 일이라고 하더라도 하나님은 그 일을 선하게, 아름답게 사용하십니다. 우리의 모든 일을 향한 하나님의 뜻을 찾고, 또한 그 일을 통해 하나님을 전하는 귀한 도구가 되게 해달라고 기도하십시오.

♡ 주님! 어떤 상황에서도 하나님의 뜻을 구하는 믿음을 갖게 하소서!
✿ 오늘 하나님이 원하시는 것이 무엇인지 기도로 물으십시오.

나의 영적 일지

반드시 갚아야 할 빚

읽을 말씀 : 마태복음 26:26-30

● 마 26:28 이것은 죄 사함을 얻게 하려고 많은 사람을 위하여 흘리는바 나의 피 곧 언약의 피니라

    1803년은 미국의 대통령이었던 토마스 제퍼슨의 임기 마지막 해였습니다.
    그 해에 버지니아 주에 있는 모리스 은행은 제퍼슨이 보낸 편지를 3만 부나 인쇄해서 전국 각지에 뿌렸는데, 그것은 빚을 갚을 시간을 조금 더 달라는 내용으로 제퍼슨이 직접 은행에 보낸 편지였습니다. 제퍼슨은 뛰어난 사람이었고 재산도 많았지만 운용을 잘못해 큰 빚을 지게 되었습니다. 그리고 대통령의 임기 마지막까지 얼마간의 빚을 갚지 못해 채권자들에게 편지를 보낸 것입니다.
    모리스 은행은 제퍼슨의 편지로 '아무리 뛰어난 사람일지라도, 설령 그 사람이 일국의 대통령이라 할지라도, 빚을 잘못 진다면 누구나 어려움에 처할 수 있다는 사실'을 대중들에게 경고하기 위해서 편지를 인쇄해 전국에 뿌렸습니다.
    미국의 대통령이라 할지라도 많은 빚을 질 수 있고, 또 반드시 그 빚을 갚아야 합니다. 마찬가지로 모든 사람에게는 죄라는 피할 수 없는 빚이 있습니다. 그리고 예수 그리스도로 말미암아 반드시 그 빚을 갚아야 합니다. 나의 모든 죄를 용서해주신 주님께 감사와 찬양을 돌리는 하루를 사십시오.

♥ 주님! 죄를 사해주신 주님의 크신 은혜를 알게 하소서!
※ 주님으로 인한 구원이 가장 큰 하나님의 선물임을 기억하십시오.

나의 영적 일지

7월 19일

유충과 나비

읽을 말씀 : 마태복음 13:18-35

● 마 13:19 아무나 천국 말씀을 듣고 깨닫지 못할 때는 악한 자가 와서 그 마음에 뿌려진 것을 빼앗나니 이는 곧 길 가에 뿌려진 자요

아더 브리스벤이라는 화가의 작품 중 나비와 유충이라는 그림이 있습니다.

그 그림의 아래쪽에는 아직 나비가 되지 못한 많은 유충들이 있습니다. 그들은 땅에 남겨진 허물들을 함께 들고 매우 슬퍼하는 표정으로 장례를 진행하고 있습니다. 그러나 그 위로는 유충에서 허물을 벗은 많은 나비들이 행복한 표정으로 하늘을 날아다니고 있었습니다. 유충들은 허물만을 보고 슬퍼했지만 사실 그 허물은 나비가 된 증거였습니다.

브리스벤은 자신의 그림을 통해 번데기 시절만 추억하는 것처럼, 남아있는 것에 집착을 하는 것은 매우 어리석은 생각이라는 것을 나타내려고 했지만, 사람의 탄생과 죽음, 그리고 예수님과 천국에 대해서 알고 있는 그리스도인들에게도 많은 생각과 깨달음을 주는 작품입니다.

이별과 사별은 견디기 힘든 아픔입니다. 그러나 이런 일들이 슬픔에서 끝나지 않을 수 있는 것은 우리에게는 기쁜 천국에서의 삶과 재회라는 행복한 희망이 있기 때문입니다. 그러나 이 기쁨을 누리기 위해서는 반드시 구원을 받아 주님의 은혜의 울타리 안으로 들어와야 합니다. 오늘도 나에게 가장 소중한 누군가에게 진리의 복음을 전하십시오.

♥ 주님! 천국에서 다시 만날 소망을 잃지 않게 하소서!
🦋 소중한 주변 사람들을 전도하고자 하는 열망을 품으십시오.

나의 영적 일지

새로운 삶

읽을 말씀 : 갈라디아서 1:20-24

● 갈 1:23 다만 우리를 박해하던 자가 전에 멸하려던 그 믿음을 지금 전한다 함을 듣고

    파스칼은 10살 때 삼각형 내각의 합이 180도 라는 것을 스스로 증명했습니다. 19살 때는 계산기를 발명하고 원뿔곡선론이란 저서로 세상을 놀라게 했습니다. 그러나 그는 도박과 술, 그리고 여자에 빠져서 인생을 허비했습니다. 그가 창안한 확률론은 도박에서 딴 돈을 분배하기 위해서 생긴 것이었습니다.
    그러나 술에 취해서 빙판에서 넘어진 파스칼에게 왕진을 온 한 의사가 우연히 건네 준 성경으로 그는 오만한 천재에서 겸손한 구도자가 되었습니다. 파스칼은 팡세를 통해 당시 부패한 종교지도자들의 회개를 촉구했으며 하나님을 믿지 않는 사람들에게 복음을 변증하며 남은 인생을 보냈습니다.
    사도 바울 역시 믿는 성도들을 핍박하고 죽이기까지 하던 사람이었습니다. 그러나 주님을 만나고 그는 누구보다도 복음의 전파에 큰 역할을 감당했습니다. 바울의 회심을 사람들은 의심했지만 바나바의 권유로 그의 진심을 믿었습니다. 만약 회심한 사울을 성도들이 계속해서 배척했다면 유럽의 복음화에는 훨씬 오랜 시간이 걸렸을 것입니다.
    그리스도의 보혈에는 모든 죄를 씻을 힘이 있습니다. 의심 없이 변화된 성도들을 믿고 받아들이되 다시 넘어진다 하더라도 다시 격려하고 권유함으로 덕을 세우십시오.

♥ 주님! 의심 없는 연합으로 선을 이루는 성도들이 되게 하소서!
🙏 주위에 연약한 영혼들을 위해 기도하고 양육하는 사람이 되십시오.

나의 영적 일지

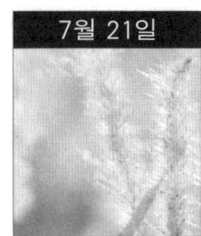

7월 21일

우리를 지켜주시는 분

읽을 말씀 : 빌립보서 4:1-7

● 빌 4:7 그리하면 모든 지각에 뛰어난 하나님의 평강이 그리스도 예수 안에서 너희 마음과 생각을 지키시리라

   사람들은 위험한 사고가 특정한 장소에서 대부분 일어난다고 생각합니다.
   그러나 통계 조사에 따르면 미국에서는 1년에 3만 명의 사람들이 집에서 사고로 죽는다고 합니다. 단순히 다치는 사고도 약 20%가 집에서 일어납니다. 그리고 이런 사고는 특정인에게만 일어나는 것이 아닙니다. 엄청난 경쟁률을 통해서 미국의 우주인이 되었던 존 글렌은 집에서 휴식을 취하다 낙상 사고를 당해 큰 부상을 입기도 했습니다.
   그렇다면 걸어 다니는 것은 안전할까요? 걸어 다니다가 위험한 사고를 당할 확률도 20%나 됩니다. 자동차는 말할 것도 없습니다. 만약에 사고가 나지 않는 안전한 삶을 살길 바란다면 아무 장소도 찾아가지 않고 아무 것도 없는 방안에서 아무것도 하지 않고 있어야 하지만 그럼에도 여전히 사고가 당할 확률은 20%에 가깝습니다.
   배는 항구에 정박해 있을 때 가장 안전하지만 그것이 배를 만든 이유는 아닙니다. 안전하고 편안한 삶을 추구하는 것이 내가 태어난 이유는 아니며 하나님이 바라시는 일은 더더욱 아닙니다. 우리를 지켜주시는 분은 주님임을 믿고 담대히 세상을 향해 큰 꿈을 펼치십시오.

♡ 주님! 우리를 지켜주시는 분이 누군지 늘 잊지 않게 하소서!
✍ 하나님이 나와 함께하신다는 믿음을 가슴에 품고 사십시오.

나의 영적 일지

기도의 중요성

읽을 말씀 : 야고보서 5:13-18

● 약 5:16 그러므로 너희 죄를 서로 고백하며 병 낫기를 위하여 서로 기도하라 의인의 간구는 역사하는 힘이 큼이니라

　감리교의 유명한 목사님이었던 로버트 뉴튼 목사님은 행복한 결혼생활로도 유명했습니다. 결혼을 한 지 50년이 지났지만 서로 얼굴을 붉힐 정도로 싸우거나 마음을 상하게 하는 말조차도 한 번 한 적이 없었다고 합니다. 그리고 이런 순탄한 결혼생활을 할 수 있었던 비결을 기도로 꼽았습니다.
　"나와 아내는 아침과 저녁, 하루에 두 번씩 함께 기도를 합니다. 결혼을 한 첫날부터 지금까지 철저하게 지켜오고 있습니다. 하루의 시작과 마무리를 기도로 함께 하기 때문에 그 사이에 있는 시간들을 통해서는 다투거나 미워할 수가 없습니다."
　뉴욕의 풀턴 거리에서는 지난 103년 동안 정오에만 되면 기도회가 열렸습니다. 그러나 최근에 사람들이 더 이상 모이지 않는다는 이유로 그 기도회가 폐지되었습니다. 세계에서 가장 큰 도시에서 지역을 위해 기도할 사람이 더 이상 없다는 것은 영적인 관점으로 볼 때는 매우 심각한 손해입니다.
　기도를 하지 않는 것은 기도의 능력에 대한 확신이 없기 때문입니다. 그러나 기도에는 하나님의 분명한 응답과 능력이 있습니다. 기도생활을 더욱 중요하게 생각하십시오.

💗 주님! 기도의 능력에 대한 확신으로 응답받게 하소서!
🌀 나와 가족, 교회와 나라를 위해 수시로 기도하십시오.

나의 영적 일지

7월 23일

그리스도인의 야망

읽을 말씀 : 디모데전서 4:13-16

● 딤전 4:16 네가 네 자신과 가르침을 살펴 이 일을 계속하라 이것을 행함으로 네 자신과 네게 듣는 자를 구원하리라

영국의 왕인 에드워드 7세는 구세군을 인정하지 않았습니다.

구세군은 복음을 전하며 구제를 전문적으로 하기 위해 생긴 기독교의 교단이지만 처음 생겼을 때는 많은 박해를 받았습니다. 그러나 30년간의 박해에도 견뎌내자 에드워드 7세는 마침내 구세군을 인정하기로 하고 구세군의 대장인 윌리엄 부스를 버킹검 궁전에 초대했습니다.

"내가 그동안 오해를 했던 것 같소. 앞으로는 많은 도움을 주겠소."

당시 75세로 백발의 노인이었던 윌리엄 부스는 다음과 같은 말로 자신의 진실성을 나타내었습니다.

"폐하, 어떤 사람은 예술에 목숨을 겁니다. 또 어떤 사람은 명성에 목숨을 겁니다. 대부분의 사람들은 돈에 목숨을 겁니다. 때로는 이런 가치를 위해 종교를 이용하는 사람들도 있습니다. 그러나 제가 바라는 것은 오직 사람들의 영혼이 구원 받는 것뿐입니다. 저는 그 일을 위해 목숨을 걸었습니다."

그리스도의 삶의 모습은 모두 다를 수 있지만 궁극의 목표는 구원을 받고 또 남을 구원받게 전도하는 것입니다. 그리스도인으로써 합당한 삶의 목표를 가지십시오.

♡ 주님! 받은 것으로 해야 할 일을 깨닫는 지혜를 주소서!
🖋 한 영혼의 구원을 먼저 목표로 세우십시오.

나의 영적 일지

어린 아이의 믿음

읽을 말씀 : 마태복음 18:1-7

● 마 18:4 그러므로 누구든지 이 어린 아이와 같이 자기를 낮추는 사람이 천국에서 큰 자니라

    스미스라는 목사님이 아직 믿음이 없는 한 아이에게 복음을 전했습니다.
    사람의 죄와 예수님의 희생, 그리고 구원받은 삶에 대해서 차근차근 설명을 들은 아이는 그 자리에서 복음을 믿고 예수님을 영접했습니다. 그런데 다음 날, 아이가 다시 교회로 스미스 목사님을 찾아왔습니다.
    "그래, 오늘은 어쩐 일로 찾아왔니?"
    "오늘은 어머니를 모셔왔어요. 저희 어머니는 아직 구원받지 못했어요. 저에게 어제 했던 말을 어머니에게도 다시 해주세요."
    목사님은 조금 놀랐지만 아이의 어머니를 모시고 똑같은 복음을 전했고, 어머니도 그날 예수님을 영접했습니다. 그리고 다음 날, 아이는 다시 목사님을 찾아왔습니다.
    "안녕하세요. 목사님, 오늘은 저희 할아버지를 모시고 왔어요. 할아버지에게도 복음을 전해주세요."
    그리고 그날 할아버지도 예수님을 영접하게 되었습니다. 한 아이의 순수한 믿음의 전도가 온 집안을 믿게 했습니다.
    전도를 할 때에 생각이 많아지면 두려움이 생깁니다. 아이와 같은 순수한 믿음으로 의심 없이 복음을 전하고 또 결실을 맺으십시오.

♥ 주님! 복음에 대한 충만한 자신감을 갖게 하소서!
📖 복음을 부끄러워하지 말고 담대히 성령님의 인도하심을 따르십시오.

나의 영적 일지

7월 25일

진정한 용사

읽을 말씀 : 디모데전서 4:4-10

● 딤전 4:10 이를 위하여 우리가 수고하고 힘쓰는 것은 우리 소망을 살아 계신 하나님께 둠이니 곧 모든 사람 특히 믿는 자들의 구주시라

1차 세계 대전이 끝나고 영국 군인들이 고국으로 돌아오던 날 런던 시내에서는 대대적인 환영식이 열렸습니다.

모든 귀족과 의원들부터 일반시민들까지 모든 사람들이 거리로 나와 승리를 축하하고 수고한 장병들을 위로했습니다. 먼저는 육군이 들어왔고, 이어서 해군과 공군, 그리고 해병대를 비롯한 공수부대들이 런던으로 입성했습니다.

그런데 그 다음으로 들어오는 군인들을 보고는 갑자기 박수소리가 더 커지기 시작했습니다. 의자에 앉아 손을 흔들던 귀족과 여왕도 자리에서 일어났습니다. 마지막으로 들어오던 부대는 전쟁 중에 몸을 다친 상이용사들이었습니다. 조국을 위해 전쟁터에 나가서 장애라는 큰 희생을 감수한 이들이 바로 개선행진의 주인공이었습니다.

전쟁이 끝나면 가장 큰 희생을 치룬 병사들이 대접을 받는 것처럼 하늘에서 우리의 삶도 같을 것입니다. 하늘나라에서 하나님께 칭찬과 상을 받는 성도가 되도록 이 땅에서의 삶에 최선을 다하십시오.

💗 주님! 하늘의 상을 위해 기꺼이 헌신하는 성도가 되게 하소서!
📖 구제와 선행으로 하늘의 상을 쌓는 하루를 사십시오.

나의 영적 일지

속일 수 없는 분

읽을 말씀 : 욥기 34:21-28

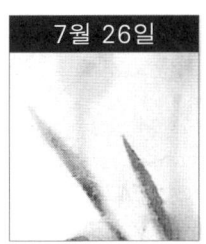

● 욥 34:21 그는 사람의 길을 주목하시며 사람의 모든 걸음을 감찰하시나니

　최근에 한 인터넷 신문에서 선정한 '세계에서 가장 멍청한 도둑'에 남아공의 한 도둑이 선정되었습니다.
　중범죄를 저질러 교도소에서 오랫동안 복역한 뒤 출소한 도둑은 나오자마자 또 다시 상점을 털었습니다. 그런데 금고를 털어 나오다가 구석에 달려 있는 CCTV를 발견했습니다. 도둑은 카메라가 자신을 찍고 있다는 사실을 알고 얼굴이 알려지지 않기 위해 CCTV를 떼어서 가져갔습니다. 도둑은 교도소에 오래 있어서 본능적으로 CCTV가 자신을 찍고 있다는 것은 알았지만 자료가 컴퓨터에 저장된 사실을 몰랐던 것입니다. 결국 경찰은 저장된 영상을 통해 용의자의 신병을 확보했고, 빠르게 체포할 수 있었습니다.
　꿩은 사냥꾼으로부터 도망갈 때 땅을 파고 머리를 묻습니다. 사냥꾼이 보이지 않기 때문에 안전하다고 생각하는 것입니다. 그러나 꿩의 어리석음으로 사냥꾼은 아무런 힘도 들이지 않고 더 쉽게 꿩을 사냥할 수 있게 됩니다.
　하나님은 우리의 모든 것을 알고 계십니다. 사람들에게는 나의 악한 마음과 죄를 숨길 수 있을지 몰라도 하나님은 모든 걸 알고 계시다는 사실을 언제나 잊지 마십시오.

♡ 주님! 거룩한 삶으로 주님 앞에 정결한 마음을 품게 하소서!
✘ 잘못된 합리화로 하나님 앞에 죄를 속이거나 숨기지 마십시오.

나의 영적 일지

7월 27일
신경쇠약의 원인

읽을 말씀 : 로마서 13:8-14

● 롬 13:10 사랑은 이웃에게 악을 행하지 아니하나니 그러므로 사랑은 율법의 완성이니라

'신경 긴장에서의 해방'이라는 책을 쓴 데이빗 핑크 박사는 코로넷이라는 잡지에 '긴장을 극복하는 방법'이라는 칼럼을 실은 적이 있습니다.

내과 전문의인 박사는 긴장과 관련된 문제를 가진 수많은 환자를 직접 진료한 총 만 여개의 사례를 조사한 기록을 가지고 분석을 했는데, 연구 결과 대부분의 정신적, 감정적 긴장의 원인은 사실 같은 문제에서 찾아오며 그 문제만 해결하면 긴장은 곧 해결된다는 사실을 알게 되었습니다.

박사가 조사한 사례에서 긴장으로 인한 문제를 가진 사람과 그렇지 않은 사람의 유일한 의미 있는 차이는 '주변을 바라보는 시각'이라는 단 한 가지였습니다. 습관적으로 다른 사람들의 결점을 찾고 비판을 하는 사람들에게는 신경 쇠약과 정신적, 감정적 긴장을 일으키는 모든 문제들이 최소 한 가지씩은 존재했지만, 반면에 이런 긴장으로부터 자유로운 사람들은 타인의 결점이나 약점을 찾아내는 것에 대해서 별다른 관심이 없었습니다.

다른 사람의 단점을 찾기 시작할 때 우리의 몸에도 좋지 않은 일들이 일어납니다. 남의 약점보다는 스스로를 돌아보는 습관을, 남의 단점에 대해서 이야기하기보다는 장점을 세워주는 좋은 습관을 기르십시오.

♡ 주님! 배려의 습관으로 몸과 마음의 건강을 유지하게 하소서!
🖼 늘 미소로 사람들을 대하며 긍정적인 시선으로 남을 바라보십시오.

나의 영적 일지

다시 배우는 걸음마

읽을 말씀 : 히브리서 5:11-14

● 히 5:14 단단한 음식은 장성한 자의 것이니 그들은 지각을 사용하므로 연단을 받아 선악을 분별하는 자들이니라

　최근 들어 '걷기 운동'에 대한 관심이 크게 높아지고 있습니다.
　대중교통이 발달하고 사람들의 생활수준이 향상됨에 따라 자동차가 널리 보급되고 사무직이 많아지면서 많은 사람들이 운동부족으로 인한 어려움을 겪고 있기 때문입니다. 사람이 하는 일이 대부분 노동이었을 때는 여가시간이 곧 휴식이나 마찬가지였지만, 이제는 편하게 앉아서 일을 하던 사람들이 여가시간에 일부러 운동을 하고 땀을 흘리기 위해 걷습니다. 시대가 흐를수록 사람들의 일상에서의 활동량은 점점 줄어들 것으로 예상되는데 바로건 주립대학의 스트라이드웰 교수는 이런 생활 습관으로 인해 사람들이 모두 걸음마를 다시 배워야 한다고 주장했습니다.
　"걷는 것의 중요성을 사람들은 너무 오랫동안 잊고 살았습니다. 걸음은 바른 자세로 한발씩 올바르게 걸어야 하며, 또한 걸음을 통해 감정을 나타낼 수도 있습니다. 그러나 걸을 기회를 점점 잃어가고 있는 사람들은 잘못된 걸음으로 긍정적인 효과를 전혀 누리지 못하고 있습니다. 현대인들은 성인이라 하더라도 걸음마를 다시 처음부터 배워야 합니다."
　문명이 아무리 발달한다 하더라도 건강을 대신 줄 수는 없습니다. 편해진 사회와 기술에 맞춰 경건생활의 기본을 무시한다면 영적인 건강도 점점 허약해진다는 사실을 반드시 기억하십시오.

♥ 주님! 영적인 건강의 신경을 위해서도 더욱 신경 쓰게 하소서!
📖 기본적인 경건생활을 소홀히 여기지 마십시오.

나의 영적 일지

7월 29일

말기 암환자의 봉사

읽을 말씀 : 디모데전서 6:17-21

● 딤전 6:18 선을 행하고 선한 사업을 많이 하고 나누어주기를 좋아하며 너그러운 자가 되게 하라

춘천의 이원옥 씨는 이발을 통한 봉사를 실천하고 있습니다.

2007년부터 노인 회관과 군부대, 요양병원 등을 찾아다니며 시간이 되는 대로 하루에 수십 명이 넘는 사람들의 머리를 다듬어주는 일을 통해 벌써 3천 시간이 넘는 봉사활동을 했습니다. 이 씨가 이렇게 봉사활동을 열심히 하는 이유는 첫째로 이웃을 사랑하라는 하나님의 말씀을 실천하기 위해서이며 둘째로 자신의 건강을 위해서입니다.

2002년도에 위암으로 아내를 하늘나라로 떠나보낸 이 씨는 2009년도에 자신도 대장암 말기 판정을 받았습니다. 큰 절망에 빠졌지만 곧 얼마 남지 않은 여생을 봉사를 통해 베풀며 살기로 결심했고 그 때부터 지칠 줄 모르는 사랑의 봉사활동이 시작되었습니다. 또한 하나님에 대한 신앙도 더욱 굳건해져서 경건생활과 교회생활을 열심히 하며 도울 수 있는 모든 방법과 시간을 통해 교회 내에서도 봉사를 멈추지 않았습니다. 주변 사람들은 몸도 안 좋은 사람이 무리하면 안 된다고 만류했지만 오히려 봉사를 시작한 다음부터 건강이 점점 좋아져 간단한 운동을 무리없이 할 수 있게 되었으며 성격도 긍정적으로 변했다고 합니다.

남을 돕는 삶은 곧 자신을 돕는 삶입니다. 어떤 상황에서도 할 수 있는 만큼 봉사와 사랑을 실천할 수 있고 그 일들은 곧 나에게 유익이 됩니다. 여건과 환경에 따라 최선의 선행으로 하나님께 드리십시오.

♡ 주님! 남을 돕는 것이 곧 나를 위하는 것임을 알게 하소서!
📖 꾸준히 할 수 있는 정기적인 봉사활동을 계획하십시오.

나의 영적 일지

가벼운 칭찬이라도

읽을 말씀 : 마태복음 10:34-42

● 마 10:42 또 누구든지 제자의 이름으로 이 작은 자 중 하나에게 냉수 한 그릇이라도 주는 자는 내가 진실로 너희에게 이르노니 그 사람이 결단코 상을 잃지 아니하리라 하시니라

보끌랑은 크롬을 발견한 프랑스의 유명한 과학자입니다.

보끌랑은 가난한 농부의 아들로 태어나 학교도 겨우 다닐 수 있는 형편이었습니다. 초등학교를 다닐 때에는 옷을 살 돈이 없어 넝마를 기워서 일 년 내내 입고 다닌 적도 있었습니다. 그런 보끌랑을 아이들은 당연히 멀리했고, 선생님들도 가까이 하기를 꺼려했습니다. 그러나 딱 한 선생님만이 보끌랑의 총명함을 알아보고 6년 내내 보끌랑을 만날 때마다 힘이 되는 칭찬을 해주었습니다.

"비록 집은 가난하지만 너의 머리는 총명하단다. 공부를 열심히 하면 반드시 훌륭한 사람이 될 수 있을 거야.", "너에게도 성공할 자격이 있단다. 포기하지 말고 공부를 열심히 하렴."

보끌랑은 마음이 약해질 때마다 선생님의 칭찬을 생각하며 이겨내었습니다. 어려운 집안 형편 때문에 약국에서 허드레 일을 하면서도 밤을 새워가며 공부를 했고, 그 결과 훗날 파리에 있는 좋은 대학에 들어가 교수의 자리까지도 오를 수 있었습니다. 그리고 이후에도 크롬을 비롯한 유용한 화학원소들을 발견하며 과학의 발전에 큰 공헌을 했습니다.

초등학교 때 용기를 주던 선생님이 없었다면 보끌랑 역시 없었을 것이고, 크롬의 발견 역시 없었을 것입니다. 작은 칭찬에도 큰 힘이 있습니다. 만나는 사람들에게 용기와 힘이 되는 말을 해주십시오.

♥ 주님! 말 한마디에 남을 세우고 영혼을 살리는 힘이 있음을 알게 하소서!
📖 작은 칭찬이라도 진실한 사랑과 축복의 마음으로 행하십시오.

나의 영적 일지

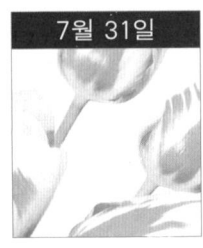

7월 31일

정도의 힘

읽을 말씀 : 디모데후서 1:11-18

● 딤후 1:13 너는 그리스도 예수 안에 있는 믿음과 사랑으로써 내게 들은 바 바른 말을 본받아 지키고

    크누트 로크라는 유명한 축구감독이 노트르담 대학교에 있을 때였습니다. 노트르담 대학교의 학교 신문에는 익명 기고란이 있었는데 어느 날부터 이 기고란에 축구부에 대한 악평이 실리기 시작했습니다. 어떤 선수가 연습을 게을리 하는지, 사생활에 문제가 있는지 등이 익명 기고란에 매주 실리자 학생들은 축구부를 점점 안 좋은 시선으로 바라보기 시작했습니다. 익명 기고는 아무런 검증이 되지 않은 루머일 뿐이었지만 사람들은 그것을 사실처럼 받아들였고, 축구부 선수들은 이로 인해 큰 스트레스를 받았습니다. 크누트 감독은 모든 축구부 선수들을 불러 모은 뒤 다음과 같은 말을 했습니다..

    "무슨 일이 일어나고 있는지 나도, 그리고 너희들도 모두 알고 있다. 그리고 그것이 사실이 아니라는 사실도 우리는 알고 있다. 이제는 축구로 경기장에 나가서 우리를 향한 모든 소문이 사실이 아니라는 것을 보여주면 그만이다."

    감독의 말을 들은 선수들은 소문이 모두 거짓이란 것을 보여주기 위해 더욱 열심히 연습을 했고, 공부도 게을리 하지 않았습니다. 그렇게 몇 개월이 지나고 노트르담 대학이 리그전에서 우승을 하자 사람들은 신문에 실리는 축구부에 대한 악성 루머에 더 이상 관심을 기울이지 않았고, 신문사도 곧 축구부에 대한 루머들을 올리지 않았습니다.

    하나님 앞에서 우리의 마음과 행동이 똑바로 서있다면 세상의 어떤 음해와 소문도 두려워할 필요가 없습니다. 모든 삶의 기준을 하나님 말씀을 향해 맞추십시오.

♡ 주님! 말씀을 기준으로 모든 삶을 살아가게 하소서!
🖋 말씀이 전하는 바른 길을 걷는 하루가 되십시오.

나의 영적 일지

아무 것도 염려하지 말고
오직 모든 일에 기도와 간구로,
너희 구할 것을 감사함으로
하나님께 아뢰라
빌 4:6

8월

8월 1일

사회의 이상기류

읽을 말씀 : 마태복음 16:1-4

● 마 16:3 아침에 하늘이 붉고 흐리면 오늘은 날이 궂겠다 하나니 너희가 날씨는 분별할 줄 알면서 시대의 표적은 분별할 수 없느냐

미국 애틀랜타 제일침례교회의 찰스 스탠리 목사님은 최근 미국 사회의 이상기류에 대해서 경고했습니다.

스탠리 목사님은 복음주의적인 미국 남침례교단의 총회장을 두 번이나 역임하고 수많은 저서들로 세계적으로 상당한 영향력을 갖고 있는 목사님입니다. 스탠리 목사님은 최근 들어 미국 내에 사회주의적인 기류가 흘러 들어가면서 이것이 예수 그리스도와 충돌할 것으로 예상했습니다. 나라에 부채가 많아지면서 정부가 세금으로 사람들의 벌이와 교회의 사회 활동과 선교활동을 제한하려는 움직임을 보이기 때문입니다.

ㅋ또한 이런 성향은 나라에 기여를 하지 않는 사람들을 무가치하게 여기기 때문에 노인, 장애인, 아이들에게 불리한 법안이 많이 나올 가능성도 있습니다. 언론 역시 통제됩니다. 현재 미 정부와 법정은 학교에서의 기도를 금지하고 있고, 광장에서 십계명과 예수, 하나님에 대한 내용이 담긴 내용을 전하지 못하게 금지하고 있습니다.

자유와 애국이라는 이름으로 복음과 종교가 보이지 않게 탄압을 받을 수도 있습니다. 이런 일들이 한국에, 또한 세계에 일어나지 않도록 늘 깨어있음으로 나라와 민족, 세계를 위해 기도하는 사람이 되십시오.

♡ 주님! 나라와 복음을 위해 깨어 기도하게 하소서!
🧩 선교활동에 지장이 없는 사회가 되도록 한국과 세계를 위해 기도하십시오.

나의 영적 일지

돈을 쓰는 법

읽을 말씀 : 마태복음 6:22-28

●마 6:24 한 사람이 두 주인을 섬기지 못할 것이니 혹 이를 미워하고 저를 사랑하거나 혹 이를 중히 여기고 저를 경히 여김이라 너희가 하나님과 재물을 겸하여 섬기지 못하느니라

1980년도 미국에 스틸이라는 갑부가 있었습니다. '석탄과 기름의 사나이'라는 별명을 가진 그가 한번은 필라델피아의 한 호텔을 방문했다가 어떤 종업원이 맘에 안 든다는 이유로 호텔 경영자에게 1억 원을 주며 그 직원을 해고시켜 달라고 요구했습니다.

영국의 헤이스팅즈 후작은 평생 동안 귀족의 삶을 유지하기에 부족함이 없는 유산을 물려받았습니다. 그러나 도박에 빠져 경마 몇 게임에 큰돈을 걸어 유산을 상속받은 지 몇 시간 만에 모든 재산을 탕진했습니다.

가수 김장훈 씨는 대한민국 연예인 중 가장 많은 기부를 한 '연예인 기부 왕'입니다. 데뷔 때부터 꾸준히 기부를 실천해온 김장훈 씨는 지금까지 기부한 액수가 50억 원이 넘습니다. 그러나 정작 본인을 위해서는 큰돈을 쓰지 않아 변변한 집이나 재산을 가지고 있지 않다고 합니다.

빌 게이츠의 '기부 약속 세미나'에 참석한 대만의 부호들은 최근 약 11조에 달하는 재산을 기부하겠다고 밝혔습니다. 이는 대만의 최고 부자 1~4위의 모든 재산의 절반이 넘는 금액이라고 합니다.

같은 돈이지만 쓰는 사람에 따라서 가치와 감동이 천차만별입니다. 하나님을 우선으로 섬길 때에 모든 물질의 축복과 건강의 복이 의미가 있음을 기억하십시오.

♡ 주님! 하나님의 큰복을 구하기보다 받은 복을 잘 사용하는 사람이 되게 하소서!
물질과 재물에 집착하지 않고 올바로 관리하고 있는지 살펴보십시오.

나의 영적 일지

8월 3일

보험왕의 비결

읽을 말씀 : 로마서 10:9-15

● 롬 10:15 보내심을 받지 아니하였으면 어찌 전파하리요 기록된 바 아름답도다 좋은 소식을 전하는 자들의 발이여 함과 같으니라

뉴욕의 커다란 보험회사에서 연말 파티를 준비 중이었습니다.

회사는 전국 각지에 있는 실적이 좋은 사원들을 모두 본사로 초청했습니다. 특히 그 중에서 캘리포니아에서 온 스미스라는 사람은 전국을 통틀어 가장 실적이 좋은 사원이었습니다. 그리고 그가 본사에 도착한 지 한 시간이 지나자 사람들은 그가 어째서 그렇게 실적이 좋은지 이유를 알 수 있었습니다.

그는 본사에 도착하자마자 그 회사의 건물에서 일하는 모든 사람을 만나 보험을 가입시켰습니다. 청소부와 안내원, 카페 직원에 이르기까지 대부분의 건물 직원들은 스미스의 권유에 따라 보험을 가입했습니다. 그 중에는 보험회사 건물에서 몇 십 년을 일했던 사람도 있었는데, 적당한 조건의 보험이 필요했으나 단 한 번도 보험 가입의 권유를 받지 못해 다른 회사의 보험에 들고 있었습니다. 그러나 스미스가 그들에게 필요한 좋은 조건의 보험을 소개해주자 기다렸다는 듯이 보험에 가입을 했습니다.

보험은 필요하지 않은 사람이 있을 수도 있으나 복음은 모든 사람에게 필요합니다. 복음을 받아들이는 것은 개인의 결정이지만 복음을 전하는 것은 우리 모두의 의무입니다. 복음을 전할 기회를 기다리지 말고 복음이 필요한 사람들에게 먼저 다가가십시오.

♡ 주님! 복음을 전하는 일에 부담감을 느끼지 않게 하소서!
🖼 앞으로 1주일 동안 최소 한 명에게 복음에 대해선 전하십시오.

나의 영적 일지

희망의 차이

읽을 말씀 : 욥기 11:13-20

● 욥 11:18 네가 희망이 있으므로 안전할 것이며 두루 살펴보고 평안히 쉬리라

8월 4일

강의를 처음 시작하는 초년생 물리학 교수가 있었습니다.

교수는 공부를 독려하기 위해서 학생들에게 다음과 같이 말했습니다.

"물리는 공부를 많이 해야 하는 학문입니다. 아마도 여러분 중에 50%는 F학점을 받게 될 것입니다. 그러니 더욱 열심히 공부를 해야 좋은 성적을 받을 수 있을 것입니다."

그러나 교수의 기대와는 달리 많은 학생들이 학업을 도중에 포기했습니다. 시험을 조금만 망해도 50%에 속했다고 생각을 해 다른 과목을 공부하거나 재수강을 결정했기 때문입니다.

교수는 뭐가 잘못되었는지 곰곰이 생각을 한 뒤 다음 학기에는 수강생들에게 다음과 같이 이야기를 했습니다.

"물리학은 매우 어려운 학문입니다. 그러나 넘지 못할 벽은 아닙니다. 여러분이 최선을 다하기만 한다면 모두 좋은 성적을 충분히 받을 수 있을 것입니다."

그리고 학기가 끝난 후에 F학점을 받은 사람이 한 사람도 나오지 않았습니다. 최선을 다 하면 분명히 좋은 성적을 받을 것이라는 희망이 학생들에게 있었기 때문입니다.

희망이 있는 사람과 없는 사람은 모든 일에 반응하는 태도가 틀립니다. 천국에 희망이 있는 크리스천들은 세상을 살아가는 법 역시 달라야 합니다. 천국 가는 그날 까지 하나님이 주신 모든 재능과 물질들을 잘 감당하는 청지기가 되십시오.

♡ 주님! 최악의 상황에서도 주님이 주시는 희망을 가슴에 품게 하소서!
🙏 항상 희망을 바라보며 최선을 다함으로 주님이 주시는 복을 받으십시오.

나의 영적 일지

8월 5일 실력의 정도

읽을 말씀 : 누가복음 11:9-13

●눅 11:9 내가 또 너희에게 이르노니 구하라 그러면 너희에게 주실 것이요 찾으라 그러면 찾아낼 것이요 문을 두드리라 그러면 너희에게 열릴 것이니

    정건영 교수님은 음악의 도시 오스트리아 빈에 있는 프라이너 콘서바토리움이라는 음악 학교에서 퍼커션을 가르치고 있습니다.
    동양인으로는 최초이자 최연소로 유일하게 음악의 본 고장인 빈에서 타악기과 교수가 되었지만 정 교수님은 학연과 지연없이 오로지 실력 하나로 이 자리에 올랐습니다.
    충남 예산에서 태어나 고등학교 관악부에서 타악기를 배우기 시작한 교수님은 지방에 있는 대학을 다니다가 퍼커션이 많이 발전한 유럽에 가서 본격적으로 공부를 하고자 유학을 떠났습니다. 그러나 오스트리아에 있는 대학마다 나이가 많다는 이유로 입학을 거절했습니다. 나이 제한은 분명 27세였고, 실력도 확실했으나 하나같이 나이가 너무 많다는 핑계를 댔습니다. 그렇게 실패만을 경험하고 한국으로 떠나려는 도중에 빈에 있는 한인교회의 도움을 받아 마지막으로 빈국립음악대에 시험을 치게 되었고 거기에서 실력을 인정을 받아 지금의 자리에까지 오르게 될 수가 있었습니다. 물론 그 뒤에도 인종차별을 비롯한 많은 어려움이 있었습니다. 그러나 학사, 석사 과정을 최우수성적으로 통과하며 그때마다 실력으로 정면 돌파를 했습니다. 그리고 이제는 한국을 세계에 알리고 하나님의 도움에 대한 감사로 소외된 이웃을 위해 봉사하고자 하는 큰 계획을 가지고 바쁜 일정 중에도 한국을 자주 방문하고 있습니다.
    구하는 것은 주시고, 두드리는 문은 열립니다. 하나님을 향한 뜨거운 열정을 가지고, 하나님을 위한 높은 비전을 위해 오늘도 열심히 행하십시오.

♡ 주님! 주님이 주시는 힘으로 세상에서 인정을 받게 하소서!
🖎 실력으로 세상의 인정을 받고 하나님께 영광을 돌리십시오.

나의 영적 일지

현실에 대한 관심

읽을 말씀 : 갈라디아서 4:14-18

● 갈 4:18 좋은 일에 대하여 열심으로 사모함을 받음은 내가 너희를 대하였을 때뿐 아니라 언제든지 좋으니라

   조지 맥러드의 책 '오직 한 길만이 남아있다'에 나오는 내용입니다.
   러시아의 국민들이 경제적인 어려움에 오랜 시간 봉착해 있자 볼셰비키의 당원들이 러시아에 혁명을 일으키려고 오랜 시간 계획을 했습니다. 그러나 혁명이 일어나던 밤 그리스 정교의 종교지도자들은 예배 때 입는 성직자들의 복장에 대해서 논의 중이었습니다. 수많은 귀족들은 저마다 휴양지에서 여가를 보내고 파티를 열었으며 당시의 황제는 다음과 같은 일기를 쓰고 있었습니다.
   '갈리아 정복기를 읽으며 큰 감명을 받았다. 독서를 마친 후에는 성직자들을 만나 축복을 빌어달라고 부탁한 뒤에 왕후를 향한 편지를 한 통 썼다. 저녁을 먹은 뒤에 교회에 잠깐 들러 인사를 한 뒤에 왕궁의 지하에서 도미노 놀이를 즐겼다'
   온 국민이 궁핍함으로 고통 받고 있던 시기였지만 정계와 교계의 지도자들은 아무도 이들의 어려움에 관심을 갖지 않았습니다.
   그리스도인들은 누구보다도 이상과 믿는 바를 추구해야 하며, 또한 현실에 깊이 관심을 가져야 합니다. 천국에 대한 참된 믿음이 있는 사람은 현실의 삶과 문제에 대해서도 진지한 자세를 잃지 않습니다. 국내외 정세에 대해 관심을 갖고 그 일을 위해 필요한 일들과 기도로 참여하십시오.

♡ 주님! 복음의 진리를 현실의 문제들에 적용하게 하소서!
🧩 허황된 이상이 아니라 현실성 있는 선행을 위해 노력하십시오.

나의 영적 일지

8월 7일
앵무새의 변화

읽을 말씀 : 고린도후서 5:11-19

● 고후 5:17 그런즉 누구든지 그리스도 안에 있으면 새로운 피조물이라 이전 것은 지나갔으니 보라 새 것이 되었도다

    남아공에 있는 키프로스 지역에는 125년 동안 살았던 앵무새가 있었다고 합니다.
    1898년부터 오랜 시간을 살았던 이 앵무새는 지역의 모든 사람이 알 정도로 유명 인사였습니다. 그런데 이 앵무새가 1918년도에 어떤 사람에게 팔려 카리부 호텔로 가서 살게 되었습니다.
    몇 년이 지나고 앵무새의 별명은 '술주정꾼'이 되었는데, 술을 좋아했던 주인의 모습을 본 앵무새가 곧 주인의 말투를 똑같이 흉내 내었기 때문입니다. 그렇게 약 10년 뒤 주인이 죽은 뒤에 앵무새는 신앙이 좋은 어떤 유명한 사람에게 입양이 되었습니다.
    그리고 곧 그 앵무새의 별명은 '전도사'가 되었습니다. 자신의 주인이 매일같이 하는 찬양과 복음을 전하는 모습을 보고는 앵무새도 똑같이 따라했기 때문이었습니다.
    모든 그리스도인들은 예수님의 제자입니다. 그리스도인은 말과 고백만으로 되는 것이 아니라 행실을 통해서도 고백되어야 합니다. 주님을 따르는 삶에 합당한 모습을 삶의 목표로 세우십시오.

♡ 주님! 날이 갈수록 주님을 더욱 닮아가는 삶을 살게 하소서!
🖼 1년 전의 나의 모습과 비교해 더욱 주님과 가까워졌는지 생각해보십시오.

나의 영적 일지

가장 필요한 것

읽을 말씀 : 마태복음 6:1-8

●마 6:6 너는 기도할 때에 네 골방에 들어가 문을 닫고 은밀한 중에 계신 네 아버지께 기도하라 은밀한 중에 보시는 네 아버지께서 갚으시리라

1945년 4월 12일, 목요일에 미국의 32대 대통령이었던 루즈벨트 대통령이 서거했습니다.

당시 부통령이었던 트루먼이 곧 대신해서 대통령 자리에 오르게 되었는데, 많은 기자들이 백악관에 가서 취임 소감과 앞으로의 행보에 대해서 물었습니다.

"이 방송을 보고 계시는 모든 분들에게 한 가지 부탁이 있습니다. 태어나서 단 한 번이라도 하나님께 기도를 드린 적이 있는 분이라면 이 순간 모두 저를 위해 기도해주시기 바랍니다."

급박한 위기 상황 속에서 트루먼 대통령이 가장 필요하다고 생각했던 것은 하나님이 주시는 지혜와 중보기도였습니다.

서로 연합할 때 기도의 힘은 더욱 더 커집니다. 성도들의 서로를 위해 하나님께 드리는 기도에는 큰 힘이 있습니다. 나의 힘으론 결코 해결할 수 없는 문제라도 하나님은 능히 하실 수 있습니다. 그리고 우리가 기도로 간구할 때 하나님이 그 기도를 들어주시고 또한 일하십니다. 믿음의 지체들과 서로 기도제목을 나누고 기도해주십시오.

♥ 주님! 환란 중에도 기쁨 중에도 늘 기도하게 하소서!
 자신과 다른 사람의 기도 제목과 응답 날짜를 적을 수 있는 노트를 만드십시오.

`나의 영적 일지`

8월 9일

물 댄 동산

읽을 말씀 : 이사야 58:6-14

●사 58:11 여호와가 너를 항상 인도하여 마른 곳에서도 네 영혼을 만족하게 하며 네 뼈를 견고하게 하리니 너는 물 댄 동산 같겠고 물이 끊어지지 아니하는 샘 같을 것이라

미국 뉴욕에 네이비 야드라는 지역이 있었습니다.

어떤 건축회사에서 그 지역에 드라이 독(Dry Dock)이라는 건물을 지으려고 했는데 건축 과정에서 건물의 한 가운데에 솟아나내는 샘물이 발견되었습니다. 건축기사는 샘 주변을 파서 입구를 넓힌 다음 시멘트로 채워서 물을 막아버렸습니다.

그러나 다음 날 현장에 돌아오자 시멘트는 완전히 뚫려 버리고 다시 샘이 나오고 있었습니다. 이번에는 벽돌로 조금 더 견고하게 입구를 채워버리고 다시 시멘트를 박았으나 다음 날이 되자 이 역시도 무너지고 말았습니다.

수차례 다른 방법을 더 사용해봤지만 어떤 방법으로도 샘을 막을 수는 없었습니다. 결국 건축회사는 설계를 대폭 수정해 지금까지 해왔던 모든 공사를 포기하고 부지를 옆으로 옮길 수밖에 없었습니다.

주님이 우리에게 주시는 축복은 다함이 없는 물 댄 동산의 축복입니다. 세상의 시련과 마귀의 간계가 우리를 미혹할 순 있어도 굴복시킬 수 없는 것은 다함이 없는 주님의 축복이 항상 우리에게 흘러넘치고 있기 때문입니다. 순결하고 정결한 마음으로 주님의 축복을 누리며 사십시오.

♡ 주님! 마르지 않는 주님의 은혜를 늘 사모하게 하소서!
📖 말씀을 따르는 삶으로 넘치게 임하는 주님의 축복을 경험하십시오.

나의 영적 일지

세상과 근심

읽을 말씀 : 잠언 10:22-29

●잠 10:22 여호와께서 주시는 복은 사람을 부하게 하고 근심을 겸하여 주지 아니하시느니라

유명 할리우드 배우들은 대부분 비버리힐즈에 삽니다.

그런데 유명인들이 많이 사는 이곳 주택가에는 다른 지역보다 훨씬 많은 정신과 전문의가 있다고 합니다. 통계를 내 보면 이 지역에만 200명이 넘는 정신과 의사가 있습니다. 인구 기준으로 봤을 때는 171명당 한 명의 의사가 있는 꼴이었는데, 이것은 일반적인 비율보다 몇 십 배나 높은 수치였습니다. 당시 이곳에 살았던 유명한 대표적인 영화배우들은 모두 한 가지 이상의 정신 이상 증세를 보였다고 합니다.

재키 클리슨은 불면증에 시달렸고, 말론 브란도는 명성과 부를 얻게 될 때마다 정신과 상담을 더욱 자주 받게 되었다고 말했습니다. 리다 헤이워즈는 매일 밤 울다 지쳐 잠이 들었고, 엘리자베스 테일러는 이곳에 사는 유명 배우의 삶이 얼마나 외롭고 쓸쓸한지 누누이 말했습니다. 그리고 마릴린 먼로는 매일 밤잠을 자기 위해 수면제를 복용했고, 결국 과다 복용으로 목숨까지 잃고 말았습니다.

세상의 일과 근심은 결코 떨어질 수 없습니다. 부와 명예가 모든 문제를 해결해 줄 수 있을 것 같지만 우리 마음에 하나님의 사랑이 있지 않고서는 그 어떤 것도 우리에게 평안을 줄 수 없습니다. 세상의 잘못된 가치관에 빠지지 말고 오직 성경을 통해 하나님이 주시는 참된 평안의 복음을 받으십시오.

♥ 주님! 참된 행복은 마음의 평안에 있음을 알게 하소서!
🖼 세상의 명예와 물욕으로 인해 근심하지 않는 평안을 간구하십시오.

나의 영적 일지

8월 11일
모든 것을 가진 사람

읽을 말씀 : 시편 107:1-9

● 시 107:9 그가 사모하는 영혼에게 만족을 주시며 주린 영혼에게 좋은 것으로 채워주심이로다

프랑스의 작가 모파상은 단편 소설을 통해 큰 성공을 거두었습니다.

모파상이 내놓는 작품마다 베스트셀러가 되며 상상도하기 힘든 큰돈을 벌게 되었습니다. 지중해에는 별장이 있었고 비싼 요트가 여러 대 있었습니다. 파리의 노르망디에 큰 집을 지었으며 시내에는 호화 아파트가 있었습니다. 그리고도 은행에는 평생 써도 충분할 만큼의 돈이 남아있었습니다.

그러나 모파상은 1892년 1월 1일 아침에 자살을 시도 했습니다. '더 이상 살아야 할 이유를 찾지 못했다'는 것이 이유였습니다. 다행히 목숨은 건졌지만 그는 이후 큰 정신질환을 앓으며 다시는 정상적인 삶을 살지 못했습니다.

모파상은 '나는 모든 것을 갖고자 했지만, 결국 아무것도 갖지 못했다'는 말을 남긴 채 43세의 나이에 세상을 떠났습니다.

삶의 이유와 목적에 대해서 알지 못한다면 그 누구도 행복할 수 없습니다. 성경을 통해 우리의 삶과 목적, 그리고 지금 우리가 해야 할 일들에 대해서 분명히 깨달으십시오.

♡ 주님! 참된 만족이 무엇인지 분별하게 하소서!
📖 무엇으로 만족하고 무엇으로 만족하지 못하는지 생각해보십시오.

나의 영적 일지

비전의 변화

읽을 말씀 : 빌립보서 1:14-24

● 빌 1:20 나의 간절한 기대와 소망을 따라 아무 일에든지 부끄러워하지 아니하고 지금도 전과 같이 온전히 담대하여 살든지 죽든지 내 몸에서 그리스도가 존귀하게 되게 하려 하나니

스위스에 앙리 뒤낭이라는 금융인이 있었습니다.

그는 당시 세계를 제패했던 나폴레옹을 매우 존경해서 직접 나폴레옹을 만나기 위해서 프랑스 군대를 쫓아다녔습니다. 그러나 오스트리아와 프랑스 등지를 돌면서 그는 전쟁의 참상을 보게 되었고, 나폴레옹의 위대함보다는 총탄에 맞아 목숨을 잃고 부상을 당하는 병사들에게 더 큰 관심을 갖게 되었습니다.

다시 스위스로 돌아온 그는 더 이상 나폴레옹을 만나는 일이나 자신의 사업체를 더 크게 불리는 일들에 관심을 두지 않았습니다. 그리고 자신의 주변에 유력한 사업가들을 찾아다니며 전쟁과 질병으로 인해 고통받는 사람들을 위한 재단을 설립하자고 설득을 했습니다. 그런 앙리 뒤낭의 노력으로 지금의 적십자사가 세워질 수 있게 되었고 그런 공로를 인정받아 그는 노벨 평화상까지 수상하게 되었습니다.

하나님이 주시는 비전은 나를 향하지 않고 남을 향합니다. 나의 삶을 통해 하나님께 영광을 돌리고 예수님의 복음의 소식을 전할 수 있도록 거룩한 비전을 꿈꾸십시오.

💗 나의 비전이 말씀으로 세워진 바른 비전인지 점검하십시오.
🧩 나의 일과 소망이 복음과 연결되어 있는지 확인하십시오.

나의 영적 일지

8월 13일

같은 상황 다른 이유

읽을 말씀 : 마가복음 4:24-34

● 막 4:24 또 이르시되 너희가 무엇을 듣는가 스스로 삼가라 너희의 헤아리는 그 헤아림으로 너희가 헤아림을 받을 것이며 더 받으리니

지독한 술주정뱅이에게 두 아들이 있었습니다.

큰 아들은 장성해 아버지와 똑같은 술주정뱅이가 되었습니다. 어느 날 어떤 사람이 그에게 왜 술주정뱅이가 되어 인생을 허비하냐고 물었습니다.

"내가 어려서부터 보고 배운 것이 이것뿐입니다. 아버지는 항상 술에 취해서 집에 들어오셨고 나를 학대했는데, 내가 이렇게 되지 않고 어쩔 수가 있단 말입니까?"

그러나 둘째 아들은 술주정뱅이가 되지 않고 착실히 자기의 일을 하며 경건한 삶을 살고 있었습니다. 마찬가지로 같은 사람이 찾아가 어떻게 형과는 달리 아버지처럼 되지 않을 수 있었냐고 물었습니다.

"내가 어려서부터 보고 배운 것이 아버지의 주정이었습니다. 술을 너무 가까이하면 어떻게 되는지 그렇게 보고 배웠는데 어떻게 바르게 살지 않을 수가 있겠습니까?"

같은 상황에서 자란 같은 형제였지만 전혀 다른 이유로 인해 다른 삶을 살게 되었습니다. 정말로 지혜로운 사람은 모든 상황 속에서 자기 스스로를 지키며 옳은 방향을 향해 나아가는 사람입니다. 스스로를 지키는 진정으로 지혜로운 사람이 되십시오.

♥ 주님! 모진 풍파에도 흔들리지 않는 중심을 갖게 하소서!
🌸 말씀을 기준으로 스스로의 행동과 생각을 지키십시오.

나의 영적 일지

판단의 족쇄

읽을 말씀 : 로마서 2:1-11

● 롬 2:1 그러므로 남을 판단하는 사람아, 누구를 막론하고 네가 핑계하지 못할 것은 남을 판단하는 것으로 네가 너를 정죄함이니 판단하는 네가 같은 일을 행함이니라

진나라 재상인 상앙은 법을 너무나 엄격하게 시행했습니다.
그는 너무나 많은 법을 제정하여 백성들의 편의를 위하지 않고 오히려 족쇄를 채웠고 처벌도 잔혹하고 엄하게 집행했습니다. 모든 사람들이 그를 미워했으나 권력이 막강하여 아무도 함부로 대하지 못했습니다. 그러다 상앙이 모시는 효공이 죽고 새로운 왕이 제위에 오르자 상앙의 힘이 더 이상 예전 같지 못했고 상앙이 만든 법에 의해 코가 잘린 공자건과 다른 귀족들이 왕에게 상소를 해 체포령이 내려졌습니다. 일이 잘못되었다는 것을 깨달은 상앙은 급히 짐을 꾸려 달아나기 시작했습니다. 그러다 함곡관에 들러 하룻밤 머물 여관을 찾았지만 아무도 상앙을 재워주지 않았습니다.
"통행증이 없는 사람을 함부로 객사에 들이면 상앙에게 큰 벌을 받게 됩니다."
상앙이 아무리 사정을 설명하고 빌어도 그 어떤 여관도 상앙을 숨겨주거나 재워주지 않았습니다. 결국 상앙은 머물 곳을 찾지 못해 진나라 군사들에게 잡혀갔고, 자신이 만든 법에 의해서 잔인하게 처형당했습니다.
모든 법과 규제는 우리의 악함을 깨닫고 스스로를 돌아보기 위해 생긴 것이지 다른 사람을 함부로 판단하거나 비난하기 위해서 생긴 것이 아닙니다. 율법을 통해 성경이 말씀하는 것을 온전히 깨닫고 다른 사람을 향한 잘못된 비판의 날을 거두십시오.

💛 주님! 율법은 복음의 은혜를 알기 위한 것임을 깨닫게 하소서!
🌀 말씀으로 다른 사람을 판단하고 비난하는 실수를 조심하십시오.

나의 영적 일지

8월 15일

두 가지 기적

읽을 말씀 : 신명기 7:1-11

● 신 7:9 그런즉 너는 알라 오직 네 하나님 여호와는 하나님이시요 신실하신 하나님이시라 그를 사랑하고 그의 계명을 지키는 자에게는 천 대까지 그의 언약을 이행하시며 인애를 베푸시되

　일제강점기를 통해 나라를 잃은 수모를 겪은 우리 민족은 1945년 8월 15일에 광복의 기쁨을 누리게 되었습니다.
　그리고 해방이 된 직후 대한민국에는 놀라운 두 가지 기적이 일어났습니다.
　첫 번째는 바로 경제의 기적입니다. 해방이 된 직후 우리나라의 일인당 국민총생산금액인 GDP는 23달러에 불과했습니다. 그로부터 약 70여 년이 지난 지금은 2만 3천 달러를 넘어서고 있으며 나라 총생산 기준으로는 세계 십위권의 부국이 되었습니다. 세계 경제학자들은 전쟁에서 패한 독일과 일본이 급속도로 경제를 회복한 것을 두고 라인강의 기적, 동경만의 기적이 일어났다고 말하지만 한국에서 일어난 한강의 기적이 몇 배는 더 놀라운 성과라고 평가하고 있습니다.
　두 번째는 바로 부흥의 기적입니다. 해방 직후 한국 교계의 목표는 '백만 성도'였고, 1970년대는 전국에 6만개의 교회가 세워지는 것이 교계의 목표였습니다. 그러나 지금은 천만 성도의 시대가 찾아왔으며 전국에 9만 개의 교회가 세워져 있다고 합니다. 뿐만 아니라 미국에 이은 세계 2위의 선교국으로 온 세계에 복음을 전파하는 일에도 귀하게 쓰임 받는 나라가 되었습니다.
　한국의 놀라운 경제 발전과 영적인 발전은 모두 하나님의 은혜입니다. 지금 우리가 누리고 있는 귀한 자유와 복음의 기반, 경제적인 여유는 많은 선조들의 희생과 기도, 그리고 복음으로 세워진 것임을 깨닫고 감사하는 마음을 가지십시오.

　♥ 주님! 한국의 놀라운 성장이 세계 복음화에 귀하게 쓰여지게 하소서!
　🖐 하나님의 은혜와 축복이 떠나지 않도록 나라를 위해 매일 기도하십시오.

나의 영적 일지

12살 로건이 만난 하나님

읽을 말씀 : 로마서 8:28-34

● 롬 8:32 자기 아들을 아끼지 아니하시고 우리 모든 사람을 위하여 내주신 이가 어찌 그 아들과 함께 모든 것을 우리에게 주시지 아니하겠느냐

휴스턴의 크리스천 라디오 방송국의 한 프로에서 있었던 일입니다.
내브래스카 주의 목장에서 살고 12살이라고 자신을 소개한 로건이라는 소년이 전화를 걸어왔습니다.
"저에게는 정말로 아끼던 송아지가 있었어요. 그 송아지는 정말로 저에게 특별한 존재였어요. 그런데 그 송아지가 너무 늙은 어미에게서 태어나서 건강히 자라지 못하고 죽어버렸어요."
로건은 통화 중에도 계속해서 훌쩍거렸습니다.
"그리고 오늘 아침 송아지를 땅에다 묻으면서 하나님께 물어봤어요. '하나님 왜 송아지를 데려가셨어요? 정말로 저에게는 소중했는데요...' 그러자 하나님께서 말씀하셨어요. '로건, 내 아들 역시 나에게 소중했단다, 하지만 사람들을 구하기 위해서 죽어야 했어' 그 말을 듣고 하나님의 심정을 이해할 수 있었어요."
로건은 눈물로 말을 잇지 못했고, 진행자 마이크는 로건을 위로했습니다. 잠시 뒤 로건은 정말로 중요한 할 얘기가 있다며 말을 이었습니다.
"만약 여러분이 사랑하는 사람이나 동물을 떠나보냈을 때, 하나님 역시 소중한 아들을 떠나보내셨다는 사실을 기억하세요. 그리고 하나님은 정말로 우리의 심정을 이해하십니다. 저는 이 말을 하고 싶었어요."
로건의 사연은 녹음되어 인터넷에도 올라왔고, 많은 사람들은 로건의 이야기를 통해 감동과 깨달음을 얻었습니다. 하나님은 진실로 우리의 모든 것을 이해하십니다. 괴로울 땐 주저 말고 주님께로 나아와 모든 것을 털어놓으십시오.

♥ 주님! 슬프고 괴로울 때 주님으로 위로받게 하소서!
🧩 나의 모든 슬픔과 괴로움을 이해하시는 하나님을 통해 위로를 받으십시오.

나의 영적 일지

8월 17일

겸손한 자신감

읽을 말씀 : 마태복음 11:25-30

●마 11:29 나는 마음이 온유하고 겸손하니 나의 멍에를 메고 내게 배우라 그리하면 너희 마음이 쉼을 얻으리니

미국 뉴욕의 브루클린 할렘가에 맥코막이란 14살 소년이 있었습니다. 아버지를 여읜 소년은 이제 고아가 되어 자신의 삶을 스스로 이어나가야 했습니다. 한참을 거리에 앉아 무엇을 해야 할 지 고민하던 소년은 일단 어떤 일이든 시작을 하기로 하고 무작정 거리로 나가 심부름꾼을 구하는 가게를 찾아다녔습니다. 그러나 네 군데나 상점을 찾아갔음에도 모두 퇴짜를 맞았습니다. 나이가 너무 어려 일을 제대로 할 수 없을 것 같다는 것이 그 이유였습니다.

맥코막은 자신을 마지막으로 퇴짜를 놓은 상점을 다시 찾아가 제시한 봉급의 25%만을 받겠다고 제안했습니다. 주급이 1달러였기에 처음에는 한 달을 일해야만 1달러를 벌 수 있었습니다. 그러나 성실하고 총명했던 맥코막이었기에 몇 달 만에 원래의 주급인 1달러를 받게 되었고, 곧 상점의 지배인이 되었습니다. 그리고 자신의 회사를 설립해 당시 미국에서 두 번째로 큰 회사였던 무어-맥코막 해운으로 키웠습니다. 1965년도 맥코막이 세상을 떠났을 때에 그는 자신의 사업에서 가장 잘했던 일 중 하나가 처음에 25%의 주급을 받고 일을 할 결정을 내린 것이라고 말했습니다.

능력은 겸손함과 함께 할 때 빛을 발하고 진정한 겸손함은 자신감으로부터 나옵니다. 겸손한 사람을 세워주시는 하나님의 방법을 깨닫고 겸손한 자신감으로 무장하십시오.

♡ 주님! 겸손한 자신감으로 기회를 얻게 하소서!
❀ 실력을 쌓을수록 더욱 겸손한 자세를 취하십시오.

나의 영적 일지

예수님의 중요성

읽을 말씀 : 골로새서 3:15-24

● 골 3:17 또 무엇을 하든지 말에나 일에나 다 주 예수의 이름으로 하고 그를 힘입어 하나님 아버지께 감사하라

온라인 오픈 사전인 위키피디아에 밀려 최근에 사라지게 되었지만 그래도 브리태니커 백과사전은 200년이 넘는 역사를 통해 인정받은 가장 공신력 있는 인쇄물이었습니다.

그리고 이 브리태니커 백과사전에는 예수님에 대한 설명이 나옵니다. 설명에서 예수님의 존재를 의심하는 내용은 전혀 없으며 전체적으로 약 2만 단어를 사용한 방대한 양으로 중요한 비중을 차지하고 있습니다.

브리태니커 백과사전에는 유명한 철학자인 아리스토텔레스, 로마의 황제 줄리어스 시저, 프랑스의 왕이었던 나폴레옹에 대한 이야기도 비중 있게 나와 있지만 이들을 설명한 모든 단어보다도 예수님에 대한 이야기가 더 많이 나와 있습니다.

H. G. 웰스라는 역사학자는 기독교와 예수님의 행적에 대해서 비난을 하고 의심을 했지만 그의 책 '역사의 개요'에는 예수님에 대한 내용이 10페이지나 나와 있고, 예수님의 존재 자체를 의심하지는 않았습니다.

믿는 사람에게나 믿지 않는 사람에게나 예수님의 존재는 매우 중요합니다. 예수님의 존재와 성경이 사실이라면 사람들의 모든 삶을 송두리째 바뀌게 될 것이고, 그 변화는 부정적인 것이 아니라 죄의 해결과 영생이라는 가장 귀한 선물을 받음으로 일어나게 됩니다. 복음과 예수님, 그리고 그것을 믿는 나 자신에 대한 확신을 가지십시오.

♥ 주님! 예수 그리스도 외에는 구원을 받을 이름이 없음을 알게 하소서!
※ 예수님을 얼마나 귀하게 생각하고 있는지 신앙을 돌아보십시오.

나의 영적 일지

8월 19일

교회가 된 절

읽을 말씀 : 디모데전서 5:1-8

● 딤전 5:8 누구든지 자기 친족 특히 자기 가족을 돌보지 아니하면 믿음을 배반한 자요 불신자보다 더 악한 자니라

경기 화성에 있는 '하나님이 디자인하신 교회'는 원래 약천사라는 절이었습니다.

그러나 운영이 잘 되지 않아 경매에 나왔고 이 절을 중국 선교사 출신인 김창룡 목사님이 입찰하여 교회로 개조를 했습니다. 화성에는 무속 신앙이 깊이 자리 잡고 있고, 사람들이 절이 경매로 넘어가면서 땅이 저주를 받았다고 생각했기 때문에 처음에는 약천사가 교회로 되는 것에 대한 주민들의 거센 반발이 있었습니다.

그러나 김 목사님은 40일 금식기도를 하며 교회를 준비했습니다. 낫을 들고 찾아와 위협하는 주민도 있었지만 오히려 그들을 위해 중보를 하며 각종 신상을 모신 이곳이 주님을 예배하는 교회로 바뀌기를 더욱 간절히 기도했습니다. 또한 연꽃을 띄운 연못을 아이들을 위한 수영장으로 바꾸고 주민들이 생산한 농산물을 대신 팔아주며 직접적인 도움을 위한 실천도 아끼지 않았습니다. 주민을 위한 도로 건설을 위해 교회 부지의 상당 부분도 무상으로 내놓았습니다. 이런 노력 끝에 이제는 '하나님이 디자인하신 교회'는 완전히 지역의 명소로 자리 잡았습니다. 지역의 행사와 축제마다 빠지는 일이 없고 상당히 외진 산속임에도 100명이 넘는 성도들이 찾아오고 있고 1년 예산이 6억이나 될 정도로 부흥도 이루어지고 있습니다.

하나님께 기도하고 사람들을 향한 사랑이 있다면 성령님이 모든 것을 행하십니다. 환경과 제약의 두려움을 벗어버리고 기도와 사랑의 실천으로 하나님이 주시는 귀한 사역을 이루십시오.

♡ 주님! 세상의 빛과 소금의 역할을 하는 교회가 되게 하소서!
🙏 지역을 위해 큰일을 하는 교회와 성도가 될 수 있기를 기도하십시오.

나의 영적 일지

승리를 위한 포기

읽을 말씀 : 히브리서 12:1-11

● 히 12:1 이러므로 우리에게 구름같이 둘러싼 허다한 증인들이 있으니 모든 무거운 것과 얽매이기 쉬운 죄를 벗어 버리고 인내로써 우리 앞에 당한 경주를 하며

알렉산더 왕이 군대를 이끌고 페르시아 원정을 떠나던 길이었습니다.
연전연승을 하던 알렉산더의 군대였지만 어느 날부터 갑자기 행군 속도가 느려지기 시작했습니다. 필승을 다짐하던 군사들의 얼굴 표정도 조금 해이해져 있었습니다. 중요한 전투를 앞두고 있던 알렉산더 왕은 병사들에게 무슨 문제가 생겼는가 싶어 여러모로 알아본 결과 마침내 병사들의 사기가 저하된 이유를 알아낼 수 있었습니다.
다음 날 아침, 알렉산더 왕은 모든 병사들에게 지금 가지고 있는 포획물을 부대별로 한데 모아 불태우라는 명령을 내렸습니다. 병사들은 자신들이 챙긴 소득이 생기자 고향으로 돌아가 그것을 사용하고 싶은 마음과 안전을 걱정하는 모습이 생긴 것입니다. 병사들은 크게 실망했지만 왕의 명령을 어길 수는 없었습니다. 결국 다시 빈 몸이 된 병사들은 페르시아와의 마지막 전투까지 용맹하게 싸워 이길 수 있었고 최후의 승리를 거둔 뒤에는 훨씬 큰 포획물을 얻게 되었습니다.
경주자의 몸은 가벼워야 합니다. 세상의 재물과 명예를 위해 살다보면 결국 하늘의 소망을 바라보지 못하고 썩어질 세상에서의 삶에 집착하게 됩니다. 우리의 소망이 있는 곳을 깨닫고, 이 땅에서 하나님이 주신 모든 복은 맡은 자로써 관리하는 것 뿐 임을 결코 잊지 마십시오.

♥ 주님! 더 귀한 것을 위해 때로는 포기할 줄도 알게 하소서!
청지기 정신으로 받은 축복을 잘 관리하십시오.

나의 영적 일지

8월 21일
중요한 건 활용

읽을 말씀 : 잠언 28:23-28

● 잠 28:26 자기의 마음을 믿는 자는 미련한 자요 지혜롭게 행하는 자는 구원을 얻을 자니라

발명가 토마스 에디슨이 하루는 일 때문에 노스캐롤라이나의 주지사를 만났습니다.

주지사는 에디슨을 보자마자 세상에서 가장 뛰어난 발명가라며 칭찬을 아끼지 않았습니다. 그러나 에디슨은 자신은 뛰어난 발명가가 아니라고 말했습니다.

"특허를 천개나 얻어낸 사람이 뛰어난 발명가가 아니면 도대체 누가 뛰어난 발명가입니까?"

에디슨은 주지사의 질문에 잠시 생각을 한 뒤 답변을 했습니다.

"제가 생각하기에 정말로 저만의 뛰어난 발명품이라고 생각되는 것은 축음기뿐입니다. 나머지 발명품들은 대부분 다른 사람들이 고안한 것을 응용하거나 발전시켜서 개발한 것뿐입니다. 따라서 저는 발명보다는 개발을 하는 사람입니다. 미처 빛을 보지 못하는 다른 아이디어를 활용할 수 있는 생각이 저의 장점입니다."

아무리 좋은 능력을 가지고 있더라고 활용을 하지 않으면 소용이 없습니다. 하나님이 주신 축복과 언약의 말씀인 성경을 잘 읽고 또 활용하십시오.

♥ 주님! 보는 말씀과 듣는 설교로 인해 실제적인 변화가 일어나게 하소서!
매주 들은 설교말씀을 삶 속에 적용하십시오.

나의 영적 일지

가장 유명한 무덤

읽을 말씀 : 마태복음 27:50-54

●마 27:53 예수의 부활 후에 그들이 무덤에서 나와서 거룩한 성에 들어가 많은 사람에게 보이니라

역사적으로 유명한 유적지에는 무덤이 매우 많습니다.

이집트의 피라미드는 고대 왕들의 무덤으로 유명합니다. 거대한 규모와 더불어 당대의 기술로 불가능한 것처럼 여겨지는 모습은 요즘 사람들을 놀라게 할 만큼 경이롭습니다. 피라미드 안에는 왕들의 미라와 각종 보물들이 들어있어서 많은 사람들이 관심과 흥미를 일으키고 있습니다.

영국의 웨스트민스터 사원은 유명한 사람들의 무덤이 있어서 유명합니다. 영국의 훌륭한 종교인과 정치인들이 대부분 이곳에 안장되어 있기 때문에 많은 영국인들이 그들의 희생을 기리고 존경을 표하기 위해 이곳을 찾습니다.

메카에 있는 마호메트의 무덤은 유해와 커다란 돌 관으로 유명합니다. 해마다 많은 무슬림들이 성지순례를 위해 이곳을 찾습니다.

그러나 이 모든 무덤들보다도 더욱 유명한 것은 예수님의 무덤입니다. 예수님은 부활하셨기에 그 무덤은 비어 있으며 지금도 우리가 찾아가지 않아도 자신을 찾는 모든 성도들과 함께 계십니다. 자신을 찾는 모든 성도와 함께 하시는 주님을 믿으십시오.

♥ 주님! 부활한 주님을 믿는 살아있는 신앙을 품게 하소서!
🖼 부활하신 주님과 성경의 모든 이적을 믿으십시오.

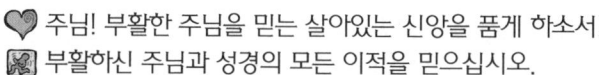

8월 23일

무너진 신뢰

읽을 말씀 : 고린도전서 6:1-11

● 고전 6:6 형제가 형제와 더불어 송사할 뿐더러 믿지 아니하는 자들 앞에서 하느냐

    서브프라임 사태로 미국에서 시작된 경제위기로 지금 미국 사회에서는 총기와 닭장이 많이 팔리고 있다고 합니다. 재산을 직접 보호하기 위해 총기를 구입하고, 안전하고 깨끗한 음식을 믿지 못하는 사람들이 직접 닭을 키우기 때문입니다.

    미국 보스턴 대에서 7년 동안 사회학을 공부한 김광기 경북대 교수에 따르면 미국 사람들은 100원을 벌면 300원, 400원을 생길 것을 염두에 두는 가불 경제에 익숙해져 있기 때문에 자신의 경제 상태보다 몇 배 높은 수준의 삶을 누리며 살아왔다고 합니다. 이런 분위기는 경제가 호황일 때는 아무 문제가 없어 보이지만 경제가 불황일 때는 경제적, 사회적으로 커다란 위기를 초래하게 됩니다. 현재 미국에서는 정부가 재정을 아끼기 위해서 고속도로를 아스팔트가 아닌 자갈로 대체하고 있고, 서민층부터 고소득자까지 빚을 갚지 않으려고 '전략적 빚 체납'을 일삼는 바람에 은행까지 위기를 맞고 있습니다. 그리고 이런 위기는 다시 자영업자와 직장인들에 대한 높은 금리와 담보 회수 등으로 더 큰 문제를 일으키고 있습니다.

    사람과 정부, 기관 사이에 생긴 신뢰의 균열이 서로를 믿지 못하게 만들고 있습니다. 사회와 관계가 건강하게 유지되는 데에는 굳건한 신뢰가 반드시 필요합니다. 나로부터 시작되는 하나님과 주변 사람들에 대한 관계에 신뢰가 있는지 다시 한 번 점검하십시오.

💚 주님! 마지막까지 신뢰를 줄 수 있는 이 땅의 성도들이 되게 하소서!
🙏 모든 약속을 중요하게 생각하고 지키려고 노력하십시오.

나의 영적 일지

최고의 의사가 남긴 건강법

읽을 말씀 : 로마서 8:1-9

● **롬 8:6** 육신의 생각은 사망이요 영의 생각은 생명과 평안이니라

    네덜란드의 볼 하페는 18세기의 유럽에서 가장 유명한 의사였습니다. 1738년에 70세의 나이로 세상을 떠났던 그는 살아있을 땐 못 고치는 병이 없는 명의로 알려져 있었습니다. 그에겐 유족이 없었기에 모든 유품들은 경매로 붙여졌는데, 유품을 정리하다가 '건강을 유지하는 최고의 비결'이라는 책이 한 권 발견되었습니다.

    단단히 봉인되어 있던 이 책에 당대의 명의가 무슨 비결을 적었을지 많은 사람들이 궁금해 했고, 일반인들부터 부자, 그리고 같은 의학을 연구하는 사람들까지 지대한 관심을 보였습니다. 그 책은 지금의 가치로 약 10억 정도에 낙찰되었습니다. 그러나 봉인을 뜯고 책을 펼쳐도 계속 백지만이 있을 뿐이었습니다. 그리고 그 책의 가장 마지막 장에 가서야 다음과 같은 한 문장만이 적혀 있었습니다.

    「머리는 차고 발은 따뜻하게, 욕심을 버리고 마음을 편안하게, 그러면 인생에서 의사는 필요가 없을 것이다」

    돈과 명예는 절대로 인간을 행복하게 해줄 수 없습니다. 우리의 근원은 세상과 욕심이 아닌 하나님과 사랑에서부터 나왔기 때문입니다. 세상의 잘못된 가치관으로부터의 모든 욕심을 버리고 하나님으로부터 흘러 넘치는 사랑을 누리고 또 전하십시오.

♥ 주님! 채울 수 없는 욕심으로 인생을 허비하지 않게 하소서!
🙏 욕심의 마음을 깨끗이 비우고 사랑으로 가득 채우십시오.

나의 영적 일지

8월 25일
바라는 것들의 실상

읽을 말씀 : 시편 120:1-7

● 시 120:1 내가 환난 중에 여호와께 부르짖었더니 내게 응답하셨도다

자선 병동에서 태어난 한 남자가 있었습니다.

아이를 받던 의사의 실수로 남자는 어려서부터 왼편 눈 아래가 마비되는 증세를 갖게 되었고 발음도 정확하게 할 수 없는 장애까지 갖게 되었습니다. 가정환경도 좋지 않아 이혼한 어머님을 따라 12번이나 전학을 다니며 공부도 제대로 하지 못했습니다.

그러나 그에게는 영화배우가 되겠다는 꿈이 있었습니다. 하지만 표정연기가 어색하고 발음마저 좋지 않았기에 기껏해야 단역밖에 맡을 수가 없었고, 시간이 남는 대로 다른 일들을 열심히 했지만 서른 살까지 벌고 남은 것은 단돈 100달러뿐이었습니다.

그는 마지막이라는 생각으로 비장한 각오를 하고 모든 제작자들이 탐낼만한 영화 대본을 직접 쓴 뒤 자신을 주연으로 써달라는 조건으로 영화 제작사들을 찾아다녔습니다. 그렇게 힘겨운 노력 끝에 겨우 작은 제작사에게 예산을 허락받아 한 달 만에 만들어진 '록키'라는 영화는 어눌한 목소리에 표정이 단조롭던 실버스타 스텔론이란 배우를 일약 스타로 만들어주었습니다.

실버스타 스텔론이 단 한번이라도 현실과 타협을 했다면 자신의 꿈을 결코 이룰 수 없었을 것입니다. 믿음은 보지 못하는 것들의 실상이라는 말씀을 정말로 믿으십시오. 하나님이 주신 꿈을 가졌다면 세상이 주는 어려움에 쓰러지지 말고 굳건히 버텨 약속을 반드시 이루어주실 하나님을 바라보십시오.

💚 주님! 하나님이 주실 꿈과 이루실 방법들을 위해 기도하게 하소서!
📖 주신 꿈을 반드시 이루게 하시는 주님을 변함없이 신뢰하십시오.

나의 영적 일지

돈과 명성보다 소중한 것

읽을 말씀 : 로마서 3:23-28

● 롬 3:24 그리스도 예수 안에 있는 속량으로 말미암아 하나님의 은혜로 값없이 의롭다 하심을 얻은 자 되었느니라

"10년 전 하나님의 살아계심을 확인하는 순간 안 믿을 수가 없었습니다."

MBC라디오에 등장해 자신의 신앙을 간증한 이영표 선수의 고백입니다. 이영표 선수는 MBC라디오 '박혜진이 만난 사람'에 두 차례나 출연하여 자신도 신앙이 없었을 때는 교회에 다니라고 말하는 사람들을 싫어했고, 기독교가 독선적이고 이기적이라고 생각했다고 먼저 말했습니다. 그러나 10년 전에 개인적인 체험으로 살아계신 하나님을 만난 뒤부터는 믿지 않을 수가 없었고, 전하지 않을 수가 없다고 했습니다. 그리고 그런 이유로 골을 넣고 기도를 하는 자신을 비판하는 사람들을 잘 이해할 수 있다고 고백했습니다. 그 모습이 주님을 알기 전의 자신의 모습이기 때문입니다.

또한 프리미어 리그 토트넘에서 뛸 때에 세계 최고의 명문 클럽 중의 하나인 AS로마의 이적을 거부한 것은 돈과 명성보다 소중한 가치를 지키기 위해서라고 이야기했고, 지금도 그 판단을 후회하지 않는다고 말했습니다.

하나님을 믿게 되는 것 자체가 우리에게는 큰 은혜입니다. 이런 큰 은혜를 주신 하나님을 우리는 돈이나 명예로 재단해서는 안 됩니다. 우리의 모든 것은 주님이 주신 은혜일 뿐 그 이상의 어떤 의미도 가지고 있지 않기 때문입니다. 돈과 명예보다 훨씬 귀하고 소중한 은혜를 주신 하나님께 더욱 큰 감사와 찬양을 드리십시오.

💟 주님! 가장 귀한 것이 무엇인지 알게 하신 주님을 찬양하게 하소서!
📖 삶에서 누릴 수 있는 가장 큰 은혜를 주신 주님께 감사와 영광을 돌리십시오.

나의 영적 일지

8월 27일

시간을 투자해야할 것

읽을 말씀 : 전도서 11:1-10

● 전 11:10 그런즉 근심이 네 마음에서 떠나게 하며 악이 네 몸에서 물러가게 하라 어릴 때와 검은 머리의 시절이 다 헛되니라

　영국의 풀톤이라는 사람은 17세에 화가로 인정받았을 정도로 뛰어난 그림 실력을 가지고 있었습니다.
　풀톤에게는 뛰어난 그림실력과 남다른 상상력이라는 뛰어난 재능도 있었습니다. 그는 그림을 그리며 남는 시간에는 자신의 상상력을 활용한 여러 가지 다양한 발명품을 개발하는 데에 시간을 쏟았습니다. 특히 그는 운동역학에 대해서 관심이 많았는데, 하루는 와트라는 사람을 만나 증기기관에 대한 정보를 얻은 뒤에 그것을 활용하는 일에 완전히 마음을 빼앗겼습니다.
　풀톤은 와트를 만난 후에 자신의 화가 일을 정리하고 바로 증기기관을 활용하는 일에 대해서만 몰입하기 시작했고, 곧 증기기관을 배에다 설치하는 방법을 고안해 낼 수 있었습니다. 그는 이 발명으로 인해 화가로 일하던 당시보다 훨씬 더 많은 돈을 벌었고, 이 발명으로 인해 오늘날 사용하는 선박의 엔진이 개발될 수 있었습니다.
　풀톤이 안정적인 일을 하기 위해서 화가 일을 포기하지 못했다면 증기기관을 활용하는 일을 해내지 못했을 것입니다. 정말로 중요한 일에 대한 확신이 있다면 그 일을 실행할 용기를 가져야 합니다. 하나님이 주신 귀한 소망을 실천한 용기를 달라고 주님께 기도하십시오.

♥ 주님! 시간의 사용 순위를 잘 선정하게 하소서!
📖 아침에 중요한 일의 순서를 먼저 정리한 뒤 생활하십시오.

나의 영적 일지

성공을 낳는 담대함

읽을 말씀 : 요한복음 16:24-33

● 요 16:33 이것을 너희에게 이르는 것은 너희로 내 안에서 평안을 누리게 하려 함이라 세상에서는 너희가 환난을 당하나 담대하라 내가 세상을 이기었노라

　1959년 모스크바에서 엑스포 개막식이 열렸습니다.
　당시 소련의 수상으로 경제를 개방하기 위해서 많은 노력을 했던 후르시초프가 회장 안으로 연설을 하기 위해 들어왔습니다. 전 세계의 모든 언론이 이 모습을 중계하고 있었는데 갑자기 한 남자가 연설을 하기 전의 후르시초프에게 다가가 갑자기 콜라를 권했습니다. 어떤 사람들은 남자가 너무 무례하다고 생각했고, 어떤 사람들은 아직은 공산주의 국가인 소련의 수상에게 자본주의의 상징인 콜라를 준다며 이념적으로 안 좋게 생각했습니다. 그러나 후르시초프는 별 다른 생각 없이 그 남자가 잔에 따라준 콜라를 미소를 지으며 마신 뒤에 연단으로 올라갔습니다.
　후르시초프가 콜라를 마시는 장면은 전 세계에 생중계되면서 큰 광고 효과를 가져왔습니다. 당시 수상이 마신 콜라의 상표는 '펩시'였는데, 이 장면으로 코카콜라에 압도적으로 밀려 조사조차 되지 않던 펩시콜라의 점유율이 2:1 수준으로 올라올 수 있었다고 합니다. 그리고 이 일을 계획하고 후르시초프에게 콜라를 건네 준 캔들이란 펩시의 판매원은 이후 러시아에 펩시의 공장을 세울 것까지 후르시초프를 찾아가 제안을 한 뒤에 승낙을 얻어 냈습니다.
　사람들은 불가능하다고 생각되는 일은 시도조차 하지 않습니다. 그러나 한 사람의 담대함이 한 회사를 살릴 수도 있고, 한 지역의 공장을 세울 수가 있습니다. 그리고 한 영혼을 살릴 수도 있습니다. 하나님을 신뢰함으로 두려워말고 담대히 할 일을 해나가십시오.

💚 주님! 주님의 일을 하는 데에 두려움과 망설임이 사라지게 하소서!
🔲 성령의 감동이 있을 때는 주저함 없이 실천하십시오.

나의 영적 일지

8월 29일
욕심과 긍휼

읽을 말씀 : 유다서 1:17-25

● 유 1:21 하나님의 사랑 안에서 자신을 지키며 영생에 이르도록 우리 주 예수 그리스도의 긍휼을 기다리라

저명한 정신과 전문의인 알렉스 콤포트 박사는 자신의 책인 '긍휼의 형태'에서 실제 자신이 진료했던 한 환자의 이야기를 소개했습니다.

연봉이 2천만 원 정도 되던 남자는 자신이 돈을 적게 벌기 때문에 불행하다는 강박관념에 사로잡혀 있었습니다. 그는 박사를 찾아와서 자신이 열심히 일해서 연봉이 3천만 원으로 오른다면 분명히 행복해질 것이라고 말했습니다. 하지만 박사는 그의 말을 듣고 대답했습니다.

"수입과 행복은 아무런 관련이 없습니다. 생각을 바꿔야 합니다."

그러나 남자는 박사의 말을 듣지 않고 연봉을 올리기 위해 가정에도 소홀히 하고 잘 나가던 교회도 나가지 않으며 미친 듯이 일을 했습니다. 남자의 연봉은 곧 3천만 원이 되었고, 7년 뒤에는 1억의 연봉을 받을 정도로 성공했습니다.

그러나 그의 정신적인 문제는 여전히 해결되지 않았습니다. 더 좋은 집과 좋은 차를 끌고 다녔지만 그는 여전히 자신이 불행하다고 생각했고, 부인과 아이들과도 매일같이 다투어 사이가 점점 나빠졌습니다. 그러다 과로로 인해 병이 걸려 쓰러지게 되었는데 그 병을 통해 지난 인생의 잘못을 깨닫게 되었고, 가족에게 용서를 구하며 신앙생활도 다시 시작하자 마음이 치유되는 일들이 일어났습니다.

욕심을 채우는 것으로는 결코 행복해질 수 없습니다. 하나님이 주신 은혜를 알고 그것만을 구하는 긍휼만이 우리가 누릴 수 있는 최대의 행복임을 깨달으십시오.

♥ 주님! 모든 죄를 사하여 주신 주님의 긍휼로 기뻐하게 하소서!
📖 현재에 감사하는 기도와 만족하는 마음으로 하루를 사십시오.

나의 영적 일지

스토리의 시대

읽을 말씀 : 고린도전서 15:19-28

- 고전 15:19 만일 그리스도 안에서 우리의 바라는 것이 다만 이 세상의 삶뿐이면 모든 사람 가운데 우리가 더욱 불쌍한 자이리라

해리포터 시리즈는 역사상 가장 큰 성공을 거둔 소설 중 하나입니다.
12년에 걸친 해리포터의 성공은 문학 평론가들에게는 큰 충격이었습니다. 1997년도에 처음으로 해리포터 시리즈가 나오기 시작했을 때 대부분의 평론가들은 판타지라는 것을 감안해도 이야기가 너무 유치하고 황당하다는 평을 내렸기 때문입니다. 그러나 해리포터는 책으로 큰 성공을 거두었을 뿐 아니라 영화로도 제작되었고, 테마파크, 캐릭터 상품까지 이어지면서 유례없는 성공을 거두었습니다.
덴마크의 미래학자 롤프 옌센은 이제 본론과 사실이 중요한 정보화 사회에서 꿈과 스토리가 중요해지는 '드림 소사이어티'가 찾아왔으며, 바로 그렇기 때문에 해리포터가 성공할 수 있었다고 이야기했습니다. 답답한 일상으로부터 탈출해 환상적인 모험을 하게 되는 해리포터는 지금의 사람들이 바라는 '꿈'이자 '이야기'였기에 성공할 수 있었습니다. 그리고 조앤 롤링은 이런 스토리가 나올 수 있었던 것은 수없이 경험했던 자신의 실패와 그것을 다른 이야기로 표현할 수 있었던 상상력이라고 고백했습니다.
그리스도인들은 자신의 삶의 간증을 통해 세상에 하나님의 살아계심을 보여주어야 합니다. 우리나 우리의 교회의 이야기는 어떻습니까? 세상을 향해 하나님을 보여줄 수 있는 삶이 되도록 하나님의 도우심을 구하십시오.

♥ 주님! 놀라운 삶의 간증으로 하나님을 증거하게 하소서!
🖐 하나님을 체험한 경험을 통해 전도하는 것을 두려워 마십시오.

나의 영적 일지

실천의 힘

8월 31일

읽을 말씀 : 야고보서 2:14-17

●약 2:17 이와 같이 행함이 없는 믿음은 그 자체가 죽은 것이라

에디슨이 발명왕으로 최고의 명성을 얻고 있을 때였습니다.

에디슨에게 많은 후원을 해주던 한 사장님이 큰 도움이 될 거라며 한 수학자를 추천했습니다. 에디슨은 그 수학자의 능력을 시험해보기 위해서 아주 복잡한 구조의 병을 하나 만들어 수학자에게 주었습니다.

"이 병의 물을 얼마나 담을 수 있는지 체적을 계산해주시오."

일주일이 지나고 에디슨이 경과를 물어보자 수학자가 말했습니다.

"이 병의 구조는 매우 복잡해서 조금 더 시간이 필요할 것 같습니다. 단순한 적분으로는 구 할 수가 없습니다."

그러나 다시 일주일이 지나도 수학자는 체적을 구하질 못했습니다. 에디슨은 수학자를 데려다 놓고 곧 병에다 물을 담기 시작했습니다. 그리고 그 물을 비커에 부은 뒤에 말했습니다.

"이것이 이 병의 체적이오. 이론을 잘 아는 사람도 나에게는 필요하지만 실천으로 연결시켜주지 못한다면 아무런 필요가 없소."

머리로 아는 것만큼 실천하는 것도 중요합니다. 말씀을 공부하고 이해하는 것도 중요하지만 이해한 것을 하나라도 실천하는 신앙인이 되십시오.

♥ 주님! 매일 듣는 말씀을 통해 조금씩 삶이 변화되게 하소서!

🖼 하루에 한 가지씩 선행을 실천하기 위해 노력하십시오.

나의 영적 일지

나의 하나님이 그리스도 예수 안에서
영광 가운데 그 풍성한 대로
너희 모든 쓸 것을 채우시리라
빌 4:19

9월

거룩의 중요성

9월 1일

읽을 말씀 : 히브리서 10:1-10

● 히 10:10 이 뜻을 따라 예수 그리스도의 몸을 단번에 드리심으로 말미암아 우리가 거룩함을 얻었노라

어민(Ermine)이라고 불리는 북방족제비는 털이 희고 부드러워서 고급 모피로 사용됩니다.

담비라고도 불리던 북방족제비는 특히 러시아산이 제일 귀하고 비싼데, 겨울에 순백색으로 털의 색이 변하는 특성 때문입니다.

그런데 이 북방족제비에게는 아주 특이한 습성이 있습니다. 북방족제비는 자신의 털을 귀하게 여기기 때문에 항상 털을 깨끗하게 관리합니다. 심지어는 생명보다도 더 귀하게 생각해서, 사냥꾼들은 북방족제비를 잡을 때 이런 특성을 이용하기도 합니다.

북방족제비의 서식지 주위에 오물을 발라 놓으면 목숨이 위급한 상황에서도 북방족제비는 털을 더럽히면서 그곳을 지나 둥지로 들어가지 않고 그냥 사냥개에게 잡히는 쪽을 선택합니다.

날이 갈수록 혼탁해지는 세상 속에서 거룩해지기 위해서는 북방족제비와 같이 우리의 몸과 영을 더럽히는 일들에 대해서 민감하게 여길 수 있어야 합니다. 실제로 죄를 짓는 것보다 더 무서운 것은 죄를 아무렇지도 않게 생각하는 것입니다. 죄에 대한 깊은 경각심을 가지십시오.

♡ 주님! 거룩한 삶으로 늘 주님을 예배하게 하소서!
🖼 하나님으로부터 멀어지게 하는 모든 일들을 단호히 끊으십시오.

나의 영적 일지

가장 중요한 지금

읽을 말씀 : 요한복음 21:13-25

● 요 21:22 예수께서 이르시되 내가 올 때까지 그를 머물게 하고자 할지라도 네게 무슨 상관이냐 너는 나를 따르라 하시더라

　일본에서 67세의 나이로 숨진 거지 할아버지가 화제가 된 적이 있었습니다.
　미야우찌라는 할아버지는 다락방에서 거적을 입은 채로 숨을 거두었다가 한 이웃의 방문으로 발견되었습니다. 마을 사람들은 모두 할아버지를 거지로 알고 있었습니다. 할아버지는 평소에는 현미 쌀을 끓여서 죽처럼 먹고 남이 주는 야채 찌꺼기나 시장에서 떨어진 음식들을 주워서 반찬으로 먹었습니다. 방에 가스와 전기도 놓지 않았고 불은 밖에 돌아다니는 나무들을 주워서 때워서 피웠습니다. 물이 아까워 제대로 씻지도 않았고 일 년에 한 두 차례 목욕을 하는 것이 전부였습니다.
　그러나 할아버지의 다락방에서 5천만 원이 예금된 통장과 약 2억 원에 상당하는 주식이 숨겨져 있다가 발견되었습니다. 할아버지가 거지처럼 살았던 것은 모두 이 돈을 모으기 위해서였습니다. '200살까지 살 계획이기 때문에 아직 한참 모아야 한다'고 입버릇처럼 말했지만 본인은 정작 영양실조와 동맥경화로 반도 살지 못하고 숨을 거두었습니다.
　가장 중요한 순간은 지금입니다. 지금 해야 할 일을 하지 않는다면 다시는 찾아오지 않을 많은 기회들이 있습니다. 후회하지 않을 선택을 할 수 있도록 지혜를 달라고 하나님께 간구하십시오.

♥ 주님! 오늘 주시는 주님의 음성을 말씀으로 깨닫게 하소서!
　지금 해야 할 일과 지금 필요한 일을 지혜롭게 구분하십시오.

나의 영적 일지

9월 3일

받은 축복

읽을 말씀 : 에베소서 3:1-13

●엡 3:7 이 복음을 위하여 그의 능력이 역사하시는 대로 내게 주신 하나님의 은혜의 선물을 따라 내가 일꾼이 되었노라

김장하 목사님은 '차인표의 멘토'로 알려진 목사님입니다.
어려운 환경에도 구두를 닦아 많은 아이들을 후원했던 목사님의 이야기는 방송을 통해 퍼져 많은 사람들에게 큰 감동을 주었습니다. 몸이 점점 굳어가는 불치병인 '루 게릭'병에 걸려 이제는 휠체어에 앉아서 말도 제대로 하지 못하는 상태였지만 그럼에도 목사님의 얼굴에는 미소가 떠나지 않았습니다. 식도가 점점 굳어가 음식도 액체로 섭취해야 하는 목사님이지만 그래도 목사님과 목사님을 수발하는 사모님은 하나님께 오늘을 감사하며 살아가고 계십니다.
목사님의 이야기가 퍼진 후 많은 사람들이 "하나님이 살아 계시다면 이처럼 좋은 일을 하시는 분에게 왜 이런 일들이 생기는 겁니까?"라고 찾아와 물었다고 합니다. 그리고 그럴 때마다 김 목사님은 "왜 내가 받은 축복에 대해서는 물어보지 않으십니까?"라고 대답을 했습니다. 2만원을 주고 산 구두 통으로 구두를 닦기 시작해 3천배의 축복으로 아이들을 후원할 수 있던 일, 자살하려고 했던 사람, 파괴 직전의 가정이 회복되었던 성도들의 이야기, 투병 중에도 찾아오는 마음의 위안과 축복 등... 당장 사람들이 바라보는 불행보다 몇 배는 큰 축복의 기쁨이 목사님의 삶 가운데는 자리 잡고 있었습니다.
그리스도인의 삶은 불행이 없는 삶이 아닙니다. 죽음 가운데도 담대하며 최선의 선을 행하는 것, 고난 중에도 감사하며 기뻐할 줄 아는 것이 예수님이 보여주신 삶입니다. 나에게 주신 하나님의 축복들을 돌아보며 진심으로 감사 기도를 드리십시오.

♡ 주님! 받은 축복을 생각하며 늘 감사를 잊지 않게 하소서!
📖 지금까지 주님께 받았던 축복들을 돌아보며 감사의 기도를 드리십시오.

나의 영적 일지

거룩함에서 나온 명화

읽을 말씀 : 베드로전서 1:13-25

● 벧전 1:15 오직 너희를 부르신 거룩한 이처럼 너희도 모든 행실에 거룩한 자가 되라

    프랑스의 유명한 화가 프랑수아 밀레는 원래 누드화를 그리던 사람이었습니다.
    당시의 화풍이 누드화를 인정하는 분위기였고 또한 그런 그림이 잘 팔리던 시대였기 때문에 대부분의 화가들에게는 누드화를 그리는 것은 어쩔 수 없는 선택이었습니다. 그러나 하루는 어떤 사람들이 밀레의 그림을 보며 음담패설을 늘어놓는 것을 보고는 밀레는 더 이상 이런 그림을 그려서는 안 되겠다는 결심을 하게 됩니다. 그는 그림이 비록 팔리지 않더라도 더 이상 누드화를 그리지 않겠다는 결심을 아내에게 전했고, 아내는 비록 가난할지라도 남편의 결정을 지지하며 힘을 주었습니다.
    이후에 밀레는 들판으로 나가 자신이 아름다움을 느끼는 장면들을 그리기 시작했습니다. 주로 농부와 서민의 이야기를 그림으로 그리던 밀레는 시간이 흐를수록 '농부의 화가'로 알려지며 유명해지기 시작했고, '씨 뿌리는 사람', '양치는 사람들', '이삭 줍는 사람'과 같은 수많은 명작들을 남겼습니다. 그리고 밀레의 작품 중에 특히 '만종'은 세계 미술의 역사적인 보물로 평가받고 있습니다.
    거룩한 결심이 밀레를 지금의 유명한 화가로 만들었습니다. 우리에게 필요한 것은 세상의 방법이 아니라 하나님의 방법을 따라가는 거룩한 결심입니다. 주님이 사용하실 수 있는 깨끗한 그릇이 되는 거룩한 생활을 하십시오.

♡ 주님! 악과 타협하지 않고 늘 거룩하게 하소서!
❀ 작은 이득을 위해 타협하는 삶을 살지 마십시오.

나의 영적 일지

닉 부이치치의 성구

9월 5일

읽을 말씀 : 시편 23:1-6

●시 23:1 여호와는 나의 목자시니 내게 부족함이 없으리로다

닉 부이치치는 선천적으로 팔과 다리가 없는 장애를 가지고 태어났습니다.

다리 쪽에 붙어있는 작은 발가락 하나로 모든 일을 해내야 하는 부이치치에게는 일상이 도전의 연속이었지만 그런 자신의 삶을 통해 다른 사람들에게 희망을 주는 '희망 전도자'로 살아가고 있습니다.

닉 부이치치가 시드니 지역의 부흥을 위한 연합 기도회에 특별 강사로 초빙되었던 적이 있었습니다. 근처에서 축제 중이었던 많은 동성애자들도 닉 부이치치가 왔다는 소식을 듣고는 찾아왔습니다. 부이치치는 사람들에게 꼭 들려줄 말씀이 있다며 작은 발가락으로 힘겹게 성경을 넘겼습니다. 부이치치가 찾은 성경은 시편 23편이었습니다.

"저는 어렸을 때부터 하나님을 만났어요. 그러나 삶은 전혀 변하지 않았죠. 아이들은 저를 보고 놀려댔고, 다른 아이들이 쉽게 하는 행동도 저에게 엄청난 도전이었어요. 평생 이렇게 살아야 한다는 게 너무나 절망스러워 자살을 시도하기도 했어요. 하지만 그런 저에게 하나님은 이 말씀을 주셨어요. '여호와는 나의 목자시니 내게 부족함이 없으리로다' 여러분에게 어떤 문제가 있든지 부끄러워 말고 주님께로 나오세요. 주님은 당신의 아픔과 슬픔을 모두 알고 계세요. 팔 다리가 없는 저였지만 진리를 알게 되는 순간 자유 할 수 있었습니다."

우리의 모든 것 되시는 하나님을 통해 우리는 만족할 수 있습니다. 주님 한분만으로 만족함을 누리는 하루를 사십시오.

♡ 주님! 부족함 없이 채워주시는 주님의 은혜에 감격하게 하소서!
✤ 하나님 한 분으로 인한 만족감이 있는지 생각해보십시오.

나의 영적 일지

진심으로

읽을 말씀 : 시편 9:1-10

● 시 9:1 내가 전심으로 여호와에 감사하오며 주의 모든 기이한 일들을 전하리이다

한 설문조사에 따르면 요즘 사람들이 대화 때 가장 많이 사용하는 단어 중 하나가 '진짜로', '사실은', '진심으로'라고 합니다.

어떤 사회학자는 최근 한국 사회에서는 사람들 사이에 너무 불신이 크기 때문에 이런 단어를 더 많이 사용하게 된다고도 분석했습니다. 그러나 그리스도인들은 이런 단어를 쓸 때 더욱더 신중해야 합니다.

'진심으로'라는 단어인 'Sincerely'의 어원은 조각가들의 용어인 '왁스를 사용하지 않다'에서 나온 것입니다. 실력이 떨어지는 조각가들은 사람을 조각할 때 신체의 일부분을 잘못 조각해 떨어져 나간 부분이 많았는데 그런 부분들을 감추기 위해서 왁스를 사용해 다시 붙였다고 합니다. 그러나 실력이 좋은 조각가들이 최선을 다해서 완성한 조각품은 왁스를 사용하지 않아도 흠이 전혀 없었고, 감출 곳이 없었습니다.

'진심으로'라는 말은 대충 사용해서는 안 되는 말입니다. 진심은 정직해야 하며, 진심은 감추지 말아야 합니다. 진심이 본연의 뜻 그래도 사용될 때 하나님에게나 사람에게나 거짓 없는 관계를 맺을 수 있습니다. 하나님 앞에 거짓 없는 마음을 드리십시오.

♥ 주님! 감사와 찬양을 늘 진심으로 드리게 하소서!
📖 모든 예배와 경건생활을 마음을 다하여 진심으로 주님께 드리십시오.

나의 영적 일지

9월 7일 역경의 극복

읽을 말씀 : 마태복음 12:18-28

● 마 12:20 상한 갈대를 꺾지 아니하며 꺼져가는 심지를 끄지 아니하기를 심판하여 이길 때까지 하리니

　에드거 앨런 포는 선천성 심장병을 가지고 태어나 3살 때 고아가 됐습니다. 17살 때는 학교에서 쫓겨났으며 40살 때까지 쓰는 작품마다 모두 인기가 없어 가난에 시달렸습니다. 그러나 뒤늦게 문학적 재능이 인정받기 시작하면서 그의 작품은 명작으로 대우를 받았습니다. 어떤 초판은 박물관에 전시되기까지 했습니다.
　루즈벨트 대통령은 소아마비 증세로 어려서부터 다리를 절고 이로 인해 놀림을 많이 받았지만 끈기와 노력으로 극복한 뒤 미국 최초로 4선을 한 대통령이 되었습니다.
　슈베르트는 31세에 죽었고, 지독한 가난에 시달려 자기 피아노도 한 대 가지지 못했습니다. 그러나 아베 마리아와 같은 주옥같은 명곡을 많이 남겨 후세에 길이 남는 음악가가 되었습니다.
　레이건 대통령은 방송인이었지만 일이 잘 안 풀려 캐스터였다가 아나운서로 전환했으며 그마저도 잘 되지 않아 영화배우까지 되려고 했습니다. 결국 이 모든 일이 실패했지만 성공한 주지사가 됐으며 미국의 대통령이 됐습니다.
　극복하지 못할 만큼 험난한 역경은 없습니다. 우리가 포기하지만 않는다면 넘을 수 있는 역경만을 주님께서 허락해주시기 때문입니다. 하나님을 바라보는 믿음으로 모든 역경을 이겨내십시오.

♥ 주님! 상한 심령을 돌보는 주님의 은혜가 고난 중에 임하게 하소서!
✿ 언제나 나를 붙잡고 계시는 주님의 손이 있음을 잊지 마십시오.

나의 영적 일지

하늘의 법

읽을 말씀 : 베드로후서 3:1-5

● 벧후 3:5 이는 하늘이 옛적부터 있는 것과 땅이 물에서 나와 물로 성립된 것도 하나님의 말씀으로 된 것을 그들이 일부러 잊으려 함이로다

1942년도 5월에 신사참배를 거부했다는 죄목으로 주기철 목사님이 재판을 받았습니다.

먼저 판사가 신사참배를 반대하는 이유를 묻자 주기철 목사님이 대답했습니다.

"하나님의 말씀인 성경의 가르침에 어긋나기 때문입니다."

"당신은 지금 일본의 지배 아래에 있소, 그렇다면 당연히 천황을 섬겨야 하지 않겠소?"

그러자 주기철 목사님이 더욱 힘을 주어 말했습니다.

"판사님은 일본 사람이고 저는 조선 사람입니다. 그리고 판사님이 천황의 뜻을 따라 지금 재판을 하고 있듯이 저도 하나님의 뜻을 따라 신사참배를 거부하는 것입니다. 판사님은 목숨이 위험하다고 천황을 배신하겠습니까? 마찬가지로 저는 하나님을 섬기는 일에 물러설 수가 없습니다."

변론을 들은 판사는 주기철 목사님의 뜻을 꺾을 수 없다는 사실을 깨닫고 다시 감옥에 수감을 시켰습니다.

진정으로 두려워해야 할 것은 세상의 형벌이 아닌 하늘의 형벌입니다. 하늘의 법을 따라 세상을 살아가는 지혜로운 성도가 되십시오.

♥ 주님! 세상의 모든 것이 하나님의 주권아래 있음을 알게 하소서!
✤ 세상의 모든 법보다 하나님의 말씀에 먼저 순종하십시오.

나의 영적 일지

9월 9일
종을 치는 어머니

읽을 말씀 : 고린도전서 5:6-13

● 고전 5:7 너희는 누룩 없는 자인데 새 덩어리가 되기 위하여 묵은 누룩을 내버리라 우리의 유월절 양 곧 그리스도께서 희생되셨느니라

    스위스 알프스 산의 등산로에는 매우 험준한 곳이 있습니다.
    마을은 그다지 멀지 않지만 어두운 밤에는 길을 찾기가 쉽지 않아 조난을 당하는 사람이 많았는데, 언젠가부터 이 지역에서는 등산객들을 위해 매일 저녁 시간에 마을로부터 종소리가 들려오곤 했습니다. 눈보라가 치거나 비바람이 불어도 매시간 마을에서 들려오는 종소리는 하루도 빠지지 않고 울려 퍼졌습니다. 그리고 이 종소리 때문에 많은 사람들이 위험에서 벗어날 수 있었습니다.
    위험에서 벗어난 사람들은 이 종소리를 울리는 사람에게 감사를 표하기 위해서 항상 찾아왔습니다. 종을 치던 사람은 마을의 한 가녀린 미망인이었는데, 그녀에겐 오랜만에 집을 찾아오던 아들을 심한 눈보라로 인해 잃은 아픔이 있었습니다. 그리고 그런 사고가 다시는 일어나지 않게 하기 위해서 기상이 좋지 않고 어두운 시간만 되면 늦은 시간까지 계속해서 종을 울리고 있었습니다.
    구원받은 모든 그리스도인들은 종을 치는 사람이 되어야 합니다. 어둠 속에서 길을 잃고 헤매는 주위 사람들을 위한 종을 치는 사람이 바로 세상 속의 내가 되어야 합니다. 오늘도 모든 말과 행동으로 사람들을 그리스도로 인도하는 표지판으로써의 삶을 감당하십시오.

♡ 주님! 잃어버린 영혼들을 위한 구원의 종을 울리며 살게 하소서!
📖 많은 증언과 삶의 모습으로 하나님을 나타내는 성도과 되십시오.

나의 영적 일지

성도의 빛

읽을 말씀 : 누가복음 11:34-41

● 눅 11:36 네 온 몸이 밝아 조금도 어두운 데가 없으면 등불의 빛이 너를 비출 때와 같이 온전히 밝으리라 하시니라

9월 10일

    미국의 킹스턴과 노스캐롤라이나 지역 사이에는 버지니아 주로부터 내려오는 엘리자베스 강이라는 큰 강이 있습니다.
    많은 사람들이 배를 타고 이 강을 통해 서로 왕래 했는데. 배가 지나가는 시간에 따라 열렸다 닫혔다하는 다리가 하나 있었습니다. 다리가 열릴 준비가 되었다는 것을 깃발로 신호를 주면 배가 들어오는 시스템이었는데 하루는 문제가 생겨 다리와 배가 부딪히는 사고가 생겼습니다. 승객이 18명이나 사망한 큰 사고였기에 신호를 주는 사람과 배의 선장이 함께 재판을 받았으나 서로 자신의 잘못은 없다고 주장만을 했습니다.
    선장은 분명히 흰색 깃발을 보았기에 배를 멈추지 않았다고 했으며 다리의 책임자는 분명히 멈추라는 붉은 색 깃발로 신호를 보냈다고 말했습니다. 사건은 그렇게 미궁 속으로 빠지는 듯 했지만 수사가 시작되자 의외로 간단하게 문제가 해결되었습니다. 붉은색 깃발의 색이 바라서 거의 흰색과 비슷해졌기 때문에 분간이 힘든 것이 바로 사고의 원인이었습니다.
    세상과 조금씩 타협하다보면 복음의 빛을 잃게 됩니다. C. S. 루이스는 '물 탄 기독교인'이 되지 않도록 조심하라고 말했습니다. 날 위해 오신 주님, 다시 사신 주님, 그리고 다시 오실 주님에 대한 믿음을 결코 잃지 마십시오.

♥ 주님! 말씀을 바로 알아 빛과 소금의 역할을 바르게 감당하게 하소서!
🗝 말씀으로 비추어보아 늘 스스로의 신앙을 단련하십시오.

나의 영적 일지

그렇지만 주님

9월 11일

읽을 말씀 : 마태복음 23:25-33

● 마 23:28 이와같이 너희도 겉으로는 사람에게 옳게 보이되 안으로는 외식과 불법이 가득하도다

어떤 기독교 잡지에 올라왔던 성도들을 풍자하는 '그렇지만 주님'이라는 제목의 시입니다.
「주님의 말씀대로 실천하겠습니다.
그렇지만 일단 장사가 잘되게 축복부터 내려주세요, 주님.
항상 주님을 예배하고 싶습니다.
그렇지만 가끔 빠지는 주일 예배는 이해해주세요, 주님.
헌금은 아낌없이 드리겠습니다.
그렇지만 백배의 축복은 반드시 주셔야 됩니다, 주님,
주님의 일을 위해 헌신하겠습니다.
그렇지만 너무 많은 희생을 요구하진 말아주세요, 주님.
주님의 말씀대로 이웃을 사랑하겠습니다.
그렇지만 지금 당장 말고 내일부터 할게요, 주님.」
순종에는 이유가 없습니다. '그렇지만'이라고 핑계가 대는 순종 없는 믿음이 아니라 '그럼에도 불구하고' 실천하고 따르는 순종의 믿음을 가지십시오.

♥ 주님! 참된 고백과 행동이 어우러지게 하소서!
📖 하나님 앞에 결심한 것을 반드시 지키는 순종의 사람이 되십시오.

나의 영적 일지

진정한 관용

읽을 말씀 : 마태복음 5:38-48

● 마 5:44 나는 너희에게 이르노니 너희 원수를 사랑하며 너희를 핍박하는 자를 위하여 기도하라

최근에 노르웨이에서는 끔찍한 테러사건이 일어난 적이 있습니다. 보수적인 기독교인이었지만 지독한 극우주의자였던 한 남성이 정부 청사를 대상으로 폭탄 테러를 가한 뒤에 청소년 캠프가 열리는 섬으로 이동해 총으로 수십 명을 쏴죽이던 이 테러사건은 전 세계를 충격으로 몰아넣었습니다. 노르웨이에 다문화주의에 대한 반발심으로 이런 테러를 자행했다는 사실이 알려지자 많은 외신들은 추가적인 테러의 위협에 따라 노르웨이가 정책을 수정할 것이라는 견해를 보였습니다. 아울러 무신론자의 비율이 높은 노르웨이에서 기독교인들을 상대로 보복이 일어날 것이라는 예측도 있었습니다.

그러나 노르웨이의 스톨텐베르그 총리는 희생자들을 추모하는 장미행진에 참여해 다음과 같은 연설을 했습니다.

"비극이 일어났지만 관용과 자유의 정신을 잊지 말아야 합니다."

또한 희생자들을 기리는 추도사에서도 다음과 같은 말을 했습니다.

"한 사람이 이 같은 증오를 만들어 낼 수 있다면 우리가 만들어낼 수 있는 사랑은 얼마나 크겠습니까?"

끔찍한 테러에도 흔들리지 않고 오히려 포용하는 총리의 리더십으로 노르웨이에서는 어떤 추가적인 위기상황도 일어나지 않으며 사건도 잘 마무리가 되었습니다.

용납하기 힘든 상황에서의 이해와 용서에는 강력한 힘이 있습니다. 하나님이 예수님을 통해 나에게 보여주신 사랑을 기억하십시오. 그리고 그 사랑을 이웃에게 실천하십시오.

♥ 주님! 주님의 사랑으로 용서하고 또 사랑하게 하소서!
🌸 되도록 모든 사람들을 향해 먼저 사랑의 마음을 품으십시오.

나의 영적 일지

9월 13일 그리스도인의 사명감

읽을 말씀 : 사도행전 20:22-32

● 행 20:24 내가 달려갈 길과 주 예수께 받은 사명 곧 하나님의 은혜의 복음을 증언하는 일을 마치려 함에는 나의 생명조차 조금도 귀한 것으로 여기지 아니하노라

미국 대학 미식축구리그는 미국에서 가장 인기 있는 리그 중의 하나입니다.

몇 년 전 듀크 대학과 테네시 대학이라는 두 명문이 결승전에서 맞붙었을 때는 특히나 열기가 더욱 뜨거웠습니다. 경기 막바지에 종료를 약 1분여 남겨놓은 상황에서 듀크 대학이 13:9로 경기를 앞서 있기 때문에 거의 승리가 확실한 상황이었습니다. 그리고 단 몇 십 초 만을 남겨놓은 상황에서 듀크 대학의 한 선수가 공을 놓치는 실수를 했고, 재빨리 가로챈 테네시 대학의 선수가 공을 가장 앞서 있는 선수에게 던졌습니다. 공을 멋지게 받은 선수는 곧 바람 같은 속도로 골라인을 향해 질주했습니다.

듀크 대학의 선수들도 사력을 다해 막으려 했지만 아슬아슬하게 터치다운에 성공하며 기적과도 같은 역전승이 일어났습니다. 마지막 공격을 성공시킨 레드 하프라는 선수는 일약 스타가 되었습니다. 경기가 끝난 뒤 기자들과 진행된 인터뷰에서 그는 다음과 같이 말했습니다.

"마지막 공격을 위해 이날 경기에 제가 서 있었습니다. 마지막에 제 품으로 공이 들어온 순간 오직 상대편 진영으로 뛰어야겠다는 생각 외에는 아무런 생각이 들지 않았습니다."

사명에 제 2순위란 없습니다. 사명이란 반드시 해야만 되는 일에 대한 마음가짐과 필사의 행동입니다. 하나님이 나에게 맡긴 가장 귀한 일을 알고 또 그 일을 감당하는 사명을 찾으십시오.

♥ 주님! 제자됨의 사명과 책무를 소홀히 생각하지 않게 하소서!
📖 오늘 사명을 위해 내가 할 일은 무엇인지 생각해보십시오.

나의 영적 일지

깨끗한 비둘기

읽을 말씀 : 시편 19:1-14

● 시 19:8 여호와의 교훈은 정직하여 마음을 기쁘게 하고 여호와의 계명은 순결하여 눈을 밝게 하시도다

엘 롤로프라는 목사님이 오랜 친구와 오랜만에 재회를 했습니다.

목사님의 친구는 집에 백여 마리의 비둘기를 키우고 있었는데, 몇몇 비둘기들은 훈련을 잘 받아 아주 먼 곳으로 편지를 보내는 일까지도 할 수 있을 정도였습니다. 친구는 목사님에게 비둘기들을 한 마리씩 보여주면서 비둘기들의 특성과 훈련 방법에 대해서 설명해 주었습니다.

"이 비둘기는 내가 가장 아끼는 녀석이라네. 나를 위해서 어떤 희생도 마다하지 않아. 최근에 세인트루이스로 갔다가 여기 오하이오까지 오는 훈련을 시켰는데, 중간에 한 번도 쉬지 않고 날아왔다네."

목사님은 그 긴 거리를 오는 동안 비둘기가 한 번도 쉬지 않았다는 것을 어떻게 알 수 있는지 다시 물었습니다.

"그건 아주 간단하네. 새들의 다리와 배를 보면 돼. 이 비둘기가 돌아왔을 때는 발에 조금의 흙이나 진흙, 모이를 먹을 때 붙는 먼지도 없었다네. 잠시 어디서 앉아 있기만 해도 붙는 작은 먼지조차 없었을 정도로 깨끗했기 때문에 이 녀석의 충직함을 알 수가 있었다네."

거룩함을 통해 하나님에 대한 우리의 사랑과 마음을 표현할 수 있습니다. 이다음에 천국에서 주님을 만나 떳떳하게 기뻐할 수 있는 거룩한 삶을 살아가십시오.

♡ 주님! 신실한 말씀을 지켜 행하는 삶을 살게 하소서!
🧿 말씀을 바르게 따라 삶으로 주님께 큰 영광을 돌리십시오.

나의 영적 일지

9월 15일

죽음과도 바꿀 수 없는 것

읽을 말씀 : 다니엘 3:13-30

● 단 3:18 그렇게 하지 아니하실지라도 왕이여 우리가 왕의 신들을 섬기지도 아니하고 왕이 세우신 금 신상에게 절하지도 아니할 줄을 아옵소서

플로이드 라스무센 씨는 9.11 테러로 아내를 잃었습니다.

펜타곤에서 아내와 함께 일을 하고 있던 플로이드 씨는 운 좋게 목숨을 건질 수 있었지만 아내는 테러로 목숨을 잃었고 시체조차 찾을 수 없었습니다. 아내를 너무나 사랑했던 플로이드 씨는 혼자만 살아남았다는 사실로 인해 깊은 외로움과 죄책감에 시달렸습니다. 사고가 난 뒤에 미국의 서부 오리건에서 살던 플로이드 씨는 결국 아내를 잊지 못한 채 9.11 테러 10주년 추모식이 열리던 해에 미국 동부인 워싱턴으로 여행을 떠나기로 결정했습니다. 이틀에 한 번씩 투석을 받아야 했던 플로이드 씨에게 여행은 목숨을 걸어야만 하는 일이었지만 아무런 망설임이 없이 떠났습니다.

워싱턴에 도착한 플로이드 씨는 많은 국민들이 테러의 희생자들을 기리는 것을 보고 깊은 감사를 표했으며, 아내의 이름이 새겨진 기념 벤치를 만지며 테러범에 대한 분노까지도 모두 놓아주었습니다. 며칠 간 투석을 받지 못해 건강은 급격히 안 좋아졌지만 얼굴만은 세상의 누구보다 평안했습니다. 겨우 오리건의 집까지 도착한 플로이드 씨는 자신의 죽음을 직감했는지 가족과 친지, 그리고 친구들에게 이틀에 걸쳐 연락을 한 뒤에 그 다음 날 평안한 미소로 잠을 자다 심장마비로 세상을 떠났습니다.

사랑은 죽음보다 강합니다. 그러나 세상의 모든 사랑을 다 합쳐도 나를 향한 하나님의 사랑에 비할 바는 되지 않습니다. 크신 사랑을 보여주신 주님께 감사를 드리며 더욱 정성을 다해 주님을 사랑하십시오.

♡ 주님! 크신 사랑을 베푸신 주님의 은혜를 배신하지 않게 하소서!
📖 내가 할 수 있는 최선의 사랑으로 주님께 보답하십시오.

나의 영적 일지

귀한 일자리

읽을 말씀 : 요한복음 20:24-31

● 요 20:31 오직 이것을 기록함은 너희로 예수께서 하나님의 아들 그리스도이심을 믿게 하려 함이요 또 너희로 믿고 그 이름을 힘입어 생명을 얻게 하려 함이니라

9월 16일

　미국의 정유회사인 스탠다드 오일 컴퍼니에서 인도네시아 진출을 계획하고 있었습니다.
　회사에서는 먼저 인도네시아에서 오랜 시간 동안 머물러 있으면서 현지 사정에 밝은 사람을 수소문해 찾았는데, 그 사람은 오랜 기간 인도네시아에서 머물던 선교사였습니다. 회사 관계자는 선교사를 만나 먼저 약 3천만 원 정도의 월급을 제시했습니다. 그러나 선교사는 일언지하에 거절했습니다. 그러나 회사에서는 그 선교사가 반드시 적임자라고 생각했기에 더 좋은 조건을 제시했습니다. 그러나 여전히 선교사는 거절했습니다. 회사의 관계자는 다시 선교사를 찾아가 말했습니다.
　"원하는 돈의 액수를 말해보십시오. 원하는 대로 지불해드리겠습니다. 우리가 제시한 조건 중에 맘에 안 드는 부분이 있으십니까?"
　"봉급은 충분합니다. 아니, 분에 넘치지요. 그러나 하는 일이 충분하지 않습니다. 나는 돈을 벌기 위해 이 일을 하고 있지 않습니다. 따라서 돈으로 나에게 일을 시킬 수는 없습니다."
　돈을 따라 명성을 따라 살다보면 바른 길을 갈 수 없습니다. 진리로 향하는 길의 문은 좁다는 예수님의 말씀을 기억하십시오.

♥ 주님! 지나친 물질 중심의 가치관에 빠지지 않게 하소서!
❀ 돈과 보수에 따라 움직이기보다는 믿음과 신념에 따라 움직이십시오.

나의 영적 일지

9월 17일

어머니의 기도

읽을 말씀 : 누가복음 22:31-36

● 눅 22:32 그러나 내가 너를 위하여 네 믿음이 떨어지지 않기를 기도하였노니 너는 돌이킨 후에 네 형제를 굳게 하라

    찬송가 405장인 '나 같은 죄인 살리신'의 작사가인 존 뉴튼은 노예상인이었다가 회심을 했습니다. 그러나 그 뒤에는 10살 때 집을 나간 존을 위해 평생을 기도하고 계시던 백발이 성성한 어머님이 계셨습니다.
    수천 명의 무신론자들을 개종시킨 토마스 스콧의 어머니는 어렸을 때부터 매일 청소를 하는 시간마다 자녀가, 많은 사람들을 구원시키는 훌륭한 사람이 되게 해달라고 기도했습니다.
    달라스 신학교의 존 월부르드 교수의 어머님은 교회를 다니지 않는 교수의 동생을 위해 60년 동안이나 기도했습니다. 60년 동안이나 기도의 응답은 이루어지지 않았지만 어머님이 돌아가시기 1주일 전에 교수의 동생은 예수님을 영접했고, 두 형제의 구원을 확인한 어머님은 편히 임종을 맞을 수가 있었습니다.
    우리가 기도할 때 성령님이 일하십니다. 사람의 마음은 오직 성령님만이 변화시킬 수 있습니다. 자식을 생각하는 어머니의 마음으로 주변의 믿지 않는 분들을 위해 기도하십시오.

♥ 주님! 남을 위해 잊지 않고 기도하는 사람이 되게 하소서!
🙏 소중한 분들을 위해 매일 잠시라도 기도하는 시간을 가지십시오.

나의 영적 일지

올바른 롤 모델

읽을 말씀 : 사도행전 20:31-38

● 행 20:35 범사에 여러분에게 모본을 보여 준 바와 같이 수고하여 약한 사람들을 돕고 또 주 예수께서 친히 말씀하신 바 주는 것이 받는 것보다 복이 있다 하심을 기억하여야 할지니라

   양들은 매우 산만하고 주의력이 없습니다. 떼로 뭉쳐있을 때는 정도가 더욱 심해집니다.
   일반적으로 양떼들을 넓은 목장에 풀어놓아도 양떼들은 서로 붙어 떨어지지 않고 우왕좌왕합니다. 그러나 만약 그 중의 한 마리의 양이 리더 역할을 하기 시작하면 곧 나머지 다른 양들은 모두 그 양을 따라 쫓습니다. 무리를 이끄는 양이 길을 지나가다 통나무를 뛰어넘으면 다른 양들도 모두 통나무를 뛰어넘습니다. 재밌는 사실은 중간에 사람이 통나무를 몰래 치워놓아도 여전히 그 자리를 점프를 해서 지나간다는 사실입니다. 앞에 장애물이 있든지 없든지 단지 맹목적으로 따라갈 뿐 입니다. 그래서 맹목적으로 누군가를 일방적으로 따라하는 모습을 두고 '양떼 효과'라고 합니다.
   인간에게는 양떼와 같은 맹목적인 추종심리가 있습니다. 그래서 자꾸만 사이비 교주가 생기기도하고, 성인인줄 알았던 사람의 본 모습에 의해 많은 사람들이 넘어지기도 합니다. 그러나 하나님은 진실하시되 오직 사람만이 거짓됩니다. 완전한 사람은 없습니다. 모든 성도들의 유일한 롤 모델은 오직 예수님 한 분뿐임을 잊지 마십시오.

💗 주님! 어지러운 세상의 바른 삶의 모습을 보여줄 수 있게 이끄소서!
🌀 잘못된 삶의 모습을 추종하지 말고 예수님의 발자취만을 따르십시오.

나의 영적 일지

9월 19일

참된 열정이 향하는 곳

읽을 말씀 : 로마서 10:1-10

● 롬 10:2 내가 증언하노니 그들이 하나님께 열심히 있으나 올바른 지식을 따른 것이 아니니라

20세기의 선지자로 불리던 A.W. 토저는 교회 내에서 일어나는 모든 열성은 방향이 분명해야 된다고 말했습니다.

"하나님에 대한 우리의 순수한 사랑은 하나님의 영광을 구하기 위한 일들과 뜨거운 열성으로 표현됩니다. 또한 이런 열성과 일들로 인해 세상의 많은 부분들이 더욱 조화로워집니다. 이런 열성을 가진 사람들은 두말할 여지없이 하나님의 사랑을 받게 되지만 그전에 먼저 조심해야할 것이 있습니다. 먼저 하나님의 영광이 아니라 자기 자신에게 중심을 둔 열성입니다. 높은 종교 지도자들도 이런 잘못된 야욕에 빠질 때가 많이 있습니다."

감리교의 시초라고도 할 수 있는 모라비안 지역의 개신교도들을 이끌던 진젠도르프 백작은 다음과 같은 말을 했습니다.

"나에게는 오직 한 가지 열정이 있습니다. 그 열정은 바로 주님, 주님, 주님 한분만을 향해 있습니다."

자신의 모든 재산을 기부하고 기니피그로 선교를 떠난 웰츠 남작은 이렇게 말했습니다.

"예수님의 제자가 된 지금, 나에게 가문과 작위와 돈과 영토가 무슨 소용이 있겠습니까? 나는 그 분께 나의 모든 것을 바칠 준비가 되어 있습니다."

하나님을 향한 순수한 열정에는 나의 욕심과 명예와 소욕이 묻어있지 않습니다. 오직 주님만을 위한 참된 열정을 온전히 드리십시오.

♥ 주님! 뜨거운 열정이 바른 곳으로 향하게 하소서!
📖 말씀을 통해 주님을 향한 열정을 회복하십시오.

나의 영적 일지

명작을 만드는 것

읽을 말씀 : 골로새서 1:15-20

● 골 1:16 만물이 그에게서 창조되되 하늘과 땅에서 보이는 것들과 보이지 않는 것들과 혹은 왕권들이나 주권들이나 통치자들이나 권세들이나 만물이 다 그로 말미암고 그를 위하여 창조되었고

악성 베토벤은 청각장애를 이겨냈습니다.

베토벤은 귀가 들리지 않게 된 이후에는 피아노에 얼굴을 대고 음의 울림을 느끼면서 작곡을 했습니다. 보통 한곡을 완성한 뒤에도 평균 12번 이상을 다시 고쳤다고 합니다. 그러나 베토벤의 진정한 대표곡들은 바로 이 시기에 탄생했습니다.

하이든은 가난에 시달리면서도 8백 개가 넘는 곡을 작곡했습니다. 하이든의 초창기의 곡들은 대부분 인기가 없어서 팔리지도 않았지만 하이든은 묵묵히 자기의 일을 할 뿐이었습니다. 하이든이 작곡한 불후의 명곡인 '천지창조'는 예술가로써는 이미 전성기가 한참 지난 66세 때 발표한 곡이었습니다.

레오나르도 다빈치는 최후의 만찬을 10년에 걸쳐 그렸습니다. 그는 그림을 그리는 일에 너무 집중한 나머지 식사를 하는 것도 잊은 채 하루 종일 그림만 그리던 때가 많이 있었다고 합니다. 베토벤이 귀가 멀었다고, 하이든이 돈이 안 된다고, 다빈치가 너무 시간이 오래 걸린다고 포기했다면 세기의 가장 유명한 곡과 그림들은 완성될 수 없었을 것입니다.

명작을 만드는 것은 실력을 뒷받침하는 오랜 인내입니다. 나의 노력을 가장 귀하게 사용해주실 주님의 방법과 계획을 인내함으로 기다리십시오.

♥ 주님! 모든 성도들이 하나님의 귀한 작품임을 알게 하소서!
🖼 나를 향한 큰 계획이 있으실 주님을 믿고 깊이 인내하십시오.

나의 영적 일지

9월 21일
종교와 신앙

읽을 말씀 : 로마서 1:13-17

● 롬 1:17 복음에는 하나님의 의가 나타나서 믿음으로 믿음에 이르게 하나니 기록된 바 오직 의인은 믿음으로 말미암아 살리라 함과 같으니라

미국 조지아 주의 페인 대학교에 로이 드라모트라는 목사님이 교목으로 시무하고 계셨습니다.

하루는 채플 시간에 목사님 자신이 20년 간 성경을 공부하면서 깨달은 점을 오늘 말씀을 통해 이야기하겠다고 선언했습니다. 그러나 이날 목사님이 한 설교는 페인 대학교의 채플 역사상 가장 짧은 설교였습니다.

먼저 목사님은 청중들에게 '주님, 나에게 종교란 어떤 의미입니까?'라는 오늘의 설교 제목을 다 같이 읽어보라고 한 뒤에 한 줄로 설교를 끝냈습니다.

"종교, 그것만으로는 아무런 의미가 없습니다. 종교생활에 얽매이지 말고 참된 예수님을 만나십시오."

예수님을 체험하지 않는 종교 생활 자체는 믿지 않는 사람들의 교양생활과 별반 다를 점이 없습니다. 허울뿐인 종교생활이 아니라 성령을 체험하고 예수님에 대한 감사와 기쁨이 샘솟는 감격이 살아있는 신앙생활을 하기 위한 은혜를 구하십시오.

♥ 주님! 모든 예배 속에 참된 주님의 임재를 경험하게 하소서!
🌸 믿음이 성장하는 예수님 중심의 바른 신앙생활을 하십시오.

나의 영적 일지

이미 오신 구세주

읽을 말씀 : 요한복음 4:19-30

● 요 4:25 여자가 이르되 메시야 곧 그리스도라 하는 이가 오실 줄을 내가 아노니 그가 오시면 모든 것을 우리에게 알려 주시리이다

크레타섬에는 많은 무슬림들이 살고 있습니다.

이곳에는 앞에 커다란 주머니가 달린 옷을 입고 생활하는 전통이 있는데, 이것은 인간으로 이 땅에 오실 구세주를 기다리고 있다는 의미라고 합니다.

요르단에 살고 있는 고대 사마리아 인의 후손들 역시 구세주를 기다리고 있습니다.

그들은 아직 메시아가 이 땅에 오지 않았다고 생각하며, 매년 유월절이 되면 예루살렘의 예배당을 찾아가 예배를 드리며 구세주를 기원하는 기도를 합니다. 그러나 이곳의 사마라아인들은 우물가에서 예수님을 만난 사마리아 여인의 600대 후손이라고 합니다. 이미 한참이나 앞선 세대 전에 그들의 선조는 이 땅에 오신 구세주이신 예수님을 만났지만 아직도 이들은 그 사실을 받아들이지 못하고 이미 오신 구세주를 기다리고 있습니다.

역사적으로 예수님과 같은 구세주의 행적을 보이신 인물은 가상으로도 존재하지 않습니다. 구세주를 기다린다고 하면서도 이미 오신 주님을 몰라보는 어리석은 사람이 되지 말고, 예수님이 구세주이심을 믿으며 또한 다시 오실 왕이심을 믿으십시오.

♥ 주님! 이미 오신 예수님을 모든 사람들이 믿음으로 영접하게 하소서!
✤ 하나님을 마음으로 확실히 믿고 또 주변에 담대히 전하는 사람이 되십시오.

나의 영적 일지

9월 23일

염려 해결책

읽을 말씀 : 요한복음 14:1-12

● 요 14:1 너희는 마음에 근심하지 말라 하나님을 믿으니 또 나를 믿으라

　염려를 나타내는 영어단어인 'Worry'는 메림나오라는 그리스의 동사에 그 어원이 있습니다.
　메림나오는 '나누다'라는 메리조와 '마음'이라는 뜻의 누스의 합성어입니다. 곧 염려란 마음을 나눈다는 뜻입니다. 야고보서에도 두 마음을 품어 일에 정함이 없는 사람이 바로 걱정을 하는 사람이라고 나와 있습니다. 또한 성경은 염려의 해결방법으로 다음의 세 가지를 말하고 있습니다.
　첫째는 기도하는 것입니다(눅 18:1). 기도로 우리의 걱정을 고백하고 마음과 생각을 하나님께로 집중할 때 걱정은 자연스레 사라집니다.
　둘째는 기뻐하는 것입니다(빌 4:4). 염려는 불만족의 상태에서 대부분 시작됩니다. 하나님이 주시는 기쁨이 마음에 가득할 때 염려가 끼어들 틈이 사라지게 됩니다.
　셋째는 하나님을 신뢰하는 것입니다(마 6:25). 길가에 풀들도 돌보시는 하나님이 그보다 귀한 우리를 위한 분명한 계획을 예비하셨다는 사실에 대한 믿음이야말로 모든 걱정으로부터 우리를 해방시켜 줍니다.
　세상의 모든 염려를 이길 힘은 하나님의 말씀 안에 있습니다. 하나님께 기도하고, 하나님을 기뻐하고, 하나님을 신뢰함으로 모든 걱정과 두려움을 이겨내십시오.

💟 주님! 믿음을 통해 모든 걱정에서 벗어나게 하소서!
📖 말씀을 믿음으로 걱정에서 해방되십시오.

나의 영적 일지

하나님의 사랑

읽을 말씀 : 요한복음 3:1-18

● 요 3:16 하나님이 세상을 이처럼 사랑하사 독생자를 주셨으니 이는 그를 믿는 자마다 멸망하지 않고 영생을 얻게 하려 하심이라

"하나님은 여러분을 사랑하십니다. 사람들이 모두 여러분을 버렸을지라도 하나님은 여전히 여러분을 사랑하십니다."

해방 후 첫 선교사로 기록되어 있는 최찬영 목사님이 태국의 한센병 환자들이 모인 마을에서 하나님의 사랑을 전하자 곳곳에서 울음소리가 들리기 시작했습니다.

"우린 저주 받았습니다. 그래도 하나님이 우리를 사랑하십니까?", "저도 믿을 수 있나요?" 곳곳에서 하나님을 믿겠다는 소리가 나오기 시작했습니다.

최찬영 목사님은 국내의 사정도 여의치 않을 때에 먼 태국까지 찾아가 가장 낮은 사람들을 찾아가 하나님의 사랑을 전했습니다. 그리고 사랑을 전하는 곳마다 일어나는 뜨거운 반응에 놀랐습니다. "하나님이 여러분을 사랑합니다"라는 한 마디의 말에 모든 사람들이 눈물을 흘리며 주님께로 돌아왔습니다. 눈이 먼 사람, 코가 떨어진 사람, 얼굴이 일그러진 사람들이 복음을 영접한 뒤에 콧노래로 주님을 찬송하면서 즐겁게 식사를 준비하고 예배를 드리기 시작했습니다. 최 목사님은 이 때의 경험을 통해 사람들이 생각보다 하나님의 사랑을 알지 못한다는 사실을 깨달았습니다. 그리고 그 사랑이 선포될 때 일어나는 놀라운 반응을 통해 낮은 자를 통해 임하시는 하나님의 섭리에 대해서 깨닫게 되었다고 합니다.

내가 하나님을 사랑한다면 하나님이 사랑하는 그 사람들도 마찬가지로 사랑해야 합니다. 입으로만 하나님을 향한 사랑을 고백하지 말고, 하나님이 사랑하는 사람들에게 가슴 벅찬 하나님의 사랑을 전해주십시오.

♥ 주님! 하나님의 사랑이 담긴 복음을 즐거이 전하게 하소서!
🙏 사랑이 필요한 상황에 처한 사람들에게 복음을 전하십시오.

나의 영적 일지

9월 25일

한 가지 공통점

읽을 말씀 : 마가복음 14:32-42

● 막 14:38 시험에 들지 않게 깨어 있어 기도하라 마음에는 원이로되 육신이 약하도다 하시고

하나님은 역사 속에서 매우 다양한 사람들을 사용하셨습니다.

매일 새벽 4시면 일어나 왕성한 혈기를 유지하면서 90살까지 장수한 요한 웨슬레 같은 사람을 사용하시기도 하고, 매주 설교 한 편을 마치기가 힘들 정도로 건강이 좋지 않은 데이빗 브레이너 같은 사람을 사용하시기도 했습니다. 19살에 예일대에서 교수로 임용된 조나단 에드워드같은 천재도 사용하셨고, 또한 드와이트 무디와 같이 초등학교도 나오지 못한 사람도 사용하셨습니다. 이런 모습만 보면 우리는 성경과 역사 속에서 하나님이 사람을 사용하시는 기준이 아무것도 없는 것처럼 느낄 수도 있습니다.

그러나 하나님의 쓰임을 받은 모든 사람들에게는 하나님께 기도하는 사람이었다는 한 가지 공통점이 있었습니다. 웨슬리는 1년에 천 번을 넘게 설교를 하는 바쁜 강사였지만 매일 새벽 4시에 일어나자마 기도를 했고, 브레이너는 피를 토하면서도 기도를 멈추지 않았습니다. 에드워드는 자신의 재능을 바르게 사용하게 해달라고 늘 기도했으며, 무디도 오직 기도를 원동력으로 모든 것을 이루었던 기도의 사람이었습니다.

세상을 변화시킬 수 있는 사람, 즉 하나님께 쓰임을 받는 사람은 반드시 기도하는 사람이어야 합니다. 능력과 환경의 구애를 받지 않고 오직 기도함으로 쓰임받기에 준비된 사람이 되십시오.

♥ 주님! 매일 기도하는 영의 사람이 되게 하소서!
🙏 매일 아침을 묵상과 기도로 시작하는 일을 거르지 마십시오.

나의 영적 일지

고귀한 희생

읽을 말씀 : 로마서 5:8-11

● 롬 5:11 그뿐 아니라 이제 우리로 화목하게 하신 우리 주 예수 그리스도로 말미암아 하나님 안에서 또한 즐거워하느니라

2차 대전 때 영국의 시내에는 U.B.F.라는 결사대가 있었습니다.

독일의 공습에 쓰인 폭탄 중에는 시민들의 불안감을 가중시키기 위한 시한폭탄이 있었는데, 이 폭탄들은 서로 각기 다른 시간에 폭파되도록 조작이 되어 있었습니다. 언제 터질지 모르는 폭탄에 대한 두려움을 런던 시민들에게 심어주기 위해서였습니다.

이 사실을 알게 된 전직 장교 출신 포크 공작은 시민들의 안전을 위해 자신이 희생해야겠다는 생각을 하게 되었습니다. 그리고 곧 자신과 같은 뜻을 가진 몇몇의 사람들을 모아 U.B.F.라는 이름의 결사대를 조직한 뒤에 아직 터지지 않은 폭탄이 있는 곳으로 알려진 장소를 찾아가 시한폭탄을 해체하기 시작했습니다. 그렇게 며칠간의 작전 중에 포크 공작의 U.B.F. 결사대는 시한폭탄이 터지는 바람에 모두 죽고 말았습니다. 그러나 34개나 되는 시한폭탄을 제거함으로 많은 영국 국민들의 생명을 살렸고, 또 이들 결사대의 희생으로 폭탄에 대한 두려움을 이길 힘을 얻게 되었습니다.

사람의 인생은 언제 어떻게 죽느냐보다, 죽기 전까지 무슨 일을 통해 누구에게 어떤 도움을 주었느냐로 평가되어야 합니다. 죽어서 하나님 앞에 가기에 부끄러움이 사랑의 희생이 담긴 선행을 실천하십시오.

💗 주님! 선을 행하는 일에 때로는 큰 희생도 감수하는 믿음을 주소서!
🌹 세상과 하나님을 화목하게 하는 일들에 더욱 신경을 쓰십시오.

나의 영적 일지

9월 27일
클로버의 꽃말

읽을 말씀 : 로마서 14:6-12

● 롬 14:6 날을 중히 여기는 자도 주를 위하여 중히 여기고 먹는 자도 주를 위하여 먹으니 이는 하나님께 감사함이요 먹지 않는 자도 주를 위하여 먹지 아니하며 하나님께 감사하느니라

네잎클로버의 꽃말은 '행운'입니다.

네잎클로버는 잎이 세 개인 클로버에 유전적인 변형이 생겨서 나오는 돌연변이인데, 약 7.5%의 확률로 발견이 된다고 합니다. 발견하기도 쉽지 않고 '행운'이라는 꽃말도 좋기 때문에 야외에서 클로버를 발견한 사람들은 여지없이 네잎클로버를 찾기 시작하고 그 과정에서 다른 클로버들은 무참히 밟히기도 하고 뽑히기도 합니다. 하지만 세잎 클로버의 꽃말이 '행복'이라는 사실을 떠올려보면 이와 같은 행동이 얼마나 어리석은 짓인지 알 수 있습니다. 도처에 널려있는 행복을 제쳐두고 행운만을 잡으려는 사람들, 점점 치솟는 복권 판매량과 돈을 벌기 위해서 성과 순결, 양심을 아무렇지도 않게 여기는 남녀들이 점점 늘고 있습니다. 이런 사회 현실을 바라 볼 때에 정말로 중요한 것은 일확천금의 행운이 있는 삶이 아니라 일상의 소소한 즐거움을 알고 하나님께 감사하는 행복이 있는 삶이 아닐까 생각됩니다.

행운과 요행을 바라는 인생엔 짜릿함은 있을지 몰라도 평안과 깊은 만족감은 찾아오지 않습니다. 세상에 태어나 일상을 누릴 수 있다는 것이 진정한 행복임을 깨닫고 평범한 순간들로 인해 감사할 줄 아는 사람이 되십시오.

♥ 주님! 주님을 향한 감사가 가득한 오늘을 살게 하소서!
🌸 오늘 느끼는 모든 감정들을 살피며 행복을 누리십시오.

나의 영적 일지

승자와 패자

읽을 말씀 : 로마서 14:1-5

● 롬 14:4 남의 하인을 비판하는 너는 누구냐 그가 서 있는 것이나 넘어지는 것이 자기 주인에게 있으매 그가 세움을 받으리니 이는 그를 세우시는 권능이 주께 있음이라

'승자와 패자의 차이점'이라는 글입니다.
승자는 실패한 뒤에 '이제 실패의 이유를 알아내자'라고 말합니다.
그러나 패자는 '이건 누가와도 못할 것이다'라고 말합니다.
승자는 실수를 한 뒤에 '이건 내 잘못이군'이라고 말합니다.
그러나 패자는 '그건 내가 잘못한 게 아니야'라고 책임을 전가합니다.
승자는 앞으로 찾아올 고난을 알고 또 견딜 용기가 있습니다.
그러나 패자는 찾아올 고난을 인정하지 않고 언제나 회피하려 합니다.
승자는 자신이 최선을 다했는지 돌아봅니다.
그러나 패자는 자신이 꼴찌가 아니라는 사실에만 안도합니다.
승자는 자신보다 더 나은 사람에게서 배우려고 합니다.
그러나 패자는 자신보다 못한 사람을 깎아 내리려고 합니다.
승자는 행동으로 보여주고 증명하지만 패자는 말로만 약속만 합니다.
인생을 승리하는 사람은 실패에서 다르게 반응하는 사람입니다. 실패하지 않는 사람은 없습니다. 약속의 말씀을 이루실 주님을 굳건히 신뢰하십시오.

♥ 주님! 말씀으로 승리하는 삶이 되게 하소서!
❀ 나의 연약함을 강하게 쓰시는 하나님을 의지하십시오.

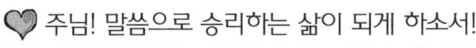

9월 29일

하나님을 모실 마음

읽을 말씀 : 빌립보서 2:1-8

● 빌 2:5 너희 안에 이 마음을 품으라 곧 그리스도 예수의 마음 이니

　1775년의 한 가을에 미국 볼티모어에서 가장 큰 여관에 한 허름한 옷을 입은 남자가 찾아왔습니다.
　남자는 묵을 방을 달라고 주인에게 요청했지만 남자를 가난한 농부로 판단한 여관 주인은 방이 없다는 이유로 거절했습니다. 농부가 구걸을 하거나 돈이 없다고 말하지는 않았지만 행색으로 보아 여관비를 낼 돈이 없을 것이라고 생각되었기 때문입니다. 그러나 그 농부같아 보이는 남자가 떠나가고 하루가 지난 뒤에 여관주인이 자신이 큰 실수를 했다는 사실을 알게 되었습니다. 그 허름한 옷을 입은 남자는 가난한 농부가 아니라 미국의 대통령 토마스 제퍼슨이었습니다.
　대통령에게 무례를 범한 것이 마음에 걸렸던 여관 주인은 곧 사람을 보내 "사람을 몰라보고 실수를 범했습니다. 제발 우리 여관에 찾아와주십시오. 가장 좋은 방과 좋은 음식으로 모시겠습니다. 돈은 물론 필요 없습니다"라고 전했습니다.
　제퍼슨은 여관에 찾아가는 대신 다음과 같은 답신을 보냈습니다.
　"농부에게 줄 방이 없는데, 대통령에게 줄 방은 어디서 생긴다는 말입니까?"
　하나님을 마음에 모실 자리가 있다면 불쌍하고 가난한 사람들을 위한 마음의 자리도 있어야 합니다. 지극히 작은 사람에게 한 것이 바로 하나님께 한 것이라는 주님의 말씀을 항상 잊지 마십시오.

　♡ 주님! 예수님의 사랑으로 섬기고 사랑하게 하소서!
　🞰 주님을 위하는 마음으로 어려운 사람들을 섬기십시오.

　나의 영적 일지

지금 할 수 있는 일

읽을 말씀 : 요한복음 4:35-42

● 요 4:36 거두는 자가 이미 삯도 받고 영생에 이르는 열매를 모으나니 이는 뿌리는 자와 거두는 자가 함께 즐거워하게 하려 함이라

미국에 알펜스라고 하는 여인이 있었습니다.

교통사고로 반신불수가 된 여인은 대부분 병원 병실에 누워서 하루 종일 시간을 보내는 것밖에 할 수가 없었지만 그런 절망적인 상황 속에서도 '비록 이런 상황에서도 내가 할 수 있는 일이 있지 않을까?'라는 생각을 계속 했습니다.

그리고 비록 누워는 있지만 팔은 어느 정도 쓸 수 있기 때문에 그림을 배워보기로 결정한 뒤에 열심히 노력해 화가가 되었습니다. 화가가 된 여인은 이제 '내가 그림을 가지고 할 수 있는 일이 무엇이 있을까?'라는 생각을 했습니다.

그리고 자신이 살고 있는 지역의 야생화를 수집해 달라고 부탁해 예술적인 감각으로 일러스트를 그리기 시작했습니다. 시간이 흐르자 작품은 500여점에 달했고, 여인이 그린 야생화 일러스트에 대한 소문을 들은 하버드 대학에서 모두 일괄적으로 구입하겠다고 연락을 받게 되었습니다. 양손밖에 쓸 수 없는 여인은 단지 자신이 할 수 있는 일을 했을 뿐이지만 그 일은 많은 사람들을 위한 훌륭한 자료이자 작품이 되었습니다. 남을 돕는 일, 인생에서 정말로 중요한 일은 거창한 계획이나 계기로부터 오는 것이 아닙니다. 지금 할 수 있는 일에 최선을 다하십시오.

어떤 상황에서도 맡은 소임을 다하는 충성된 종이 되십시오.

♥ 주님! 기쁨으로 복음의 씨앗을 뿌리게 하소서!
🌱 할 수 있는 최선을 다하되 모든 결과는 주님께 맡기십시오.

나의 영적 일지

하나님께서 주시는 복은
사람을 부하게 하고 근심을 겸하여
주지 아니 하시느니라
잠 10:22

10월

10월 1일

미래와 현실

읽을 말씀 : 야고보서 4:13-17

● 약 4:14 내일 일을 너희가 알지 못하는도다 너희 생명이 무엇이냐 너희는 잠깐 보이다가 없어지는 안개니라

   미국 캘리포니아에 있는 프리몬트 새너제이미션스쿨을 다니고 있는 윌 김 군은 '오바마의 칭찬을 받은 고교생'으로 유명합니다.
   미국의 대학진학적성검사인 SAT를 공부하던 김 군은 문제의 지문으로 나왔던 소액창업자를 위한 시스템인 '마이크로크레디트'에 대한 내용을 읽고 자신도 이와 같은 일을 하는 사람이 되어야겠다는 생각을 했습니다. 그리고 '해피데이 마이크로펀드'를 설립한 뒤에 지역과 함께 할 수 있는 각종 행사들을 기획해 모금을 한 뒤에 창업을 하고자 하는 저소득층 학생들에게 매우 낮은 금리로 대출을 해주는 일을 시작했습니다. 이 소식을 우연히 들은 오바마 대통령은 백악관에서 직접 김 군에게 연락을 해 매우 훌륭한 일을 하고 있다고 칭찬을 했습니다. 그리고 워싱턴에 있는 공립 고등학교에서 개학연설을 진행하면서도 김 군의 활동에 대해서 언급을 하며 다음과 같은 말을 했습니다.
   "김 군은 창의적이고 진취적인 방법으로 배움이 필요한 또래를 돕고 있습니다. 여러분은 단순히 미래에 필요한 인재가 아닙니다. 이제는 지금의 젊은이들의 열정과 아이디어가 필요한 시대입니다."
   현실은 미래를 위한 투자가 아닙니다. 미래를 위해 준비해야하는 것은 맞지만 지금 나의 모습으로도 충분히 하나님의 쓰임을 받을 수 있고, 하나님을 기쁘시게 해드릴 수 있는 좋은 일들을 할 수 있음을 믿으십시오.

♥ 주님! 오늘 부르시는 하나님의 음성에 응답하게 하소서!
🌀 미뤄뒀던 결심들을 한 가지 이상 오늘 실천하십시오.

나의 영적 일지

죄에 대한 이야기

읽을 말씀 : 사도행전 2:37-47

● 행 2:38 베드로가 이르되 너희가 회개하여 각각 예수 그리스도의 이름으로 세례를 받고 죄 사함을 받으라 그리하면 성령의 선물을 받으리니

    중세시대에 철저한 복음주의 성향을 나타냈던 모리비안파의 한 선교사가 복음을 전하러 그린란드로 선교를 떠났습니다.
    선교사는 먼저 원주민과 친해지고 그들과 동화되는 일이 급선무라고 생각해서 그들의 말과 풍습, 생활양식을 배웠습니다. 그렇게 점점 원주민들과 친해지면서 복음을 전하려고 했지만 이상하게도 복음의 씨앗은 결실을 맺지 못했습니다. 선교를 온 지 17년이 지났고 선교사는 원주민들과 아주 두터운 친분을 유지하고 있었지만 단 한 명의 개종자도 없었습니다.
    그러던 어느 날 카자르나크라는 주민 한 명이 선교사님의 집에 놀러왔습니다. 그리고 우연히 대화가 예수님의 생애에 대해서 흘러가기 시작했습니다. 선교사님은 예수님에 대해서 얘기를 하다가 우리의 죄와 예수님의 죽음에 대해서 이야기하기 시작했고, 그 이야기를 들은 카자르나크는 주님을 영접했고 자신의 주변 사람들에게도 그 이야기를 전하기 시작하며 많은 사람들이 개종하기 시작했습니다.
    17년 만에 원주민들의 회심을 가능케 했던 것은 죄에 대한 이야기였습니다. 죄를 먼저 인정하지 않고는 진실한 회개를 할 수 없고, 예수님을 믿지 않고는 구원을 받을 수가 없습니다. 구원을 위해 필요한 것은 축복과 평안이 아닌 하나님 없이 산 것에 대한 깨달음과 뉘우침 입니다. 필요한 상황이 찾아온다면 담대하게 하나님을 선포하십시오.

♥ 주님! 참된 회개로 점점 죄의 길에서 벗어나게 하소서!
🙏 구원을 통한 죄사함의 축복을 다른 사람에게도 전하십시오.

나의 영적 일지

10월 3일 - 아름다움을 통한 전도

읽을 말씀 : 고린도전서 11:23-34

● 고전 11:26 너희가 이 떡을 먹으며 이 잔을 마실 때마다 주의 죽으심을 그가 오실 때까지 전하는 것이니라

"모든 영광을 저를 이 자리에 세우신 하나님께 돌립니다."
2011년도 미스코리아 선발 대회에서 진으로 선발된 이성혜 씨의 수상 소감입니다. 당시 방송국 PD들은 서울 진으로 당선되었을 때부터 이성혜 씨에게 종교적인 발언은 절대로 해서는 안 된다고 주의를 주었지만 거침없이 수상 소감으로 영광을 하나님께 돌렸습니다. 이성혜 씨가 미스코리아 선발 대회에 나간 것은 하나님께 영광을 돌리고 이후의 선교활동을 위한 것이었기 때문입니다.

이성혜 씨의 집안은 4대째 내려오는 믿음의 가문입니다. 증조할아버지는 북한에서 순교를 당하셨고, 할아버지는 목회자였으며, 아버지는 의사였지만 직업보다도 더 많은 시간을 청년 사역을 하며 헌신을 했습니다. 그리고 4대째를 맞은 이성혜 씨는 하나님이 주신 아름다움으로 얻은 귀한 자리를 통해 앞으로 가난한 곳에 복음과 희망을 전하는 미의 전도사가 되겠다고 다짐했습니다. 미스코리아로 받은 상금도 이미 절반은 장학금으로 사용을 했고, 절반은 말라리아 퇴치 비용으로 아프리카 구호 단체에 보냈습니다. 그리고 앞으로는 전공을 살려 패션 업계에서 큰 성공을 거둬 굶주린 이웃들을 위해 돈을 사용하는 청렴한 부자가 되는 것이 목표라고 말했습니다.

하나님이 주신 나의 재능을 올바르게 사용한다면 그것을 통해 하나님이 영광을 받으시고 복음을 전할 수 있습니다. 하나님이 나에게 주신 재능을 잘 관리하고 또 사용하는 지혜로운 청지기가 되십시오.

♥ 주님! 구원의 주님을 기념하며 항상 주님을 전하게 하소서!
🙏 나의 가진 것으로 복음을 전파하며 주님을 기쁘시게 하십시오.

나의 영적 일지

예수님을 향한 중심

읽을 말씀 : 마가복음 8:27-38

● 막 8:38 누구든지 이 음란하고 죄 많은 세대에서 나와 내 말을 부끄러워하면 인자도 아버지의 영광으로 거룩한 천사들과 함께 올 때에 그 사람을 부끄러워하리라

중세의 성직자 중에 줄리어스라는 유명한 사람이 있었습니다.

하루는 줄리어스의 꿈에 천사가 손님으로 찾아왔습니다. 줄리어스는 천사와 식사를 하면서 대화를 나누다가 주님을 향한 자신의 열정을 자랑하기 시작했습니다.

"당신은 천사고 나는 사람이지만 주님을 향한 열정이라면 조금도 뒤지지 않을 것입니다."

그러자 천사는 줄리어스의 마음에 있는 열심을 재보겠다고 말한 뒤에 잠시 눈을 감았다 떴습니다.

"맞습니다. 당신의 열정은 확실히 천사인 저보다도 큰 것 같습니다. 그런데 그 열정의 40%는 인정받고자 하는 마음입니다. 그리고 나머지 40%는 명예에 대한 열정입니다. 그리고 나머지 15%도 기타 잡다한 생각과 이유로부터 나오는 열정이군요. 주님을 향한 열정은 5%정도 되는 것 같습니다."

줄리어스는 꿈에서 깬 뒤에 자신의 마음을 놓고 회개의 기도를 드렸습니다. 그리고 이후로는 오로지 주님을 향한 열정을 드리기 위해서 많은 노력을 했습니다.

당신의 마음엔 예수님을 향한 생각이 몇 %나 있습니까? 우리의 가장 귀한 시간과 열정을 하나님께 드리고 있는지, 아니면 나의 필요와 할 일을 모두 한 뒤에 남는 시간을 주님께 드리고 있는지 삶과 드려지는 예배를 다시 점검해보십시오.

💛 주님! 모든 영광을 주님께 돌리는 삶을 살게 하소서!
🍁 나의 삶에 가장 귀한 것들로 주님을 예배하고 경배하십시오.

나의 영적 일지

10월 5일
명사들의 비결

읽을 말씀 : 빌립보서 4:10-17

● 빌 4:12 나는 비천에 처할 줄도 알고 풍부에 처할 줄도 알아 모든 일 곧 배부름과 배고픔과 풍부와 궁핍에도 처할 줄 아는 일체의 비결을 배웠노라

성공한 사람과 가문에는 항상 비결이 있습니다.

록펠러 가문과 비견될 정도로 막대한 재산을 쌓은 유럽의 금융명문가 로스차일드 가문은 가문의 성공의 비결을 다음의 세 가지로 말합니다.

1. 맡은 일은 즉시 해라.
2. 최대한 흥정해라.
3. 담대하게, 그러나 조심성 있게 행동하라.

성공한 경영자인 스티븐 지라드는 다음과 같이 말했습니다.

"손안의 동전을 아끼십시오, 그러면 지폐는 알아서 들어옵니다."

아모스 로렌스는 성공을 꿈꾸는 청년들에게 다음과 같이 말했습니다.

"진정으로 성공하고 싶다면 정직성의 원칙을 지키십시오. 정직성을 잃어버리면 나중에 돌이킬 수 없는 댓가를 반드시 치르게 됩니다."

뉴욕의 상업왕 스튜어트는 성공의 비결이 노력에 있다고 말했습니다.

"아무리 재능이 뛰어나도 여건이 좋아도 땀이 깃든 노력을 하지 않으면 성공하지 못합니다."

성공의 분야는 달라도 성공의 비결은 모두 똑같습니다. 원칙을 지키는 정직한 노력이 성공의 비결이듯이, 매일 갖는 경건의 시간이 성공하는 신앙생활의 비결임을 기억하십시오.

♥ 주님! 하나님의 뜻을 따라 행하는 것이 참된 성공임을 알게 하소서!
🎯 성경을 통해 나만의 성공의 비결을 만드십시오.

나의 영적 일지

성경과 고고학

읽을 말씀 : 요한일서 4:1-11

● 요일 4:1 사랑하는 자들아 영을 다 믿지 말고 오직 영들이 하나님께 속 하였나 분별하라 많은 거짓 선지자가 세상에 나왔음이라

프린스턴 대학교의 신학과에서 셈족언어를 가르치는 로버트 딕 윌슨 교수는 대학생 시절부터 오랜 시간동안 성서의 원문과 언어학을 공부했습니다. 그는 자신의 연구와 발표된 자료를 토대로 성경에 대해서 다음과 같이 말했습니다.

"제가 공부한 바에 따르면 구약 성서에 대한 내용은 진실된 내용이라고 단언할 수 있습니다."

유명한 고고학자 키나만 박사도 성경의 증거를 나타내고 있는 수만 권의 논문을 분석한 뒤에 다음과 같이 말했습니다.

"제가 검토한 성경의 증거가 되는 논문들을 모두 검토한 결과 제 생각으로는 이것들을 부정할 수 있는 근거나 증거가 없을 것이라고 생각됩니다."

귀니스라는 사람은 성경의 영향력에 대해서 연구를 했습니다. 그의 연구에 따르면 성경은 1659개국의 언어로 번역이 된 가장 널리 알려진 책이며, 1815년부터 160년 동안 25억권의 성경이 인쇄되어 출판되었다고 합니다.

가장 많은 사람으로부터 공격을 받는 책이 성경입니다. 그러나 그 오랜 시간 동안 권위를 유지하고 또한 세계에 널리 퍼져나갈 수 있었다는 건 성경이 하나님의 말씀이라는 진실성 때문입니다. 성경이 하나님의 말씀이며, 하나님의 말씀이 곧 성경이라는 믿음을 반석 위에 세우십시오.

♥ 주님! 믿음의 근본인 성경을 확고히 믿게 하소서!
🕮 성경은 믿어야만 하는 책이 아니라 믿을 수밖에 없는 책임을 기억하십시오.

나의 영적 일지

10월 7일 기부의 이유

읽을 말씀 : 마태복음 6:1-5

● 마 6:1 사람에게 보이려고 그들 앞에서 너희 의를 행하지 않도록 주의하라 그리하지 아니하면 하늘에 계신 너희 아버지께 상을 받지 못하느니라

    홍콩 굴지의 기업인 허치슨 왐포아의 리카싱 회장은 중화권 최고의 갑부로 손꼽힙니다. 2010년 기준으로 210억 달러의 재산을 가져 세계에서 14번째로 부자로 뽑힌 리 회장은 빌 게이츠나 워런 버핏처럼 세계적으로 알려져 있지는 않지만 1980년에 리카싱기금회라는 재단을 만들어 지금까지도 매우 많은 재산을 공공의 발전을 위해 기부를 하고 있습니다. 단일 자선재단으로만 따지면 빌 게이츠에 이어서 세계 2위인 리카싱기금회는 특히나 교육과 의료 등의 공익사업에 전문적으로 기부를 합니다. 최근에는 지원을 할 단체를 재단에서 직접 선정하지 않고 인터넷을 통한 투표로 직접 선정하는 방식을 취했는데, 이런 방식으로 일반인들에 대한 기부의 관심과 참여도가 매우 크게 높아졌다고 합니다.
    리 회장이 지금까지 기부를 한 금액은 한화로 약 1조 5000억 원에 달합니다. 자신의 총 자산의 절반이 넘는 금액으로 결코 적은 금액이 아니지만 최근에 다시 450억 원을 추가로 재단에 기부 했다고 합니다.
    리 회장은 자신이 이런 기부 활동을 하는 것에 대해서 12살 때부터 가장이 되어 정규 교육을 받지 못해 겪었던 어려움을 다른 사람이 똑같이 겪게 되지 않기 위해서라고 말했습니다.
    어려움을 아는 사람, 그리고 어려움을 극복한 사람만이 어려움을 당하는 다른 사람을 위한 큰 도움을 줄 수 있습니다. 하나님이 주시는 도움으로 세상의 어려움을 이겨내고 동일한 처지의 사람들을 돕는 사람이 되십시오.

♥ 주님! 진실함에서 나오는 선행과 사랑으로 다른 사람을 돕게 하소서!
🖼 겪은 어려움을 통해 다른 사람을 돕는 사랑으로 이으십시오.

나의 영적 일지

마음가짐의 차이

읽을 말씀 : 마태복음 22:35-40

● 마 22:37 예수께서 이르시되 네 마음을 다하고 목숨을 다하고 뜻을 다하여 주 너의 하나님을 사랑하라 하셨으니

　미국의 건국 초기에 장래가 촉망받는 청년 장교가 한 명 있었습니다. 율리시스 그란트라는 이름의 청년은 실력에 너무 자신이 있는 나머지 오만한 성품으로 과음과 도박을 일삼다 군대에서 쫓겨나고 말았습니다. 장교는 마을로 돌아가 평범한 농부가 되어 반성하며 살고 있었는데, 이후에 미국에 전쟁이 일어나 일반 사병을 모집하는 것을 보고 다시 입대를 했습니다. 전직 장교임에도 다시 사병부터 시작해야 했지만 청년은 겸손한 마음으로 최선을 다했습니다.
　청년은 차근차근 공적을 세워 다시 장교가 되었고, 더 나아가 장군이 되었습니다. 그리고 국방부장관이 되었고 나중에는 미국의 18대 대통령이 되었습니다.
　같은 재능이지만 겸손함의 차이가 확연히 다른 결말을 만들었습니다. 몸과 마음이 겸손히 하나님께로 향해있는 사람만이 하나님이 주신 달란트를 제대로 활용할 수 있습니다. 나를 중심으로 하는 삶에서 하나님을 중심으로 모시는 삶으로 인생의 방향을 전환하십시오.

　♥ 주님! 가진 달란트를 겸손함으로 바르게 사용하게 하소서!
　❀ 모든 일의 교만을 조심하고 하나님 앞에 더욱 겸손한 자세로 일하십시오.

나의 영적 일지

10월 9일
예배의 목적

읽을 말씀 : 요한복음 4:21-24

● 요 4:24 하나님은 영이시니 예배하는 자가 영과 진리로 예배할지니라

성도는 매우 많지만 내부적으로 문제가 많은 교회가 있었습니다.
목사님을 모시는 조건도 좋았고 지리적인 환경과 장소도 좋았기에 많은 목회자들이 이 교회에 담임으로 청빙되어 왔지만 모두 얼마 못 버티고 그만두게 되었습니다. 그러던 이곳에 장래가 촉망받는 젊은 목사님이 부임하게 되었습니다. 그 사실을 알게 된 한 친구 목사님이 목사님을 찾아와 걱정을 나타냈습니다.
"그 교회의 성도들은 4개의 파로 갈라져 싸우고 있네, 700명의 교인이 모두 다른 생각을 하고 있지. 그런데 도대체 그 교인들을 어떻게 만족시킬 생각이란 말인가?"
"내가 이 교회에 온 것은 700명의 성도들을 만족시키고 규합하기 위해서 온 것이 아니네. 나는 다만 하나님을 만족시키기를 원해. 그것이 이루어지면 다른 모든 문제들은 알아서 해결 될 걸세."
결국 많은 성도가 교회를 떠나기도 하면서 위기가 찾아오는 듯 보였지만 결국 교회는 이전보다 더욱 성장했고, 더 이상 내부 균열 없이 지역사회에도 큰일을 하는 교회로 성장할 수 있었습니다.
교회는 건물이 아니라 하나님을 예배하고자 하는 사람들의 모임입니다. 하나님을 기뻐하고 경배하는 사람들이 모인다면 세상의 그 어떤 문제도 아주 작은 문제일 뿐입니다. 문제가 있을 때는 예배하십시오. 걱정과 근심의 그림자가 더욱 드리워질 때 더욱 예배하십시오.

💟 주님! 오직 주님께 드려지는 예배를 위해 모이는 교회가 되게 하소서!
📖 하나님이 만족하시고 받을만한 예배를 드리고 있는 생각해보십시오.

나의 영적 일지

권리와 의무

읽을 말씀 : 고린도전서 4:1-5

● 고전 4:1 사람이 마땅히 우리를 그리스도의 일꾼이요 하나님의 비밀을 맡은 자로 여길지어다

미국의 일리노이 주에 심각한 경제 위기가 찾아온 적이 있습니다.

일리노이 주의 재정상태가 급격히 좋지 않아짐에 따라 주민들까지도 생활고에 시달렸습니다. 당시 일리노이 주민들은 경기가 어렵다는 이유로 법적인 제도를 활용한 빚을 갚지 않으려고 했고, 이를 위한 편법이 아주 성행했습니다. 그런데 이제는 주 정부까지 나서서 펜실베이니아 주에 진 빚을 갚을 능력이 없다는 이유로 채무 거절 소송을 하려고 했습니다. 당시 입법부에 있던 스테판 더글라스는 몸이 안 좋아 중환자실에 있었지만 이 사태를 그냥 두어서는 안 되겠다고 생각을 했습니다. 그는 들것에 실려 일리노이 주에 가서 힘겹게 기자들 앞으로 등장해 의무를 이행하는 일리노이 주에 대한 결의안을 제출하면서 힘겹게 입을 열어 한 마디를 했습니다.

"일리노이 주와 국민 여러분, 우리는 정직해야 합니다."

일리노이 주의 채무 거절에 대한 반대 의사를 표명한 스테판의 결의안은 거의 만장일치로 통과되었고, 이후 주 정부 뿐 아니라 일리노이 주민들 사이에서도 무분별한 채무 거절 소송은 대부분 사라지게 되었습니다.

권리만 누리고 의무를 소홀히 해서는 안 됩니다. 천국에 들어가는 하나님의 자녀의 권리를 가졌다면 그 자녀들에게 주어진 의무도 다해야 합니다. 예수님의 제자로써 해야 할 일들을 정직하게 실천하십시오.

♥ 주님! 세상에 하나님의 이름을 부끄럽게 만들지 않는 성도가 되게 하소서!
🙏 하나님의 자녀로써 신의를 줄 수 있는 가정생활과 사회생활을 하십시오.

나의 영적 일지

10월 11일

꿈과 재능을 키우는 교회

읽을 말씀 : 잠언 12:11-17

● 잠 12:12 악인은 불의의 이익을 탐하나 의인은 그 뿌리로 말미암아 결실하느니라

    SBS에서 방송된 오디션 프로그램인 'K팝스타'에서 우승한 박지민 양의 꿈은 세계적인 CCM 가수가 되는 것입니다.
    국내 최고의 연예기획사 세 곳과 메이저 방송사가 함께 한 거대 프로젝트에서 16살의 나이로 당당히 우승을 차지했고 미국 CNN에서까지 취재를 왔을 정도로 노래 실력을 인정받은 지민 양이지만 처음 지민 양의 꿈과 끼를 키워준 곳은 바로 교회였습니다.
    태국에서 어린 시절을 보낸 지민 양은 동네의 한인 교회를 다녔습니다. 그리고 그곳에서 찬양팀으로 활동하며 노래를 불렀고 특송도 자주 했습니다. 이런 활동 중에 자신이 노래에 재능이 있다는 사실을 알게 되었고, 그 노래를 통해서 사람들에게 힘과 위로를 주는 가수가 되겠다는 꿈을 키웠습니다. 그리고 K팝스타라는 기회를 만나 기도와 노력으로 열심히 준비를 했고 우승이라는 큰 결실을 맺었습니다. 지민 양은 대회 내내 놀라운 은혜를 주시는 하나님과 동행함을 느꼈다고 고백하며 앞으로 찬양을 부르는 세계적인 대중가수가 되겠다고 자신의 목표를 다시 한 번 다짐했습니다.
    교회는 하나님을 예배하는 장소입니다. 그러나 하나님이 주신 달란트를 가진 사람들을 키워내고 발견하는 일도 감당해야 합니다. 교회에서 세상을 향한 영향력을 가진 인물들이 더 많이 나와야 합니다. 교회를 통해 많은 학생과 청년들의 재능이 발견되고 키워질 수 있도록 노력하고 또 도움을 주십시오.

♡ 주님! 교회를 뿌리로 더 많은 재능들이 세상으로 뻗어나가게 하소서!
📖 귀한 달란트를 바르게 키워줄 수 있게 되는 교회가 되도록 기도하십시오.

나의 영적 일지

아직 알지 못하는 것

읽을 말씀 : 디모데후서 3:12-17

● 딤후 3:16 모든 성경은 하나님의 감동으로 된 것으로 교훈과 책망과 바르게 함과 의로 교육하기에 유익하니

    스웨덴의 유명한 오페라 가수인 제니 린드는 가장 전성기 때에 화려한 무대를 뒤로하고 돌연 은퇴를 선언했습니다.
    사람들은 그녀의 은퇴의 이유에 대해서 여러 가지 추측을 했으나 별다른 원인을 찾지 못했습니다. 그래서 그녀가 무대의 화려한 생활을 잊지 못하고 곧 돌아올 것이라고만 생각했습니다. 그러나 사람들의 기대와는 다르게 그녀는 복귀에 대한 생각을 전혀 않고 있었습니다. 시간이 흐르고 차츰 그녀를 향한 사람들의 관심도 시들어졌습니다. 그러나 그녀를 여전히 기억하던 한 기자가 그녀의 집으로 찾아갔습니다. 제니는 기자에게 저녁을 대접했고, 이런저런 이야기를 나누다가 기자가 그녀에게 은퇴의 이유에 대해서 물었습니다.
    "도대체 무슨 이유로 최전성기에 은퇴를 하셨습니까?"
    그러자 제니는 탁자에 있던 성경책을 가지고 와 보여주며 말했습니다.
    "난 오페라를 통해 모든 걸 누렸어요. 대중적인 인기, 돈과 명예, 전문가들의 찬사, 성공한 오페라 가수의 삶이 어떤 것인지 난 알고 있습니다. 그러나 예수님을 믿고 난 뒤에 성경에 대해서는 전혀 모르고 있다는 사실을 알게 되었습니다. 그래서 이제 내 인생에서 더 중요하다고 생각되는 이 성경에 대해서 공부할 시간을 가지고 있는 것뿐입니다."
    성경은 진리이자 생명입니다. 성경을 통해 하나님과 그 사랑에 대해서 더욱 알아갈 수 있습니다. 하나님이 주신 말씀을 소중히 여기는 마음으로 매일 즐겁게 성경을 묵상하십시오.

♥ 주님! 성경의 말씀을 더욱 사모하며 공부하게 하소서!
🙏 성경을 더욱 묵상하며 이해하기 어려운 말씀은 교역자에게 도움을 청하십시오.

나의 영적 일지

10월 13일

맡은 자의 충성

읽을 말씀 : 고린도전서 4:1-6

● 고전 4:2 그리고 맡은 자들에게 구할 것은 충성이니라

    미국 뉴잉글랜드의 영적 지도자였던 스테픈 올린 목사님이 한때는 자신의 사역에 대해서 크게 낙심한 적이 있었습니다.
    아무리 열성을 다해 설교를 하고 기도를 해도 성도들에게는 조금의 변화의 모습도 보이지 않았고, 교회도 전혀 부흥되지 않았습니다. 금식을 해도 마찬가지였습니다. 변하지 않는 현실에 진이 빠진 목사님은 자신에게 목회자의 자질이 있는지, 계속해서 목회를 하는 것이 맞는지 고민하기 시작했습니다. 그리고 결국 목회를 그만두기로 결정한 그날 밤에 다음과 같은 꿈을 꾸었습니다.
    꿈에서 목사님은 거대한 바위를 깨는 석공으로 일을 하고 있었습니다. 그러나 아무리 온 힘을 다해서 바위를 쳐도 꿈쩍도 하지 않았습니다. 한참을 치던 목사님이 결국 손에서 연장을 놓으려 했는데, 그 때 감독관이 나타나 말했습니다.
    "바위가 어찌되든 그것은 당신이 상관할 바가 아닙니다. 당신이 맡은 일은 단지 바위를 치는 것입니다."
    꿈에서 깬 목사님은 하나님이 자신에게 맡기신 소명에 대해서 다시 한 번 생각했고, 또한 환경에 상관없이 목회로 충성을 다하기로 결심했습니다.
    하나님의 일은 능력이 있는 사람이 아니라 충성을 다하는 사람에게 주어집니다. 우리는 하나님의 도구일 뿐입니다. 하나님의 능력을 나타내기에 합당한 충성하는 일꾼이 되십시오.

♥ 주님! 청지기의 사명을 바로 알아 잘 감당하게 하소서!
📖 청지기의 사명을 잘 감당하는 하나님의 일꾼이 되십시오.

나의 영적 일지

이메일 전도운동

읽을 말씀 : 마태복음 10:1-14

● 마 10:13 그 집이 이에 합당하면 너희 빈 평안이 거기 임할 것이요 만일 합당치 아니하면 그 평안이 너희에게 돌아올 것이니라

최근 미국의 교계에서는 '백 투 처치 선데이' 운동이 한창입니다. 교회에 잠시 다녔거나, 한 번도 교회에 다니지 않았던 사람들을 주일 날 교회로 초대하는 운동인데 이 중에서 특히 이메일로 초대장을 보내는 방법이 매우 좋은 효과를 보이고 있다고 합니다.

'백 투 처치 선데이' 운동에 참여하는 사람들은 1주일에 한 번씩 1년 동안, 이번 주에 자신이 다니는 교회에 참석 해줄 것을 요청하는 초대장 형식의 이메일을 70만 명에게 보냈다고 합니다. 그 결과 이 운동에 참여하고 있는 교회들의 평균 교회 출석 인원수가 20%정도 늘었다고 합니다.

이메일을 통해 교회로 초청하는 운동이 처음 제안되었을 때에는 너무 유치하다는 이유와 실효성이 없을 것이라는 이유로 많은 교회들에서 받아들이지 않았습니다. 그러나 1년간의 성과를 본 교회들이 추가로 더욱 참여해 최근에는 초대장 형식의 이메일이 100만 명이 넘는 사람들에게 보내졌다고 합니다.

아무 소용없을 것 같은 소소한 방법들도 실천하지 않는 것보다는 효과가 분명히 있습니다. 내 주변의 믿지 않는 가족과 영혼들을 전도하기 위해선 아무리 작은 일이라도 실천하고자 하는 의지와 노력이 필요합니다. 낮은 가능성이라도 전도를 위한 일을 계속해서 실천하십시오.

♥ 주님! 복음을 올바로 전할 수 있는 지혜로 인도하여 주소서!
🌸 한 달에 한 번 정도는 예배에 믿지 않는 사람들을 초대하십시오.

나의 영적 일지

10월 15일

침몰의 원인

읽을 말씀 : 베드로후서 3:14-18

● 벧후 3:16 또 그 모든 편지에도 이런 일에 관하여 말하였으되 그 중에 알기 어려운 것이 더러 있으니 무식한 자들과 굳세지 못한 자들이 다른 성경과 같이 그것도 억지로 풀다가 스스로 멸망에 이르느니라

'침몰하는 영혼'이라는 작자 미상의 시입니다.

「세상의 모든 물이 아무리 애를 써도
배를 결코 가라앉게 할 수 없습니다.
배가 침몰되는 것은 다만 한 가지,
배가 파손 되어 안으로 물이 들어오기 때문입니다.

이와 같이 세상의 모든 악이 몰려와도
한 사람의 영혼을 무릎 꿇릴 수는 없습니다.
사람의 영혼이 죄의 노예가 되는 것은 다만 한 가지,
거룩하지 못한 삶으로 유혹에 넘어가기 때문입니다.」

세상의 악은 우리를 미혹시킬 수는 있어도 결코 강제로 굴복시킬 수는 없습니다. 예수님의 십자가로 인한 하나님의 승리는 완전한 것입니다. 악한 영의 미혹에 넘어지지 말고 십자가의 승리를 담대히 선포하십시오.

♥ 주님! 악한 영에 미혹되지 않게 하시고 세상의 죄에 빠지지 않게 하소서!
🕮 믿음을 위협하는 여러 가지 유혹으로부터 더욱 조심하십시오.

나의 영적 일지

꾀와 지혜

읽을 말씀 : 고린도전서 3:18-23

● 고전 3:19 이 세상 지혜는 하나님께 어리석은 것이니 기록된 바 하나님은 지혜 있는 자들로 하여금 자기 꾀에 빠지게 하시는 이라 하였고

옛날 어느 고을에 욕심 많은 부자가 살고 있었습니다.

하루는 부자가 실수로 천 냥이 들어있는 보따리를 잃어버렸습니다. 부자는 돈을 돌려주는 사람에게는 절반을 주겠다고 벽보를 붙였습니다. 오백 냥을 받겠다고 천 냥을 돌려주는 사람이 있을 리는 만무했지만 보따리를 주웠던 순박한 농부는 부자에게 보따리를 돌려주었습니다. 그러나 막상 돈을 농부에게 주려니 너무 돈이 아까웠던 부자가 말했습니다.

"사실은 이 보따리에 이천 냥이 들어있었네, 이미 자네가 절반을 가졌나보군?"

농부는 보따리 그대로를 가져왔다고 했지만 부자는 막무가내였습니다. 결국 농부는 고을의 원님을 찾아가 사정을 말했습니다. 자초지정을 들은 원님은 판결을 내렸습니다.

"부자가 잃어버린 것은 이천 냥이 든 보따리이고, 농부가 주은 것은 천 냥이 든 보따리이니 서로 다른 것이 틀림없다. 농부가 주은 보따리는 진짜 주인이 나타나지 않았으므로 농부가 사용을 하라."

작은 이득을 보고 자신에게만 도움이 주기 위해 내는 생각은 꾀이고, 일을 원만하게 해결하고 정직과 정도를 벗어나지 않는 것이 지혜입니다. 얕은꾀를 부리는 것이 아니라 깊은 지혜를 실천하는 사람이 되십시오.

♡ 주님! 작은 이득을 위해 얕은꾀를 부리지 않게 하소서!
🧩 작은 이득을 구하는 꾀를 버리고 하나님께 영광이 되는 지혜를 구하십시오.

나의 영적 일지

10월 17일
평범한 사명

읽을 말씀 : 고린도전서 9:16-23

●고전 9:17 내가 내 자의로 이것을 행하면 상을 얻으려니와 자의로 아니한다 할지라도 나는 사명을 맡았노라

미국 아이오와 주의 제일침례교회에 다니는 린퀴스트 씨는 88년간 한 교회만 출석을 했습니다.

천국에 갈 때 까지 한 교회만 다녔던 그녀는 주일을 비롯한 절기 예배에 한 번도 빠지지 않았습니다. 그녀가 다니던 기간 동안 교회의 목사님은 15번이나 바뀌었고, 그녀가 들었던 설교는 총 8천 번이 넘었습니다. 그녀는 4천 번의 기도회에 참석을 하며 2만 9천 번이상의 다른 사람을 위한 기도 시간을 가졌습니다.

또한 50년 이상을 주일 학교 교사로 헌신을 했습니다. 그녀는 주일학교 교사로 헌신하면서 매우 많은 어린이들을 교회로 인도했고, 그로부터 매우 많은 아이들이 자라서 목사님이 되었고 또 성공한 사업가가 되었습니다.

린퀴시트 씨의 삶은 매우 평범했습니다. 그러나 충실했습니다. 열매를 맺는 삶은 특별한 헌신과 결단이 요구되는 삶이 아니라 맡은 자리에서 할 수 있는 최선을 다하는 충성된 삶입니다. 오늘 맡은 사명에 충실하십시오.

♡ 주님! 작은 사명이라도 충성을 다하게 하소서!
🖼 작은 일일지라도 지금 내가 맡고 있는 일에 최선을 다하며 충성하십시오.

나의 영적 일지

영혼의 깊은 노래

읽을 말씀 : 시편 71:19-24

● 시 71:23 내가 주를 찬양할 때에 나의 입술이 기뻐 외치며 주께서 속량하신 내 영혼이 즐거워하리이다

올해 여든이 넘는 노강진 권사님은 KBS 프로그램 남자의 자격에서 진행한 '청춘합창단'에 뽑혀서 유명해졌습니다. 길에서도 알아보는 사람이 가끔 있을 정도라고 합니다.

1928년생으로 최고령 단원으로 뽑혔지만 노래를 할 때의 권사님의 목소리에는 청명함과 깊은 울림이 느껴집니다. 청춘합창단의 평균 나이보다 20살이 더 많음에도 뽑힐 수 있었던 것도, 방송을 본 사람들이 기억을 할 정도로 깊은 인상을 받은 것도 바로 권사님의 깊은 목소리 때문이었습니다.

권사님이 노령에도 이런 목소리를 유지할 수 있었던 것은 지난 60년 동안 교회 성가대를 통해 배우고 또 익혔던 찬양 덕분이었습니다. 노래가 너무 좋아서 1부 성가대와 3부 성가대, 그리고 여전도회 성가대까지 주일에만 3번의 성가대에서 봉사를 했고, 찬양이 너무 좋아 장신대 평신도 지도자 과정까지 다니면서 공부를 했습니다. 그런 권사님께 찬양과 노래에 대해서 묻자 다음과 같은 대답이 돌아왔습니다.

"노래를 하면 할수록 제가 살아온 경험이 담긴다는 것을 느껴요. 그래서 노래 중의 노래는 찬양이라고 생각을 합니다. 아무리 음악적 재능이 출중해도 신앙이 없으면 영혼 깊은 노래를 할 수 없고, 찬양이 될 수 없어요. 그래서 찬양을 모르는 사람들은 불쌍한 사람들입니다."

찬양은 하나님을 높이는 가사를 부르는 것이 아니라, 우리의 마음을 드리는 것입니다. 우리의 삶이 담긴 깊은 찬양을 하나님께 올려드리십시오.

♡ 주님! 찬양을 통해 주님을 높이며 마음에 위로가 있게 하소서!
🌸 모든 찬양을 마음의 고백으로 아름답게 주님께 올려드리십시오.

나의 영적 일지

10월 19일

느헤미야 리더십

읽을 말씀 : 느헤미야 8:1-12

●느 8:10 느헤미야가 또 그들에게 이르기를 너희는 가서 살진 것을 먹고 단 것을 마시되 준비하지 못한 자에게는 나누어 주라 이 날은 우리 주의 성일이니 근심하지 말라 여호와로 인하여 기뻐하는 것이 너희의 힘이니라 하고

최근에 교계에서는 느헤미야의 리더십에 대해서 많은 연구가 이루어지고 있습니다.

사람들을 통합해 숱한 방해 속에서도 무너진 예루살렘의 성벽을 52일 만에 세운 느헤미야로부터 최고의 지도력을 배울 수 있기 때문입니다.

느헤미야의 리더십에는 크게 세 가지의 특징이 있습니다.

첫째, 주위의 필요에 민감했습니다. 느헤미야는 이미 높은 지위에 있었기 때문에 굳이 예루살렘의 성벽을 재건하지 않아도 되었습니다. 그러나 동포들이 무력감과 패배감에 사로잡혀 있다는 소식을 듣고는 그들의 필요를 위해 헌신했습니다.

둘째, 믿을 수 있는 신실함입니다. 왕의 술 맡은 관원은 왕이 가장 신뢰하는 사람만이 맡을 수 있는 비서실장 위치였습니다. 패전국의 인물이 이런 지위에 올랐다는 것은 느헤미야에 대한 왕의 신임을 잘 말해주고 있습니다.

셋째, 하나님에 대한 믿음입니다. 느헤미야는 건축에 대해서는 문외한이었지만 그 일을 자원했습니다. 능력이 없었음에도 이런 용기를 낼 수 있었던 것은 하나님에 대한 믿음 때문에 가능한 것이었습니다.

주위에 필요에 민감하고, 사람들로부터 신임을 얻고, 하나님에 대한 믿음이 있는 사람이 크게 쓰임 받을 수 있습니다. 느헤미야와 같은 성품을 구함으로 하나님께 귀하게 쓰임을 받으십시오.

💗 주님! 느헤미야와 같은 성품으로 쓰임 받게 하소서!
🌀 인품과 실력을 모두 갖춘 리더가 되도록 준비하십시오.

나의 영적 일지

자녀를 리더로 만드는 교육

읽을 말씀 : 신명기 28:1-14

● 신 28:13 여호와께서 너를 머리가 되고 꼬리가 되지 않게 하시며 위에만 있고 아래에 있지 않게 하시리니 오직 너는 내가 오늘 네게 명령하는 네 하나님 여호와의 명령을 듣고 지켜 행하며

　세계적인 리더십 교육 기업인 마이탈스카트사의 조셉 그레니 회장은 자녀들을 리더로 만드는 교육 방법에 대해서 다음과 같이 말했습니다.
　"자기 의견을 충분히 솔직하게 얘기할 수 있는 환경을 만들어 주십시오. 이것이 자녀를 훌륭한 리더로 키울 수 있는 가장 효과적인 교육방법입니다. 정기적인 가족회의 시간을 만든다면 분명 도움이 될 것입니다."
　그레니 회장이 30년 동안 이 일을 하면서 연구해온 바에 따르면 결혼 생활과 회사에서 문제가 생기는 가장 큰 원인 사람들이 자신이 바라는 것을 솔직히 말하지 못하기 때문이며 그것은 어려서부터 받은 교육이 원인이었다고 합니다. 때문에 자연스럽게 어려서부터 솔직히 자신의 생각을 말하고 서로 대화를 나누는 기술을 익히게 된다면 자연스럽게 소통하며 남을 이끌 수 있는 사람이 될 수 있다고 합니다.
　실제로 미국의 록히드 마틴사는 사원들 간의 폐쇄적이고 수직적인 관계 때문에 업무 효율이 너무 낮아서 위기를 맞았던 적이 있었습니다. 그러나 서로를 존중하는 대화의 방법을 2년 동안 교육 받은 뒤에는 2천 억 달러가 넘는 수익을 올릴 정도의 높은 성과를 거두었다고 합니다.
　솔직하게 바라는 것을 고백하는 것은 하나님과 기도할 때뿐 아니라 사람과의 소통에도 필요합니다. 상대방을 존중하는 마음으로 다른 의견도 들어주고, 또한 솔직하게 자신의 생각을 표현하는 방식으로 대화를 하십시오.

🖤 주님! 성경의 원리로 교육과 가정이 회복되게 하소서!
📖 가족 간의 솔직한 대화를 나눌 수 있는 회의 시간을 만드십시오.

나의 영적 일지

10월 21일

죄의 유일한 해결책

읽을 말씀 : 사도행전 4:6-12

● 행 4:12 다른 이로써는 구원을 받을 수 없나니 천하 사람 중에 구원을 받을 만한 다른 이름을 우리에게 주신 일이 없음이라 하였더라

알버트 슈페어는 2차 대전을 일으킨 24명의 전범자 중 한 명입니다. 그러나 그는 24명의 전범자 중에서 유일하게 자신의 죄를 인정한 사람이기도 합니다. 그는 기계에 대한 뛰어난 재능이 있어서 2차 대전 동안 독일의 군수물자를 만들어냈다는 죄목으로 감옥에 들어가 20년간 참회를 했습니다.

그는 감옥에서 나온 뒤에 쓴 자서전을 통해서 '나의 죄는 용서될 수도, 용서 되어서도 안 된다고 생각합니다'라고 말을 했습니다. 또한 그는 미국 ABC 방송의 '굿모닝, 아메리카'라는 방송에 나와서는 "나는 감옥에서 20년을 보냈습니다. 어떤 사람들이 보기에는 제가 한 일이라고는 그저 명령을 듣고 공장을 가동시킨 일로 밖에 보이지 않을 수도 있습니다. 어쩌면 저는 감옥에서 오랜 시간을 보냈고, 직접 살인을 저지르지 않았기 때문에 이제는 대가를 모두 치렀다라고 말할 수 있을 지도 모릅니다. 그러나 나에게는 수많은 사람들의 목숨을 잃게 만드는 무기를 만들어냈다는 죄책감이 남아 있습니다. 그리고 나는 내 마음속에서 그것을 여전히 몰아낼 수가 없습니다."라고 말했습니다.

사람들은 죄의 문제를 가릴 수는 있어도 해결할 수는 없습니다. 겉으로 드러내지는 않아도 하루를 사는 짧은 시간에도 얼마나 많은 죄를 경험하고 있는지 우리 모두는 스스로 알고 있습니다. 세상의 모든 죄에서 자유하게 될 수 있는 방법은 오직 예수님을 믿는 것뿐입니다. 예수님을 믿음으로 죄 용서함을 받고 죄에서의 해방되는 자유를 누리십시오.

♡ 주님! 죄의 문제는 주님의 보혈만이 해결할 수 있음을 알게 하소서!
✽ 오직 그리스도의 보혈로 인해 죄사함을 받을 수 있다는 사실을 잊지 마십시오.

나의 영적 일지

두려움이 없는 이유

읽을 말씀 : 시편 121:1-8

● 시 121:7 여호와께서 너를 지켜 모든 환난을 면하게 하시며 또 네 영혼을 지키시리로다

    약 4세기에 로마황제의 아내인 유독시아의 사치에 대해서 경고를 하다 유배생활을 선고받은 요한 크리스톰이라는 목회자가 있었습니다. 요한이 유배를 떠나던 날에 그를 따르던 제자들이 몰려와서 어쩌면 유배지에서 황제의 부하들에게 목숨을 잃을 지도 모른다고 울며 걱정을 했습니다. 그러나 그 모습을 본 요한은 담대히 말했습니다.
    "두려워하지 마십시오. 나의 생명은 그리스도께 있습니다. 죽음 뒤의 천국을 알고 있는데 죽음을 두려워할 수는 없습니다. 유배를 떠나는 것이 두렵습니까? 모든 땅과 세상이 주님의 것인데 고향을 떠난다고 해서 두려워할 수는 없습니다. 나의 소유를 잃는 것? 나는 빈손으로 왔고, 또 빈손으로 갈 것입니다. 저들이 우리를 쫓아내면 우리는 엘리야처럼 될 것이고 사자 굴에 넣으면 다니엘처럼 될 것입니다. 돌로 친다면 스데반처럼 될 것이며 목을 친다면 요한처럼 될 것입니다. 저들이 나를 매질한다면 사도 바울처럼 될 것입니다. 자, 이제 그대들이 대답해보십시오. 하나님을 의지하는 사람이 두려워할 이유가 무엇이 있습니까?"
    어떤 환란 속에서도 두려워하지 마십시오. 하나님을 의지하는 사람의 모든 삶을 통해서 하나님은 영광 받으십니다. 하나님을 향한 믿음을 거두지 않는 사람에게는 실패란 없다는 사실을 기억하십시오.

♥ 주님! 무엇보다 믿음을 잃는 것이 가장 두려운 일임을 깨닫게 하소서!
🎀 모든 환란 중에도 하나님은 함께 하신다는 사실을 잊지 마십시오.

나의 영적 일지

10월 23일 - 부귀영화보다 중요한 것

읽을 말씀 : 빌립보서 3:1-9

●빌 3:8 또한 모든 것을 해로 여김은 내 주 그리스도 예수를 아는 지식이 가장 고상하기 때문이라 내가 그를 위하여 모든 것을 잃어버리고 배설물로 여김은 그리스도를 얻고

마틴 루터 킹 목사님이 흑인인권운동을 하고 있을 때였습니다.

정상적인 흑인들의 요구에 미국사회가 반응을 하지 않자 일각에서는 이제 말이 아닌 행동으로 보여줘야 한다는 주장이 많았습니다. 많은 흑인들은 단체로 폭동을 일으키고 인종차별주의자들에 대해서 테러를 가함으로 자신들의 요구를 받아들이게 만들어야 된다고 주장했습니다.

그러나 킹 목사님은 백인들의 차별이 부당하고 도를 지나칠 때도 있지만 그렇다고 똑같은 방식으로 대응해서는 안 된다는 원칙을 고수할 뿐이었습니다. 일각에서는 킹 목사님이 백인들과 손을 잡았다는 루머도 생겼고, 특히 강경파가 목사님을 암살하려는 계획도 세우고 있다는 소문도 들렸습니다. 그러나 킹 목사님은 자신이 암살당하기 전 날인 1968년 4월 3일에 사람들에게 다음과 같이 말했습니다.

"많은 어려움이 우리 앞에 있습니다. 저에게도 좋지 않은 일이 일어날 가능성이 있습니다. 그러나 지금은 그런 것에 마음을 쓰고 싶지 않습니다. 저는 다만 하나님의 방법으로 하나님의 뜻을 이루기를 바랍니다. 그것이 제가 폭력을 거부한 이유입니다. 여러분도 저의 말을 꼭 기억해주기를 바랍니다."

부귀영화보다 중요한 것은 하나님의 뜻을 하나님의 방법으로 이루는 것입니다. 세상에서 하나님의 방법을 구하고 실천하기엔 큰 용기가 따릅니다. 주님이 주시는 용기와 하나님의 말씀인 성경을 통해서 하나님의 뜻을 세상에 이루는 성도가 되십시오.

♥ 주님! 저의 삶을 통해 하나님의 방법으로 하나님의 뜻을 이루게 하소서!
🙏 구원 받기 전과 후의 어떤 가치관의 변화가 있었는지 돌아보십시오.

나의 영적 일지

신앙과 교육

읽을 말씀 : 에베소서 6:1-13

●엡 6:4 또 아비들아 너희 자녀를 노엽게 하지 말고 오직 주의 교훈과 훈계로 양육하라

10월 24일

　장신대의 박상진 교수님에 따르면 신앙이 있으면서 자녀를 키우는 기독 학부모들에게는 크게 4가지 유형이 있다고 합니다.
　첫 번째는 기독 '학부모'-학부모로써의 역할은 잘하지만 신앙과는 전혀 관련이 없고, 학업을 위해 신앙생활을 쉬게 하는 등 믿음이 없는 학부모들과 전혀 다를 것이 없는 유형입니다.
　두 번째는 '기독' '학부모'-교회도 열심히 다니고 신앙생활도 열심히 하지만 신앙은 신앙이고 학업은 학업이라는 생각을 가진 학부모입니다.
　셋째는 '기독'학부모-교회에서 맡은 역할도 잘 수행하고 자녀들의 신앙에도 신경을 쓰지만 학부모로써의 역할은 잘 수행하지 못해서 믿음은 있되 실력은 없는 자녀가 될 가능성이 높습니다.
　넷째는 '기독학부모'-하나님의 교육원리대로 실천하려고 노력하는 학부모로 신앙생활과 자녀교육이 통합되어 있습니다. 하나님과의 바른 관계가 자녀로까지 이어지는 가장 바람직한 유형입니다.
　하나님을 향한 믿음은 우리의 모든 삶에 영향을 미쳐야 합니다. 신앙과 나의 삶을 따로 구분해 놓지 말고 신앙과 행동이 일치하는 삶을 사십시오.

♥ 주님! 말씀을 통해 교육과 신앙을 함께 세우는 지혜를 갖게 하소서!
� 신앙과 교육과 생활은 함께 이루어져야 한다는 사실을 기억하십시오.

나의 영적 일지

예배에 대한 모순

읽을 말씀 : 로마서 12:1-9

● 롬 12:1 그러므로 형제들아 내가 하나님의 모든 자비하심으로 너희를 권하노니 너희 몸을 하나님이 기뻐하시는 거룩한 산 제물로 드리라 이는 너희가 드릴 영적 예배니라

30분의 설교 시간이 너무 길고 지루하다고 말하는 사람이 있었습니다. 하지만 그 사람은 평일에 유명한 고전문학을 2,3시간 씩 읽는 취미가 있었습니다.

어떤 사람은 주일날이 자신의 유일한 휴식시간인데 교회로 인해 너무 많은 에너지를 소모한다고 말합니다. 하지만 그는 새벽 4시에 일어나서 낚시를 하러 가기도 하고, 아침부터 늦은 오후까지도 골프를 치기도 합니다.

교회의 의자가 너무 딱딱하고 좁다고 불평하는 사람이 있습니다. 그러나 그는 야구장에 가서 더 좁고 불편한 좌석에서 3시간 동안 열띤 응원을 하며 에너지를 소진하고 나옵니다.

교회를 나가기에는 너무 바빠 시간이 없다고 말하는 사람도 있습니다. 그러나 그 사람은 남는 여가를 이용해 쇼핑을 하고 TV를 보고, 외식을 하며 역시 소일을 할 뿐입니다.

성도라면 다음의 질문에 분명한 대답을 할 수 있어야 합니다. 무엇이 더 중요합니까?

예배입니까? 아니면 나의 작은 즐거움입니까?

사람들은 하나님께 드리는 예배를 자신의 즐거움을 위한 일보다 더 소홀히 할 때가 있습니다. 그러나 하나님은 만홀히 여김을 받지 않으십니다. 우리의 가장 소중한 시간, 가장 귀한 열정을 하나님께 예배로 드리십시오.

♡ 주님! 말로만 주님을 경배하는 모순된 행동을 하지 않게 하소서!
※ 예화의 잘못된 행동이 나의 모습이 아닌지 살펴보십시오.

나의 영적 일지

이상한 운명

읽을 말씀 : 로마서 3:1-8

● 롬 3:3 어떤 자들이 믿지 아니하였으면 어찌하리요 그 믿지 아니함이 하나님의 미쁘심을 폐하겠느냐

　최근에 인지심리학과 뇌 과학이 발달하면서 아주 이상한 이론이 생겨 나고 있습니다.
　한 사람의 모든 생각과 행동은 그 사람이 자라면서 받은 영향에 따라서 모든 것이 결정되며, 우리가 매 순간 내리는 결정까지도 당시의 상황으로선 그렇게 행동할 수밖에 없다는 결정론적인 이론입니다.
　그런데 이런 생각은 고대의 그리스 철학자들도 마찬가지로 했었습니다. 스토아학파의 창시자인 제논은 인간의 모든 일은 신들의 힘과 의지에 의해 결정된다는 주장을 펼쳤습니다. 그는 인간에게는 체념과 순응만이 필요하다고 말하고 다녔습니다.
　한번은 그의 노예가 제논의 돈을 훔치다 발각됐는데, 다음과 같이 변명을 했습니다.
　"저를 때리거나 벌하지 마십시오. 저는 돈을 훔치고 싶지 않았습니다. 단지 운명의 희생자일 뿐입니다."
　그러나 이 말을 들은 제논은 더욱 화를 내었습니다.
　"나도 너를 때리고 싶어서 때리는 것이 아니다. 네 말처럼 나도 화가 나서 너를 때릴 수밖에 없는 운명이란다."
　인생이 환경의 영향을 받는 것은 사실이지만 그것이 전부는 아닙니다. 하나님은 우리에게 스스로 선택하고 결정할 수 있는 권한을 주셨습니다. 그리고 그 권한에 대한 책임은 우리가 스스로 지는 것입니다.
　허무한 운명론으로 잘못의 책임을 회피하지 마십시오.

💗 주님! 사람의 악함이 하나님의 선하심에 대한 반증이 아님을 알게 하소서!
🧩 자유의지에 따른 선택의 책임은 나에게 있음을 기억하십시오.

나의 영적 일지

10월 27일

인정과 칭찬

읽을 말씀 : 고린도전서 8:1-13

● 고전 8:1 우상의 제물에 대하여는 우리가 다 지식이 있는 줄을 아나 지식은 교만하게 하며 사랑은 덕을 세우나니

많은 사람들이 한국 교육의 문제점을 주입식 교수 방법으로 뽑습니다. 주입식으로 교육시켜 학습수준은 높지만 창의력이 부족하고 인성이 부족하다는 것이 그 이유입니다. 그러나 일본의 많은 사람들은 주입식 교육을 그리워합니다. 일본에서는 지난 10년 동안 여유 있는 교과 과정과 놀이를 통해서 창의성을 개발하려는 움직임이 있었는데 그로 인해 기본학력이 저하되어 참담한 결과가 나왔기 때문입니다.

그러나 정말 중요한 것은 교수 방법이 아니라 인정과 칭찬입니다. 아이들의 특성 중 한 가지는 칭찬과 인정을 강력하게 바란다는 것인데 이 부분을 잘 충족시켜 주기만 하면 별 다른 간섭 없이도 뛰어난 능력을 발휘합니다.

세이시 유치원의 아이들은 아침마다 3Km 달리기를 통해 체력을 단련합니다. 이 유치원의 아이들 중 11명은 마라톤 풀코스를 완주한 경력도 가지고 있습니다. 아이들은 강요보다는 스스로의 의지로 마라톤을 뛰며 즐거워했고 이런 운동을 통해 기억력이 좋아지고 아토피와 잔병이 사라진 아이들이 매우 많았습니다. 또한 토리야마 교육원에 다니는 아이들은 초등학교에 가기 전까지 대부분 이천 권에 달하는 책을 읽고 어려운 암산도 척척 해냅니다. 모두 아이들 스스로 즐거운 마음으로 책을 읽으며 이를 위한 어떤 강요도 없었습니다.

5살의 아이들이라고 하더라도 인정과 칭찬을 통해 놀라운 능력을 발휘하게 됩니다. 지적과 강요보다도 인정과 칭찬으로 스스로와 다른 사람의 능력을 이끌어내십시오.

♥ 주님! 인정과 칭찬이 사람의 성장에 가장 중요한 것임을 깨닫게 하소서!
📖 지적과 교만이 아닌 겸손과 인정을 나타내는 사람이 되십시오.

나의 영적 일지

고난의 능력

읽을 말씀 : 베드로전서 4:7-13

● 벧전 4:13 오히려 너희가 그리스도의 고난에 참여하는 것으로 즐거워하라 이는 그의 영광을 나타내실 때에 너희로 즐거워하고 기뻐하게 하려 함이라

아도니람 저드슨은 복음의 불모지였던 미얀마에 가장 처음으로 선교를 떠났던 사람입니다.

그러나 당시 미얀마는 불교세력이 왕성해서 국가적으로 선교사들의 입국과 포교를 막았습니다. 그러나 저드슨은 고난에 굴하지 않고 미얀마에서 복음을 전하려는 열정을 포기하지 않았습니다. 미얀마에 간신히 들어가 복음을 전할 기회는 얻었지만 지역 주민의 어려움과 부족한 원조로 7년 동안 혼자서 지독한 배고픔을 견뎌내야 했습니다. 한 번은 감옥에 갇혀 17개월간 모진 고초를 당하기도 했습니다. 이때의 상처로 그의 손과 발에는 수갑과 사슬 자국이 평생 남게 되었습니다.

그러나 그는 포기하지 않고 계속해서 자신이 복음을 전할 지역으로의 이동을 허가해줄 것을 요구했습니다. 그러나 요구를 들은 정부의 고위관리는 다음과 같이 말했습니다.

"우리 국민은 네가 전하는 형편없는 거짓말을 믿을 정도로 바보가 아닙니다."

아도니람은 그렇다면 전도를 해도 상관이 없을 텐데 어째서 이주를 허가해주지 않느냐고 물었습니다.

"국민들이 네 말은 믿지 않아도 너의 상처와 열정을 보고 감동을 받아 개종을 할 것 같기 때문에 허락을 해 줄 수 없다."

우리가 겪는 고난과 슬픔이 유익이 될 수 있는 것은 하나님께 영광이 될 수 있는 방법으로 그것이 사용되기 때문입니다. 모든 때에 맞는 방법으로 역사하실 하나님의 방법을 어떤 상황에서도 신뢰하십시오.

💗 주님! 고난도 하나님의 역사의 방법임을 알게 하소서!
🌀 고난 중에도 영광받으실 하나님을 생각하며 이겨내십시오.

나의 영적 일지

원수를 없애는 방법

10월 29일

읽을 말씀 : 마태복음 5:33-48

● 마 5:46 너희가 너희를 사랑하는 자를 사랑하면 무슨 상이 있으리요 세리도 이같이 아니하느냐

    링컨 대통령이 지금까지 존경받는 이유 중의 하나는 자신의 정적까지도 품을 수 있었던 그의 포용 능력 때문이었습니다. 링컨의 관용에 대해서 잘 알려주는 다음과 같은 일화가 있습니다.
    링컨은 자신과 대립관계에 있는 사람들을 공석에서 절대로 비난하지 않았습니다. 게다가 일에 적임자라고 판단이 되며 자신을 비방하는 인물이라도 아무런 거리낌 없이 앉혔습니다. 이런 모습을 보다 못한 링컨 진영의 참모진들이 하루는 링컨을 찾아와 말했습니다.
    "우리를 비방하는 사람들에게는 합당한 대우를 해야 하는 것 아닙니까? 원수는 없애야 합니다."
    참모들의 말을 들은 링컨은 다음과 같이 대답했습니다.
    "맞습니다. 저도 그렇게 생각합니다. 그러나 제가 알고 있는 원수를 없애는 가장 좋은 방법은 원수를 친구로 만들어버리는 것입니다."
    복수는 복수를 부를 뿐입니다. 욕심과 시기와 질투는 모두 죄를 부를 뿐입니다. 진정한 사랑만이 마음의 상처를 치유하고 관계를 치유할 수 있습니다. 사랑으로 모든 것을 품는 넓은 마음과 관용의 자세를 가지십시오.

♥ 주님! 원수도 사랑할 수 있는 사랑의 마음을 주소서!
🎀 용서를 베풀어야 할 사람이 있다면 오늘 용서하십시오.

나의 영적 일지

새벽기도의 의미

읽을 말씀 : 마가복음 1:34-45

●막 1:35 새벽 아직도 밝기 전에 예수께서 일어나 나가 한적한 곳으로 가사 거기서 기도하시더니

영국의 노예해방을 위해서 헌신했던 윌리엄 윌버포스는 자신의 아들에게 다음과 같은 편지를 보낸 적이 있었습니다.

"사랑하는 아들아, 내가 너에게 원하는 것이 단 한 가지 있다면 그것은 새벽기도를 소홀히 여기지 말라는 것이다. 이른 아침에 주님을 예배하는 일에 소홀히 하지 말고 하루의 시작을 하나님과 교제함으로 시작하는 습관을 들인다면 너는 분명히 지금보다 하나님께 더욱 귀하게 쓰임 받을 것이다. 신앙생활에서 가장 치명적인 것은 하나님을 인생의 최우선순위에서 내려놓는 것이니 부디 조심하길 바란다."

하루에 시작을 하나님께 드리는 것, 매일 하나님과 이어지는 교제, 육체의 피곤함과 몸의 편안함보다도 하나님을 우선시한다는 모든 의미가 새벽기도에 담겨 있습니다. 예수님도 십자가의 고난을 앞두시고는 조용한 곳에서 하나님께 집중하셨습니다. 하루의 시작과 가장 귀한 시간을 하나님과 교제하는데 사용하는 성도가 되십시오.

💚 주님! 하루의 시작과 마무리를 말씀과 기도로 하게 하소서!
🌸 한 달의 시작, 한 주의 시작에는 새벽 기도에 참석하십시오.

나의 영적 일지

10월 31일
빛이 필요한 곳

읽을 말씀 : 마태복음 5:13-22

●마 5:16 이같이 너희 빛이 사람 앞에 비치게 하여 그들로 너희 착한 행실을 보고 하늘에 계신 너희 아버지께 영광을 돌리게 하라

미국의 빈민가인 할렘 가에 살고 있던 한 여인이 있었습니다.

그 여인은 성인이 되어 어떻게 예수님을 영접하게 되고 구원의 기쁨을 누리게 되었는데, 교회도 열심히 다니며 경건생활에 무척이나 열심이었습니다. 그러다 하루는 다니던 교회의 목사님을 찾아와 다음과 같은 고민을 털어놓았습니다.

"목사님, 제가 살고 있는 동네에는 너무나 악이 가득해요. 이곳에서는 하나님이 제게 주신 기쁨을 온전히 누리지 못할 것 같다는 생각이 들어서 이사를 하려고 하는데 어떻게 생각하세요?"

목사님은 잠시 생각을 한 뒤에 다음과 같은 말을 해주었습니다.

"만일 정부에서 가난하고 범죄율이 높은 거리에는 가로등을 모두 철거해버리고 깨끗하고 부유한 동네에만 가로등을 설치한다면 어떻게 될까요? 정말로 빛이 필요한 동네는 어디라고 생각하십니까?"

"목사님, 저는 지금 제가 할 일이 무엇인지 분명하게 깨달았습니다."

여인은 곧 돌아가서 자신의 마을에서 가능한 모든 방법으로 선행을 실천하며 복음을 전하기 시작했습니다. 그리고 그 여인을 통해 많은 사람들이 예수님을 영접하는 기쁨을 누리게 되었습니다.

빛이 필요한 곳은 어두운 곳입니다. 예수님은 항상 낮은 곳에 있는 죄인들을 찾아가 복음을 전하셨습니다. 세상을 비추는 빛으로 필요한 곳에서 필요한 일을 하는 성도가 되십시오.

♥ 주님! 어두운 곳에서 더욱 타오르는 빛의 자녀가 되게 하소서!
📖 어두운 곳에서 더욱 필요한 빛의 사람이 되십시오.

나의 영적 일지

사랑하는 자여 네 영혼이 잘됨같이
네가 범사에 잘되고 강건하기를
내가 간구하노라
요삼 1:2

11월

11월 1일

진짜 무신론자

읽을 말씀 : 베드로후서 3:1-10

● 벧후 3:5 이는 하늘이 옛적부터 있는 것과 땅이 물에서 나와 물로 성립된 것도 하나님의 말씀으로 된 것을 그들이 일부러 잊으려 함이로다

로마의 스미르나 지역에 폴리캅이라는 존경받는 하나님의 종이 있었습니다.

폴리캅은 사도 요한의 친구이자 제자였는데 로마가 기독교를 박해하던 시절이라 폴리캅 역시 큰 역경을 겪었습니다. 폴리캅의 나이가 86세나 되었지만 로마 정부는 그가 예수님을 믿는다는 이유로 옥에 가둔 뒤에 다음과 같은 요구를 했습니다.

"예수를 부인하기만 하면 언제든 감옥에서 풀어주도록 하겠다."

그러나 폴리캅은 예수님을 부인하느니 죽는 편이 낳겠다고 대답을 했습니다. 그리고 다음 날 높은 관리가 와서 예수를 부인하지 않으면 정말로 사형을 시키겠다고 엄포를 놓았습니다.

"로마 황제를 믿지 않는 자네는 무신론자이네, 어리석은 선택을 하지 말고 감옥에서 나와 편안히 인생을 마무리하도록 하게."

그러나 폴리캅은 조금의 흔들림도 없이 거절했습니다.

"무신론자는 내가 아니라 당신이오. 로마 황제는 신이 될 수 없소. 오로지 예수님만이 하나님의 아들이자 구세주라는 사실을 당신은 반드시 알아야 합니다."

결국 폴리캅은 교수형을 당해 순교를 하게 됐지만 죽는 순간까지도 하나님께 감사들 드리는 믿음의 모습을 보였습니다.

무신론자는 종교를 믿지 않는 사람이 아니라 하나님을 믿지 않는 모든 사람입니다. 믿지 않는 것이 가장 큰 죄라는 사실을 잊지 말고 늘 복음을 전하는 사람이 되십시오.

♡ 주님! 의심 없이 성경의 진리를 받아들이게 하소서!
📖 하나님의 부정하는 잘못된 이론과 분위기에 빠져들지 마십시오.

나의 영적 일지

가장 중요한 것

읽을 말씀 : 고린도전서 9:19-27

● 고전 9:22 약한 자들에게 내가 약한 자와 같이 된 것은 약한 자들을 얻고자 함이요 내가 여러 사람에게 여러 모습이 된 것은 아무쪼록 몇 사람이라도 구원하고자 함이니

도산 안창호 선생님의 첫째 아들인 필립 씨는 영화배우가 되고 싶어 했습니다.

연기에 재능이 있었던 필립 군은 중학교를 졸업하면서부터 배우로 활약할 정도로 인정을 받았습니다. 그러나 주변의 사람들은 필립 씨가 영화배우로 일을 하는 것을 매우 못마땅하게 여겼습니다. 정도와 강직함을 나타내던 안창호 선생님의 이름과 명성이 자유분방하고 개방적인 연예 활동을 하는 아들로 인해 흐려지게 될까봐 걱정이 되어서였습니다. 필립 씨도 이런 사실을 알았기에 영화계 진출을 놓고 큰 고민을 하고 있었습니다.

그러나 안창호 선생님은 자신으로 인해 영화 쪽에 재능이 있는 필립 씨가 자신의 꿈을 펼치지 못하는 것은 옳지 않다고 생각했습니다. 안창호 선생은 필립 씨를 부른 뒤에 다음과 같이 말했습니다.

"네가 영화 일에 흥미와 재능을 갖고 있다는 사실을 나도 잘 알고 있다. 그리고 나는 너의 꿈을 반대하지도 않는다. 다만 진실한 인물이 되고 또한 최선을 다해서 후회함을 남기지 말라는 것이 나의 유일한 부탁이다."

그리고 훗날 필립 씨는 할리우드에서 유명한 배우로 성장했고, 아시아계 최초로 할리우드 명예의 거리에 자신의 이름까지 남기게 되었습니다.

진실한 마음으로 최선을 다한다면 일의 모양은 그렇게 중요하지 않습니다. 모든 성도들의 모습과 생각이 다를지라도 중심에 하나님을 향한 열정과 진실함이 있다면 합력하여 선을 이루게 됨을 믿으십시오.

♡ 주님! 성도들이 서로 다른 모습과 은사를 받았음을 깨닫게 하소서!
✍ 보이는 모습이 아닌 내면의 진실함으로 참과 거짓을 판단하십시오.

나의 영적 일지

11월 3일

지금 당장

읽을 말씀 : 마태복음 19:16-26

● 마 19:21 예수께서 이르시되 네가 온전하고자 할진대 가서 네 소유를 팔아 가난한 자들에게 주라 그리하면 하늘에서 보화가 네게 있으리라 그리고 와서 나를 따르라 하시니

　　일본에서 가전유통과 면세점 사업을 하고 있는 기업인 에이산의 장영식 회장의 사무실에는 다음과 같은 표어가 붙어있습니다.
　　'지금 당장, 될 때까지 한다'
　　기회는 누구에게나 있는 것이며 그 기회를 잡는 것이 실천이라는 것이 장 회장의 생각입니다.
　　실제로 장 회장은 한국의 지방대를 나와 성공할 기회가 적다고 생각이 되자마자 일본으로 건너갔습니다. 들고 간 돈은 일본에 가서 집을 얻고 어학원에 등록을 하고 나니 거의 남지 않았지만 그래도 돈이 되겠다 싶은 일이 눈에 들어오면 무조건 실천했습니다. 처음엔 일본에 쌀이 비싼 것을 보고는 돈을 빌려 경기미를 수입해서 팔았습니다. 2,3배 가격을 붙여 팔아도 불티나게 팔렸습니다. 그 다음에는 한국 가요가 인기 있는 것을 보고는 테이프를 가져다 팔았습니다. 그렇게 한 계단씩 올라가 지금은 가전제품과 정식적인 유통을 거치는 면세점 사업을 시작하게 되었고 일본에 건너온 지 10년 만에 이천억 원의 매출을 올리는 회사의 회장이 되었습니다. 누군가 성공의 비결을 물을 때마다 장 회장은 자신의 사무실에 있는 표어를 말해줍니다.
　　'지금 당장, 될 때까지 해라.'
　　눈앞의 기회는 다시는 찾아오지 않을 수도 있습니다. 인생의 성공도, 영혼의 구원을 위한 전도도 마찬가지입니다. 기회가 찾아왔다 싶을 때는 주저하지 말고 실천하는 용기를 하나님께 구하십시오.

💛 주님! 당장 응답하는 실천의 용기를 갖게 하소서!
📖 전도와 선행의 마음이 들 때에는 망설임 없이 지금 실천하십시오.

`나의 영적 일지`

더 생각해 보십시오.

읽을 말씀 : 야고보서 1:13-18

●약 1:17 온갖 좋은 은사와 온전한 선물이 다 위로부터 빛들의 아버지께로부터 내려오나니 그는 변함도 없으시고 회전하는 그림자도 없으시니라

시프리안이라는 성도는 서기 258년에 카르타고에서 복음을 전하다가 순교를 당했습니다.

형을 집행하기 전에 재판관이 비꼬듯이 물었습니다.

"당신은 항상 감사하라고 우리에게 말을 했습니다. 어디 지금 순간에도 감사할 말이 있는지 한번 들어봅시다."

시프리안은 환한 미소를 지으며 말했습니다.

"주님, 저를 육체의 속박에서 해방시켜 주님 계신 곳으로 불러주시니 감사드립니다."

로마 시대의 성직자였던 후퍼 역시 순교를 당했는데, 집행인이 순교 직전에 마지막 기회를 주겠다고 말했습니다.

"지금이라도 신앙을 포기하시오. 생각해보시오. 인생은 즐겁지만 죽음은 고통뿐이라오."

후퍼는 다음과 같은 말을 남기고 제안을 거절한 뒤에 순교를 당했습니다.

"거기서 한 번 더 생각해보십시오. 죽음은 괴롭지만 피할 수 없습니다. 그러나 그 뒤에 찾아올 영생의 삶은 너무나 즐겁습니다."

한 번 생각할 때는 이 세상이 전부인 것처럼 느껴집니다. 그러나 조금만 깊이 생각해보면 눈에 보이는 것들보다 훨씬 중요한 것이 있다는 걸 알게 됩니다. 정말로 중요한 것이 무엇인지 깨닫는 사람이 되십시오.

💚 주님! 영생의 삶을 허락하신 놀라운 은혜에 감사하게 하소서!
🧩 영원한 삶을 준비하는 세상에서의 삶이 되도록 노력하십시오.

`나의 영적 일지`

11월 5일 — 필요 없는 돌

읽을 말씀 : 시편 19:1-14

●시 19:7 여호와의 율법은 완전하여 영혼을 소성시키며 여호와의 증거는 확실하여 우둔한 자를 지혜롭게 하며

탈무드에 다음과 같은 이야기가 나옵니다.

예루살렘에 성전을 짓기 위해서 많은 돌들이 필요했습니다. 그 돌들은 예루살렘으로부터 아주 먼 곳의 채석장으로부터 운반되었는데, 한 번은 성전의 기둥과 벽을 쌓는 규격과 전혀 다른 돌들이 배달되었습니다. 인부들은 그 돌들이 잘못 배달된 것 같다고 말했지만 채석장 인부는 적혀 있는 대로 가져왔을 뿐이라는 말을 남긴 채 돌아갔습니다. 오랜 고민 끝에 인부들은 아무리 봐도 쓸 데가 없으니 작업에 방해되지 않게 저 멀리 치워버리기로 했습니다. 7년이 지나고 성전이 거의 완성되었고 지붕만 장식을 하면 끝이 나는 상황이었습니다. 인부들은 채석장에서 지붕용 돌을 보내달라고 요청을 했는데 다음과 같은 대답이 돌아왔습니다.

"그 돌은 이미 배달되었습니다. 아마도 아주 오래 전에 말입니다."

인부들은 그제야 7년 전에 배달되었던 돌의 정체를 알았습니다. 그들은 결국 힘들게 치워두었던 돌을 다시 찾아왔고 건설을 감독하던 건축가에게 큰 꾸중을 들었습니다.

필요 없는 사람은 세상에 한명도 없습니다. 다만 쓰임의 때와 방법이 다를 뿐입니다. 모든 사람을 가치 있게 창조하신 하나님이 합력하여 선을 이루는 분임을 깨달으십시오.

♡ 주님! 하나님의 뜻을 섣불리 재단하지 않게 하소서!
🕮 하나님이 창조하신 모든 것에는 이유가 있음을 깨달으십시오.

나의 영적 일지

실패로 인한 연단

읽을 말씀 : 다니엘 12:8-13

● 단 12:10 많은 사람이 연단을 받아 스스로 정결하게 하며 희게 할 것이나 악한 사람은 악을 행하리니 악한 자는 아무것도 깨닫지 못하되 오직 지혜 있는 자는 깨달으리라

개그맨 박수홍 씨는 '선행 천사'라는 별명으로 불립니다.

방송활동을 시작하면서부터 각종 봉사활동을 비롯해 많은 공익활동을 했고, 지금도 기회가 되는대로 어려운 곳들을 찾아가 많은 도움을 주고 있습니다.

박수홍 씨가 이런 봉사의 삶을 실천하게 된 것은 바로 어려움 중에 만난 하나님 때문이었습니다. 가난한 집에서 태어나 힘들게 살아보겠다고 노력했지만 시작하는 일마다 모두 실패를 거듭했습니다. 박수홍 씨는 우유 배달과 각종 아르바이트를 하면서 연명은 했지만 크게 낙망할 수밖에 없었습니다. 그리고 우연히 개그 콘테스트라는 개그맨 선발대회에 나가게 되었습니다. 평소에 남을 웃기는 재주가 있거나 말주변이 있던 것도 아니었기에 사람들은 모두 떨어질 것이라고 말했습니다.

콘테스트 나가기 전날 박수홍 씨는 하나님께 개그맨만 되게 해준다면 반드시 하나님 말씀대로 살겠다고 서원하는 기도를 드렸습니다. 하나님은 없다고 단언하던 박수홍 씨였지만 20대의 힘든 시절을 겪으면서 늘 함께 하시는 하나님을 체험하고 또 믿게 되었기에 더욱 간절한 마음으로 기도를 드렸고, 기적과 같이 시험에 붙어 지금은 하나님께 서원한 약속을 봉사라는 방법으로 최대한 실천하고 있습니다.

하나님은 많은 실패로 우리들을 연단하십니다. 실패에 때로는 낙망할지라도 언제나 우리와 함께 계시는 주님을 잊지 말아야 합니다. 실패를 통한 연단이 놀라운 축복임을 알고 또 감사하십시오.

♥ 주님! 연단을 위한 고난이 축복임을 깨닫고 또 감사하게 하소서!
🌸 연단을 통해 하나님의 뜻을 깨닫는 지혜로운 사람이 되십시오.

나의 영적 일지

11월 7일

작은 것을 조심하라

읽을 말씀 : 신명기 4:9-24

●신 4:9 오직 너는 스스로 삼가며 네 마음을 힘써 지키라 그리하여 네가 눈으로 본 그 일을 잊어버리지 말라 네가 생존하는 날 동안에 그 일들이 네 마음에서 떠나지 않도록 조심하라 너는 그 일들을 네 아들들과 네 손자들에게 알게 하라

    2차 대전 당시 장교들이 사병들에게 가장 조심하게 했던 행동 중의 하나는 성냥불을 켜는 것이었습니다.
    어둠이 깔린 밤에 담배를 피기 위해서 성냥불을 잘못 켰다가는 위치가 발각될 수 있기 때문입니다. 실제 실험결과 쌍안경으로 보고 있다면 32Km정도 떨어진 곳에서도 성냥불을 정도의 작은 불도 확인할 수 있었습니다. 물론 넓은 전쟁터에서 그 찰나의 순간에 성냥불로 인해 위치가 발각될 확률은 매우 적습니다. 그러나 만에 하나라도 그런 일이 일어나는 경우엔 적의 포격과 폭격으로 많은 희생을 치르게 될 가능성이 분명히 있기 때문에 성냥불을 켜는 작은 행동까지도 주의해야 합니다. 또한 격전지의 경우에는 담배를 피우는 것도 극히 제한된 장소에서만 가능했는데, 이는 2Km의 거리에서도 담배 냄새를 맡을 수가 있어 위치가 발각될 위험이 있었기 때문입니다.
    큰 위험을 막기 위해서는 작은 실수를 살펴야 합니다. 큰 실수와 사고는 대부분 작은 것을 관리하지 못하기 때문입니다. 작은 것을 살필 줄 아는 신중함을 가지고 오늘 하루를 사십시오.

♡ 주님! 작은 습관부터 조심하고 바로 세우는 자세를 주소서!
✥ 작은 죄를 살피고 조심하는 하루를 사십시오.

나의 영적 일지

결국에 돌아갈 곳

읽을 말씀 : 요한복음 14:1-12

11월 8일

● 요 14:2 내 아버지 집에 거할 곳이 많도다 그렇지 않으면 너희에게 일렀으리라 내가 너희를 위하여 거처를 예비하러 가노니

영국 출신으로 알려진 어떤 유명한 부자가 유산을 모두 남겨둔 채 죽었습니다. 그에게는 남겨진 핏줄이 없었기 때문에 그가 남긴 유산은 모두 국고로 귀속될 예정이었는데 남자의 국적이 영국인지 스코틀랜드인지 의견이 엇갈렸습니다. 스코틀랜드와 영국은 한 나라로 취급되지만 사실 지금도 헌법과 의회, 교육제도 등을 독립적으로 가지고 있기 때문에 연합국 형태의 느낌이 더욱 강합니다. 따라서 그 남자의 국적에 따라서 그의 유산이 적용될 법이 달랐기 때문에 문제가 더욱 어려웠습니다.

그는 외국에서 태어나 외국에서 살았기 때문에 영국을 방문한 적이 없고 영국이나 스코틀랜드가 자신의 조국이라는 사실에 대해서 언급한 적이 없었습니다. 게다가 그의 재산 역시 영국인 부모와 스코틀랜드인 친척으로부터 물려받았기 때문에 사건은 더욱 미궁 속으로 빠져들었습니다. 결국 정부에서는 당시 영국에서 가장 유명한 변호사인 블랙스톤 씨에게 이 남자의 고향이 어디인지 판결해 달라고 물었고 블랙스톤 씨는 다음과 같이 대답했습니다.

"고향은 사람이 떠난 곳이며 또한 돌아올 곳입니다. 그는 이곳에서 떠나지도 않았고 돌아오지도 않았으니 우리랑은 아무런 상관이 없는 방랑자일 뿐입니다."

우리가 떠나온 곳은 모두 같습니다. 그러나 세상에서의 삶에 따라 우리가 돌아갈 곳은 달라집니다. 고향을 기억하지 못하는 방랑자가 되지 말고 우리의 고향인 하늘나라를 항상 기억하며 높은 곳에 소망을 두십시오.

💟 주님! 돌아갈 천국 고향을 향한 넘치는 소망을 주소서!
🌀 천국에 대한 확고한 믿음이 있는지 돌아보십시오.

`나의 영적 일지`

11월 9일
축복을 담은 전도지

읽을 말씀 : 시편 118:21-29

● 시 118:26 여호와의 이름으로 오는 자가 복이 있음이여 우리가 여호와의 집에서 너희를 축복하였도다

경기도 화성의 주다산교회는 전도지를 통해 크게 성장한 교회입니다.
1992년 서울 방이동의 건물에서 개척을 한 뒤 꾸준히 성장해 십년 새 이백 명이 모이는 교회로 성장을 했습니다. 이후에 세계를 향한 전도의 사역을 감당하기 위해서 더 넓은 터가 있는 화성으로 교회를 이전했습니다. 이전한 뒤에는 다시 열여덟 가정이 모인 초라한 천막 교회로 시작했지만 지금은 출석 성도가 천오백 명이 넘는 엄청난 성장을 이룬 교회가 되었습니다.
주다산교회의 성장이 더욱 놀라운 것은 대부분 교회를 처음 나오는 불신자들이 모여들어 이룬 성장이기 때문입니다. 그리고 이들을 교회로 불러 모은 전도지에는 '예수 믿으세요'라는 말 대신 마음을 따뜻하게 해주는 글과 축복의 메시지가 적혀있었습니다. 이 전도지를 받은 사람들은 함부로 버리지 않고 글을 모두 읽습니다. 그렇게 열 번 정도 전도지를 주면서 축복의 말을 전해주면 대부분 교회를 찾아오기 시작한다고 합니다. 믿지 않는 사람과의 최고의 접촉점은 바로 축복이라고 말하는 주다산교회의 권순웅 목사님은 앞으로 교회 뿐 아니라 민족과 열방의 부흥을 위해 쓰임을 받는 것이 자신과 교인들의 사명이라고 말했습니다.
예수님도 복음을 전하실 때 먼저 축복하셨습니다. 축복과 사랑을 담은 마음으로 상대방을 위해 기도하며 복음의 바른 길로 인도하십시오.

♡ 주님! 축복과 사랑으로 먼저 다가가는 마음과 지혜를 주소서!
❀ 복음을 전하기 전에 먼저 하나님의 사랑으로 축복하십시오.

나의 영적 일지

하나님을 나타내는 스토리

읽을 말씀 : 골로새서 4:2-6

● 골 4:6 너희 말을 항상 은혜 가운데서 소금으로 맛을 냄과 같이 하라 그리하면 각 사람에게 마땅히 대답할 것을 알리라

　1912년 4월에 호화 여객선인 타이타닉호가 침몰되는 사건이 일어났습니다.
　다음 날 한 신문사의 기사에는 배의 한 쪽이 크게 파손되어 가라앉고 있는 사진과 함께 '인간의 나약함, 자연의 힘 앞에 무릎 꿇다'라는 헤드라인이 실렸습니다. 그 신문을 본 사람들은 하나같이 자연의 재해 앞에 어쩔 수 없는 인간의 무력함을 느꼈습니다.
　같은 날 다른 신문사의 기사에는 사고 당시 한 승객이 아이를 안고 있는 여인에게 구조선의 자리를 양보해주고 있는 사진과 함께 '자연의 힘 앞에서 무릎 꿇지 않은 인간애'라는 헤드라인이 실렸습니다. 그 신문을 본 사람들은 고난 속에서도 사랑과 배려를 실천하는 인간의 놀라운 의지와 긍지를 느꼈습니다.
　일어난 사고는 단지 재해일 뿐이지만 그 속에서 행동하던 사람들의 모습은 인간의 위대함을 나타내었습니다. 성도들의 삶도 어둠의 세상에서 하나님의 광명을 비추는 모습이 되어야 합니다. 하나님을 믿지 않는 사람들에게 하나님의 위대함을 보일 수 있는 축복받은 성도가 되십시오.

♡ 주님! 사람들에게 하나님을 나타내는 삶을 살게 하소서!
🕮 좋은 말과 행동으로 주님을 나타내는 하루가 되십시오.

나의 영적 일지

11월 11일
남겨진 유산

읽을 말씀 : 이사야 40:1-11

● 사 40:8 풀은 마르고 꽃은 시드나 우리 하나님의 말씀은 영원히 서리라 하라

　세계인의 존경을 받는 인도의 간디는 죽은 뒤에 7가지 유산을 남겼습니다.
　자신이 좋아하던 노래가 있는 악보, 슬리퍼, 샌들, 찻잔, 숟가락, 회중시계, 안경, 이것이 간디가 세상에 남기고 간 모든 것입니다. 모두 합쳐도 몇 푼 되지 않을 볼품없는 유물이지만 아무도 간디의 인생을 폄하하거나 그를 거지 취급하지 않습니다. 간디가 세상에 남긴 것은 많은 돈과 멋진 유물이 아니라 위대한 사상과 사랑이었기 때문입니다.
　헝가리의 어떤 사람이 40세가 되던 해에 100억의 유산을 물려받았습니다. 그러나 70세가 되던 해에 그 사람은 돈이 없어 단칸방에서 자식들이 보내주는 생활비로 겨우 살아나갈 수 있는 상태가 되었습니다. 그는 30년 동안 자신의 모든 유산을 가난한 사람을 돕는 데에 사용했습니다. 하나님이 자신에게 돈을 맡겨주셨다는 사명감을 가지고 한 푼도 남김없이 모두 다른 사람을 위해 사용했습니다. 그 사람에게 도움을 받은 사람은 3만 명이 넘었다고 합니다. 그의 노년은 비록 가난했지만 그 사람의 삶을 아는 사람들은 아무도 그를 가난하다고 하지 않고 모두 존경을 표했습니다.
　진정한 유산은 사람과 영혼을 남기는 것입니다. 재산과 명예는 모두 잠시 머물다 사라질 뿐이지만 영혼의 생명을 살리는 일은 하나님께 기쁨이 되고 영광이 됨을 기억하십시오.

♡ 주님! 받은 것을 가치 있게 쓸 줄 아는 지혜를 갖게 하소서!
※ 영혼과 생명을 살리는 일을 위한 일들에 더 큰 관심을 가지십시오.

나의 영적 일지

초등학생이 펴낸 소설집

읽을 말씀 : 시편 23:1-6

● 시 23:4 내가 사망의 음침한 골짜기로 다닐지라도 해를 두려워하지 않을 것은 주께서 나와 함께 하심이라 주의 지팡이와 막대기가 나를 안위하시나이다

광주남초등학교의 6학년인 박한얼 양은 180쪽 분량의 소설집을 낸 작가입니다.

이처럼 어린 나이에 단편이나 동화가 아닌 소설을 써낸 것은 매우 이례적입니다. 보통 소설이라는 것은 인생에 대한 경험이나 철학이 녹아져서 쓰이는 것이 일반적이고, 소설을 썼다고 해서 출판사에서 아무에게나 책을 내주는 것은 더더욱 아니기 때문입니다.

박 양이 처음 글을 쓰기 시작한 것은 논술학원을 하는 어머님의 영향을 받아서였습니다. 그러다 5학년 때 서울에서 열린 논술대회에 참여했다가 이 대회에서 알게 된 고정욱 작가에게 무작정 자신의 소설을 읽고 평가해 달라는 편지를 보냈습니다.

고 작가는 글을 읽어본 뒤에 박 양의 재능이 예사롭지 않다는 것을 알게 됐고, 곧 자신이 아는 출판사 측에 소개를 해주었습니다. 그리고 '어린이가 빠지기 쉬운 괴담이나 황당한 이야기가 아닌 자신의 이야기를 사실적으로 써낸' 박 양의 소설을 출판사에서도 출간을 하기로 결정하게 되었습니다. 글 뿐 아니라 웅변과 피아노, 그림과 노래에도 재능이 있어 각종 수상을 했던 박 양은 자신의 재능을 살려 앞으로는 직접 삽화를 그린 책을 출간하고 싶다고 포부를 밝혔습니다.

두려움 없는 순수한 도전이 한 초등학생을 작가로 만들었고, 국내 초등학생이 쓴 최초의 소설이라는 역사를 만들었습니다. 실패를 두려워하지 말고 비전과 소명을 위해 끊임없이 도전하십시오.

♡ 주님! 두려움 없이 거룩한 도전을 꿈꾸는 삶이 되게 하소서!
🖼 하나님을 의지함으로 두려움 없는 도전을 하십시오.

나의 영적 일지

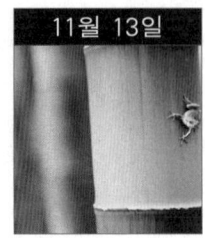

11월 13일

지혜로운 사람, 미련한 사람

읽을 말씀 : 시편 111:1-10

● 시 111:10 여호와를 경외함이 지혜의 근본이라 그의 계명을 지키는 자는 다 훌륭한 지각을 가진 자이니 여호와를 찬양함이 영원히 계속되리로다

여러 가지 신화를 남긴 고대의 작가 호메로스의 책 중에 '율리시즈'라는 사람에 대한 이야기가 있습니다.

먼 곳으로 항해를 떠나던 율리시즈가 시실리 섬 근처를 지나게 되었습니다. 시실리 섬 근처에는 세이렌이라는 생물체가 살고 있었는데 세이렌들은 밤에 나와 아름다운 소리로 사람들을 현혹시켜 배를 암초로 유인해 난파시키고 선원들을 물로 뛰어내리게 했습니다. 대부분의 선원들은 시실리 섬을 지나치지 않고 돌아갔지만 율리시즈는 반드시 이곳을 지나가야만 했습니다.

율리시즈는 섬을 지나가기 전에 선원들을 불러 귀에 양초를 녹여 굳힘으로 아무 소리도 못 듣게 만든 뒤에 본인은 홀로 갑판에 올라 키를 잡았습니다. 밤이 되자 정말로 세이렌들의 노래 소리가 들리기 시작했습니다. 초가 모자라 자신의 귀는 막지 못했던 율리시즈는 홀로 노래에 현혹되어 선원들에게 세이렌의 소리가 나는 곳으로 배를 돌리라고 고함을 쳤지만 귀를 막은 선원들은 듣지 못했습니다. 게다가 자신의 손을 복잡한 매듭으로 키에 묶어놨기 때문에 바다로 뛰어들 수도 없었습니다. 결국 닥칠 위험을 지혜롭게 대비한 율리시즈 때문에 배는 무사히 시실리 섬을 지나갈 수 있게 되었습니다.

유혹을 미리 알고 대비하는 사람은 지혜로운 사람입니다. 유혹에 빠질 것을 알면서도 아무런 조치를 취하지 않는 사람은 미련한 사람입니다. 유혹에서 벗어난 거룩한 삶을 사는 지혜로운 주님의 자녀가 되십시오.

♡ 주님! 하나님을 경외하는 지혜를 먼저 구하게 하소서!
📖 내가 자주 빠지는 죄의 유혹을 미리 예방하십시오.

나의 영적 일지

악행보다 나쁜 것

읽을 말씀 : 누가복음 8:27-40

● 눅 8:39 집으로 돌아가 하나님이 네게 어떻게 큰 일을 행하셨는지를 말하라 하시니 그가 가서 예수께서 자기에게 어떻게 큰 일을 행하셨는지를 온 성내에 전파하니라

   C. S. 루이스의 '스크루테이프의 편지'라는 책은 고참 사탄이 웜우드라는 신참 사탄에게 편지로 사람을 유혹하는 방법을 알려주는 풍자적인 책입니다. 그 중에서 무관심과 연기에 대한 다음과 같은 말이 나옵니다.
   "우리의 목적은 인간들이 악행을 하도록 유혹하는 것이 아니라 아무것도 한 것이 없이 죽게 만드는 것이다. 웜우드야, 명심해 들어라. 우리의 목적을 달성하기 위하여 네가 할 가장 중요한 일은 인간들을 안락하고 편하게 만드는 것이다. 인간들이 누구에게도 방해되지 않고 마음먹은 대로 살고 있다는 생각을 가지게 해라. 정신적인 투쟁의 의욕을 죽이는 것이 요령이다. 우리의 두 가지 무기를 결코 잊지 말라. 그것은 무관심과 연기이다. 인간들에게 부와 편안을 주어 남에게 무관심하게 하고 그들에게 편리와 만족을 주어 모든 고상한 계획과 결심을 연기하게 만들 거라."
   기름이 있는 차라면 잘못된 길에서 바른 길로 돌아올 에너지가 있습니다. 그러나 잘못 갈 에너지도 없이 멈춰 있는 차라면 문제가 더 심각해질 수 있습니다. 현실에 만족하지 말고 진리와 복음에 대한 갈급함과 열정을 가지고 계십시오.

💛 주님! 받은 은혜를 전하지 않는 죄를 짓지 않게 하소서!
🙏 복음을 전하고자 하는 열정을 뜨겁게 품으십시오.

나의 영적 일지

11월 15일

성공한 가정의 비결

읽을 말씀 : 잠언 16:1-7

● 잠 16:7 사람의 행위가 여호와를 기쁘시게 하면 그 사람의 원수라도 그와 더불어 화목하게 하시느니라

2010년 마스터즈 대회 우승자인 필 미켈슨이 결승전에서 보여준 모습은 많은 사람들에게 깊은 생각을 하게 만들었습니다.

미켈슨은 우승을 확정짓는 마지막 샷을 성공시킨 뒤에 곧장 아내에게 다가가 꼭 껴안았습니다. 마스터즈 대회에서 우승을 한 뒤 입는 골프 선수 최고의 영광인 그린재킷을 입으러 가지도 않고 오랜 시간 아내와 포옹을 하며 암으로 투병 중인 아내를 위로했습니다. 그리고 우승 소감을 말하는 자리에서는 "암 투병의 고통과 싸워준 아내가 자랑스럽습니다."라는 말로 자신이 우승한 기쁨을 통해 아내를 위로하길 원했습니다. 그리고 자리에 함께 한 두 딸과도 부둥켜안고 온 가족이 기쁨을 함께 나누었습니다.

미켈슨은 자신의 아내와 어머니가 거의 동시에 암 판정을 받았을 때 대회를 포기하고 가족의 병간호를 위해 돌아갔을 정도로 가족을 향해 큰 사랑과 애정을 가지고 있습니다. 마스터즈 대회의 우승자를 보기 위해 모인 갤러리들은 미켈슨의 멋진 경기에 감동을 받았지만 끝나고 그가 보여준 가족 사랑에 대해서 더 큰 감동을 받았습니다.

자신의 기쁨으로 상대방을 위로하고, 서로를 위해 희생하고 배려하는 것이 성공한 가정의 비결입니다. 서로에 대한 사랑으로, 하나님이 주신 사랑으로 가정을 더욱 행복이 넘치는 곳으로 변화시키십시오.

♥ 주님! 말씀으로 사랑으로 회복되는 가정이 되게 하소서!
 가족을 먼저 희생하고 먼저 사랑하는 사람이 되십시오.

나의 영적 일지

풍요의 함정

읽을 말씀 : 요한계시록 3:13-20

● 계 3:17 네가 말하기를 나는 부자라 부요하여 부족한 것이 없다 하나 네 곤고한 것과 가련한 것과 가난한 것과 눈 먼 것과 벌거벗은 것을 알지 못하는도다

아동 심리학자인 존 레비 박사는 주로 부유한 집에서 자란 아동들에게서 생기는 '어플루엔자(Affluenza)', 우리말로는 풍요증이라고 할 수 있는 현상에 대해서 다음과 같이 설명했습니다.

"부유한 집에서 자라나는 대부분의 아이들에게서 이 증상을 발견할 수 있습니다. 이 아이들에게는 자신감이 결여되어 있고, 죄책감을 심하게 느끼며, 남을 믿지 못합니다. 돈이 없으면 살아갈 수 없다고 느끼기 때문에 돈에 대한 집착도 강합니다. 또한 부족함이 없이 자라다보니 모험심이 부족하고 삶을 따분하게 느끼는 경향이 있습니다."

아동정신과 의사인 더글라스 서전트 박사는 부유한 집에서 자라는 소녀들이 대체로 자기가 남보다 더 아름답게 생겼다고 생각해 스스로를 과대평가하며 외모지상주의적인 사고방식을 갖게 될 확률이 높다고 말했습니다. 누구나 바라는 환경에서 태어난 아이들은 반대로 그 환경 때문에 바른 교육 없이는 인생을 풍요롭게 누릴 수 없게 됩니다.

신앙의 위기는 고난이 아닌 풍요와 만족에서 찾아옵니다. 부족함이 없을 때 하나님을 찾지 않는 미련한 사람이 아니라 누리는 축복을 주신 실체에 집중하고 감사하는 현명한 사람이 되십시오.

♥ 주님! 모든 것을 주신 분이 누구인지 잊지 않게 하소서!
🙏 받은 축복을 생각하며 감사의 기도를 드리십시오.

나의 영적 일지

11월 17일 필요한 목록

읽을 말씀 : 마가복음 1:14-20

● 마 6:32 이는 다 이방인들이 구하는 것이라 너희 하늘 아버지께서 이 모든 것이 너희에게 있어야 할 줄을 아시느니라

　사회학자들의 연구 결과에 따르면 지금부터 60여 년 전에는 사람들에게 꼭 필요한 물건은 18가지고 있었고, 사람들이 갖기를 바랐던 물건은 72가지가 있었다고 합니다.
　현대 사회에 들어와서 사람들의 생활에 꼭 필요한 물건은 50가지가 있고, 사람들이 갖기를 바라는 물건은 5백 가지가 넘는다고 합니다.
　60여 년 전의 사람들이 갖기를 바랐던 물건보다도 훨씬 더 많은 것을 현대의 사람들은 가지고 있지만 5백 가지에 비하면 턱 없이 부족합니다. 그래서 현대의 사람들은 감사의 생활이 실종된 풍요속의 빈곤을 누리고 있는지도 모릅니다.
　프랑스의 한 목회자는 다음과 같이 말했습니다.
　"나는 세 가지 사실로 인해 매일 감사한다. 첫째는 날마다 주시는 일용할 양식이며, 둘째는 기도하고 찬양할 수 있는 건강한 몸을 주신 것. 그리고 셋째는 영원한 삶을 향한 소망을 주신 것에 감사한다.
　감사할 줄 모르는 사람은 아무리 풍요 속에 살아도 만족이 없습니다. 200년 전에 청교도들이 감사했던 것은 너무나 당연한 곡식의 추수였습니다. 하나님이 주시는 아주 작은 것에 대한 것들도 깊은 감사로 영광을 돌리십시오.

♥ 주님! 작은 것에도 감사할 줄 아는 감사의 사람이 되게 하소서!
✤ 일상의 당연한 것들에 감사한 마음을 품는 하루가 되십시오.

나의 영적 일지

터닝 포인트

읽을 말씀 : 마가복음 1:14-45

● 막 1:15 이르시되 때가 찼고 하나님의 나라가 가까이 왔으니 회개하고 복음을 믿으라 하시더라

    시카고의 부동산 중개업자인 윌리암 채프먼 씨는 아내와 함께 휴식을 취하러 한적한 남부로 여행을 떠났습니다.

    채프먼 씨는 아내와 함께 미시시피 지역의 여관을 돌면서 한 가지 이상한 점을 발견했습니다. 어떤 여관에도 성경이 비치가 되어있지 않았고 지역의 일반 가정집 역시도 대부분 성경을 가지고 있지 않았습니다. 당시 성경은 구하기가 어렵고 제대로 출간을 하는 곳도 없었기 때문입니다. 여행의 마지막 종착지였던 빌록시 여관에서 채프먼은 자신이 가져온 성경을 들고 아내에게 말했습니다.

    "베티, 나는 이렇게 많은 가정들이 성경을 가지고 있지 않는다는 것에 매우 놀랐다오. 그래서 이제 집으로 돌아가면 성경을 보급하는 일에 최선을 다하기로 결심했소."

    아내도 그의 뜻을 따랐습니다. 부부는 곧 돌아가서 가정에 성경을 보급하기 위한 일들을 알아보기 시작했습니다. 그리고 이런 노력으로 미국 가정성경협회가 탄생하게 되었습니다. 훗날 이 협회는 미국 뿐 아니라 전 세계의 가정에 30개 이상의 언어로 번역을 한 성경을 보급할 정도로 성경 보급의 큰 역할을 했습니다.

    무언가 부족한 점이 보일 때는 내가 그 일을 해야 합니다. 성령의 감동에 따라 즉시 순종할 때에 하나님은 우리가 생각지도 못한 큰일에 우리를 들어 사용하십니다. 성령이 주시는 감동에 늘 순종하십시오.

♥ 주님! 새로운 삶을 위한 결단을 내릴 때가 있음을 알게 하소서!
✿ 조금씩 더 큰 기준으로 새로운 목표를 세워나가십시오.

나의 영적 일지

11월 19일

지금은 알 수 없지만

읽을 말씀 : 로마서 2:1-13

● 롬 2:4 혹 네가 하나님의 인자하심이 너를 인도하여 회개하게 하심을 알지 못하여 그의 인자하심과 용납하심과 길이 참으심이 풍성함을 멸시하느냐

　반 아이크라는 화가는 현미경을 사용해 그림을 그렸습니다. 그림이 너무 작았기에 맨눈으로 볼 수는 없었고, 그릴 때와 똑같이 현미경을 통해 감상해야 했습니다. 때로는 어떤 그림은 현미경으로 봐도 매우 작게 보여서 유심히 들여다봐야 그림이 무엇을 나타낸 것인지 알 수 있었습니다. 도대체 이렇게 작게 그림을 그리는 이유가 뭐냐고 누군가 묻자 반 아이크는 이렇게 말했습니다.
　"이것은 진실에 대한 표현입니다. 때로는 이렇게 세세하게 살펴야만 진리가 보인다는 것을 나의 그림은 나타내고 있습니다."
　19세기 말의 인상주의파 화가들은 커다란 붓에 물감을 찍어 캔버스 위에 커다란 그림을 그렸습니다. 그 그림은 너무나 커서 가까이에서 보면 그저 낙서처럼 보입니다. 그러나 멀찍이 서서 그림을 바라보면 화가가 무엇을 그렸는지 확연히 보이게 됩니다. 그들이 이렇게 그림을 그린 이유도 역시 진실 때문입니다. 인상주의파 화가들은 때로는 멀찍이 물러서야만 보이는 것이 진실이며 자신들의 그림은 그것을 나타내고 있다고 말했습니다.
　때로는 앞으로 하나님이 행하실 일을 알 수 있지만, 때로는 오랜 시간이 지나서야 하나님의 행하신 뜻을 알게 됩니다. 하나님은 실수하지 않는 분임을 절대로 잊지 말고 오직 완전하신 하나님만을 온전히 신뢰하십시오.

♥ 주님! 주님을 향한 신뢰를 결코 저버리지 않게 하소서!
🙏 실수하지 않는 하나님의 인도하심을 늘 따르십시오.

나의 영적 일지

하나님의 사람, 하나님의 약속

읽을 말씀 : 야고보서 1:12-18

11월 20일

● 약 1:12 시험을 참는 자는 복이 있나니 이는 시련을 견디어 낸 자가 주께서 자기를 사랑하는 자들에게 약속하신 생명의 면류관을 얻을 것이기 때문이라

   박윤식 목사님은 태국 오지에 있는 라후 부족을 찾아가 선교하고 계십니다. 1989년도 태국 치앙마이에서 200Km나 떨어진 오지로 처음 박 목사님 부부가 찾아갔을 때는 라후 부족은 크나큰 고통 속에서 괴로워하고 있었습니다. 숲에서 일어나는 많은 사고로 발목이나 손가락이 잘려 있는 청년들이 많았고, 마약 중독으로 인해 많은 부족 사람들이 고생을 하고 있었습니다.
   박 목사님은 이곳에서 부족 사람들을 자녀처럼 생각하며 섬겼습니다. 지역에 신학교와 선교센터를 세우며 안정적인 선교 거점을 마련하게 되었습니다. 그러나 후배 선교사들이 많이 들어와 그들의 길을 열어주기 위해 박 목사님 부부는 다시 한국으로 돌아왔습니다.
   라후 부족은 제발 떠나지 말아달라고 만류를 했지만 "10년 뒤 다시오겠다"는 약속을 한 뒤에 수정동교회의 담임을 맡아 교인 수 천 명이 넘는 영남권 대표의 교회로 성장시켰습니다. 그렇게 10년이 지나고 박 목사님 부부는 다시 태국으로 선교를 떠났습니다. "안정적인 목회지를 떠나려고 하는 이유가 무엇입니까?"라고 많은 사람이 박 목사님에게 물었고 그 때마다 목사님은 같은 대답을 했습니다.
   "하나님의 일을 하는 사람은 하나님께 약속한 것은 꼭 지켜야 한다고 생각하기 때문입니다."
   하나님의 사람은 하나님께 약속한 것은 반드시 지켜야 합니다. 하나님 앞에 가볍게 함부로 서원하지 말고 또 서원한 것은 반드시 지키는 성도가 되십시오.

♡ 주님! 성경이 말하는 하나님의 약속을 믿고 기다리게 하소서!
🖼 하나님의 약속이 이루어지는 삶이 되도록 거룩해지십시오.

나의 영적 일지

11월 21일 자신과의 대화

읽을 말씀 : 요한복음 3:22-36

● 요 3:27 요한이 대답하여 이르되 만일 하늘에서 주신 바 아니면 사람이 아무 것도 받을 수 없느니라

어떤 왕이 거울을 보는 도중에 스스로의 모습을 보며 대화를 나누기 시작했습니다.

먼저 왕은 자신이 왕이 될 수 있는 이유에 대해서 스스로 물었습니다.

"내가 왕이 될 수 있는 이유는 아마도 남들보다 잘나고 능력이 있어서일 것이다."

그러나 잠시 생각해보니 자기보다 외모로 따지면 훨씬 멋진 사람이 수도 없이 떠올랐습니다. 왕은 다시 거울 바라보며 같은 질문을 물었습니다.

"아마도 나라를 다스릴만한 재물이 있기 때문이겠지."

그러다 다시 생각해보니 자신의 재물이란 모두 백성들로부터 거둔 것이었습니다. 왕은 거울을 보며 다시 한 번 자신이 왕이 된 이유에 대해서 물었습니다.

"나라의 국정을 제대로 지킬 수 있는 지혜가 있기 때문이 아닐까?"

그러나 그것도 사실이 아니란 것을 알았습니다. 신하들이 내는 의견조차도 명확하게 알고 처리할 수 없었기 때문입니다. 결국 왕은 스스로 포기하듯이 말했습니다.

"내가 왕이 된 이유... 그것은 그저 하늘의 은총이로군..."

하나님을 만나고 또 구원받을 수 있는 것은 하나님이 우리를 택하시고 은혜로 주셨기 때문입니다. 지금 세상에서 누리는 것과 가진 재능이나 은사 역시도 모두 하나님이 주셨기 때문에 가능한 것입니다. 나를 높이는 교만을 버리고 하나님만을 찬양하며 겸손하십시오.

♡ 주님! 나의 나 된 것이 모두 주님의 은혜임을 알게 하소서!
교만한 마음을 모두 버리고 항상 겸손의 모양을 취하십시오.

나의 영적 일지

시선을 돌릴 때 보이는 것

읽을 말씀 : 베드로전서 1:1-12

● 벧전 1:6 그러므로 너희가 이제 여러 가지 시험으로 말미암아 잠깐 근심하게 되지 않을 수 없으나 오히려 크게 기뻐하는도다

'우리 생애 최고의 해'라는 영화는 실존 인물인 헤롤드 러셀의 이야기를 바탕으로 만들었습니다.

2차 대전에 공수부대원으로 참전을 했다가 포탄에 맞아 양팔을 잃게 된 러셀은 크게 낙심을 했습니다. 당시의 러셀은 스스로를 '쓸모없는 하나의 고깃덩어리'라고 표현했을 정도였습니다. 그렇게 좌절에 빠져있던 그는 우연한 계기를 통해 일상의 아름다움을 하나씩 발견해 나가며 자신에게 아직 잃은 것보다는 남아있는 것이 더 많다는 사실을 깨닫게 됩니다. 그리고 양팔에 의수를 달아 타이핑을 배워 다른 사람들에게 희망을 주는 글을 쓰기 시작했습니다. 영화 이야기의 세 명 중 한 명의 주인공으로 나오는 해럴은 자신이 실제로 역할을 맡아 연기도 했으며 아카데미에서 특별상까지 받게 됩니다.

잃어버린 것에만 눈을 돌릴 때 그곳에는 오직 절망밖에 보이지 않습니다. 그러나 그 잃은 것을 넘어 하나님께 받은 것들을 세어보면 여전히 넘치는 축복이 우리에게 있음을 알게 됩니다. 넘치는 복을 주신 하나님의 은혜에 항상 감사하십시오.

💛 주님! 시험으로 인해 근심하지 않고 감사하게 하소서!
🌀 오늘 주님이 주시는 축복을 삶 속에서 느껴보십시오.

나의 영적 일지

11월 23일

믿음의 유산이 꽃 핀 마을

읽을 말씀 : 에베소서 3:14-21

● 엡 3:21 교회 안에서와 그리스도 예수 안에서 영광이 대대로 영원무궁하기를 원하노라 아멘

1896년 목포에서 외국인 선교사들이 나룻배를 타고 해남의 초두 마을로 건너왔습니다.

선교사들은 초송교회를 세우고 마을 주민들을 전도하기 시작했습니다. 그리고 세월이 흘러 100년이 넘게 지난 지금 지금 초두마을의 110명의 주민들은 모두 100% 복음을 믿는 크리스천이 되었습니다. 마을 전체가 크리스천이기 때문에 이 마을로 이주를 오는 사람이나 외부에서 시집을 온 사위, 며느리들도 자연스럽게 교회에 다니게 됩니다. 마을 회의나 나들이 같은 행사에 앞서서는 반드시 기도로 시작합니다. 잔칫날에도 술병을 찾아볼 수 없습니다. 보통 시골 잔치 풍경에서는 술이 많이 있기 마련이지만 이 마을에서는 오랜 세월 술을 찾는 사람이 거의 없었습니다. 담배도 거의 피지 않아 군 보건소가 이 마을을 건강실천 마을로 지정하기도 했습니다.

마을 주민들은 처음 선교사들이 세운 초송교회와 후에 개척된 산이제일교회 두 곳으로 나눠 다니지만 이로 인한 싸움이나 다툼은 전혀 일어나지 않습니다. 마을의 이장을 맡고 있는 김경호 안수집사님은 5년간 이장을 하는 동안 주민끼리 다투거나 서로 흠을 잡는 불상사가 단 한 건도 일어나지 않았다며 초두 마을을 자랑했습니다.

110년이 넘게 자란 믿음의 뿌리가 한 마을을 모두 그리스도인으로 바꾸는 결실을 맺었습니다. 오늘 우리가 한 사람 한 사람에게 내린 믿음의 뿌리가 나중에 어떤 결실을 맺을지 모릅니다. 한 영혼을 전도하는 것을 소홀히 생각하지 마십시오.

💛 주님! 믿음으로 영혼을 위한 씨앗을 뿌리게 하소서!
📖 여러 가지 모습으로 믿음의 씨앗을 매일 뿌리는 성도가 되십시오.

나의 영적 일지

하나님에 대한 예의

읽을 말씀 : 누가복음 4:1-8

● 눅 4:8 예수께서 대답하여 이르시되 기록된 바 주 너의 하나님께 경배하고 다만 그를 섬기라 하였느니라

어려서부터 과잉보호를 받으며 자란 어떤 아이가 있었습니다.

하루는 아이가 엄마와 시장에서 장을 보고 있었습니다. 과일을 고르던 중 아이를 귀엽게 보던 과일가게 아주머니가 탐스런 사과를 하나 집어주었습니다. 그런데 아이는 사과를 받기만 할 뿐 고맙다는 인사도 없이 멀뚱멀뚱 서있었습니다. 이를 보다 못한 어머니가 무안한지 야단을 쳤습니다.

"얘야! 어른이 사과를 주셨으면 뭐라고 말씀을 드려야 하지?"

꼬마는 잠시 생각을 하다 사과를 내밀며 말했습니다.

"껍질도 벗겨주세요."

하나님을 향한 사람들의 태도는 예화의 아이보다 더 심할 때가 많습니다. 하나님은 우리를 부족함 없이 키워주셨고 탐스런 사과 같은 축복까지 주셨지만 우리는 그 축복에 감사할 줄 모르고 더한 것을 요구합니다. 받은 것에 감사할 줄 알며 주님의 것은 도둑질하지 않는 거리낌 없는 신앙생활을 하십시오.

♡ 주님! 버릇없는 아이와 같은 신앙생활을 하지 않게 하소서!
주님의 것을 드리는 일과 주님의 일을 위한 희생을 아까워하지 마십시오.

나의 영적 일지

11월 25일

올림픽 출전의 이유

읽을 말씀 : 시편 146:1-10

● 시 146:5 야곱의 하나님을 자기의 도움으로 삼으며 여호와 자기 하나님에게 자기의 소망을 두는 자는 복이 있도다

   2012년 런던 올림픽에 일본의 승마 대표로 출전한 호케스 히로시 씨는 71세의 나이로 최고령으로 올림픽에 출전한 기록을 갖고 있습니다.
   총 3번의 올림픽의 출전한 호케스 씨는 23세 때 1964년도 도쿄 올림픽에 일본의 승마대표로 참가했지만 이후 선수생활을 그만 둔 뒤에 사업을 시작했습니다. 외국계 제약회사의 대표에까지 오를 정도로 성공가도를 달렸던 호케스 씨는 정년퇴직을 한 뒤에 불현듯 다시 승마에 도전을 해 국가대표가 되기 위한 도전을 시작했습니다. 예순이 넘은 나이에 혼자서 독일의 아헨으로 승마 유학을 떠나 기술과 기량을 갈고 닦은 그는 유럽의 여러 대회에서 수상을 하며 실력을 인정받아 일본의 국가대표에 뽑혀 2008년 베이징 올림픽과 2012년 런던 올림픽까지 2회 연속으로 출전하는 영광을 누렸습니다.
   호케스 씨가 정년퇴임을 한 뒤에 이런 도전을 하는 이유는 무엇일까요? 2008년도에 베이징에 가서는 '전 세계 노인들의 희망이 되겠다'는 자신의 포부를 밝혔습니다. 그리고선 은퇴를 하려고 했지만 2012년도에는 동일본 대지진을 겪은 자국민들을 위로하고 용기를 주기 위해서 다시 출전을 했습니다.
   호케스 씨의 올림픽 출전의 이유는 누군가에게 희망을 주기 위해서였습니다. 우리들의 삶도 누군가의 희망이 되어야 하고 하나님껜 영광이 되어야 합니다. 하나님과 이웃을 위한 작은 일이라도 실천하고 있는지 삶을 돌아보십시오.

♥ 주님! 누군가의 희망이 되는 삶으로 사용하여 주소서!
❀ 나의 노력이 누군가에겐 희망이 될 수도 있다는 사실을 늘 기억하십시오.

나의 영적 일지

극복할 수 있는 이유

읽을 말씀 : 로마서 8:35-39

● 롬 8:37 그러나 이 모든 일에 우리를 사랑하시는 이로 말미암아 우리가 넉넉히 이기느니라

    헨리 무어 목사님이 목회를 하던 중에 정말로 감당하기 힘들 정도의 어려움을 겪은 적이 있었습니다. 가장 믿었던 성도들이 목사님을 모함하고 다른 교회로 떠나는 일이 있었기 때문인데, 이 일이 있은 후에 목사님은 자신이 목회를 계속 해야 하는지에 대해서 고민을 하게 되었습니다. 하루는 소파에 앉아 무기력한 모습으로 슬픔에 빠져있었는데 다리가 아파 휠체어를 타고 다니는 딸이 거실로 나와 엄마를 찾았습니다.
    "엄마는 2층에 계시는데 무슨 일 때문에 그러니?"
    딸은 가져다 줄 물건이 있다고 말했습니다. 목사님은 자기가 대신 가져다준다고 말했지만 딸은 계속 자신이 가져다주겠다고 고집을 부렸습니다. 휠체어를 타고 계단을 오를 수가 없다는 목사님의 말에 딸은 다음과 같이 대답했습니다.
    "이건 제가 한 학기 동안 열심히 공부한 성적표에요. 꼭 제 손으로 가져다 드리고 싶어요. 성적표를 들고 있는 저를 아빠가 안아주세요. 그럼 되잖아요?"
    이 말을 통해 어떤 문제가 있더라도 하나님이 안고 계시면 해결이 된다는 믿음을 목사님은 얻었고, 계속해서 목회에 헌신을 할 수 있게 마음을 잡을 수 있었습니다.
    내가 죄를 극복할 수 있는 이유, 천국에 갈 수 있는 이유, 모든 문제를 극복할 수 있는 이유는 하나님과 함께 하기 때문임을 늘 잊지 마십시오.

♥ 주님! 악을 이길 힘을 주시는 주님을 믿고 의지하게 하소서!
✿ 전능하신 하나님이 오늘도 나와 함께 하심을 믿으십시오.

나의 영적 일지

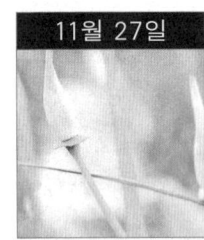

지각과 현실

11월 27일

읽을 말씀 : 잠언 30:1-9

● 잠 30:4 하늘에 올라갔다가 내려온 자가 누구인지, 바람을 그 장중에 모은 자가 누구인지, 물을 옷에 싼 자가 누구인지, 땅의 모든 끝을 정한 자가 누구인지, 그의 이름이 무엇인지, 그의 아들의 이름이 무엇인지 너는 아느냐

지구의 자원은 대부분 한정되어 있지만 사람들은 물과 공기와 같은 특정 자원은 무한하다고 생각을 합니다.

부유한 나라에 태어난 대부분의 사람들은 태어나서 죽을 때까지 한 번도 공기나 물이 부족해서 어려움을 겪지 않습니다. 그러나 과학자들은 지구는 물질의 이동으로 볼 때는 고립되어 있는 '닫힌계'로 볼 수 있다고 말합니다, 이 말은 곧 지구에 존재하는 모든 자원, 심지어는 공기와 물까지도 한정되어 있다는 말입니다. 실제로도 시간이 흐를수록 지구는 점점 쓰레기를 처리하기 힘들어질 것입니다. 지금도 매립지가 부족해 고생하는 많은 나라들이 있습니다.

공기가 무한한 것 같아도 지구에서 10Km 위로만 올라가면 거의 희박해지고 20Km위로 올라가면 공기는 거의 없는 상태가 됩니다. 그러나 우리는 죽을 때까지 이런 사실들을 대부분 모르고 공기와 물, 그밖에 자원들이 무한하다는 어리석은 생각을 가지고 살아갑니다. 그리고 실제로 이런 사실을 아는 사람들도 다른 사람들과 별 다를 바 없는 삶을 살아갑니다. 그것은 머리로는 알아도 실제로 느끼고 경험하는 지각이 부족하기 때문입니다.

인간의 지각 능력에는 분명한 한계가 있습니다. 우리의 능력을 넘어서는 분명한 한계는 존재하고 있습니다. 과학이 아무리 발전해도 "인간의 탄생이 무슨 이유에서인지?", "우리는 죽어서 어디로 가는지?"는 결코 알 수 없습니다. 그러나 우리가 알 수 없는 부분이야말로 우리 인생의 가장 중요한 부분이라는 사실을 기억하십시오.

♥ 주님! 나의 연약함을 통해 더욱 주께 나아가게 하소서!
🧠 인간의 지각을 넘어선 세계가 분명히 있음을 깨달으십시오.

나의 영적 일지

주님의 그림자

읽을 말씀 : 에베소서 2:1-7

● 엡 2:5 허물로 죽은 우리를 그리스도와 함께 살리셨고 (너희는 은혜로 구원을 받은 것이라)

그림자와 놀고 있는 소녀가 있었습니다.

처음에는 그림자가 자기를 따라다니는 것이 마냥 신기했습니다. 도중에는 그림자가 자기를 따라다니는 것이 무서워서 '저리 가'라며 큰 소리를 치기도 하고 빠르게 달려보기도 했지만 그림자는 여전히 자신을 따라다녔습니다. 소녀는 그림자는 자신을 늘 따라다니며 절대로 뗄 수 없다는 사실을 깨닫고는 그림자를 친구처럼 여기기로 했습니다. 어딜 다닐 때도 그림자를 밟지 않기 위해 조심할 정도였습니다. 그러다 한 번은 무서운 생각이 들어 아빠를 찾아가 물었습니다.

"아빠, 그림자가 물속에 빠지면 추워할까요? 벽에 부딪히거나 불에 닿으면 아파할까요?"

아버지는 딸의 순진한 모습을 사랑스럽게 바라보다가 과학적인 사실을 말해주기보다는 다음과 같은 말로 안심시켜주었습니다.

"앞으로 그런 걱정은 하지 않아도 된단다. 그림자는 불에 타지도 않고 물에 빠지지도 않아. 해만 있으면 그림자는 나타나게 되어 있어."

해를 통해 나타나는 그림자가 모든 성도의 삶이 되어야 합니다. 해의 방향과 높이에 따라 바뀌는 그림자와 같은 삶, 모든 존재의 이유와 모습의 변화가 주님을 따라서 결정되는 삶, 말씀을 통해 주님의 그림자와 같은 삶을 바라는 현명한 성도가 되십시오.

♥ 주님! 주님을 따라 변화되는 삶의 모습이 되게 하소서!
🎯 예수님의 삶을 나의 롤모델로 삼으십시오.

나의 영적 일지

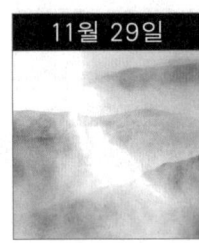

11월 29일

주님의 복음

읽을 말씀 : 갈라디아서 1:1-8

● 갈 1:7 다른 복음은 없나니 다만 어떤 사람들이 너희를 교란하여 그리스도의 복음을 변하게 하려 함이라

미국의 개혁주의 신학자이자 세계적인 석학인 마이클 호튼 교수는 '그리스도가 없는 기독교'를 경계해야 한다고 말합니다. 지금의 미국 교회에는 그리스도가 실종되었다고 강력하게 비판을 하고 있는 호튼 교수는 기독교의 핵심인 복음을 잃어서는 안 된다는 메시지를 많은 사람들에게 전하고 있습니다.

"그리스도는 우리를 잘 살게 만드는 코치가 아닙니다. 예수 없이 더 잘 사는 사람도 많습니다. 교회는 더 이상 우리의 삶을 윤택하게 만드는 방법이 아니라 기독교의 핵심인 복음을 선포해야 합니다."

최근 미국에서 부흥하고 있는 교회들은 대부분 행복, 형통, 성공에만 집중을 하고 있으며, 어떤 교회는 환경보호와 평화, 정의와 같은 가치에 집중하기도 합니다. 이런 것들이 위험한 이유는 성도들이 진리에 관심을 갖고 믿음, 신앙, 교리를 중요하게 여기는 것이 아니라, 감정과 경험만을 원하며 자신에게 유익한 것이 무엇인가에 초점을 맞추기 때문이라고 호튼 박사는 말합니다. 또한 복음은 하나님이 우리를 그리스도를 통해 자신과 화해시키셨다는 소식이며 하나님이 우리를 위해 무엇을 하셨는지에 대해서 집중해야 한다고도 조언했습니다.

구원의 기쁜 소식인 하나님의 복음은 성공과 행복, 인생의 그 어떤 가치와도 비교할 수 없는 놀라운 축복이자 은혜입니다. 복음을 가리는 잘못된 생각이나 사상에 빠지지 말고 복음의 기쁜 소식을 늘 붙드십시오.

♡ 주님! 참된 복음의 의미를 깨닫고 바르게 지키게 하소서!
📖 잘못된 유행에 가리워진 복음을 조심하십시오.

나의 영적 일지

다함이 없는 사랑

읽을 말씀 : 로마서 13:1-10

● 롬 13:8 피차 사랑의 빚 외에는 아무에게든지 아무 빚도 지지 말라 남을 사랑하는 자는 율법을 다 이루었느니라

독일의 한 지방에서 끔찍한 범죄가 일어났습니다.

지스로 고들스키라는 한 청년이 자신의 친구들을 불러 조직을 만들어 외딴 지역을 돌며 강도짓을 벌였는데, 한 농장에서는 9명이나 죽이는 범죄를 저질렀습니다. 하멜만 씨의 농장에는 가장인 하멜만 씨를 포함해 총 10명의 가족들이 있었습니다. 강도들은 모든 사람을 죽이려고 했지만 하멜만 씨는 불행 중 다행으로 4발의 총을 맞고도 목숨을 건졌습니다.

고들스키는 이후 체포되어 무기징역을 선고 받았습니다. 감옥에서 자신의 죄를 뉘우친 고들스키는 20년 만에 모범수로 석방이 될 기회를 맞았지만 그가 사회에서 활동할 연고도 없었고 후견인도 없었기에 당국은 석방을 보류할 예정이었습니다. 그런데 이 소식을 들은 하멜만 씨는 자신이 후견인이 되겠다고 하며, 고들스키를 석방시켜 달라는 탄원서를 내었습니다. 탄원서의 마지막에서 하멜만 씨는 자신이 고들스키를 용서하는 이유에 대해서 다음과 같이 적었습니다.

'그리스도께서 저의 죄를 위하여 죽으셨고 저를 용서하셨습니다. 저희 가족은 비참한 일을 겪었지만 모두 천국에 갔습니다. 그런데 제가 그 사람을 용서하지 못할 이유가 뭐가 있겠습니까?'

일흔 번씩 일곱 번이라도 할 수 있는 용서의 힘은 끝이 없는 사랑에서 나옵니다. 다함이 없는 사랑은 나의 힘으로는 할 수 없습니다. 오직 주님이 주신 사랑으로 다른 사람을 사랑하고 또 용서하십시오.

♥ 주님! 날 구원하신 주님의 사랑의 크신 능력을 깨닫게 하소서!
🎞 주님이 주시는 사랑을 세상에 전하는 통로가 되십시오.

나의 영적 일지

오직 하나님을 앙망하는 자는
새 힘을 얻으리니 독수리가 날개 치며
올라감 같을 것이요
달음박질하여도 곤비하지 아니하겠고
걸어가도 피곤하지 아니 하리로다
사 40:31

12월

12월 1일

푸르른 고목

읽을 말씀 : 데살로니가전서 1:1-7

●살전 1:3 너희의 믿음의 역사와 사랑의 수고와 우리 주 예수 그리스도에 대한 소망의 인내를 우리 하나님 아버지 앞에서 끊임없이 기억함이니

하버드 대학의 교수이면서 세계적인 시인이었던 롱펠로우는 정년이란 말이 무색할 정도로 왕성한 작품 발표를 했습니다.

백발이 성성할 정도의 나이가 되어도 여전히 젊었을 때와 다름없는 뛰어난 시들을 끊임없이 발표하는 모습을 보고 그를 존경하는 한 제자가 물었습니다.

"선생님, 도대체 어떻게 나이가 들어도 변하지 않고 작품을 내실 수 있습니까? 게다가 그 작품들은 더욱 더 발전하는 것 같습니다."

롱펠로우는 정원의 심겨진 커다란 나무를 가리키며 말했습니다.

"저 나무도 엄청 나이를 먹은 고목이라네. 그러나 여전히 잎사귀가 푸르고 열매를 맺고 있지. 이유가 뭐라고 생각하나? 바로 양분을 잘 섭취하기 때문이야. 나이가 들어서도 배움을 멈추지 않는다면 열매는 나오게 되어 있지."

고목이라고 해서 열매를 못 맺거나 잎이 푸르지 않은 것이 아닙니다. 이 땅에 있는 동안 그치지 않고 풍성한 성령의 열매를 맺도록 말씀과 기도로 양분을 대십시오.

♡ 주님! 매일 더 주님을 아는 지식이 깊어지게 하소서!
🙏 성령의 열매를 풍성히 맺는 삶이 되게 해달라고 주님께 기도하십시오.

나의 영적 일지

믿음의 전도

읽을 말씀 : 누가복음 10:1-14

● 눅 10:2 이르시되 추수할 것은 많되 일꾼이 적으니 그러므로 추수하는 주인에게 청하여 추수할 일꾼들을 보내 주소서 하라

베이징에서 사랑의 쉼터를 통해 조선족 지원 사업을 하며 선교를 하고 있는 서 베드로 원장님은 사역 초기에 전도에 대한 고민이 매우 많았습니다.

베이징에서는 개인 전도가 금지되어 있었기 때문에 생기는 어려움도 많았지만 그보다 더 힘든 것은 현지 교인들이 전도가 무엇인지 모르고 관심도 없을 정도로 전도에 대한 개념과 인식이 없었기 때문입니다. 이는 원장님 뿐 아니라 당시 베이징에서 선교를 하던 모든 사역자들의 고민이었습니다.

서 원장님은 모범을 보여서 전도에 성공하는 한 교회가 있어야 다른 교회도 금방 성장할 것으로 생각한 뒤, 사랑의 쉼터를 바로 그런 곳으로 만들기로 결심 했습니다. 그리고 예배시간을 통해 30명이 되는 성도들에게 3개월 후 300명이 오는 교회로 만들자고 말을 꺼냈습니다. 교인들은 무슨 소린지 몰라 어리둥절했지만 서 원장님은 특별새벽기도회와 전도 훈련을 통해 성도들에게 전도의 중요성에 대해서 가르쳤고 또 효과적인 방법에 대해서도 훈련을 시켰습니다. 그리고 목표로 했던 기간에 참석한 성도의 수를 세어보니 280여명이나 되는 부흥의 역사가 일어났습니다. 아무것도 모르는 초신자들이 3개월 만에 10배의 열매를 맺는 일이 전도를 통해서 일어난 것입니다.

전도의 실패를 걱정하는 것은 우리의 역할이 아닙니다. 만나는 모든 사람에게 복음을 전하는 것이 나를 비롯한 모든 성도의 사명이자 기쁨임을 잊지 마십시오.

♡ 주님! 잃은 영혼들에게 참된 복음을 전하는 일꾼이 되게 하소서!
❈ 전도의 결과는 성령님께 맡기고 전하는 일에 더욱 힘쓰십시오.

나의 영적 일지

하나님의 영수증

12월 3일

읽을 말씀 : 마태복음 5:23-42

● 마 5:45 이같이 한즉 하늘에 계신 너희 아버지의 아들이 되리니 이는 하나님이 그 해를 악인과 선인에게 비추시며 비를 의로운 자와 불의한 자에게 내려주심이라

큰 사고를 당해서 호흡이 곤란한 증세가 생기게 된다면 산소 호흡기를 사용합니다.

산소 호흡기를 사용하기 위해서는 산소통이 있어야 되는데 보통 아주 위급한 경우에 잠깐만 사용하기 때문에 크게 돈이 나가지는 않습니다. 그러나 24시간 동안 사용할 산소를 공급받는다고 생각을 하면 하루에 24만 원 정도의 비용이 든다고 합니다. 조금 다르게 생각하면 건강한 사람들은 매일 24만 원 정도의 산소를 무료로 사용하고 있는 것입니다.

전기세의 경우, 전기는 우리가 필요로 할 때만 사용을 하지만 아무리 써도 한 달에 그렇게 많은 금액이 나오지는 않습니다. 그러나 온 대지를 비추는 햇볕에 가격을 매긴다면 얼마나 비용이 들까요? 햇볕 때문에 세상의 모든 식물과 동물이 생존할 수 있고 성장할 수 있습니다.

하나님이 우리에게 주신 모든 것들에 가격을 매겨 청구서를 내민다면 어떤 부자도 감당할 수 없을 것입니다. 그러나 하나님은 우리 모두에게 놀라운 축복을 값없이 주고 계십니다. 모든 사람을 사랑하시고 구원받기를 원하시는 주님의 큰 은혜를 깨달으십시오.

♥ 주님! 모든 사람을 사랑하는 주님의 마음을 깨닫게 하소서!
✍ 만나는 사람들을 여러 구분 없이 사랑하십시오.

나의 영적 일지

일상의 작은 행복

읽을 말씀 : 시편 145:1-16

● 시 145:10 여호와여 주께서 지으신 모든 것들이 주께 감사하며 주의 성도들이 주를 송축하리이다

'대지'로 노벨상을 수상한 유명한 작가인 펄벅의 어머니는 청년 시절부터 심한 고생을 했습니다.

22살이 되던 해에 당시에는 아주 척박한 땅이었던 중국으로 건너가 자녀를 일곱 명이나 낳았습니다. 그러나 좋지 못한 환경으로 인해 그 중 네 명이나 태어나자마자 숨을 거두었습니다. 사람들은 외지인을 의심의 눈초리로 바라보았기 때문에 철저히 마을에서 고립되었고 때로는 박해까지 받았습니다.

그러나 펄벅이 나중에 자신의 어머니에 대해서 회고한 내용에 따르면 이런 상황 속에서도 절대로 어머니는 눈물을 흘리거나 아이들 앞에서 슬퍼하는 모습을 보이지 않았다고 합니다. 오히려 아이들을 위한 책을 읽어주고 간단한 동요를 만들어 주었으며 헌옷에 리본이나 꽃을 달아 꾸미는 아주 작은 일들로 아이들이 새 옷을 입는 것 같은 기분을 느끼게 해주었습니다. 펄벅의 어머니가 아이들을 위해서 해준 일들은 아주 작은 일들이었지만 그 일들을 통해 자녀들은 행복할 수 있었고 펄벅의 어머니도 힘든 타지 생활을 극복할 수 있었습니다.

작은 일들에도 감사하며 행복을 느끼는 것은 삶과 신앙에 커다란 힘이 되고 기쁨이 됩니다. 아주 작은 곳에도 임하고 있는 하나님의 은총을 깨닫고 누리십시오.

♥ 주님! 매일의 삶에 임하시는 주님의 은총을 깨닫게 하소서!
🌸 당연한 일들에 대한 감사가 삶 속에 있는지 확인하십시오.

나의 영적 일지

12월 5일

충성된 군인

읽을 말씀 : 마태복음 28:16-20

● 마 28:20 내가 너희에게 분부한 모든 것을 가르쳐 지키게 하라 볼지어다 내가 세상 끝날까지 너희와 항상 함께 있으리라 하시니라

가장 널리 알려진 구조 원칙인 '여자와 어린이, 그리고 노인 먼저'는 1852년에 일어난 사고를 통해서 세워졌습니다.

1852년도에 영국 해군의 수송선인 버큰헤이드 호가 아프리카 남단을 항해하다가 암초에 걸려 침몰하게 되었습니다. 배에는 선원을 비롯한 가족들 약 600여명이 타고 있었으나 배에 있는 구명정에는 200명 정도밖에 탈 수가 없었습니다. 사령관이었던 시드니 세튼 대령은 먼저 가족들을 구명정에 태우라고 명령을 내렸습니다. 그리고 선원들의 아내와 자녀들을 태운 구명정을 바다로 띄우라고 명령을 내린 뒤에 선원들을 향해 외쳤습니다.

"모든 선원들은 제복을 입고 갑판 위로 모이라!"

선원들은 일사불란하게 갑판위로 보여 대열을 갖추어 섰습니다. 대령은 선원들과 함께 멀어져 가는 구명정을 보면서 경례를 한 뒤 배가 가라앉을 때까지 의연히 있었습니다. 뒤늦게 판자에 매달려 구조된 몇몇 병사들의 이야기에 따르면 당시에 죽음이라는 명령을 받고도 불평하거나 살기 위해 추태를 부린 군인은 단 한 명도 없었다고 합니다.

충성된 군인은 대장의 명령에 늘 순종합니다. 설령 죽음을 명령한다 하더라도 거기엔 합당한 이유와 보상이 있기 때문입니다. 실수하지 않으시는 완전하신 하나님을 신뢰하는 충성된 주님의 군사가 되십시오.

♥ 주님! 주님이 분부한 모든 말씀을 진심으로 이행하게 하소서!
🌸 매일 나에게 주시는 하나님의 말씀을 따라 사십시오.

나의 영적 일지

용서의 마음

읽을 말씀 : 마가복음 11:22-33

● 막 11:25 서서 기도할 때에 아무에게나 혐의가 있거든 용서하라 그리하여야 하늘에 계신 너희 아버지께서도 너희 허물을 사하여 주시리라 하시니라

의사로부터 시한부 인생을 선고받은 한 남자가 있었습니다.

몸에 좋다는 약도 다 써보고 기도도 받아보고 여러 가지 방법을 모두 시도해보았으나 병세는 조금도 약화되지 않았습니다. 결국 죽음을 받아들이기로 결정한 남자는 세상을 떠나기 전에 정리해야 할 일들에 대해서 생각을 해보았습니다.

그런 생각 중에 자신이 용서해야 할 사람은 모두 용서하고 용서를 구해야 할 사람에게는 용서를 구해야겠다는 결심을 하게 되었습니다. 천천히 종이에 연락할 사람들을 적어보니 500명이나 되었습니다. 그 중에 먼저 연락이 가능한 사람에게는 연락을 했고, 그렇지 못한 사람에게는 용서를 구하는 마음으로 축복의 기도를 해주었습니다. 그리고 그렇게 모든 관계에 쌓인 화를 풀고 나자 마음이 너무나 평안해졌습니다. 병이 낫는 기적은 끝까지 일어나지 않았지만 점점 나빠지는 병세에 고통이 심해졌음에도 남자는 평온함을 유지했으며 세상의 그 어느 누구보다 편안한 모습으로 죽음을 맞이했습니다.

하나님이 우리를 용서하셨기에 우리도 다른 사람을 용서해야 합니다. 일곱 번씩 일흔 번이라도 용서하라는 주님의 말씀을 실행할 때 죽음도 넘볼 수 없는 넘치는 평안과 안식의 축복이 삶 속에 임하게 됨을 믿으십시오.

♥ 주님! 용서하는 선한 마음으로 주님을 예배하게 하소서!
🙏 이웃을 향한 분의 마음을 오래 품고 있지 마십시오.

나의 영적 일지

12월 7일

하나님의 응답

읽을 말씀 : 시편 38:1-22

● 시 38:15 여호와여 내가 주를 바랐사오니 내 주 하나님이 내게 응답하시리이다

아미라는 어린 소녀가 있었습니다.

독실한 기독교 가정에서 태어난 이 소녀는 6살 때 자신의 의지로 예수님을 영접하고 구원에 대한 확신을 가졌습니다. 한 번은 주일 날 설교 시간에 '믿고 구하는 것은 다 응답해 주신다'는 말씀을 듣게 된 아미가 엄마에게 그 말씀이 정말인지 물었습니다.

"그럼 정말이지, 주님은 우리의 모든 기도에 다 응답을 해주신단다."

엄마의 말을 듣고 확신에 찬 아미는 그날 밤부터 열심히 기도를 하기 시작했습니다. 아미의 기도 제목은 자신의 눈동자 색깔이 갈색으로 변하는 것이었는데, 푸른빛이 도는 엄마와 같은 눈동자를 가지고 싶었기 때문입니다. 그러나 매일 같이 한 달을 기도해도 아미의 눈동자는 변하지 않았습니다. 아미는 실망한 목소리로 엄마를 찾아가 따졌습니다.

"목사님과 엄마는 거짓말을 했어요. 매일 같이 눈동자가 바뀌게 해달라고 믿고 기도했지만 전혀 변하지 않았다고요."

그 말을 들은 엄마는 아미를 꼭 안으며 위로했습니다.

"아미야, 안된다고 하는 것도 하나님의 응답이란다. 그리고 지금 당장은 이해할 수 없어도 시간이 흐르면 언젠가 그 사실을 반드시 알게 된단다."

기도는 하나님의 뜻을 분별하고 하나님의 마음을 깨닫게 되는 일입니다. 나의 기도에 대한 하나님의 응답에 귀를 기울이고 또 순종하십시오.

♥ 주님! 하나님의 모든 응답에 귀를 기울이게 하소서!
🕮 하나님의 마음을 더 깨닫게 되어가는 기도를 드리십시오.

나의 영적 일지

금식기도의 의미

읽을 말씀 : 마태복음 6:16-18

12월 8일

● 마 6:16 금식할 때에 너희는 외식하는 자들과 같이 슬픈 기색을 보이지 말라 그들은 금식하는 것을 사람에게 보이려고 얼굴을 흉하게 하느니라 내가 진실로 너희에게 이르노니 그들은 자기 상을 이미 받았느니라

　금식기도에 대한 찬성과 반대는 크게 두 가지 이유로 갈라집니다.
　금식기도를 반대하는 입장은 중세시대의 수도원과 같이 고행을 통해 구원을 얻거나 믿음을 성장시키려고 하는 잘못된 방법이라는 주장을 합니다. 또한 너무 장기간 식사를 거르기 때문에 자칫하면 건강을 해칠 수도 있으며 굶으며 기도하는 시간이 되기보다는 굶음으로 인해 들게 되는 음식에 대한 생각과 육체의 연약함으로 오히려 기도에 더욱 집중할 수 없게 되기 때문입니다.
　반대로 금식기도를 찬성하는 입장은 금식을 통해 인간의 가장 강력한 욕구 중의 하나인 식욕을 절제하면서 기도에 집중을 할 수 있다는 주장을 합니다. 예수님을 비롯한 많은 성경의 인물들이 금식기도로 하나님께 간절히 기도를 했으며 금식으로 인해 더욱 하나님께만 철저히 의지하며 기도할 수 있기 때문입니다.
　금식기도는 성경적인 주장입니다. 또한 금식을 반대하는 주장도 일리는 있습니다. 그러나 가장 중요한 것은 금식이라는 모습보다는 하나님 앞에 더욱 겸손해지고 주님께만 의지하는 방법이 되어야 한다는 것입니다. 철저히 하나님을 중심으로 생각하는 신앙생활과 경건생활을 하십시오.

💗 주님! 모든 행동과 생각이 하나님 중심으로 이루어지게 하소서!
🙏 신앙의 결단이 교만과 외식으로 이어지지 않게 조심히 살피십시오.

나의 영적 일지

12월 9일

오른손이 모르는 선행

읽을 말씀 : 마태복음 6:1-13

● 마 6:3 너는 구제할 때에 오른손이 하는 것을 왼손이 모르게 하여

    프랑스의 사상가 몽테스키외는 법에 대한 연구로 현대 정치에 큰 영향을 끼쳤습니다. 지금 민주주의와 정치의 근간이 되는 3권 분립은 그의 연구로부터 나온 것입니다.

    몽테스키외는 특히 이론보다도 실제적인 삶에서의 적용이 더욱 중요하다고 말했는데, 자신의 삶 역시 그렇게 살았습니다.

    한번은 몽테스키외가 프랑스 남부를 여행하다가 배를 타는 일이 있었습니다. 그런데 배를 몰던 두 명의 사공의 표정에 수심이 가득한 것을 보고 이유를 물었습니다.

    "저희는 형제입니다. 최근에 아버지가 해적들에게 잡혀가셨는데 몸값 3천 프랑을 내야 풀어준다고만 합니다. 그런데 저희 집안은 가난해서 도저히 그 돈을 마련할 수가 없습니다."

    그 말을 들은 몽테스키외는 '아무리 돈이 귀해도 사람 목숨만큼 중할 수는 없지'라고 생각을 한 뒤에 나중에 집으로 돌아가 하인을 시켜 그 형제의 집에 3천 프랑을 전해주고 오라고 시켰습니다. 그리고 철저히 그 돈의 출처를 밝히지 말라고 당부했습니다. 결국 사공 형제는 자신들을 도와준 사람이 누군지 몽테스키외가 죽을 때까지 알지 못했습니다. 다만 몽테스키외가 죽은 지 한참이 지나서야 하인을 통해 그 사실을 알게 되었고 감사한 마음을 죽을 때까지 잊지 않고 그의 무덤을 해마다 찾았다고 합니다.

    선행은 즉시, 또 은밀히 실천해야 합니다. 겸손함과 실행력이 겸비된 참된 선행으로 사람이 아닌 하나님께 영광을 돌리는 삶을 사십시오.

♡ 주님! 겸손히 또 은밀히 남을 돕게 하소서!
🕮 사람은 모르는 일도 하나님은 알고 계심을 기억하십시오.

[나의 영적 일지]

창조물이 말하고 있는 것

읽을 말씀 : 로마서 8:18-27

● 롬 8:21 그 바라는 것은 피조물도 썩어짐의 종 노릇 한 데서 해방되어 하나님의 자녀들의 영광의 자유에 이르는 것이라

　1968년 12월 21일에 발사한 아폴로 8호의 성공을 축하하기 위해서 미국의 체신부는 기념우표를 발행했습니다.
　이 우표의 초안은 달에서 본 지구의 그림에 '아폴로 8호'라는 글자가 쓰여 있는 것이 전부였습니다. 그러나 초안이 공개된 것을 본 전국의 사람들은 이 우표에 창세기 1장 1절을 넣어달라고 요청했습니다.
　당시 체신부장관이었던 블론트는 이미 발행된 초판을 제외하고는 사람들의 요청에 따라 새롭게 수정판을 만들었습니다. 그 우표에는 우주에서 본 지구의 사진과 '아폴로 8호'라는 글자, 그리고 '태초에 하나님이...'라는 창세기 1장 1절이 요약되어 적혀있었습니다.
　당시에 기독교인이 아닌 사람들도 창세기 1장 1절을 넣어달라는 요청을 많이 했었는데, 그 이유는 12월 24일에 우주에서 신호를 보낸 아폴로 8호의 우주비행사들이 '태초에 하나님이 천지를 창조하시니라'는 창세기 말씀을 읽었기 때문이었습니다.
　지구에서 보나 우주에서 보나 모든 자연과 생물이 말하고 있는 것은 하나님의 높고 위대하심뿐입니다. 온 지면에 깔려 있는 하나님의 은혜와 사랑을 거부하지 말고 놀라운 은혜의 바다에 몸과 마음을 맡기십시오.

💚 주님! 만물이 말하고 있는 주님의 살아계심을 느끼게 하소서!
🖼 모든 일과 계획을 주장하시는 하나님의 주권을 인정하십시오.

나의 영적 일지

12월 11일

명령을 따라야 할 분

읽을 말씀 : 누가복음 14:25-35

●눅 14:27 누구든지 자기 십자가를 지고 나를 따르지 않는 자도 능히 내 제자가 되지 못하리라

프랑스와 스페인이 전쟁을 벌이던 때에 프랑스 전방에 퀘텐 이라는 마을이 포위를 당했습니다.

프랑스는 당시 다른 지역에서 치열한 전투를 벌이고 있었기 때문에 전방의 작은 마을인 퀘텐까지 신경 쓸 여력이 없었습니다. 성벽은 완전히 허물어지고 열병까지 돌았습니다. 점점 식량까지 떨어지기 시작했습니다. 그러나 퀘텐의 모든 군인과 마을 사람들은 끝까지 항전했기 때문에 스페인의 피해도 만만치 않았습니다.

그러나 아무리 용맹하게 항전을 한다 해도 마을이 함락되는 것은 시간문제였습니다. 불필요한 피해를 더 이상 입고 싶지 않았던 스페인 군은 늦은 밤에 몰래 마을 주민들을 선동하는 내용의 편지를 화살에 묶어서 쏘았습니다. 편지에는 '항복할 경우 모든 시민의 재산과 목숨은 보장 하겠다'라고 적혀 있었습니다.

다음 날 스페인 진영으로 화살에 묶인 마을 주민들의 편지가 도착했습니다.

"우리에겐 왕이 있다. 우린 왕의 명령만을 따른다."

우리가 명령을 따라야 할 분은 오직 예수님뿐입니다. 적절한 때에 적절한 방법을 따라 말씀하실 주님을 굳건히 믿고 충성하십시오.

♡ 주님! 사람이 아닌 오직 예수님의 말씀에만 순종하게 하소서!
🙏 사람에게 의지하지 말고 오직 주님께만 의지하십시오.

나의 영적 일지

하나가 된 믿음

읽을 말씀 : 빌립보서 2:1-12

● 빌 2:2 마음을 같이하여 같은 사랑을 가지고 뜻을 합하며 한 마음을 품어

최근 인터넷에 올라온 미국의 한 퇴역 군인의 이야기입니다.

공수부대에서 복무를 하던 주인공은 전쟁에 투입되었다가 허리와 무릎에 큰 부상을 당했습니다. 지팡이를 짚어야만 겨우 걸을 수 있었고 뛰는 것은 아예 불가능했습니다. 재활을 하거나 운동을 시작해 보려고 병원이나 체육관을 찾아가면 사람들은 하나같이 "안타깝지만, 포기하세요."라는 말만 되풀이 했습니다.

15년 동안 제대로 걷지를 못한 남자는 살이 심하게 쪄서 이제는 건강을 위협할 정도가 되었고 식사량을 조절하는 것도 한계가 있었습니다. 남자에게는 운동이 필요했지만 어떤 사람도 불가능하다는 말뿐이었습니다. 그러나 남자가 마지막으로 만났던 운동치료 담당 선생님은 남자를 본 뒤에 다음과 같이 말했습니다.

"흠, 쉽지는 않겠군요. 그러나 한 번 해봅시다."

그 선생님을 통해 운동을 시작한 남자는 한 번 해보자는 선생님의 말이 단순히 희망을 주기 위한 것이 아니었다는 사실을 알게 되었고 전적으로 선생님을 믿고 따랐습니다. 그렇게 6개월 동안 남자는 45kg의 체중을 감량하게 되었고 더욱 놀라운 사실은 걷기도 힘들었던 남자가 이제는 거리를 뛰어다닐 수 있게 되었다는 사실입니다.

사람과 사람 사이에도 하나가 된 믿음은 놀라운 결과를 이루어냅니다. 더욱이 하나님께는 능치 못할 일이 없습니다. 사람들이 말하는 현실이 아니라 하나님이 주시는 가능성을 믿으십시오.

💗 주님! 믿는 성도들끼리 한 마음과 한 뜻으로 연합하게 하소서!
📖 성도의 거룩하고 선한 연합으로 큰일을 행하실 하나님을 기대하십시오.

나의 영적 일지

12월 13일 하나님의 사인

읽을 말씀 : 골로새서 3:1-14

● 골 3:10 새 사람을 입었으니 이는 자기를 창조하신 이의 형상을 따라 지식에까지 새롭게 하심을 입은 자니라

프랑스의 입체파 화가인 피카소는 평소에 마호가니로 만든 옷장을 가지고 싶어 했습니다.

피카소는 시중에 판매되는 제품이 아니라 자신이 원하는 디자인으로 옷장을 만들고 싶어 했는데 그래서 직접 프로방스 지방에서 마호가니를 다루는 목공소를 찾아갔습니다. 피카소는 평소에 자신이 생각해둔 디자인을 미리 스케치한 것을 주면서 "마호가니 원목을 사용해 이 디자인으로 만들어주십시오. 추가되는 비용은 지불하겠습니다."라고 부탁했습니다.

피카소를 알아본 목공소 주인은 잠시 생각을 한 뒤에 대답했습니다. "선생님은 그냥 원목의 재료비만 주시면 됩니다. 다만 이 스케치에 선생님의 친필 서명을 좀 해주시겠습니까?"

목공소 주인은 재료비만 받고 가구를 만들어 손해를 본 듯 했지만 피카소의 서명이 들어있는 스케치를 통해 훗날 더 큰 돈을 벌 수 있었습니다.

스케치 한 장이 큰 가치를 인정받는 것은 피카소의 서명이 있기 때문입니다. 모든 사람이 소중하고 귀한 것은 하나님의 형상을 따라 지음 받았기 때문입니다. 하나님의 뜻을 따라 귀하고 소중하게 쓰임 받게 되기를 기도하십시오.

♥ 주님! 구원받은 사실로 곧 하나님의 자녀가 되었음을 잊지 않게 하소서!
🧩 하나님의 형상을 따라 내가 창조 되었다는 사실을 잊지마십시오.

나의 영적 일지

의미 없는 이상

읽을 말씀 : 베드로전서 1:18-25

● 벧전 1:23 너희가 거듭난 것은 썩어질 씨로 된 것이 아니요 썩지 아니할 씨로 된 것이니 살아 있고 항상 있는 하나님의 말씀으로 되었느니라

프랑스의 유명한 계몽 사상가였던 루소는 유명한 교육가로 사람들에게 알려져 있습니다.

루소가 살던 시대의 파리에서는 자신이 낳은 아이들을 버리는 관행이 있었습니다. 귀족들도 아이를 낳으면 남자는 고아원, 딸은 수녀원으로 보냈고, 20년 동안 10만 명의 아이들이 버려졌는데 이는 파리에서 태어난 신생아의 30%가 넘는 숫자였습니다. 이 때문에 루소는 '에밀'이라는 교육학 책을 펴냈고, 이 책을 통해 그런 관행은 많이 사라졌습니다. 귀족뿐 아니라 서민들도 직접 아이를 키우기 시작했고 귀족들도 하인을 시키지 않고 직접 수유하기 시작했습니다.

그러나 루소 본인은 자신이 낳은 다섯 명의 아이를 모두 고아원에 보낸 뒤에 그들을 찾지 않았습니다. 훗날 자신의 잘못을 뉘우치는 책을 펴내기도 했으나 루소의 자녀들은 자신들을 보는 것조차 싫어했던 아버지의 무관심 속에서 모두 비참한 생을 살다 떠났습니다.

루소는 놀라운 이상을 사람들에게 전했지만 정작 자신에게는 한 번도 적용시키지 못했습니다. 말씀엔 놀라운 진리가 녹아져 있지만 그것을 듣기만 하면 역시 아무런 소용이 없습니다. 말씀을 듣기만 하는 사람이 되지 말고 듣는 대로 곧 행하는 사람이 되십시오.

♥ 주님! 삶과 행동으로 천국의 소망을 믿음을 증명하게 하소서!
🕮 믿는다고 말로만 고백하는 사람이 죄지 말고 행동으로 보여주십시오.

나의 영적 일지

12월 15일 세 가지 비결

읽을 말씀 : 신명기 4:31-40

● 신 4:40 오늘 내가 네게 명령하는 여호와의 규례와 명령을 지키라 너와 네 후손이 복을 받아 네 하나님 여호와께서 네게 주시는 땅에서 한 없이 오래 살리라

청호컴넷의 금융사업 본부 사장인 심재수 안수집사님에겐 경영의 노하우를 묻는 사람들이 많습니다. 그리고 그때마다 집사님은 자수성가한 사업가 깁슨의 이야기를 들려줍니다.

깁슨은 자신을 찾아와 자문을 구하는 사람들에겐 다음의 세 가지 비결을 말해주었습니다.

"첫째, 실패와 고통을 두려워하지 마십시오. 둘째, 술을 마시지 마십시오. 셋째, 하나님과 성경을 의심하지 말고 믿으십시오."

그리고 누구나 아는 비법이라며 실망한 사람들에게는 "알기만 하면 뭐 합니까? 실천을 못하는데요."라고 말했습니다.

심 집사님 역시 깁슨과 마찬가지로 아는 만큼 실천을 했다고 합니다. 다만 한 가지 다른 점이 있다면 신앙생활에서 깨달은 말씀을 경영에 적용시켰다는 점입니다. 어려운 문제가 생길 때마다 심 집사님은 하나님께 자문을 구하는 기도를 드렸고, 그때마다 하나님은 성경을 통해 답을 주셨습니다. 그렇게 체험을 통해 하나님과의 관계가 중요하다고 생각한 집사님은 10년이 넘게 하루도 새벽기도를 거르지 않고 계십니다.

어떤 사람에게는 그저 새벽기도일 뿐이지만 어떤 사람에게는 비결이 되는 새벽기도가 되기도 합니다. 기본적인 하나님과의 관계를 회복함으로 다른 모든 관계도 회복되는 실천이 있는 신앙생활을 하십시오.

♥ 주님! 말씀을 따라 순종하며 스스로를 돌아보게 하소서!
🕊 오늘 날에도 동일한 약속과 응답을 이루시는 주님을 믿으십시오.

나의 영적 일지

하나님을 인정하는 삶

읽을 말씀 : 잠언 3:1-21

● 잠 3:6 너는 범사에 그를 인정하라 그리하면 네 길을 지도하시리라

12월 16일

학생들이 수학과 교수에게 인생을 방정식으로 표현해 달라는 질문을 했습니다.

교수는 잠시 생각을 하다가 다음과 같은 식을 칠판에 적은 뒤 말했습니다.

「G + J + H = L」

"하나님(God)을 알고, 해야 할 일(Job)을 알고, 그것들을 통해 행복(Happiness)을 느끼는 것이 바로 인생(Life)이라네."

신학자 뱅겔은 '하나님을 만들고 종교를 믿는 것은 인간의 나약함 때문이다'라는 사람들에게 다음과 같이 말했습니다.

"하나님을 두려워하는 사람은 하나님이 아닌 것에 대해서는 아무것도 두려워하지 않습니다. 그러나 하나님을 두려워하지 않는 사람은 하나님 이외에 모든 것을 두려워합니다."

하나님을 인정하는 삶에는 즐거움이 있고 행복이 있습니다. 그러나 하나님을 인정하지 않는 삶에는 오직 두려움과 의심뿐입니다. 매사에 하나님을 인정하며 그 분의 뜻을 따르는 삶을 사십시오.

♥ 주님! 하나님을 인생의 최우선으로 놓게 하소서!
🙏 오늘도 인도하시는 성령님께 귀 기울이며 순종하십시오.

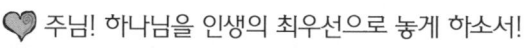

나의 영적 일지

12월 17일 행복할 수 있는 이유

읽을 말씀 : 고린도후서 4:7-18

● 고후 4:15 이는 모든 것이 너희를 위함이니 많은 사람의 감사로 말미암아 은혜가 더하여 넘쳐서 하나님께 영광을 돌리게 하려 함이라

안요한 목사님의 삶을 담은 '낮은 데로 임하소서'라는 영화는 큰 성공을 거두었습니다.

1982년도에 대종상의 작품, 감독, 미술상을 수상했고, 백상예술대상의 작품과 신인상까지 휩쓸었습니다. 종교인의 간증을 토대로 한 영화가 이처럼 큰 수상을 할 수 있었던 것은 목사님의 삶이 많은 사람들에게 감동과 희망을 주었기 때문입니다.

안요한 목사님이 시력을 잃은 것은 37살 때입니다. 중년의 나이가 되어 시력을 잃게 된 목사님은 큰 절망에 빠질 수밖에 없었고, 이런 상황을 견디지 못한 아내도 집을 떠나게 됩니다. 비참한 상황을 견디다 못한 목사님은 스스로 목숨을 끊으려 했는데, 이때 하나님의 은혜를 경험하는 놀라운 체험을 하게 됩니다. 다시 최선을 다해 살기로 마음을 먹은 목사님은 자신을 힘들게 했던 장애물들을 하나씩 극복해 나가며 대학을 졸업하고 한국 최초의 시각장애인 박사가 될 수 있었습니다. 목사님은 박사가 된 뒤에 다음과 같은 간증을 했습니다.

"37년의 멀쩡했던 세월보다 시력을 잃고 난 뒤의 삶이 더욱 보람있고 행복 합니다 온 천하를 다 가져도 하나님이 없다면 인생에 만족과 기쁨과 감사가 없습니다. 하나님을 믿는다면 감사했으면 좋겠습니다. 이것이 하나님의 뜻이기 때문입니다."

어떤 상황에서도 하나님을 찬양하며 감사할 수 있는 이유는 우리에게 하나님이 계시기 때문입니다. 내가 믿는 하나님으로 인해 기뻐하며 또 감사하십시오.

💚 주님! 때로는 이해할 수 없어도 감사할 수 있는 믿음을 주소서!
🎨 날 향한 크고 놀라운 계획을 가지고 계시는 주님께 깊은 감사를 드리십시오.

나의 영적 일지

스포츠보다 더 중요한 것

읽을 말씀 : 갈라디아서 6:11-18

- 갈 6:15 할례나 무할례가 아무 것도 아니로되 오직 새로 지으심을 받는 것만이 중요하니라

　미국의 CNN방송에서는 '나누는 골프의 우상'이라는 제목으로 최경주 선수를 소개한 적이 있습니다.
　최경주 선수는 미 중남부를 덮친 태풍으로 큰 피해를 입었을 당시 약 2억 원 상당의 금액을 기부했습니다. 당시 최경주 선수가 우승했던 메이저 골프 대회의 우승 상금의 약 20%에나 달하는 큰 금액을 기부하는 이유에 대해서는 '나에게 성공의 기회를 준 미국에 대한 고마움의 표시'라고 밝혔습니다.
　CNN은 또한 최경주 선수가 재단을 설립해 소외된 어린이들을 위한 많은 자선활동을 하고 있음을 밝히며 "최 선수는 스포츠보다 훨씬 더 중요한 일이 세상에 있음을 알고 있다."고 덧붙였습니다. 최경주 선수 역시 한 방송과의 인터뷰에서 선행을 실천하는 이유에 대해서 "고통당하는 사람을 보면 마음이 아픕니다. 지금 우리는 나눔이 필요한 사회에 살고 있다고 생각합니다."라고 말했습니다.
　돈보다도 직업보다도 더 중요한 가치는 분명히 있습니다. 그리고 그중에서도 가장 중요한 것은 죄의 문제를 해결하는 구원입니다. 확실한 믿음으로 흔들림 없는 구원을 얻고 또 다른 사람에게도 복음을 전하는 복된 삶을 사십시오.

♡ 주님! 세상의 풍파에 쓸려 가장 중요한 것을 잊지 않게 하소서!
🧎 생명을 살리는 복음의 문제가 가장 중요한 것임을 깨달으십시오.

나의 영적 일지

12월 19일
기도라는 끈

읽을 말씀 : 골로새서 1:3-12

● 골 1:9 이로써 우리도 듣던 날부터 너희를 위하여 기도하시기를 그치지 아니하고 구하노니 너희로 하여금 모든 신령한 지혜와 총명에 하나님의 뜻을 아는 것으로 채우게 하시고

5만 번의 기도응답으로 유명한 조지 뮬러는 기도에 대해서 다음과 같이 말했습니다.

"기도만 한다고 모든 일이 잘 되지는 않습니다. 그러나 주님의 일을 한다면 5시간 동안 일만 하는 것보다 한 시간의 기도 후에 4시간을 일하는 것이 훨씬 도움이 된다는 것을 나는 나의 경험을 통해 확실히 이야기할 수 있습니다. 제가 하나님께 구한 특정문제들은 모두 이런 방식을 통해 모두 그날 즉시 응답을 받았습니다."

빌리 그래함 목사님은 기도에 대해서 다음과 같은 말을 했습니다.

"기도는 하나님을 이용하는 일이 아닙니다. 기도는 우리를 하나님의 방법으로 이끌어주는 줄과 같은 것입니다. 배가 부두를 향해 끌려가지 부두가 배를 향해 끌려가지 않습니다. 우리가 하나님을 향해 간절히 기도하고 간구할수록 우리는 하나님께로 더 가까이 다가가게 됩니다."

기도는 하나님의 일을 위해 하나님의 방법을 간구하는 것입니다. 기도를 통해 하나님을 나에게 맞추는 것이 아니라 하나님께 더 가까이 나아가게 되기를 간구하십시오.

♥ 주님! 매일 기도를 통해 하나님을 아는 즐거움을 누리게 하소서!
📖 말씀 묵상과 기도하는 시간을 절대로 어기지 마십시오.

나의 영적 일지

마음을 지키라

읽을 말씀 : 잠언 4:20-27

● 잠 4:23 모든 지킬 만한 것 중에 더욱 네 마음을 지키라 생명의 근원이 이에서 남이니라

    나폴레옹은 왕위에 올랐을 때 자신의 정적 중 한 명인 앙기엔 공작을 매우 눈엣가시처럼 여겼습니다. 그러나 앙기엔 공작은 인품이 좋고 백성들을 잘 살펴 파리 백성들의 전폭적인 지지를 받고 있었기에 나폴레옹은 그를 함부로 할 수가 없었습니다.

    하지만 점점 치솟는 공작의 인기에 위기를 느낀 나폴레옹은 결국 말도 안 되는 모함을 통해 공작을 사형시켰습니다. 당시 이 같은 행태를 목격한 파리 시민들은 큰 분노를 느꼈고 자칫하면 폭동이 일어날 기미까지 보였습니다.

    나폴레옹은 시민들의 분노를 가라앉히기 위해서 '서정시인'이라는 뜻의 오시앙이라는 발레 공연을 열라고 지시했습니다. 파리 시민들은 화려한 발레 공연에 정신이 팔려 며칠이 지나자 공작의 죽음에 대해서는 모두 잊은 채 발레에 대한 이야기만 하고 있었습니다.

    정말로 중요한 것이 무엇인지 잊지 않기 위해서는 작은 유혹과 하찮은 쾌락으로부터 마음을 지켜야 합니다. 아무리 달콤하게 느껴지는 쾌락과 즐거움일지라도 세상의 모든 것은 금세 사라질 안개와 같다는 것을 기억하십시오.

♥ 주님! 어떤 자리에서도 흔들리지 않는 믿음을 갖게 하소서!
🎗 악한 습관과 잘못된 쾌락으로부터 흔들림 없이 마음을 지키십시오.

나의 영적 일지

12월 21일

돼지와 소의 차이

읽을 말씀 : 사도행전 9:38-42

●행 9:39 베드로가 일어나 그들과 함께 가서 이르매 그들이 데리고 다락방에 올라가니 모든 과부가 베드로 곁에 서서 울며 도르가가 그들과 함께 있을 때에 지은 속옷과 겉옷을 다 내보이거늘

한 농장에 있던 돼지가 소를 만나 자신의 신세를 한탄했습니다.
"사람들이 나를 왜 이렇게 싫어하는지 이해가 안 돼. 사람들은 내가 죽으면 부위별로 가공을 해. 베이컨과 햄, 그리고 여러 가지 부위 별로 요리를 해 맛있게 먹지. 심지어는 내 발까지 삶아먹고 머리까지 사용을 해. 너나 나나 사람들에게 주는 것은 비슷하고 어떤 면에서는 내가 더 많은 것 같은데 말이야. 사람들은 너를 부지런하고 순하다고 칭찬을 하면서 나는 게으르고 더럽고 못생겼다고 생각을 해. 어째서 사람들은 돼지를 그렇게나 안 좋게 생각하는 걸까?"
이야기를 들은 소가 잠시 생각을 하고는 말했습니다.
"확실히 그렇긴 한데 말이야. 그건 아마도 죽기 전에 나는 사람들을 위해 밭을 갈고, 너는 그냥 우리에서 쉬고 있기 때문이 아닐까?"
사람들을 돕기 위한 계획은 매우 좋은 것입니다. 죽은 뒤에 남기는 유산과 기부도 매우 좋은 일입니다. 그러나 오늘 우리가 도와야 할 사람들이 있으며 지금 당장 사랑을 필요로 하는 사람들이 있습니다. 훗날의 큰 도움을 계획하기 보다는 당장의 작은 실천을 통해 사랑을 베풀고 이웃을 도우십시오.

♡ 주님! 작은 나의 재능을 크게 사용하실 주님께 맡기게 하소서!
📖 작은 재능과 물질이라도 지금 도울 수 있는 곳을 위해 사용하십시오.

나의 영적 일지

은혜의 보답

읽을 말씀 : 고린도후서 9:1-12

● 고후 9:7 각각 그 마음에 정한 대로 할 것이요 인색함으로나 억지로 하지 말지니 하나님은 즐겨 내는 자를 사랑하시느니라

　최정범 장로님은 미국의 정부직원을 대상으로 한 구내식당 업체인 'IL creation'의 대표입니다. 여행사를 하다가 외환위기로 인해 완전히 부도가 나게 되었습니다. 가만히 있다가는 굶어죽겠다는 생각에 무조건 뭐라도 해야겠다는 생각에 무턱대고 구내식당 사업에 뛰어들었습니다.
　처음엔 미국 해안경비대 본부의 운영권을 따내며 시작한 사업은 지금은 직원만 400명에 백악관 국무부와 미 항공우주국의 식당 운영권까지 따냈을 정도로 성장했습니다. 그리고 이렇게 성공한 비결을 최 장로님은 두 가지로 꼽습니다.
　"첫 번째는 무조건 하나님의 은혜입니다. 좋은 재료로 원가를 아끼지 않아 가격 경쟁력이 없는 저희가 구내식당으로 이렇게 성공할 수 있는 것은 그것밖에는 없습니다.
　둘째는 기도입니다. 회사에 다니는 크리스천 직원들이 모두 저와 회사를 위해 매일같이 기도를 하고 또 성실히 할 일을 해줍니다."
　최 장로님은 또한 이렇게 받은 하나님의 은혜에 보답하기 지금 하고 있는 여러 가지 사회사업을 넘어 앞으로는 선교 재정을 크게 감당하는 회사로 키울 계획이라고 말했습니다.
　하나님은 막다른 골목에서도 우리를 도우십니다. 어떤 경우에도 우리의 피난처 되신 하나님을 의지하고 포기하지 마십시오. 그리고 하나님이 주신 것을 이웃과 나누십시오.

♡ 주님! 하나님의 은혜에 대한 감사와 감격이 늘 살아있게 하소서!
🞸 하나님의 은혜에 무엇으로 보답하고 있는지 생각해보십시오.

나의 영적 일지

12월 23일

예수님께 드릴 선물

읽을 말씀 : 잠언 19:15-23

● 잠 19:17 가난한 자를 불쌍히 여기는 것은 여호와께 꾸어 드리는 것이니 그의 선행을 그에게 갚아 주시리라

어떤 마을의 교회에는 줄이 없는 종탑이 있었습니다.

그 마을에는 성탄절에 예수님이 원하시는 값진 선물을 누군가가 드린다면 종이 스스로 울린다는 이야기가 있었습니다. 그 소문을 들은 전국의 많은 사람들은 해마다 성탄절이 되면 마을의 교회를 찾아와 수많은 선물을 놓고 갔습니다.

부자와 귀족들이 찾아와 진귀한 보물들과 금화를 내놓았지만 종은 울리진 않았습니다. 어떤 왕은 자신의 왕관까지도 내어놓았지만 그래도 종소리를 들을 순 없었습니다. 그렇게 많은 사람들이 찾아오며 몇 년이 지나도 종이 울리지 않자 사람들은 종과 관련된 전설은 거짓말일 것이라고 생각했습니다. 세상에 왕의 권력보다 귀한 선물은 없을 것이라고 생각했기 때문입니다.

그런데 몇 년이 지난 뒤의 성탄절에 온 마을에 종소리가 울려 퍼졌습니다. 사람들은 모두가 종탑으로 달려가 어떤 선물이 놓여있는지 확인했는데 그 자리엔 동전 한 닢만 덩그러니 놓여있었습니다. 나중에 알고 보니 그 한 닢은 어떤 사람이 곤경에 처한 사람을 돕다가 예배시간에 늦어 헌금을 제때 하지 못해 종탑 밑에다 헌금을 하고 간 것이었습니다. 마을 사람들은 하나님은 선물을 드리는 사람의 마음을 선물보다 더 중요하게 여기신다는 사실을 깨달을 수 있었습니다.

주님은 세상의 그 어떤 보물보다도 주님을 생각하는 우리의 마음과 이웃을 위한 선행을 바라고 계십니다. 주님께 무엇을 드릴 때 주님의 은혜를 생각하며 정결한 마음으로 드리십시오.

🖤 주님! 주님이 주신 것으로 주님의 사랑을 널리 알리게 하소서!

📖 주님의 마음을 담아 남을 돕는 기부와 선행을 하십시오.

나의 영적 일지

성탄을 준비하는 마음

읽을 말씀 : 로마서 5:8-11

● 롬 5:10 곧 우리가 원수 되었을 때에 그의 아들의 죽으심으로 말미암아 하나님과 화목하게 되었은즉 화목하게 된 자로서는 더욱 그의 살아나심으로 말미암아 구원을 받을 것이니라

영국과 독일 병사들이 전선에서 대치하며 매일 같이 격렬한 전투를 벌이고 있었습니다.

하루에도 수없이 많은 사상자가 나오던 치열한 전투가 반복되다가 어느새 크리스마스 이브가 되었습니다.

그날 밤도 역시 서로를 향한 삼엄한 경계가 계속되었는데, 갑자기 독일군 참호에서 캐럴이 흘러나오기 시작했습니다. 그리고 이 캐럴이 전선에 있던 모든 병사들의 마음을 녹이기 시작했습니다. 양측 장교들은 임시로 휴전을 하기로 협의했고 곧 막사와 참호에 초를 꽂고 함께 양측 병사들이 캐럴을 부르며 성탄을 축하하기 시작했습니다. 전장에서 서로 적이었던 그들은 함께 음식을 먹으며 축구경기를 하기도 했습니다.

처킨스와 타카리라는 두 작가가 있었습니다. 그들은 오랫동안 사귀어 온 친한 사이였는데 하루는 어떤 문학작품의 견해를 놓고 심하게 다툰 뒤 매우 사이가 나빠졌습니다. 몇 달간 서로 얼굴도 보지 않는 상태가 계속됐는데 연말이 되어 성탄의 의미에 대해서 묵상하던 처킨스는 오랜 친구와 사소한 일로 다투는 것은 예수님의 사랑의 정신에 맞지 않는다고 생각했습니다. 그는 타카리를 찾아가 화해를 요청했습니다. 분의 마음을 품은 채 성탄을 맞이하고 싶지 않았기 때문입니다.

예수님이 이 땅에 오심으로 우리가 하나님 사랑을 알게 되었고, 하나님 안에 살며 평화롭게 되었습니다. 사랑과 용서의 마음으로 성탄을 준비하십시오.

♡ 주님! 화해와 용서의 마음으로 성탄을 준비하게 하소서!
🙏 주님의 사랑으로 용서가 필요한 사람들에게 용서를 베푸십시오.

나의 영적 일지

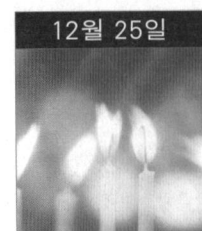

12월 25일

구세주가 오신 목적

읽을 말씀 : 누가복음 19:37-44

● 눅 19:38 이르되 찬송하리로다 주의 이름으로 오시는 왕이여 하늘에는 평화요 가장 높은 곳에는 영광이로다 하니

미국 서부 개척시대에 범죄율이 높은 한 마을이 있었습니다.
마을에는 근처 금광에 금을 캐러 온 남자 광부들만 살고 있었기에 싸움과 폭력이 매일 그치지 않았고 사람들은 언제나 술에 절어 있었습니다. 그러던 하루는 다른 지역의 농장에서 도망친 어떤 노예 여성이 이곳으로 피신을 했다가 목숨을 잃게 되었습니다. 여인은 갓난아기와 함께 도망을 왔었는데 여인이 죽은 후에 마을의 광부들은 모여서 아이를 과연 어떻게 할 것인지 논의했습니다. 어린 생명을 그대로 버릴 수는 없었기에 만장일치로 아이를 양육하기로 결정을 내렸습니다.
광부들은 우선 목재를 손질해 아이를 누일 침대를 만들어 주었습니다. 그러나 아이가 덮고 자기에는 더러운 수건밖에 없어 깨끗한 면과 편한 요람을 사러 100Km나 떨어진 다른 도시로 사람을 보냈습니다. 아이가 병에 걸릴까봐 광부들은 집안도 깨끗이 청소를 하기 시작했습니다. 광부들은 해맑은 아이의 미소를 보며 시간만 나면 아이의 얼굴을 보고 안아보기를 원했습니다. 그리고 아이를 만지기 위해서 자신들의 몸과 옷을 청결히 하기 시작했습니다. 그리고 아이의 교육에 좋지 않을까봐 욕도 점점 하지 않게 되었습니다.
한 아이를 통해 거칠었던 마을 사람들이 변화되었듯이 예수님이 인간의 몸으로 세상에 태어나셨기 때문에 온 인류가 구원을 받고 변화의 기회를 가질 수 있게 되었습니다. 오직 우리를 구원하기 위해 하늘의 영광을 버리고 이 땅에 오신 임마누엘의 예수님을 통한 변화의 새로운 삶을 사십시오, 그리고 내 마음에도 예수님이 와 계시는지 확인해 보십시오.

♥ 주님! 마음에 모신 주님으로 인해 주님의 성품을 닮아가게 하소서!
🖼 예수님을 내 구주로 모신 뒤의 삶에 어떤 변화가 있었는지 돌이켜보십시오.

나의 영적 일지

감사로 마무리하는 하루

읽을 말씀 : 역대상 16:26-35

● 대상 16:34 여호와께 감사하라 그는 선하시며 그의 인자하심이 영원함이로다

'감사의 힘'의 저자 데보라 노블은 감사를 통해 성공한 사람들을 만나게 되면 감사에 대한 연구를 시작했습니다.

그녀의 연구에 따르면 지금의 모든 나라와 민족들이 말을 가르칠 때 '엄마, 아빠' 다음으로 가르치는 말이 '고맙습니다'라고 합니다. 그리고 우리가 감사의 마음을 품기까지는 0.3초의 시간이 걸리지만 그 짧은 시간에 다음과 같은 변화가 일어납니다.

- '감사합니다'라는 말이 뇌에 전달되면 시상하부에서는 마음의 안정을 가져다주는 물질이 나와 면역체계를 활성화시킴. 하루에 감사의 인사를 2번만 해도 면역력이 눈에 띄게 좋아짐.
- 감사할 때와 웃을 때에 우리 몸에서 엔도르핀이 가장 많이 생성됨.
- 감사를 표현할 때 몸의 근육은 이완되고 체온이 올라감. 근육은 긍정적인 감정을 느낄 때 이완되고 체온은 마음이 안정될수록 올라감.

지난날을 천천히 돌아보면 감사한 일들이 매우 많다는 것을 알게 될 것입니다. 도와주신 분들에게 감사의 말씀을 드리고 무엇보다 늘 나를 지켜주고 동행해주신 하나님께 큰 감사를 드리십시오.

♡ 주님! 감사로 하루를 시작하고 감사로 하루를 마치게 하소서!
🧩 생각나는 분들에게 감사를 표하고 하나님께 감사의 기도를 올리십시오.

나의 영적 일지

12월 27일

최선을 다할 이유

읽을 말씀 : 고린도전서 1:25-31

● 고전 1:27 그러나 하나님께서 세상의 미련한 것들을 택하사 지혜 있는 자들을 부끄럽게 하려 하시고 세상의 약한 것들을 택하사 강한 것들을 부끄럽게 하려 하시며

미국의 링컨 대통령이 한 번은 이런 꿈을 꾸었습니다.

어떤 큰 집회에서 스스로 만족할 만한 강연을 했다고 생각을 했는데 강연을 들은 사람들의 반응이 영 좋지 않았습니다.

"뭐야, 링컨이 고작 이 정도였어? 소문이랑은 다른걸.", "훌륭한 대통령인줄 알았는데 보통 사람과 다를 바가 없군."

사람들의 비난을 들은 링컨은 매우 큰 상처를 받았습니다. 비록 꿈속이었지만 그는 더 이상 이렇게 무능한 자신이 대통령직을 수행할 수 없을 것 같다는 생각까지 하게 되었습니다 그런데 그 때 하나님의 음성이 들렸습니다.

"사람들에 비난에 신경 쓰지 말거라. 난 보통 사람들을 좋아한단다. 최선을 다하기만 하면 누구나 쓰임 받을 수 있단다. 너에게 맡겨진 대통령직을 포기하지 말아라."

잠에서 깬 링컨은 큰 깨달음을 얻었습니다. 누구보다 평범하고 누구보다도 많은 실패를 했던 그가 대통령이 될 수 있었던 이유를 깨달았기 때문입니다. 잠에서 깬 링컨 대통령은 이처럼 작은 자신을 크게 사용해 주신 하나님께 감사의 기도를 드렸습니다.

하나님이 사랑하는 사람들은 언제나 주어진 일에 최선을 다하는 사람들입니다. 올 한해도 많은 기쁨과 슬픔, 즐거움과 역경이 찾아올 것입니다. 그러나 어떤 상황에도 최선을 다한다면 주님이 언제나 여러분을 지켜주시고 또 높여주실 것입니다. 최선을 기뻐하는 하나님을 믿으십시오!

♡ 주님! 약한 자의 능력이 되시는 주님이심을 믿게 하소서!
🙏 주님으로 인해 낙망하지 말고 주님으로 인해 최선을 다하십시오.

나의 영적 일지

어두운 세상길

읽을 말씀 : 시편 124:1-8

● 시 124:8 우리의 도움은 천지를 지으신 여호와의 이름에 있도다

영국의 해군장교인 제임스 홀맨은 24세 때 시력을 잃었습니다.

시력을 잃은 뒤에 그는 세계를 여행할 계획을 세우고 그로부터 약 40년 간 여행을 다녔습니다. 프랑스, 이태리, 독일, 스위스, 네덜란드, 오스트리아, 러시아와 시베리아 등지를 여행한 홀맨은 64세가 되던 해부터는 배를 타고 여행을 시작해 아프리카와 브라질을 비롯해 지중해의 모든 연안을 방문했습니다.

더욱 놀라운 것은 이 오랜 시간 동안 그가 단 한 명의 도움을 받지 않고 혼자서 여행을 다녔다는 사실입니다.

또 그는 비록 눈은 보이지 않았지만 뛰어난 관찰력과 통찰력으로 호평을 받은 몇 권의 기행문을 펴내기도 했습니다. 사람들은 시각장애인이 세계적인 여행가가 될 수 있을 것이라고는 아무도 생각하지 못했을 것입니다. 그러나 홀맨이 보여준 모습으로 인해 아무리 어려운 역경을 당한 사람이라도 얼마나 훌륭히 그것을 극복하고 다른 사람들에게 희망을 줄 수 있는지 알게 되었습니다.

눈이 보이지 않음에도 세계를 여행할 수 있었던 것은 불행을 참고 이겨낼 인내와 극복할 수 있다는 희망이었습니다. 한 치 앞도 내다볼 수 없는 우리 인생에서 흔들림 없이 믿음을 유지할 수 있는 것은 만유의 주님이 우리와 함께 하시기 때문입니다.

♥ 주님! 모든 고난을 능히 극복해내게 하실 하나님의 이름을 믿게 하소서!
📖 주님의 이름에 모든 능력이 있음을 잊지 마십시오.

나의 영적 일지

12월 29일

반복해서 도전하라

읽을 말씀 : 시편 111:1-10

● 시 111:9 여호와께서 그의 백성을 속량하시며 그의 언약을 영원히 세우셨으니 그의 이름이 거룩하고 지존하시도다

    에디슨이 설립한 제네럴 일렉트릭이라는 회사에는 에디슨과 같은 뛰어난 재능을 가진 과학자들이 많이 있었습니다.
    그중에서도 특히 에디슨이 아끼던 제자가 한 명 있었는데 하루는 그가 심각한 표정을 하고 에디슨을 찾아와 물었습니다.
    "선생님, 요새 들어 자꾸 고민이 떠올라 일에 집중을 할 수가 없습니다. 제가 하는 일에 대해서 회의가 들고 그것을 성공시킬 수 있을지도 모르겠습니다. 선생님은 일평생 연구를 계속해 오신 걸로 아는데 이런 역경을 어떻게 극복하셨습니까?"
    제자의 말을 들은 에디슨은 잠시 생각에 잠겼습니다.
    "역경이라, 혹시 나에게도 그런 것이 찾아왔을지도 모르네. 하지만 나는 너무 바쁘게 살다보니 그것이 찾아온 줄도 몰랐다네. 나의 사명은 발명이네. 아무리 많은 실패를 해도 성공을 하기 전까진 절대로 포기를 하지 않지. 성공을 하면 바로 다음 발명을 시작하네. 이것이 오늘까지 연구를 계속할 수 있게 만든 원동력인 것 같네."
    미국 속담에 '마귀도 빈둥거리는 사람에게 시험을 준다.'라는 말이 있습니다. 하나님의 뜻에 열심히 충성할 때 시험이 사라지고 은혜가 들어오게 됩니다. 뜻하지 않은 방해와 어려움으로 실패가 찾아온다 하더라도 다시 시도하십시오.

♥ 주님! 시험이 틈타지 않도록 더욱 선한 일에 힘쓰게 하소서!
📖 선한 목표를 세우고 그것을 위해 계속해서 도전하십시오.

나의 영적 일지

하나님의 인도

읽을 말씀 : 데살로니가후서 3:1-5

● 살후 3:5 주께서 너희 마음을 인도하여 하나님의 사랑과 그리스도의 인내에 들어가게 하시기를 원하노라

강의를 준비하던 철학 교수가 있었습니다.
'인생의 방향성에 대한 고찰'이라는 제목으로 강의를 준비하던 교수는 도서관에서 자료를 챙겨 자신의 책상으로 갔습니다. 그런데 비서가 책상 위로 가져다 놓은 '콩고 선교의 필요성 - 파리선교사협회'라는 이름의 짧은 책자를 보게 되었습니다. 교수는 책자를 단숨에 내려 읽은 뒤에 아프리카 선교사가 되기로 그 자리에서 결심을 했습니다. 그리고 그 날 밤에 자신의 일기에 다음과 같이 적었습니다.
"이제 나의 강의는 끝났다. 내 인생의 방향성은 정해졌다."
교수의 이름은 아프리카의 성자로 불리는 알버트 슈바이처였습니다. 다방면에 뛰어난 재능을 가지고 있던 슈바이처는 철학, 신학, 의학, 음악 분야에서 모두 박사학위를 갖고 있었습니다. 그러나 그 모든 것은 '아프리카 선교사'라는 목표를 위해 이룬 것들이었습니다.
하나님은 놀라운 섭리로 우리를 이끄십니다. 비서가 가져다 놓은 책자가 없었더라면 슈바이처는 아프리카로 선교를 떠나지 못했을 것이고, 아프리카의 복음화는 지금보다 더 열악한 상황에 처해있었을 것입니다. 지금도 살아계시는 하나님을 신뢰하며 그분의 인도하심을 구하십시오.

♥ 주님! 우연처럼 보이는 모든 일에도 주님의 섭리가 있음을 알게 하소서!
🖋 매일 아침 기도로 하나님의 인도하심을 간구하십시오.

나의 영적 일지

12월 31일

다시 시작합시다

읽을 말씀 : 시편 43:1-5

● 시 43:5 내 영혼아 네가 어찌하여 낙심하며 어찌하여 내 속에서 불안해하는가 너는 하나님께 소망을 두라 그가 나타나 도우심으로 말미암아 내 하나님을 여전히 찬송하리로다

　'평범한 삶 속에 계시는 하나님'이란 책으로 유명한 피터 마샬 목사님은 47살의 젊은 나이에 하늘나라로 가셨습니다.
　임종 얼마 전에 목사님은 자신의 삶이 머지않아 끝날 것을 느끼고 사랑하는 가족들을 모두 불렀습니다. 가족들은 병상에 누워 있는 목사님을 보며 모두 눈물을 흘렸는데 목사님은 평온한 얼굴로 다음과 같이 말했습니다.
　"이것으로 끝이 아니오. 죽음은 새로운 시작이라오. 반드시 천국에서 다시 만납시다."
　이때의 경험으로 피터 목사님의 부인인 캐더린 사모님은 우리의 삶에서 겪을 수 있는 최악의 일인 죽음조차도 그리스도인에게는 새로운 시작이라는 것을 깨달았습니다. 말년의 목사님의 투병 이야기는 사모님을 통해 책으로도 나와 베스트셀러가 되기도 했습니다.
　많은 실패, 많은 고난이 우리 삶에 찾아오지만 반드시 새로운 시작이 찾아옵니다. 천국의 소망이 보장된 우리에겐 설령 죽음이 찾아온다 하더라도 두려워할 이유가 없습니다.
　그렇듯이 다시 도전할 힘이 없다고 생각되더라도... 지난 일 년을 무기력하게 보냈다고 생각되더라도... 우리에겐 이미 죽은 시간이나 마찬가지니 훌훌 털어버리십시오. 이것이 끝이 아니고, 아직 끝난 것이 아닌 과정인 것을 잊지 말고 주님과 함께 주님을 바라보며 새로운 한 해를 감사하면서 다시 시작하십시오!

　♡ 주님! 다시 일어설 힘을 주시고 주님과 새로운 시작을 하게 하소서!
　🎔 변함없이 푸른 초장으로 인도해주실 주님을 믿고 의지하십시오.

나의 영적 일지

망망한 바다 한가운데서 배 한 척이
침몰하게 되었습니다.
모두들 구명보트에 옮겨 탔지만
한 사람이 보이지 않았습니다.
절박한 표정으로 안절부절 못하던 성난 무리 앞에
급히 달려 나온 그 선원이
꼭 쥐고 있던 손바닥을 펴 보이며 말했습니다.
"모두들 나침반을 잊고 나왔기에 … "
분명, 나침반이 없었다면 그들은 끝없이 바다 위를
표류할 수밖에 없을 것입니다.

삶의 바다를 항해하는 모든 이들을 위하여
우리는 그 나침반의 역할을 하고 싶습니다.
우리를 구원하신 아름다운 주님을
21세기 문명의 이기(利器)를 통하여
널리 전하고 싶습니다.

우리 나침반 가족은
구원의 복음과 진리의 말씀을 전하며
당신의 믿음 성장과 삶을, 가정을, 증거를,
그리고 당신의 세계를 돕고 싶습니다.

그리스도 안에서
우리는 당신을 진실로 사랑합니다.

"하나님은 모든 사람이 구원을 받으며
진리를 아는 데 이르기를 원하시느니라."
(디모데전서 2장 4절)

내게 복에 복을 더하여 주소서

지은이 | 김장환
발행인 | 김용호
발행처 | 나침반출판사

발행일 | 2013년

등 록 | 1980년 3월 18일 / 제 2-32호
주 소 | 157-861 서울 강서구 염창동 240-21
       블루나인 비즈니스센터 B동 1607호
전 화 | 본 사(02)2279-6321
       영업부(031)932-3205
팩 스 | 본 사(02)2275-6003
       영업부(031)932-3207

홈페이지 | www.nabook.net
이 메 일 | nabook@korea.com
          nabook@nabook.net

ISBN 978-89-318-1448-4
책번호 마-1043

값은 뒷표지에 있습니다.